Robert Klaßen

Windows 7

Windows 7
Die Anleitung in Bildern

von
Robert Klaßen

Sie haben Fragen, Wünsche oder Anregungen zum Buch?
Gerne sind wir für Sie da:

Anmerkungen zum Inhalt des Buches: jan.watermann@vierfarben.de
Bestellungen und Reklamationen: service@vierfarben.de
Rezensions- und Schulungsexemplare: sophie.herzberg@vierfarben.de

Das vorliegende Werk ist in all seinen Teilen urheberrechtlich geschützt. Alle Rechte vorbehalten, insbesondere das Recht der Übersetzung, des Vortrags, der Reproduktion, der Vervielfältigung auf fotomechanischem oder anderen Wegen und der Speicherung in elektronischen Medien.

Ungeachtet der Sorgfalt, die auf die Erstellung von Text, Abbildungen und Programmen verwendet wurde, können weder Verlag noch Autor, Herausgeber oder Übersetzer für mögliche Fehler und deren Folgen eine juristische Verantwortung oder irgendeine Haftung übernehmen.

Die in diesem Werk wiedergegebenen Gebrauchsnamen, Handelsnamen, Warenbezeichnungen usw. können auch ohne besondere Kennzeichnung Marken sein und als solche den gesetzlichen Bestimmungen unterliegen.

An diesem Buch haben viele mitgewirkt, insbesondere:

Lektorat Jan Watermann
Korrektorat Barbara Decker, München
Herstellung Iris Warkus
Einbandgestaltung Marc Thoben, Köln
Coverentwurf Daniel Kratzke
Layout Vera Brauner
Satz Markus Miller, München
Druck Himmer AG, Augsburg

Gesetzt wurde dieses Buch aus der Linotype Syntax (10,25 pt/14,25 pt) in Adobe InDesign CS5. Und gedruckt wurde es auf mattgestrichenem Bilderdruckpapier (115 g/m^2).
Hergestellt in Deutschland.

Bibliografische Information der Deutschen Nationalbibliothek
Die Deutsche Nationalbibliothek verzeichnet diese Publikation in der Deutschen Nationalbibliografie; detaillierte bibliografische Daten sind im Internet über http://dnb.d-nb.de abrufbar.

ISBN 978-3-8421-0004-6

1. Auflage 2011, 6., korrigierter Nachdruck 2014
© Vierfarben, Bonn 2011
Vierfarben ist ein Verlag der Galileo Press GmbH
Rheinwerkallee 4, D-53227 Bonn
www.vierfarben.de

Der Verlagsname Vierfarben spielt an auf den Vierfarbdruck, eine Technik zur Erstellung farbiger Bücher. Der Name steht für die Kunst, die Dinge einfach zu machen, um aus dem Einfachen das Ganze lebendig zur Anschauung zu bringen.

Liebe Leserin, lieber Leser,

Sie möchten Windows 7 auf leichte und verständliche Art kennenlernen und verstehen? Sie möchten keine Handbücher wälzen, sondern schnelle und konkrete Lösungen für Ihre Bedürfnisse? Sie haben die Lösung gefunden, denn diese Anleitung in Bildern zu Windows 7 zeigt Ihnen das System so, dass Sie auf alle wichtigen Fragen schnell eine Antwort finden. In diesem Buch sehen Sie, was zu tun ist: wie Sie Programme starten und beenden, Ihre Internetverbindung einrichten oder E-Mails schreiben. Alles ohne überflüssige Erklärungen und zum direkten Nachmachen, Schritt für Schritt und Bild für Bild.

Unser Autor Robert Klaßen führt Sie durch Windows 7 und zeigt Ihnen, wie Sie die alltäglichen Aufgaben mit dem System meistern. Dabei liegt es ihm am Herzen, praktisch und verständlich zu sein und Ihnen so die perfekte Anleitung an die Hand zu geben, die Ihnen dabei hilft, Windows im Alltag ohne Hindernisse nutzen zu können.

Dieses Buch wurde mit größter Sorgfalt geschrieben und hergestellt. Sollten Sie dennoch einmal Fehler finden oder inhaltliche Anregungen haben, freue ich mich, wenn Sie mit mir in Kontakt treten. Für konstruktive Kritik bin ich dabei ebenso dankbar wie für lobende Worte. Zunächst aber wünsche ich Ihnen viel Freude beim Lesen!

Ihr Jan Watermann
Lektorat
Vierfarben Verlag
c/o Galileo Press GmbH
Rheinwerkallee 4
53227 Bonn

Inhalt

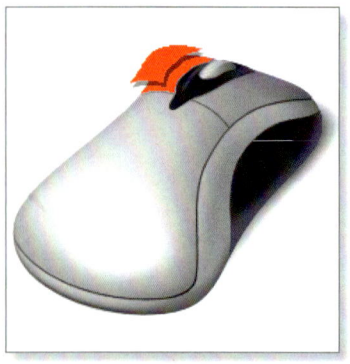

1 So bedienen Sie Ihren Computer 12

Die Funktion der Maus:
Mausklick, Rechtsklick, Doppelklick 14
So funktioniert das TouchPad 16
So funktioniert die Tastatur 18
Die Ansicht der Systemsteuerung umstellen 20

2 Was ist wo in Windows 7? 22

Den Desktop kennenlernen 24
Das »Fenster«-Konzept 26
Die Tastatur konfigurieren 28
Die Maus konfigurieren 30
Fenster anordnen 32
Zwischen Fenstern navigieren 34
Programme starten und schließen 36
Die Windows-Hilfe aufrufen 38
Den Computer herunterfahren 39

3 Mein Windows 7. Persönliche Anpassungen 40

Desktop-Symbole verändern 42
Den Desktop-Hintergrund verändern 44
Die Fensterdarstellung verändern 46
Bildschirmschoner einrichten 48
Taskleiste einrichten 52
Der Task-Manager 54
Systeminfos einholen 56

Inhalt

Die Systemsteuerung 58
Der Geräte-Manager 60
Ein Passwort einrichten 62
Benutzerkonto einrichten 64
Benutzersymbol anpassen 66
Energieoptionen 68
Systemdateien ein-/ausblenden 70
Schriftgröße ändern 71

4 Windows 7 Tag für Tag. Wichtige Aufgaben 72

Öffnen, speichern, schließen 74
Abgestürzte Programme schließen 76
Ordner erzeugen 77
Ausschneiden, kopieren, einfügen 78
Ordneransicht ändern 80
Dateien und Ordner suchen 81
Bibliotheksordner kennenlernen 82
Verknüpfungen erzeugen 86
Objekte löschen und Papierkorb leeren 88
Texte verfassen 90
Kurznotizen erstellen 96
Journalnotizen erstellen 98
Datei- und Ordnereigenschaften anzeigen 100
Der Explorer 102
Dateien komprimieren und dekomprimieren 108
Dateitypen anzeigen 110

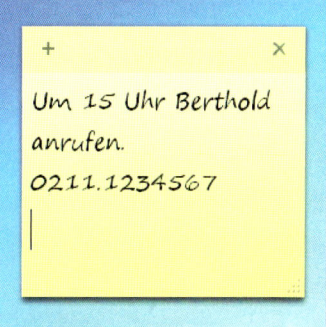

Inhalt

5 Weitere Geräte anschließen 112

Drucker anschließen 114
Netzwerkdrucker einrichten 118
Drucker auf Funktion prüfen 120
Standarddrucker einrichten 122
Drucker entfernen 123
Lautsprecher anschließen und einstellen 124
Aufnahme und Wiedergabe testen 128
Eine externe Festplatte hinzufügen 132
Bluetooth-Geräte mit Windows verbinden 136

6 Mit Fotos arbeiten 142

Fotos auf den Rechner übertragen 144
Fotos aus dem Internet 146
Fotos in Windows 7 ansehen 148
Fotos als Diashow ansehen 152
Bildeigenschaften abrufen 154
Foto als Kopie speichern 155
Fotos mit Paint zuschneiden 156
Fotos in anderen Formaten speichern 160
Bildgröße ändern 164
Fotos per E-Mail versenden 166
Bildschirmfotos erzeugen, speichern, bearbeiten 168
Fotos als Desktophintergrund 172
Fotos im Windows Media Center ansehen 174

Inhalt

7 Rund um die Musik 178

Der Windows Media Player in der Übersicht 180
Windows Media Player einstellen 184
Eine Musik-CD wiedergeben 188
Musik von CD kopieren 190
Wiedergabeliste erzeugen 192
Radio und mehr mit dem Windows Media Guide 194
Musik auf Geräte übertragen 196

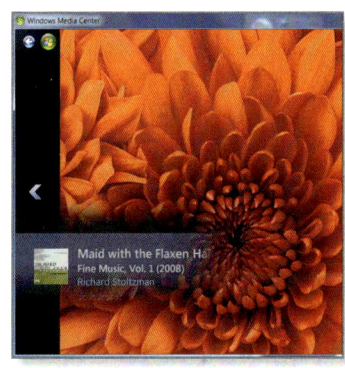

8 Scannen, drucken, brennen 198

Fotos einscannen 200
Mit der Scanner-Software arbeiten 204
Fotos drucken 206
Schnell eine CD oder DVD brennen 210
Eine Musik-CD brennen 214
Eine Diashow mit dem Windows Media Center brennen 218
Eine Diashow brennen mit DVD Maker 224

9 E-Mails einrichten, empfangen, versenden 226

Windows Live Mail herunterladen und installieren 228
Windows Live Mail konfigurieren 232
E-Mails schreiben, senden, löschen 236
Kontakte speichern und verwalten 238
Fotos per E-Mail senden 240
Tipps und Tricks zu Live Mail 242
Eine E-Mail-Signatur erstellen 244

Inhalt

10 Im Internet surfen ... 246

Eine Internet-Verbindung einrichten ... 248
Internet Explorer konfigurieren ... 252
Webseiten besuchen ... 256
Startseite festlegen ... 258
Favoriten speichern ... 260
Suche im Internet ... 262
Webseiten drucken und herunterladen ... 264
Add-ons installieren ... 268

11 Alles unter einem Dach – Netzwerke ... 270

Netzwerk-Grundlagen kennenlernen ... 272
Computer für die Netzwerkeinrichtung vorbereiten ... 274
Den Netzwerk-Router konfigurieren ... 276
Mit dem Netzwerk verbinden ... 278
Netzwerk konfigurieren ... 280
Weitere Computer hinzufügen ... 282
Ordner freigeben und Rechte vergeben ... 284
Arbeitsplatz- und öffentliches Netzwerk ... 286
Remote-Netzwerk erstellen ... 288
Ein Netzwerk deaktivieren oder löschen ... 290
Ein Ad-hoc-Netzwerk einrichten ... 292

12 Sicherheit ... 294

Das System warten ... 296
Ein System-Backup erstellen ... 298
Windows wiederherstellen ... 300

Inhalt

Reparaturdatenträger erstellen 301
Windows Updates 302
Windows Firewall 304
Windows Defender 306

13 Kostenlose Zusatz-Software 308

Programme herunterladen und installieren (AntiVir) ... 310
Avira AntiVir 312
Firefox als Alternative zum Internet Explorer 316
Thunderbird als Alternative zu Live Mail 318
CDBurnerXP als Alternative zum Windows
Brennprogramm 322

14 Tipps und Tricks für Fortgeschrittene ... 324

Software ordnungsgemäß deinstallieren 326
Systeminformationen einholen 328
Festplatten defragmentieren 330
Aufgaben planen 332
Festplatten umbenennen 336
Festplatten formatieren und partitionieren 338
Auto-Start-Optionen 340
Die Systemkonfiguration 344

Glossar 346

Index 352

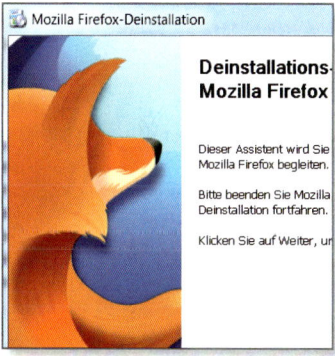

Kapitel 1:
So bedienen Sie Ihren Computer

Ihren Rechner steuern Sie mit Tastatur, Maus oder – falls es ein Laptop, Notebook oder Netbook ist – auch mit dem sogenannten TouchPad. Bevor es losgeht, sollten Sie natürlich wissen, wie Sie diese Eingabegeräte bedienen. Außerdem sind einige kleinere Voreinstellungen hilfreich, durch die Sie in diesem Kapitel geführt werden.

❶ Maus, Tastatur und TouchPad
Maus und Tastatur sind die Hauptgeräte zur Bedienung Ihres Windows-Rechners. Sie besitzen einen Laptop, ein Notebook oder Netbook? Dann können Sie alternativ auch das eingebaute TouchPad nutzen. Wie Sie mit diesen Geräten umgehen, erfahren Sie ebenfalls in diesem Kapitel.

❷ Die Ansicht der Systemsteuerung
In diesem Buch werden Sie ab und zu in der Systemsteuerung, der »Schaltzentrale« von Windows 7 arbeiten. Dort lassen sich alle Einstellungen vornehmen, mit denen Sie das System auf Ihre Bedürfnisse zuschneiden können. Damit Sie dort leichter die gesuchten Einstellmöglichkeiten finden, zeige ich Ihnen in diesem Kapitel, wie Sie die Ansicht umstellen.

❷ Die Ansicht der Systemsteuerung

❶ Maus, Tastatur und TouchPad

Die Funktion der Maus:
Mausklick, Rechtsklick, Doppelklick

Bevor es losgeht, hier eine kurze Einweisung in Sachen Mausbedienung. Wer damit schon Erfahrung hat, kann diesen Abschnitt natürlich überspringen.

Schritt 1

Wenn Sie die Maus verschieben, wandert der Zeiger auf dem Bildschirm entsprechend mit. Sie können auf diese Weise bestimmte Bereiche des Bildschirms aufsuchen und anschließend dort Aktionen ausführen.

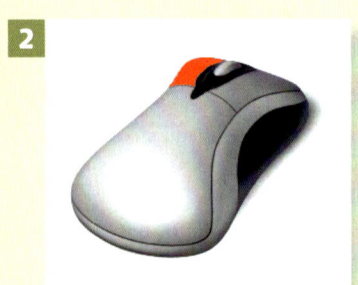

Schritt 2

Sie führen eine Aktion aus, indem Sie mit dem Zeigefinger auf die linke obere Taste klicken. Das ist der herkömmliche Mausklick.

Schritt 3

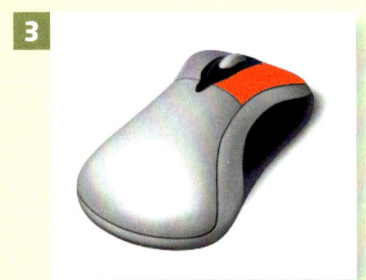

Mitunter ist ein rechter Mausklick erforderlich. Dazu drücken Sie die rechte Taste herunter und lassen sie anschließend wieder los. Diese Art der Betätigung wird auch Rechtsklick genannt.

Kapitel 1: So bedienen Sie Ihren Computer

Schritt 4

Wenn ein Doppelklick erwartet wird, müssen Sie zweimal schnell hintereinander auf die linke Taste drücken.

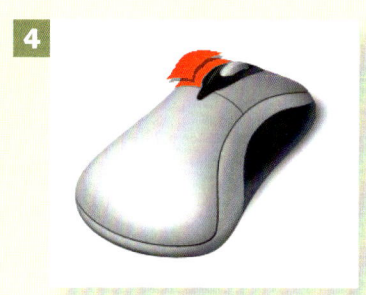

Schritt 5

Zwischen den beiden erwähnten Tasten befindet sich bei vielen Mäusen das sogenannte Scrollrad ❶. Drehen Sie das Rad, lässt sich der Inhalt eines geöffneten Fensters nach oben oder unten verschieben.

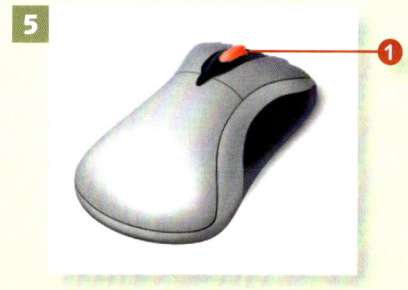

Plug-and-play

Bei einer Maus handelt es sich, ebenso wie bei einer Tastatur, um Plug-and-play-Gerät. Das bedeutet: mit dem Computer verbinden und loslegen. Dennoch können die Geräte danach auch noch konfiguriert werden. Hierüber gibt Kapitel 2, »Was ist wo in Windows?«, Aufschluss.

So funktioniert das TouchPad

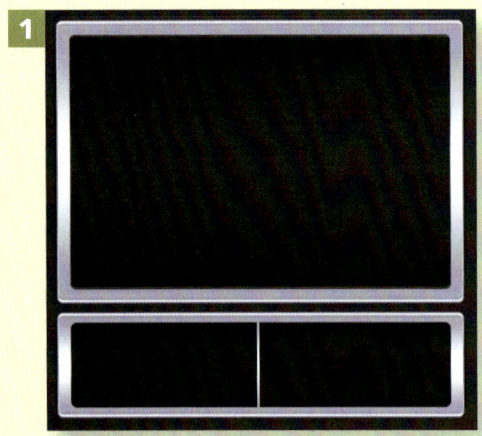

Tragbare Computer werden in der Regel nicht mit einer Maus, sondern via TouchPad bedient. Der Einsteiger wird sich schnell an das neue Gefühl gewöhnen.

Schritt 1

Das TouchPad ist fester Bestandteil eines tragbaren Rechners (Notebook, Netbook, Laptop). Sie können damit die gleichen Funktionen ausführen wie mit einer Maus.

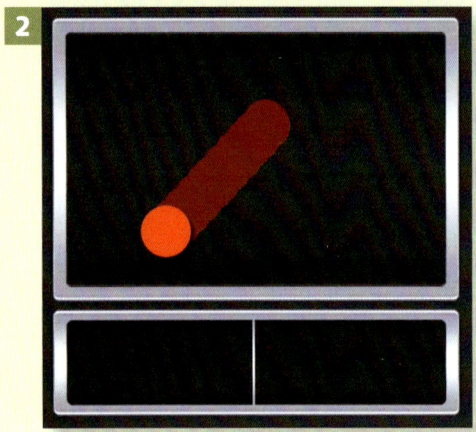

Schritt 2

Um den Mauszeiger zu bewegen, legen Sie einen Finger auf die große Fläche und schieben in die gewünschte Richtung. Halten Sie permanent Kontakt mit dieser Fläche. Wenn Sie den Finger anheben, bleibt der Zeiger stehen.

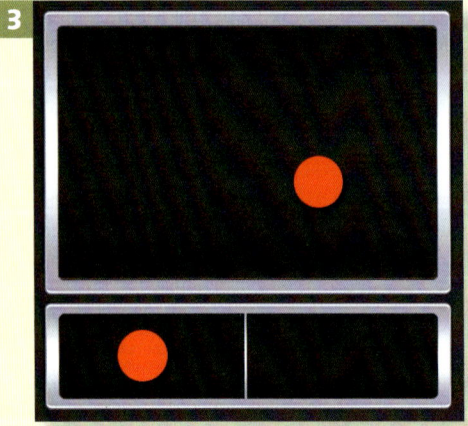

Schritt 3

Einen linken Mausklick führen Sie aus, indem Sie mit dem Finger kurz auf die große Fläche tippen. Alternativ können Sie das linke Tastenfeld herunterdrücken.

Kapitel 1: So bedienen Sie Ihren Computer

Schritt 4

Einen Doppelklick setzen Sie, indem Sie zweimal schnell hintereinander eine der beiden Flächen ❶ oder ❷ antippen. Hier ist etwas Fingerspitzengefühl verlangt, der Abstand zwischen den Berührungen darf nicht zu lang, aber auch nicht zu kurz sein.

Schritt 5

Zuletzt fehlt noch der Rechtsklick. Diesen platzieren Sie auf der rechten kleinen Fläche.

Schritt 6

Wenn Sie die Funktion des Mausrades nachvollziehen wollen, ziehen Sie mit zwei Fingern über die große Fläche. Wenn das nicht funktioniert, wundern Sie sich nicht. Denn dann besitzen Sie vielleicht ein etwas älteres Modell. Nur moderne TouchPads unterstützen diese Funktion.

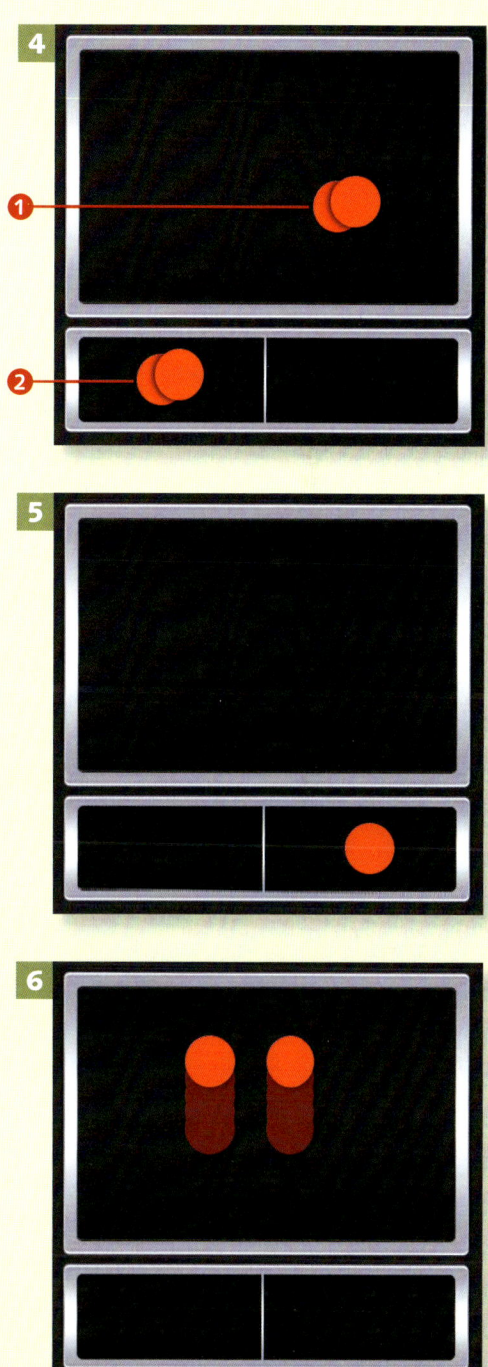

So funktioniert die Tastatur

Die Tastatur ist ein weiteres, ausgesprochen wichtiges Eingabegerät neben Maus oder TouchPad. Lernen Sie hier einige grundlegende Anwendungsgebiete kennen.

Schritt 1

Tastaturen sind, genauso wie Mäuse, Plug-and-play-Geräte. Das bedeutet: einstecken und loslegen. Sie können bereits mit der Tastatur arbeiten, ohne diese konfigurieren zu müssen.

Schritt 2

Drücken Sie auf ⇧ ❶ und halten Sie diese Taste gedrückt, wenn Sie anschließend Großbuchstaben eintippen wollen. Die Tasten Strg ❷ + Alt ❸ sind für sogenannte Tastenkombinationen vorgesehen.

Schritt 3

Eine Tastenkombination ist nichts anderes als ein Kurzbefehl zur Ausführung eines bestimmten Befehls. Wenn es z. B. heißt: Drücken Sie Strg + N, dann betätigen Sie zunächst Strg ❹. Halten Sie diese Taste fest. Danach drücken Sie kurz N ❺ und lassen danach beide Tasten wieder los.

Rückgängig machen
Eine besonders wichtige Tastenkombination ist Strg + Z. Damit können Sie einen ausgeführten Befehl in fast allen Programmen wieder rückgängig machen.

Kapitel 1: So bedienen Sie Ihren Computer

Schritt 4

Auf der Oberfläche Ihres Computers hat sich dadurch ein Fenster geöffnet. Schließen Sie es, indem Sie auf den kleinen X-Knopf oben rechts klicken.

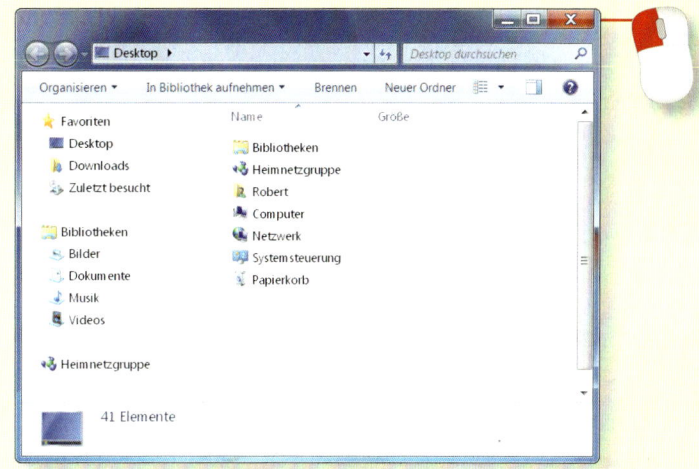

Schritt 5

Ganz oben auf Ihrer Tastatur befinden sich Funktionstasten. Diese sind alle mit dem Buchstaben »F« und einer Ziffer bezeichnet und sollen die Bedienung erleichtern. Wenn Sie beispielsweise die Hilfe von Windows aufrufen möchten, drücken Sie F1 ❻.

Schritt 6

Schließen Sie die Hilfe, indem Sie auch hier das Kreuzsymbol mit einem linken Mausklick versehen.

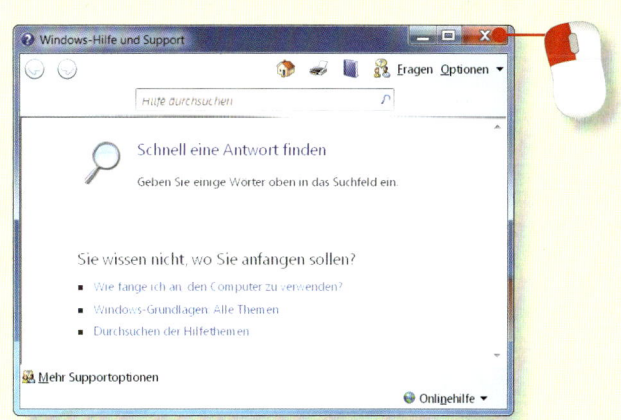

Die Ansicht der Systemsteuerung umstellen

In diesem Buch werden Sie immer wieder mit der Systemsteuerung konfrontiert. Damit Sie die Änderungen und Einstellungen, die Sie dort vornehmen müssen, leichter finden, nehmen wir bereits jetzt eine kleine Änderung in der Ansicht vor.

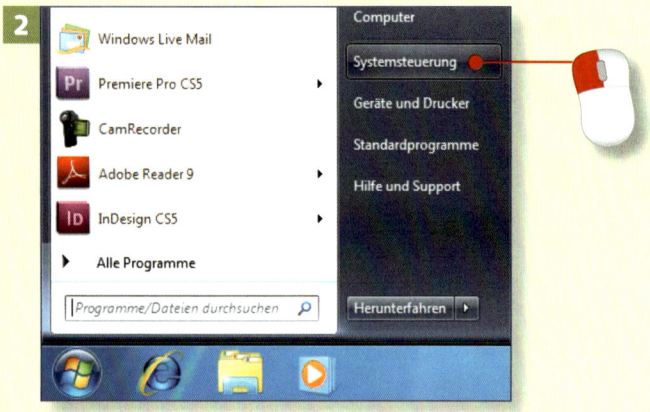

Schritt 1

Klicken Sie unten links in der Taskleiste auf die Start-Schaltfläche.

Schritt 2

Das Menü, das sich daraufhin ausklappt, ist das sogenannte Startmenü. Fahren Sie mit der Maus nach oben und nach rechts und betätigen Sie die Schaltfläche **Systemsteuerung**.

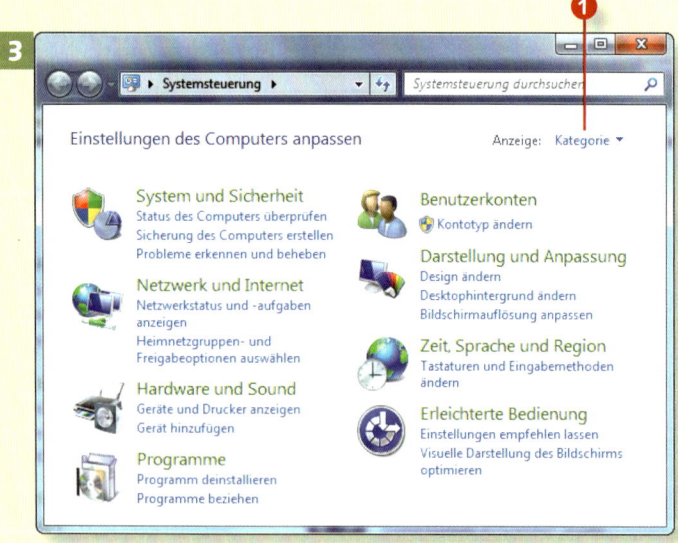

Schritt 3

Es öffnet sich daraufhin ein Fenster, in dem die Anzeige **Kategorie** angeboten wird. Sie können das oben rechts ablesen ❶.

Kapitel 1: So bedienen Sie Ihren Computer

Schritt 4

Wenn Sie mit der Maus auf den Text **Kategorie** klicken, klappt ein sogenanntes Pulldown-Menü auf.

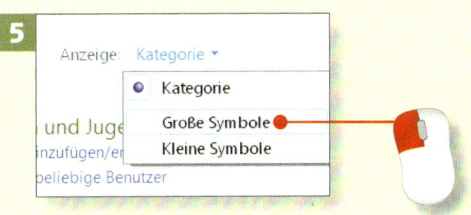

Schritt 5

Lassen Sie die Maustaste los und fahren Sie bis auf den Listeneintrag **Große Symbole** herunter. Dort führen Sie abermals einen Mausklick aus. Das Menü klappt anschließend automatisch zu.

Schritt 6

Beachten Sie die geänderte Darstellung des Fensterinhalts. Mit dieser Darstellung wollen wir im Buch arbeiten, da in der Kategorie-Ansicht zunächst nicht alle Optionen zur Verfügung stehen. Schließen Sie das Fenster, indem Sie auf die rote X-Schaltfläche oben rechts klicken.

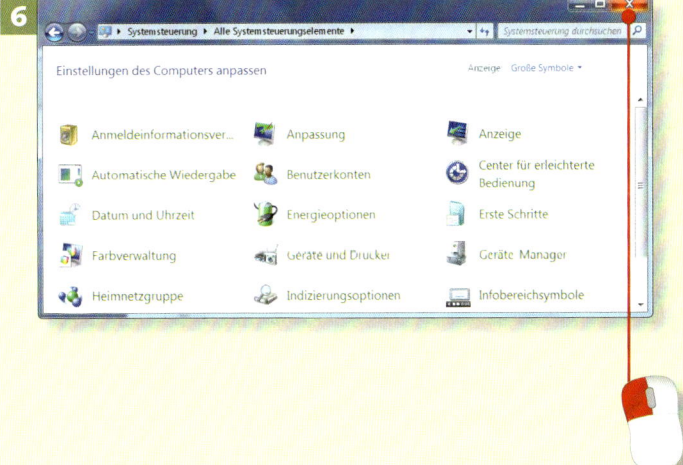

21

Kapitel 2:
Was ist wo in Windows 7?

Windows 7 ist installiert und präsentiert Ihnen den »Desktop«, den Schreibtisch des Systems, von dem ausgehend Sie nun Ihre Arbeiten vornehmen. Sicherlich möchten Sie jetzt einige Programme ausprobieren. Sie erhalten in diesem Kapitel eine kleine Einführung in den Umgang mit Programmen, sehen, wie Sie Programme öffnen, wieder schließen und die verschiedenen Fenster organisieren, in denen die Programme zu sehen sind.

❶ Programme starten und schließen
Wo Sie die Programme von Windows 7 finden und wie Sie diese Programme starten und auch wieder beenden, sehen Sie in den folgenden Abschnitten.

❷ Mit Fenstern umgehen
Windows 7 startet alle Programme in sogenannten Fenstern und kann sehr leicht mit mehreren bereits gestarteten Programmen umgehen. Gerade das macht ja oft auch den Reiz aus, denn Sie können leicht zwischen zwei oder auch mehreren Programmen hin- und herwechseln. Windows 7 hält einige Hilfen bereit, die den Umgang mit mehreren Fenstern erleichtern.

❸ Den Computer ausschalten
Die Arbeit ist getan und Sie möchten Ihrem Rechner und vielleicht auch sich selbst etwas Ruhe gönnen? Gerne! Nur vergessen Sie nicht, den Rechner auszuschalten, indem Sie ihn »herunterfahren«.

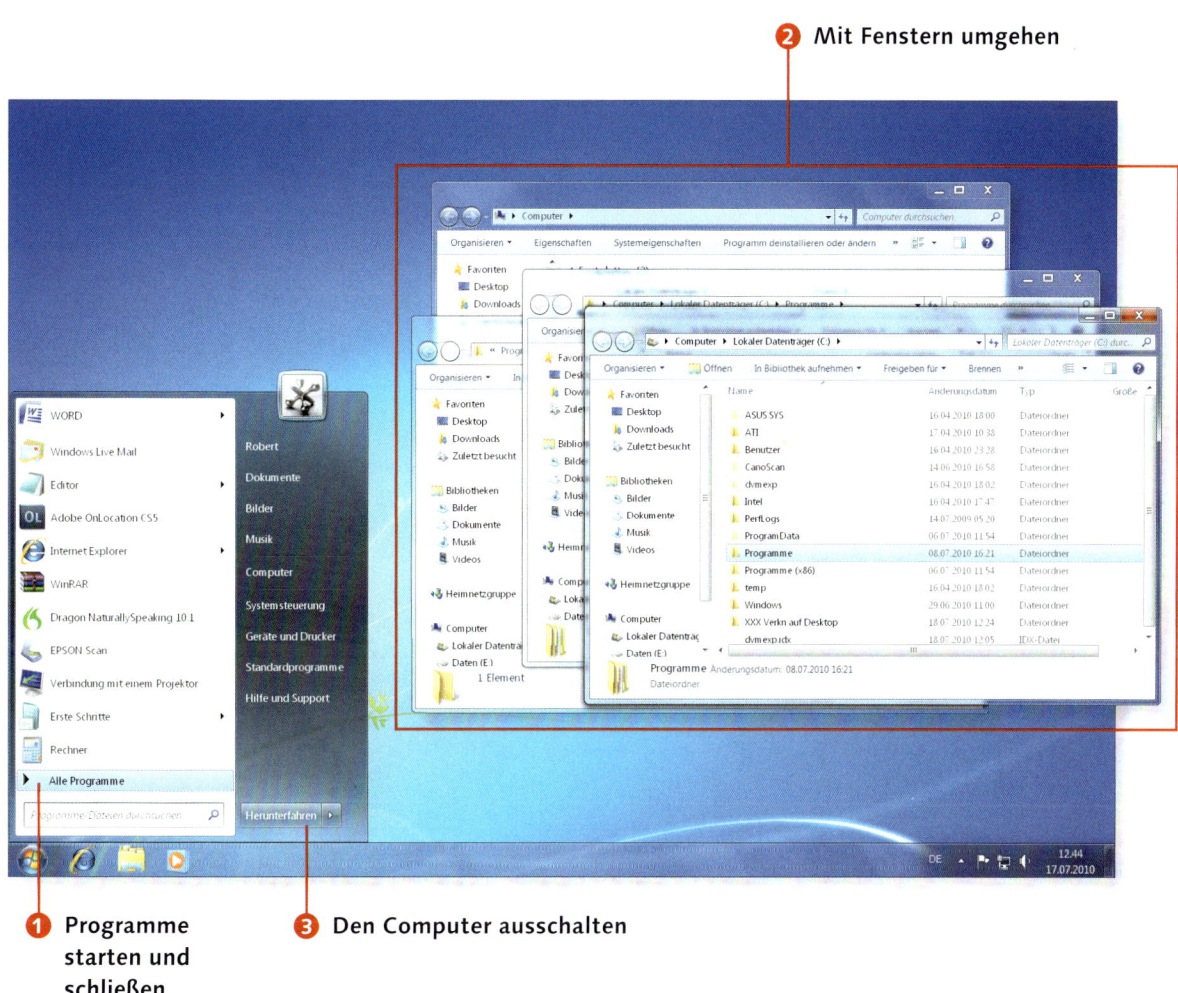

❷ Mit Fenstern umgehen

❶ Programme starten und schließen

❸ Den Computer ausschalten

Den Desktop kennenlernen

Bevor Sie mit der Arbeit in Windows 7 beginnen, sollten Sie sich mit der Oberfläche vertraut machen. Außerdem werden Sie hier Begriffe kennenlernen, die im Zusammenhang mit der Bedienung sehr wichtig sind.

Schritt 1

Nachdem Sie den Rechner eingeschaltet haben, müssen Sie sich einen Moment gedulden, ehe Windows betriebsbereit ist. Kurze Zeit später erscheint die Oberfläche Ihres Betriebssystems, der »Desktop«.

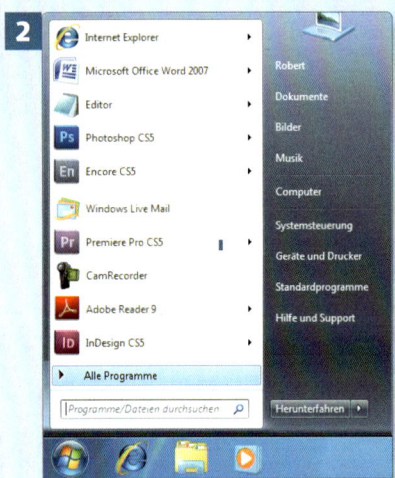

Schritt 2

Ganz unten am Bildrand befindet sich die Taskleiste. Hier ist zunächst der untere linke Knopf von Bedeutung, die Start-Schaltfläche. Dort haben Sie Zugriff auf Programme und die Einstellungen des Systems.

Schritt 3

Gleich neben der Start-Schaltfläche sind weitere Schaltflächen zu finden ❶. Diese gestatten einen schnellen Zugriff auf häufig verwendete Programme und Verzeichnisse. Geöffnete Programme werden hier ebenfalls angezeigt.

Schaltflächen

Ein Knopf, den Sie auf der Arbeitsoberfläche finden, wird auch als »Button« oder »Schaltfläche« bezeichnet.

Kapitel 2: Was ist wo in Windows 7?

Schritt 4

Unten rechts befinden sich systemrelevante Elemente, die durch einen linken Mausklick zugänglich gemacht werden können. Hier erhalten Sie beispielsweise Zugriff auf Internet-Verbindungen oder die Systemuhr.

Schritt 5

Ein auf die zuvor beschriebene Weise geöffnetes Fenster schließen Sie wieder, indem Sie einen Mausklick auf einen freien Bereich des Desktops platzieren.

Schritt 6

In der Mitte des Desktops befinden sich weitere Schaltflächen wie z. B. der Papierkorb. Hier platzierte Elemente werden in der Regel per Doppelklick aktiviert.

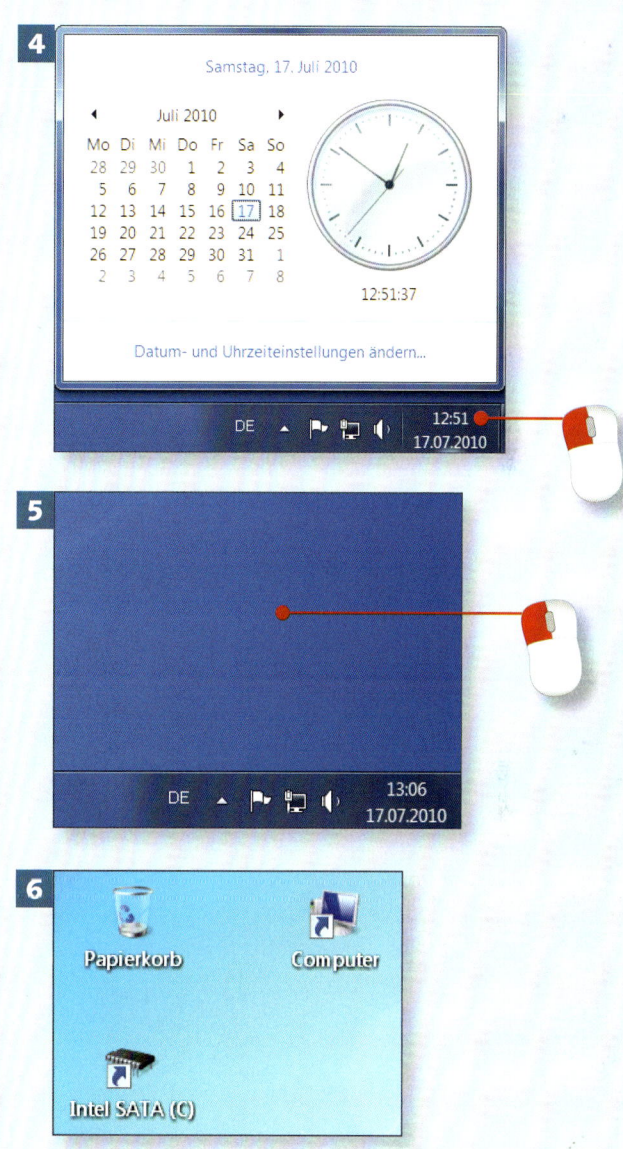

Symbole

Die Desktop-Symbole (siehe Schritt 6) können bei Ihnen anders aussehen als hier abgebildet. Deren Erscheinungsbild ist nämlich individuell einstellbar. Mehr dazu ab Seite 42, im Abschnitt »Desktop-Symbole verändern«.

Das »Fenster«-Konzept

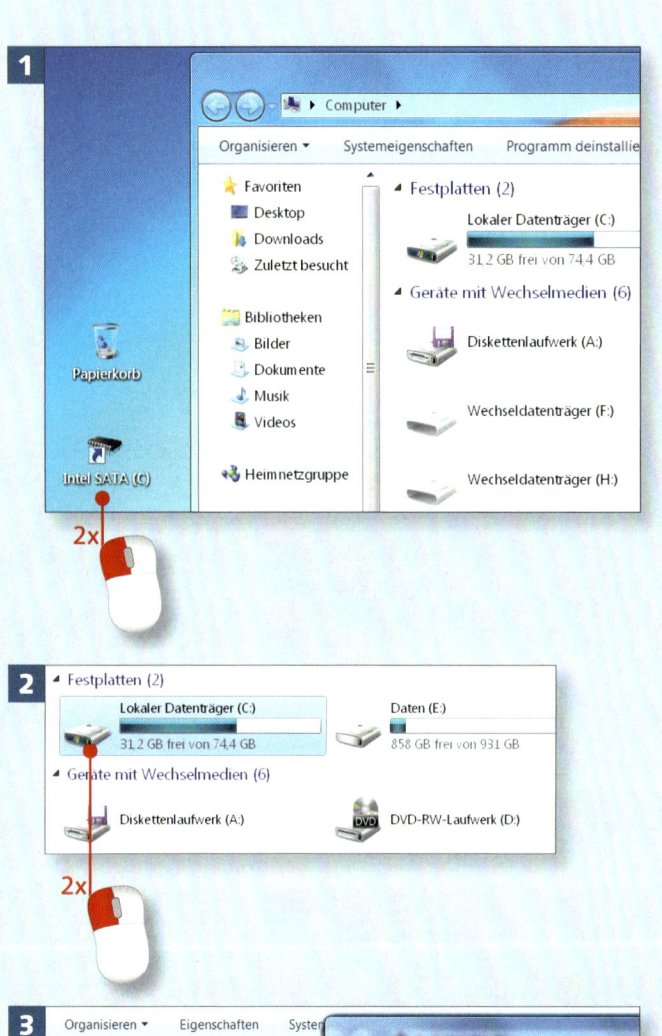

Windows macht seinem Namen alle Ehre. Denn alles spielt sich hier irgendwie in Fenstern ab. Das ist zumindest dann der Fall, wenn Sie über den Desktop hinaus weitere Bereiche öffnen.

Schritt 1

Die auf dem Desktop befindlichen Elemente lassen sich öffnen, indem Sie einen Doppelklick auf das entsprechende Symbol setzen. Ein solches Symbol wird übrigens auch »Icon« genannt.

Schritt 2

Dadurch wird ein neues Fenster geöffnet. Setzen Sie anschließend einen Doppelklick auf ein Symbol, das sich innerhalb dieses Fensters befindet. Hier ist es der »Lokale Datenträger C:«. Der Inhalt des Fensters wird dann entsprechend aktualisiert.

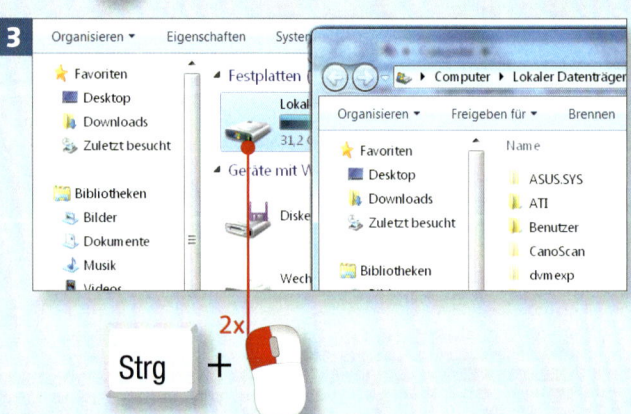

Schritt 3

Alternativ zu Schritt 2 können Sie auch Strg gedrückt halten und danach einen Doppelklick auf **Lokaler Datenträger C** setzen. Das hat dann zur Folge, dass der Inhalt in einem neuen Fenster angezeigt wird. Lassen Sie Strg erst nach dem Doppelklick wieder los.

Kapitel 2: Was ist wo in Windows 7?

Schritt 4

Ein geöffnetes Fenster kann minimiert werden. Das bedeutet: Es bleibt aktiv, wird aber daraufhin lediglich als Symbol in der Taskleiste angezeigt. Betätigen Sie dazu die Minimieren-Schaltfläche oben rechts im Fenster.

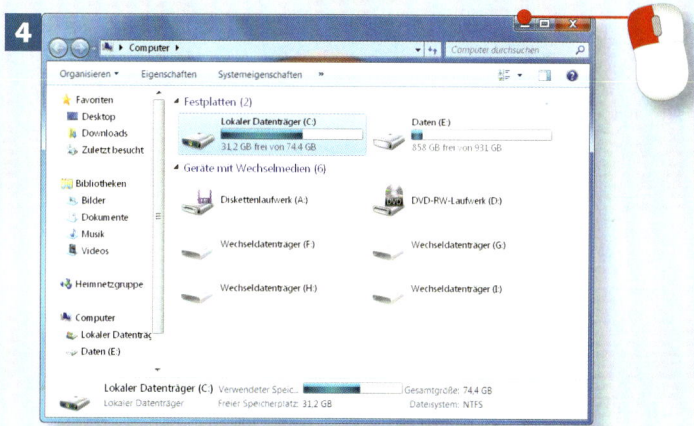

Schritt 5

Um ein minimiertes Fenster wiederherzustellen, gehen Sie auf das entsprechende Symbol in der Taskleiste und klicken darauf. Sind mehrere Fenster aktiv, wird für jedes Fenster eine Miniatur ❶ präsentiert. Ein Klick auf die gewünschte Miniatur stellt das Fenster wieder her.

Schritt 6

Schließen Sie das Fenster, indem Sie die Schließen-Schaltfläche oben rechts betätigen. Mit der links daneben befindlichen Schaltfläche ❷ lässt sich das Fenster übrigens bildschirmfüllend darstellen bzw. wieder auf die ursprüngliche Größe reduzieren.

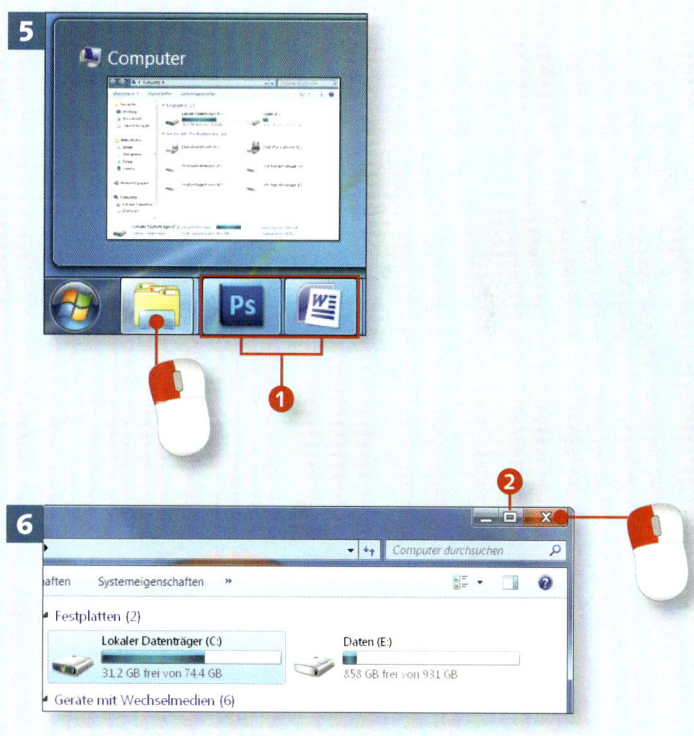

Die Tastatur konfigurieren

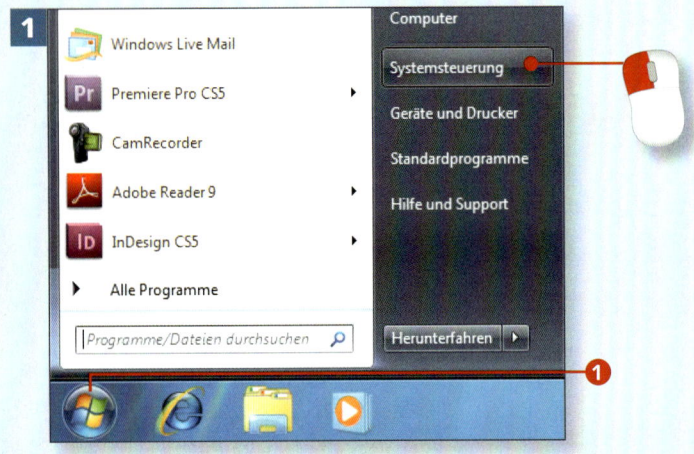

Tastaturen sind in der Regel gleich nach dem Anschließen einsatzbereit: Plug-and-play macht dies möglich. Trotzdem sollten Sie das Gerät nach Ihren Wünschen konfigurieren und an persönliche Vorlieben anpassen.

Schritt 1

Nachdem Sie die Tastatur angeschlossen haben, gehen Sie über **Start** ❶ in die **Systemsteuerung**.

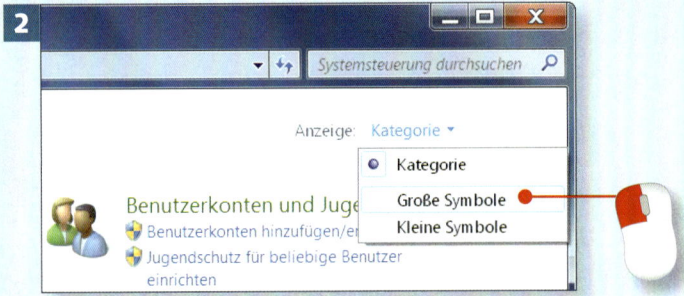

Schritt 2

Sollte die Anzeige oben links auf **Kategorie** stehen (siehe letzter Abschnitt von Kapitel 1), klicken Sie darauf. Im sich öffnenden Menü betätigen Sie danach **Große Symbole**.

Schritt 3

Halten Sie nach dem Eintrag **Tastatur** Ausschau und klicken Sie darauf. Dadurch öffnet sich das Fenster **Eigenschaften von Tastatur**.

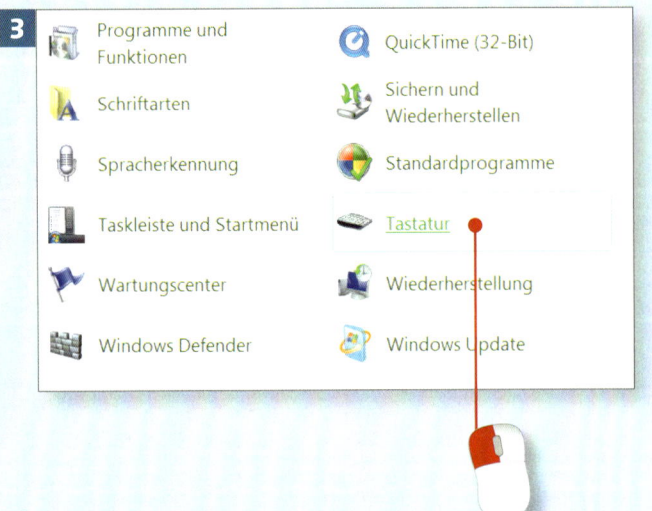

Plug-and-play

Plug-and-play bedeutet sinngemäß: einstecken und loslegen. Der Computer »bemerkt« dabei, dass ein Gerät angeschlossen wurde und installiert automatisch die erforderliche Treiber-Software.

Kapitel 2: Was ist wo in Windows 7?

Schritt 4

Mit dem obersten Regler ❷ stellen Sie ein, wie viel Zeit zwischen der Produktion des ersten und zweiten Zeichens vergehen soll, wenn Sie eine Taste gedrückt halten. Mit dem unteren Schieber ❸ regeln Sie die Geschwindigkeit, mit der die Zeichen wiederholt werden, indem Sie eine beliebige Taste gedrückt halten.

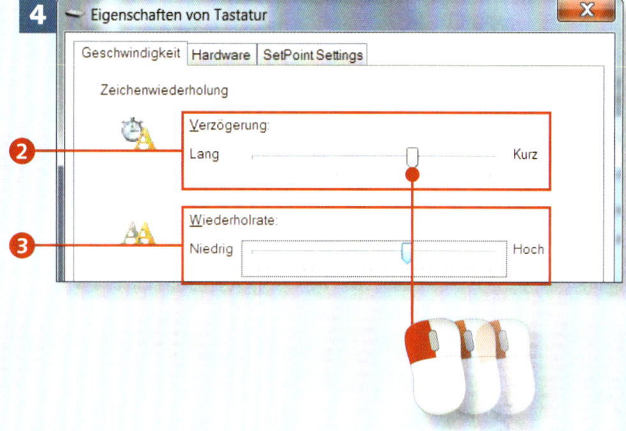

Schritt 5

Klicken Sie in das Eingabefeld, halten Sie eine beliebige Zeichentaste gedrückt und kontrollieren Sie, ob Sie mit den zuvor gemachten Einstellungen zufrieden sind. Wenn nicht, wiederholen Sie Schritt 3 und/ oder 4.

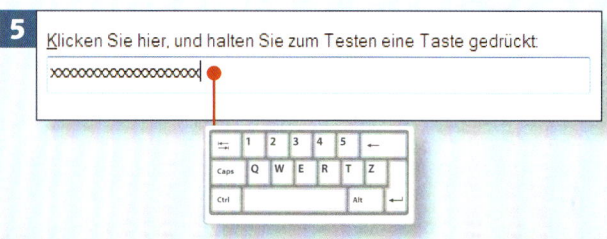

Schritt 6

Zuletzt sollten Sie den untersten Regler benutzen. Dieser stellt die Blinkgeschwindigkeit des Cursors dar, wenn der PC auf die Tastatureingabe wartet. Links neben dem Schieber lässt sich die Geschwindigkeit kontrollieren ❹.

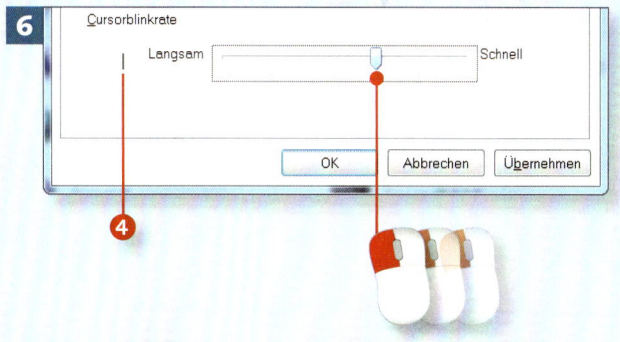

Mitgelieferte Software

Modernen, komfortablen Tastaturen liegt meist eine Software bei, mit der weitere Einstellungen vorgenommen werden können, z. B. Belegung einzelner Tasten. Diese muss dann allerdings manuell installiert werden.

Die Maus konfigurieren

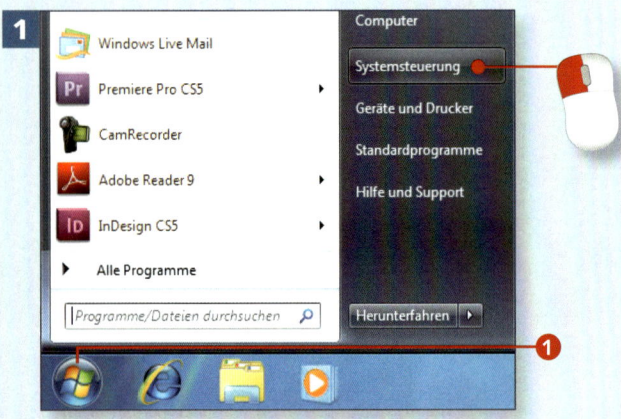

Als Nächstes wird die Maus eingestellt. Dazu müssen Sie abermals Einstellungen in der Systemsteuerung vornehmen. Am Schluss sollten Sie das Zeigegerät dann noch testen.

Schritt 1

Gehen Sie auf das Startsymbol von Windows ❶ und entscheiden Sie sich für den Eintrag **Systemsteuerung**.

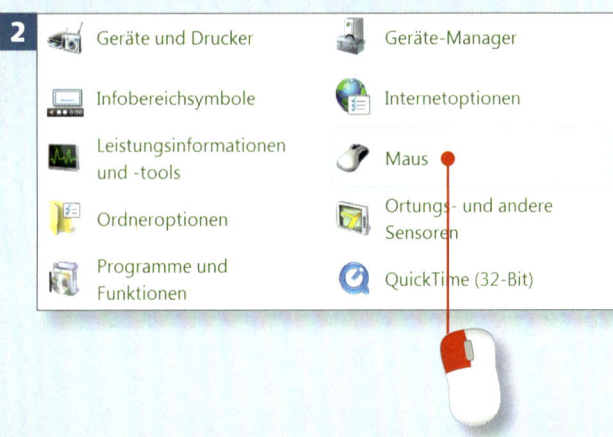

Schritt 2

Suchen Sie den Eintrag **Maus** und klicken Sie diesen an. Danach öffnet sich das Fenster **Eigenschaften von Maus**.

Schritt 3

Für Linkshänder ist das oberste Kästchen interessant (das ist eine sogenannte »Checkbox«). Wenn Sie die linke und rechte Maustaste vertauschen wollen, klicken Sie in das Kästchen hinein. Rechtshänder lassen die Checkbox inaktiv.

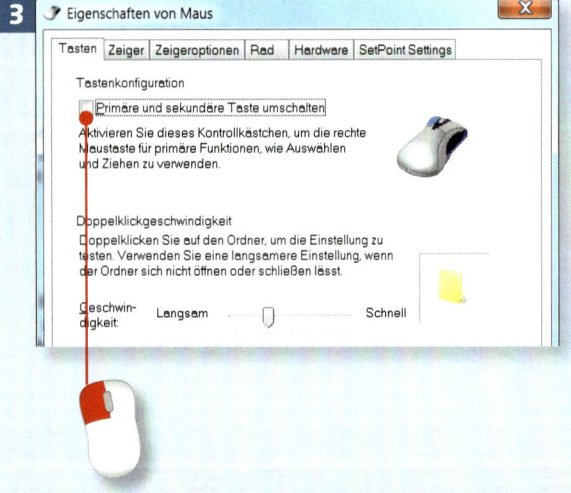

Mitgelieferte Software
Wie bei Tastaturen ist es auch bei höherwertigen Zeigegeräten so, dass eine eigene Software mitgeliefert wird, die Sie installieren sollten. Dadurch sind zusätzliche Einstellungen möglich.

Kapitel 2: Was ist wo in Windows 7?

Schritt 4

Als Nächstes sollten Sie den Schieberegler einstellen, um Windows mitzuteilen, wie weit zwei Mausklicks zeitlich auseinanderliegen dürfen, um als Doppelklick erkannt zu werden. Prüfen Sie die Einstellung auf dem daneben befindlichen Ordner ❷.

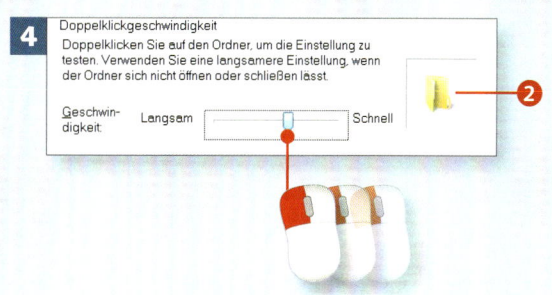

Schritt 5

Wechseln Sie zum Register **Zeigeroptionen**. Ziehen Sie den obersten Schieberegler nach links, wenn die Zeigergeschwindigkeit beim Ziehen der Maus zu schnell ist, bzw. nach rechts, wenn sie zu langsam ist.

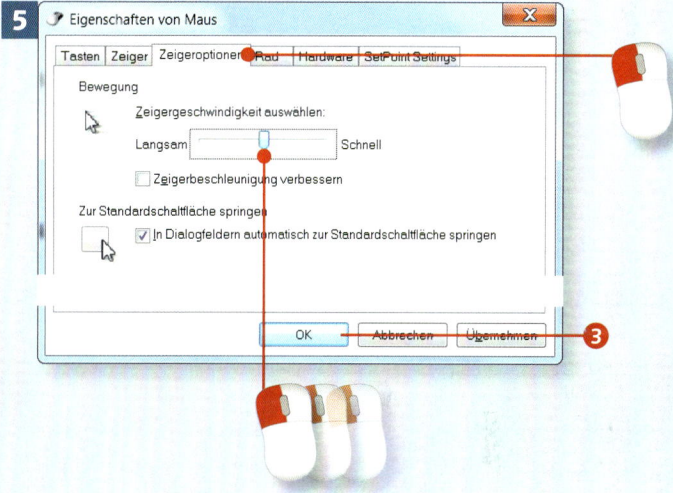

Schritt 6

Verlassen Sie das Dialogfenster mit OK ❸ und prüfen Sie, ob die Maus imstande ist, einen Rechtsklick auszuführen. Betätigen Sie an einer freien Stelle des Desktops die rechte Maustaste. Daraufhin sollte sich das sogenannte *Kontextmenü* öffnen.

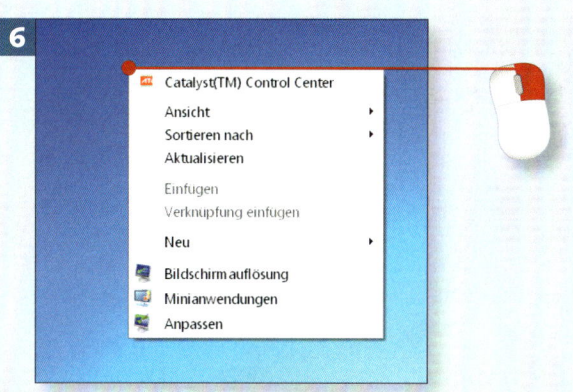

Kontextmenü

Das Kontextmenü kann auf unterschiedlichen Objekten, in Verzeichnissen und innerhalb einer Software geöffnet werden. Darin verbergen sich weitere Befehle und Verknüpfungen.

Fenster anordnen

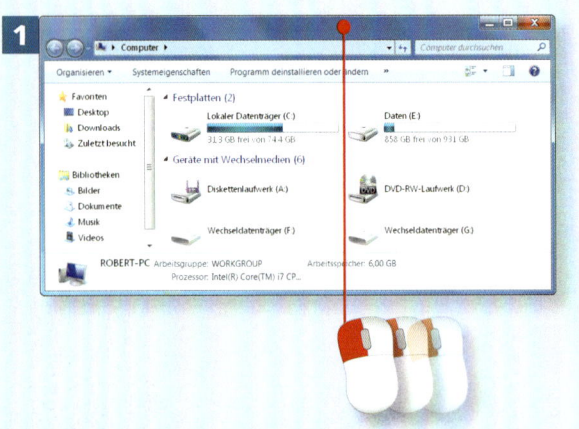

Die von Windows verwendete Position eines Fensters müssen Sie keinesfalls widerspruchslos annehmen. Bestimmen Sie selbst, wo das Fenster positioniert werden soll. Und noch wichtiger: Legen Sie dessen Größe fest.

Schritt 1

Das Fenster lässt sich ganz einfach verschieben. Klicken Sie dazu irgendwo auf die Kopfleiste (nicht auf eine Schaltfläche!), halten Sie die Maustaste gedrückt und verschieben Sie das Fenster nach Wunsch. Danach lassen Sie los.

Schritt 2

Möchten Sie das Fenster breiter ziehen? Dann fahren Sie mit der Maus zu einem der beiden Stege links oder rechts. Der Mauszeiger wird zum Doppelpfeil. Halten Sie die Maustaste gedrückt und fahren Sie mit dem Zeigegerät nach links oder rechts.

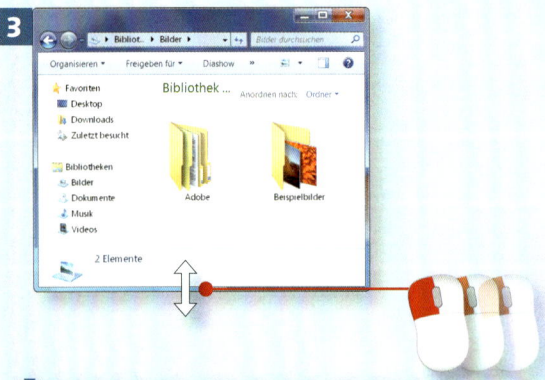

Schritt 3

Auf die gleiche Weise lässt sich ein Fenster auch in der Höhe verändern. Dazu gehen Sie vor, wie in Schritt 2 beschrieben, wobei Sie diesmal den unteren oder den oberen Rand des Fensters benutzen. Achten Sie auch hier wieder auf den Doppelpfeil.

Drag & Drop

Das Ziehen und Fallenlassen eines Gegenstandes zur Änderung der Position, hier ist es ein Fenster, nennt sich »Drag & Drop«.

Kapitel 2: Was ist wo in Windows 7?

Schritt 4

Die in den Schritten 2 und 3 beschriebenen Skalierungen eines Fensters können auch in einem einzelnen Arbeitsgang erledigt werden. Dazu müssen Sie dann die untere rechte Ecke per Drag & Drop verziehen. Der Mauszeiger mutiert in diesem Fall zum diagonalen Doppelpfeil.

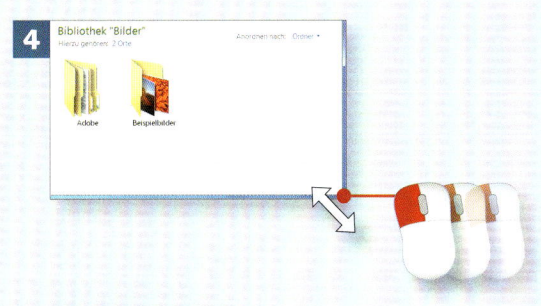

Schritt 5

Sie können ein Fenster prima per Drag & Drop maximieren, indem Sie es an der Kopfleiste anfassen und mit gedrückter Maustaste an den oberen Bildrand ziehen. Dort lassen Sie es fallen.

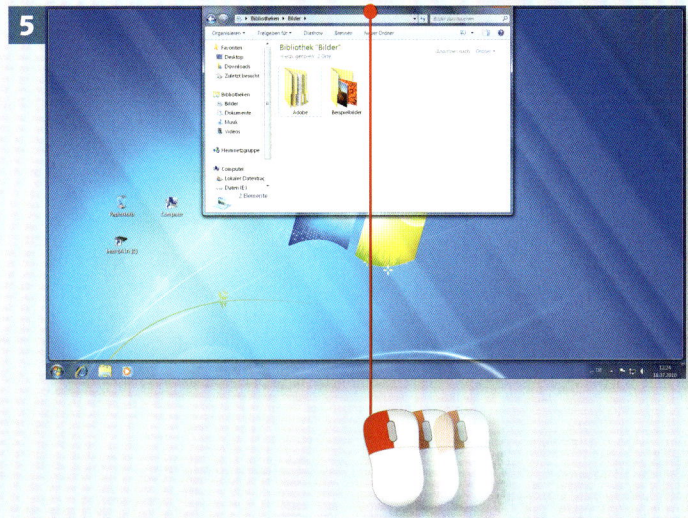

Schritt 6

Um zwei geöffnete Fenster nebeneinander anzuordnen, ziehen Sie am besten eines der Fenster an den linken, das andere an den rechten Bildrand. Beide Fenster nehmen jetzt exakt eine Hälfte des Bildschirms ein.

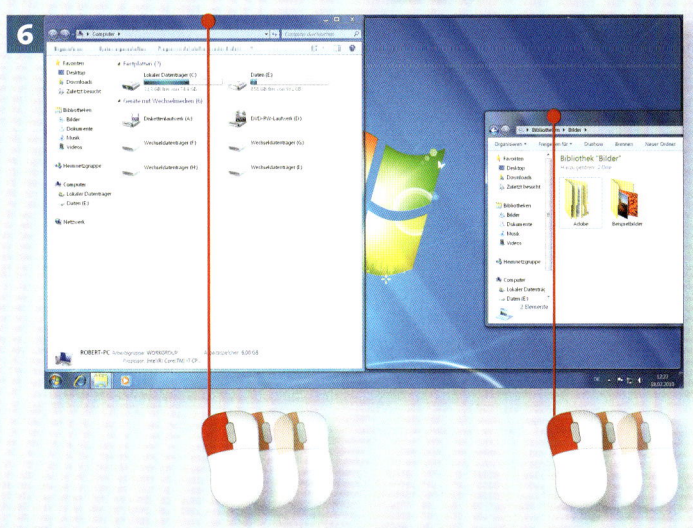

Fenster wiederherstellen

Sobald Sie die Fenster an deren Kopfleisten wieder in die Mitte des Desktops ziehen und dort fallen lassen, wird die zuvor eingestellte Größe wieder hergestellt.

Zwischen Fenstern navigieren

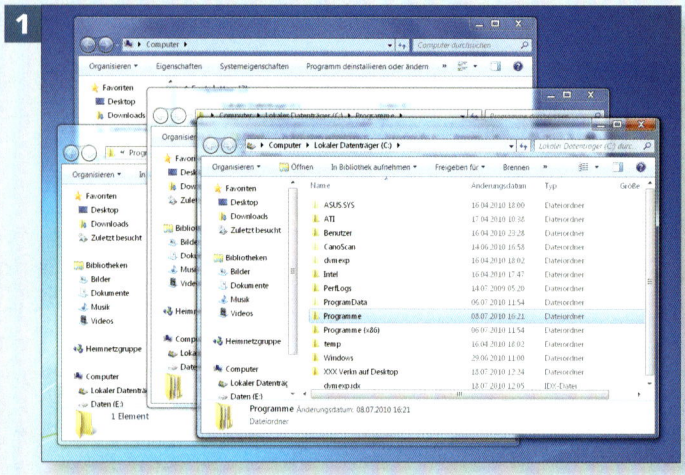

In Windows lassen sich beliebig viele Fenster öffnen. Aber arbeiten können Sie immer nur in einem. Deshalb werden Sie oftmals von Fenster zu Fenster springen wollen.

Schritt 1

Sollten aktuell mehrere Fenster geöffnet sein, lässt sich das jeweils benötigte mit einem einfachen Mausklick darauf nach vorne stellen. Wo Sie den Mausklick hinsetzen spielt keine Rolle. Einzige Ausnahme: Sie dürfen nicht auf die Schaltflächen oben rechts klicken.

Schritt 2

Wenn Sie die Übersicht nicht verlieren wollen, minimieren Sie alle Ordner. Sobald Sie dann einen der Ordner benötigen, zeigen Sie auf das Ordner-Symbol in der Taskleiste. Daraufhin stellen sich die Ordner als Miniaturen dar. Ein Klick dorthin stellt den Ordner wieder her.

Schritt 3

Eine weitere Möglichkeit, schnell das Fenster zu wechseln, ergibt sich durch die Tastenkombination Alt + ⇆. In dieser Ansicht wird für jedes geöffnete Fenster eine Miniatur präsentiert.

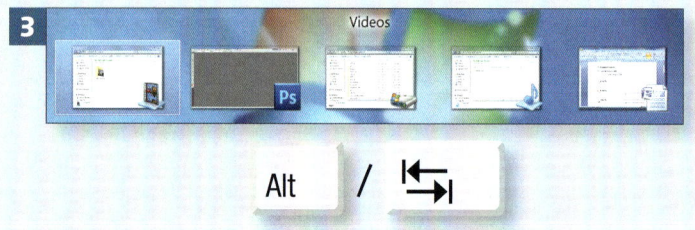

Kapitel 2: Was ist wo in Windows 7?

Schritt 4

Halten Sie jetzt Alt gedrückt und lassen Sie ⇆ los. Bei jeder erneuten Betätigung von ⇆ springt nun der kleine Rahmen, der eine der Miniaturen umgibt, eine Position weiter. Sobald Sie auf der gewünschten Miniatur sind, lassen Sie auch Alt los.

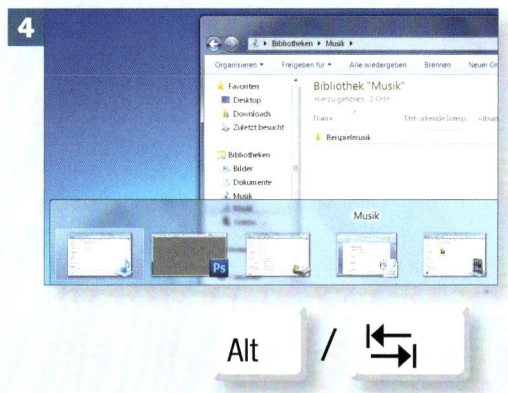

Alt / ⇆

Schritt 5

Eine Alternative zu den Schritten 3 und 4 ist die Verwendung von ⊞ + ⇆. Hierbei werden die Fenster zunächst über dem Desktop aufgefächert.

Schritt 6

Halten Sie ⊞ gedrückt und lassen Sie ⇆ los. Bei jedem anschließenden Druck auf ⇆ werden die Fenster um eine Position nach vorne verlagert. Haben Sie auf diese Weise das richtige Fenster nach vorne gestellt, lassen Sie auch ⊞ los.

⊞ + Tab

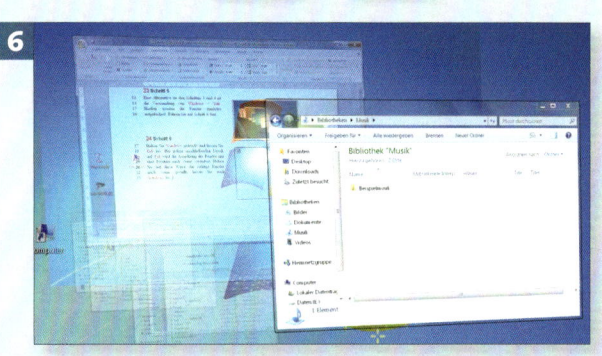

⊞ / Tab

Programme starten und schließen

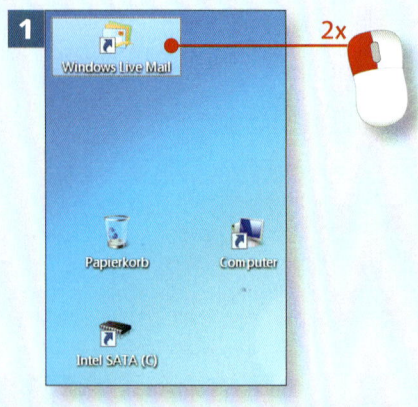

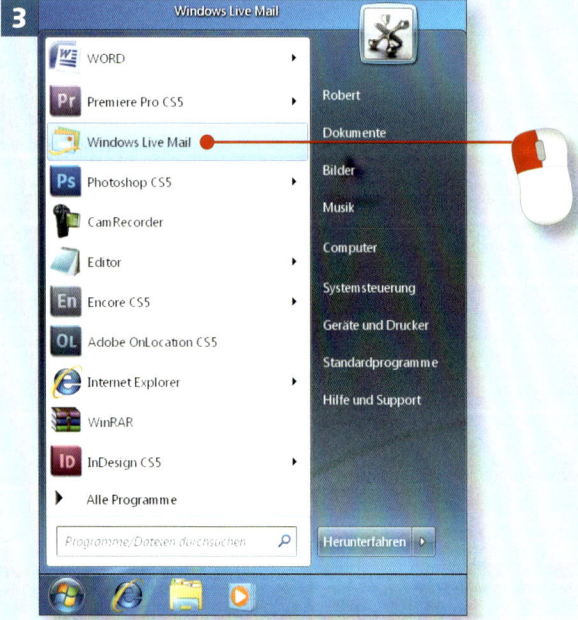

Windows 7 ist gewissermaßen das Herzstück Ihres Computers. Sie werden in der Praxis aber vor allem Programme aufrufen wollen. Wie, verraten Ihnen die folgenden Schritte…

Schritt 1

Viele Programme bringen ein sogenanntes Desktop-Icon, ein kleines Symbol auf der Oberfläche von Windows 7, mit. Ein Doppelklick darauf startet das Programm.

Schritt 2

Falls sich kein Icon auf dem Desktop befindet, betätigen Sie die Schaltfläche **Start** unten links in der Fußleiste.

Schritt 3

Im sogenannten Startmenü finden Sie eine Übersicht häufig benutzter Programme. Wenn Sie einen der Einträge anklicken, öffnet sich das entsprechende Programm.

> **Programmauswahl**
> Windows versucht, anhand Ihres Nutzungsverhaltens häufig benutzte Software entsprechend anzuordnen. Deshalb sieht das Startmenü bei Ihnen vermutlich anders aus.

Kapitel 2: Was ist wo in Windows 7?

Schritt 4

Sollte die gesuchte Software nicht im Startmenü zu finden sein, lassen Sie den Mauszeiger für einen Moment auf **Alle Programme** verweilen oder klicken diese Zeile an.

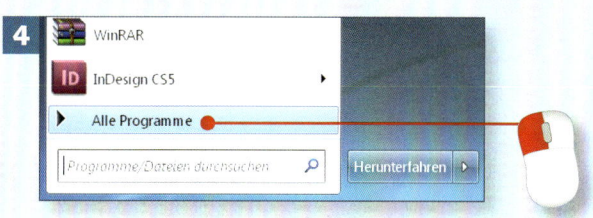

Schritt 5

Die jetzt präsentierte Liste zeigt alle installierten Programme an. Falls erforderlich, müssen Sie auf den Scrollbalken klicken und diesen nach unten bewegen.

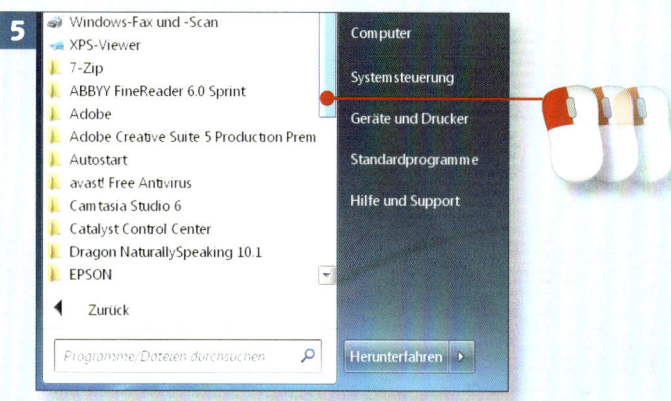

Schritt 6

Wenn Sie die gewünschte Software gefunden haben, klicken Sie den Eintrag an (hier: Windows Media Center ❶). Um die Software später wieder zu schließen, benutzen Sie die bereits bekannte Kreuz-Schaltfläche oben rechts.

Scrollbalken

Die sogenannten Scrollbalken deuten stets darauf hin, dass nicht der gesamte Inhalt eines Bereichs angezeigt werden kann. Damit Sie nun den Ausschnitt dennoch verändern können, müssen Sie den Balken mit gedrückter Maustaste nach oben oder unten schieben.

Die Windows-Hilfe aufrufen

Wenn Sie Unterstützung benötigen, können Sie jederzeit auf die Windows-Hilfe zugreifen. Hier erhalten Sie Tipps und Tricks sowie weiterführende Informationen.

Schritt 1

Wenn Sie sich in einem Ordner befinden, können Sie das kleine Fragezeichen oben rechts betätigen. Dadurch öffnet sich das Hilfe-Fenster.

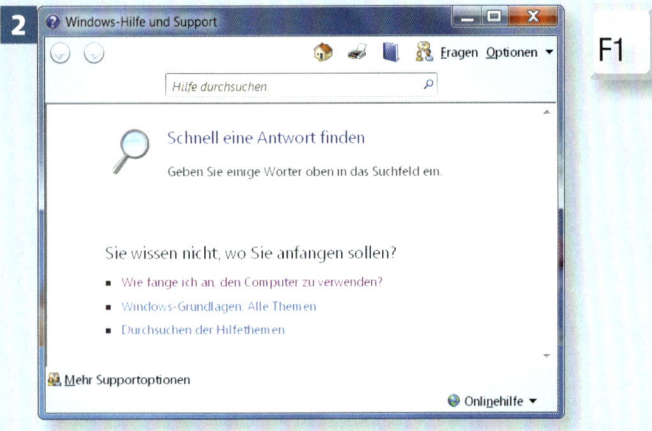

Schritt 2

Eine Alternative zu Schritt 1 ist das Betätigen von F1. Das funktioniert auch vom Desktop aus. (Sollten Sie F1 drücken, während Sie sich in einer Software befinden, wird meist die Hilfe des Programms aktiviert und nicht die von Windows 7.)

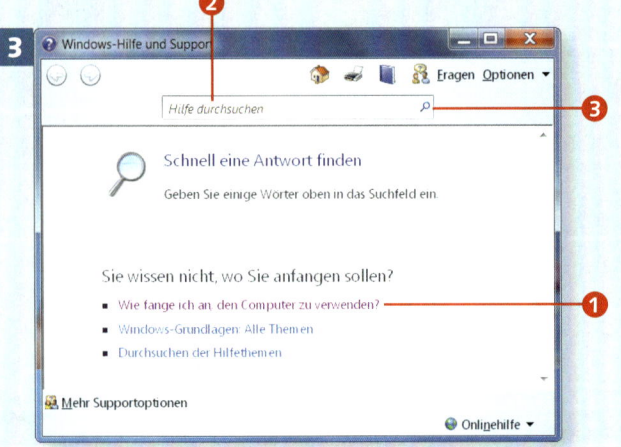

Schritt 3

Von hier aus haben Sie zwei Möglichkeiten: Entweder Sie klicken auf eine der blau eingefärbten Aufzählungen ❶ oder Sie geben oben ein Stichwort ein ❷. Am Ende betätigen Sie das Lupen-Symbol ❸ oder drücken die ⏎ auf Ihrer Tastatur.

Den Computer herunterfahren

Nach getaner Arbeit haben nicht nur Sie, sondern auch Ihr PC ein bisschen Ruhe verdient. Das Herausziehen des Steckers wäre allerdings ein fataler Fehler! Fahren Sie den Computer herunter.

Schritt 1

Schließen Sie alle Programme. Danach klicken Sie auf das Start-Symbol in der Taskleiste. Alternativ betätigen Sie die ⊞-Taste auf Ihrer Tastatur.

Schritt 2

Betätigen Sie die Schaltfläche **Herunterfahren**. Alternativ drücken Sie jetzt ← auf Ihrer Tastatur, gefolgt von ↵.

Schritt 3

Bitte sorgen Sie sich nicht, denn das Verschwinden der Desktop-Icons ist ganz normal. Auch die Taskleiste wird unsichtbar. Kurze Zeit später herrscht dann Funkstille im System, und der Computer ist »aus«.

Kapitel 3:
Mein Windows 7. Persönliche Anpassungen

Vielleicht denken Sie jetzt: Windows 7 sieht ja ganz nett aus, aber als Hintergrundbild hätte ich doch gerne ein anderes, persönlicheres Bild. Das ist kein Problem. Windows 7 bietet Ihnen eine ganze Menge an Möglichkeiten, das Erscheinungsbild persönlich einzurichten. Und wenn an Ihrem Rechner nicht nur Sie selbst, sondern mehrere Benutzer arbeiten möchten, lässt sich auch das unkompliziert lösen. Wie, verraten die folgenden Abschnitte.

❶ Desktop-Icons ändern
Die kleinen Symbole, die auf dem Desktop herumliegen und über die sich Programme schnell und einfach starten lassen, prägen natürlich das Bild Ihrer Arbeitsumgebung enorm. Wenn Sie dieses Bild etwas personalisieren möchten, können Sie diese Icons leicht ändern.

❷ Den Hintergrund ändern
Auch das Hintergrundbild können Sie frei einrichten. Windows stellt hier eine Menge alternativer Bilder zur Verfügung. Sie können aber auch auf eigene Fotos zurückgreifen.

❸ Mit mehreren Benutzern arbeiten
Sie sind nicht allein an Ihrem Rechner? Dann sollten Sie jedem Nutzer sein eigenes Zimmer in Windows 7 einrichten, ein sogenanntes Benutzerkonto. Das schafft Ordnung und erleichtert jedem Benutzer die Arbeit.

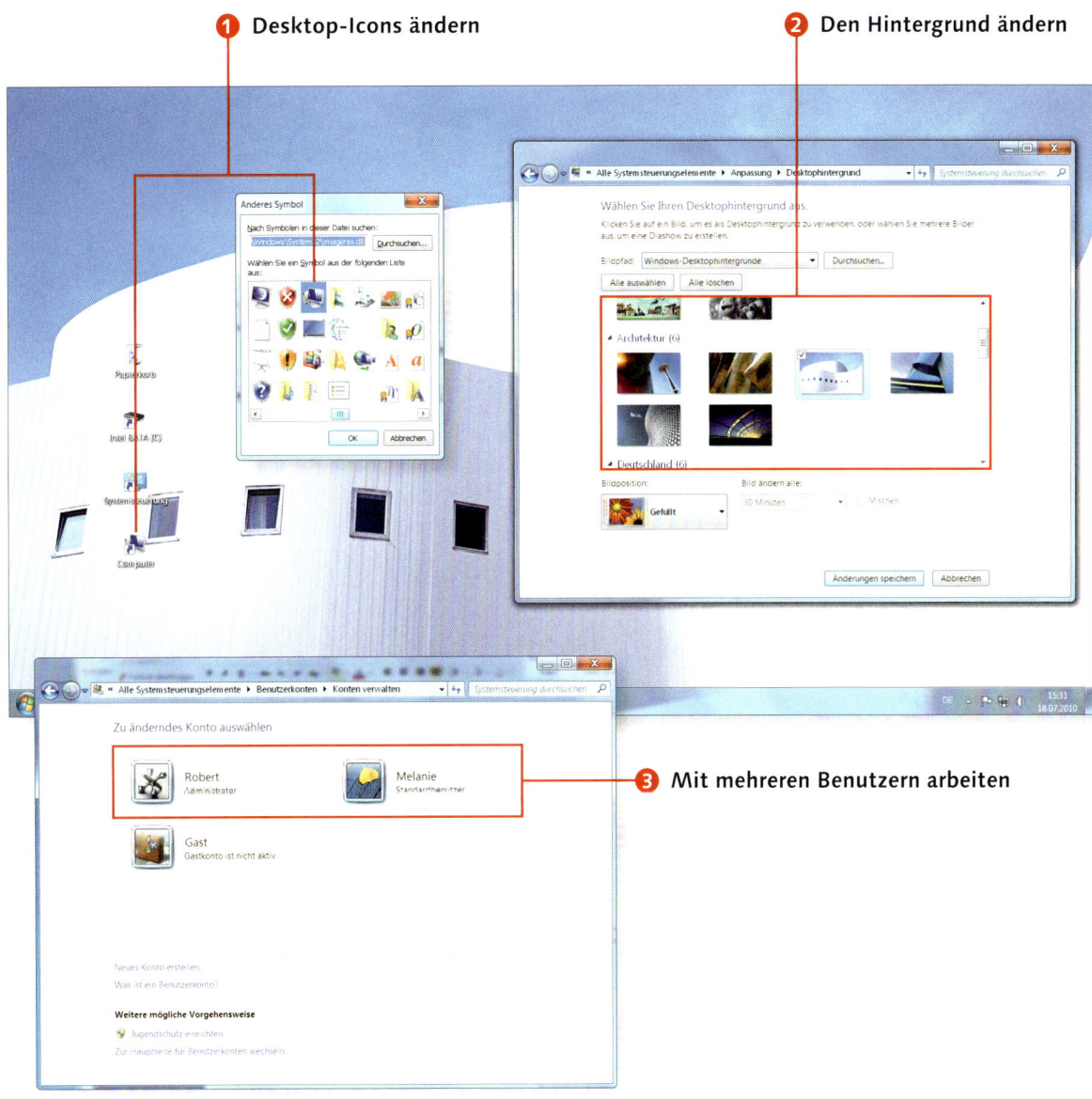

1. Desktop-Icons ändern
2. Den Hintergrund ändern
3. Mit mehreren Benutzern arbeiten

Desktop-Symbole verändern

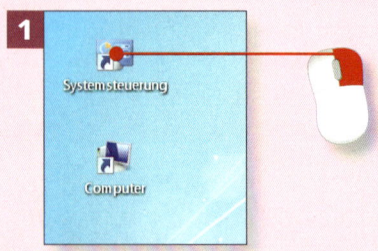

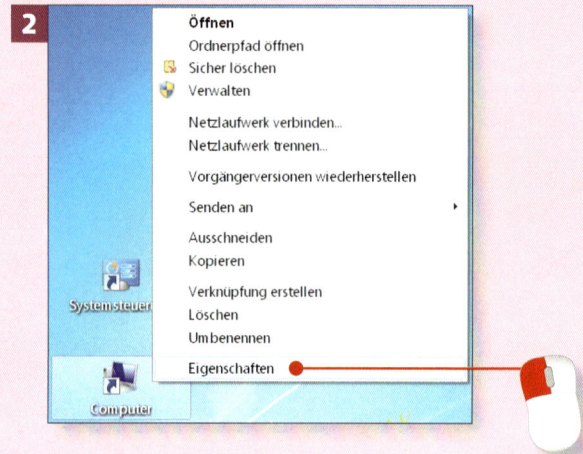

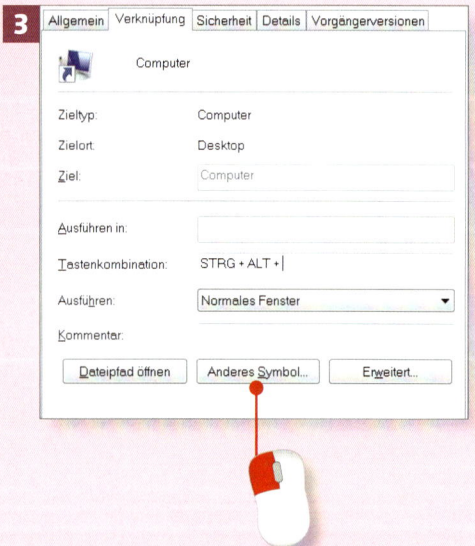

Die Desktop-Symbole (= Icons) in Windows 7 machen ja optisch richtig etwas her. Dennoch gibt es zahlreiche Alternativen, wie diese Anleitung zeigen soll.

Schritt 1

Suchen Sie sich ein Icon aus, das Sie ändern möchten, beispielsweise **Systemsteuerung**, **Computer**, oder ein **Festplattensymbol**. Klicken Sie das Symbol mit der rechten Maustaste an.

Schritt 2

Im Kontext-Menü (das ist die Tafel, die sich nach dem Rechtsklick öffnet) betätigen Sie die Zeile **Eigenschaften**.

Schritt 3

Im folgenden Dialogfenster klicken Sie auf die Schaltfläche **Anderes Symbol**. Das bewirkt, dass sich ein weiteres Fenster öffnet, welches Alternativen zum derzeit eingestellten Symbol zur Verfügung stellt.

Kapitel 3: Mein Windows 7

Schritt 4

Betätigen Sie den Scrollbalken ganz unten und suchen Sie in der Liste nach einem Symbol, das Ihnen zusagt. Hier habe ich beispielsweise den Computermonitor ❶ gewählt.

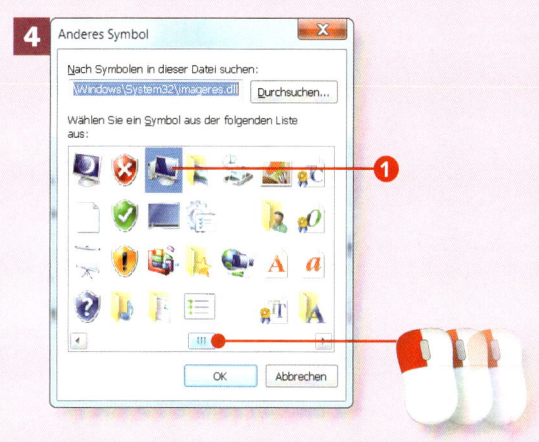

Schritt 5

Sobald Sie fündig geworden sind, setzen Sie einen Mausklick auf das von Ihnen bevorzugte Icon. Dadurch wird es mit einem blauen Hintergrund versehen (= markiert).

Schritt 6

Zuletzt betätigen Sie OK im Fenster **Anderes Symbol**. Verfahren Sie auch im Dialog **Eigenschaften von Computer** auf diese Weise, und das Icon ändert sich entsprechend.

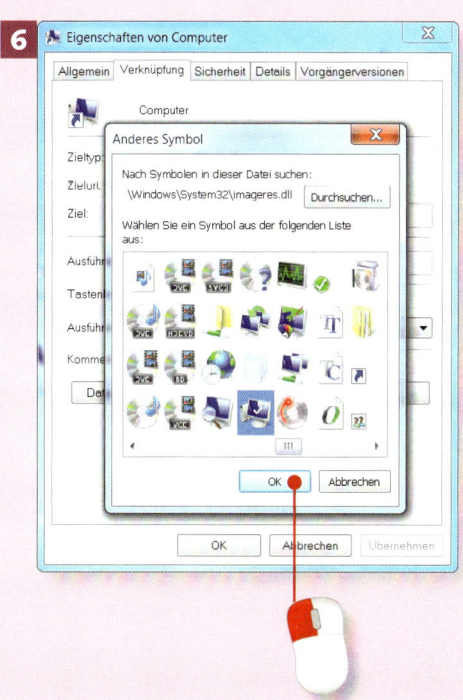

Papierkorb-Symbol ändern

Möchten Sie das Symbol des Papierkorbs ändern? Dann platzieren Sie einen Rechtsklick auf den Desktop und wählen **Anpassen**. Im folgenden Dialog gehen Sie auf **Desktopsymbole ändern** und fahren anschließend mit Schritt 3 fort.

Den Desktop-Hintergrund verändern

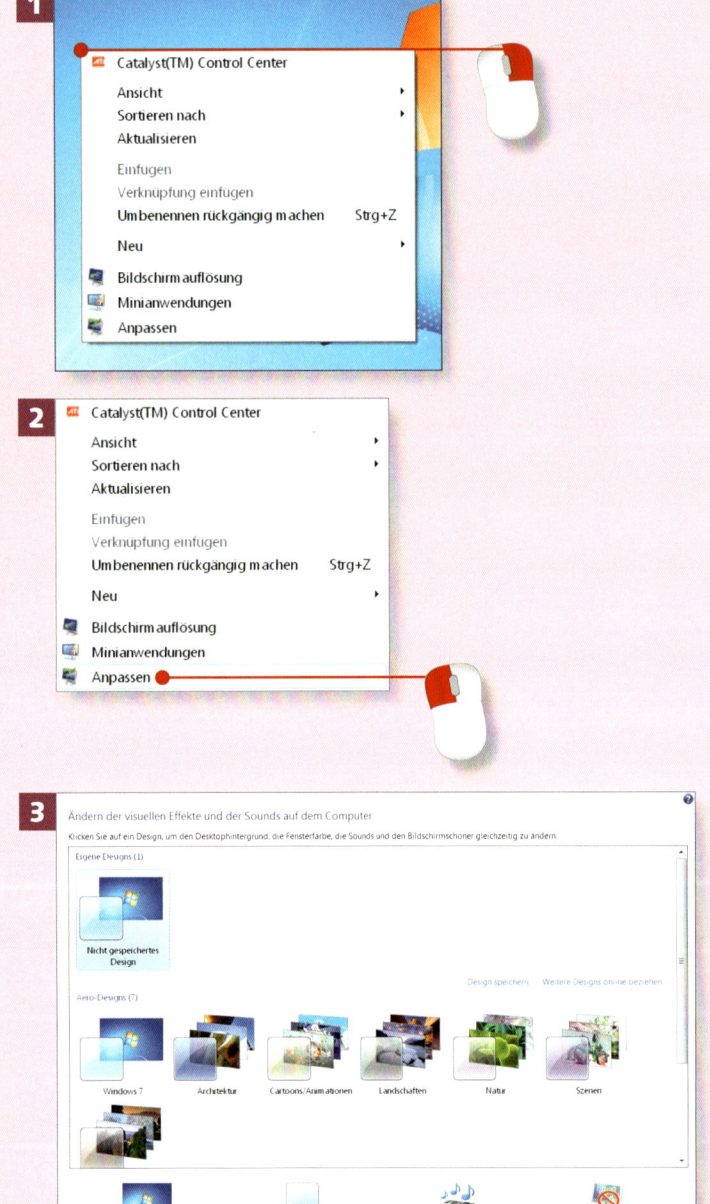

Obwohl das blaue Windows-Logo auf dem Desktop nicht zu verachten ist, wünschen Sie sich vielleicht mehr Individualität. Wie wäre es mit einem anderen Bild?

Schritt 1

Zunächst einmal müssen Sie das Kontextmenü öffnen. Das erreichen Sie durch einen Rechtsklick auf einen freien Bereich des Desktops.

Schritt 2

Fahren Sie in der Liste herunter, bis Sie den Eintrag **Anpassen** erreichen. Setzen Sie einen Mausklick darauf. Daraufhin erscheint ein Fenster mit Einstellungsmöglichkeiten zur Anpassung des Desktops.

Schritt 3

Ganz unten finden Sie dort die Rubrik **Desktophintergrund**. Klicken Sie auf die Bezeichnung oder das Miniaturbild, um zu den Hintergründen zu gelangen.

Kapitel 3: Mein Windows 7

Schritt 4

Da Sie auch hier nicht alle Hintergründe einsehen können, empfiehlt es sich, den Inhalt zunächst mithilfe der Scrollleiste zu durchsuchen.

Schritt 5

Haben Sie einen passenden Hintergrund gefunden? Prima. Dann klicken Sie dessen Miniatur einmal an. Auf dem Desktop können Sie jetzt bereits sehen, wie der neue Desktop aussehen wird.

Schritt 6

Betätigen Sie **Änderungen speichern**, sofern Ihnen der neue Hintergrund zusagt (anderenfalls klicken Sie auf **Abbrechen**). Zuletzt muss das Fenster **Anpassung** über den Schließen-Button ❶ ebenfalls noch geschlossen werden.

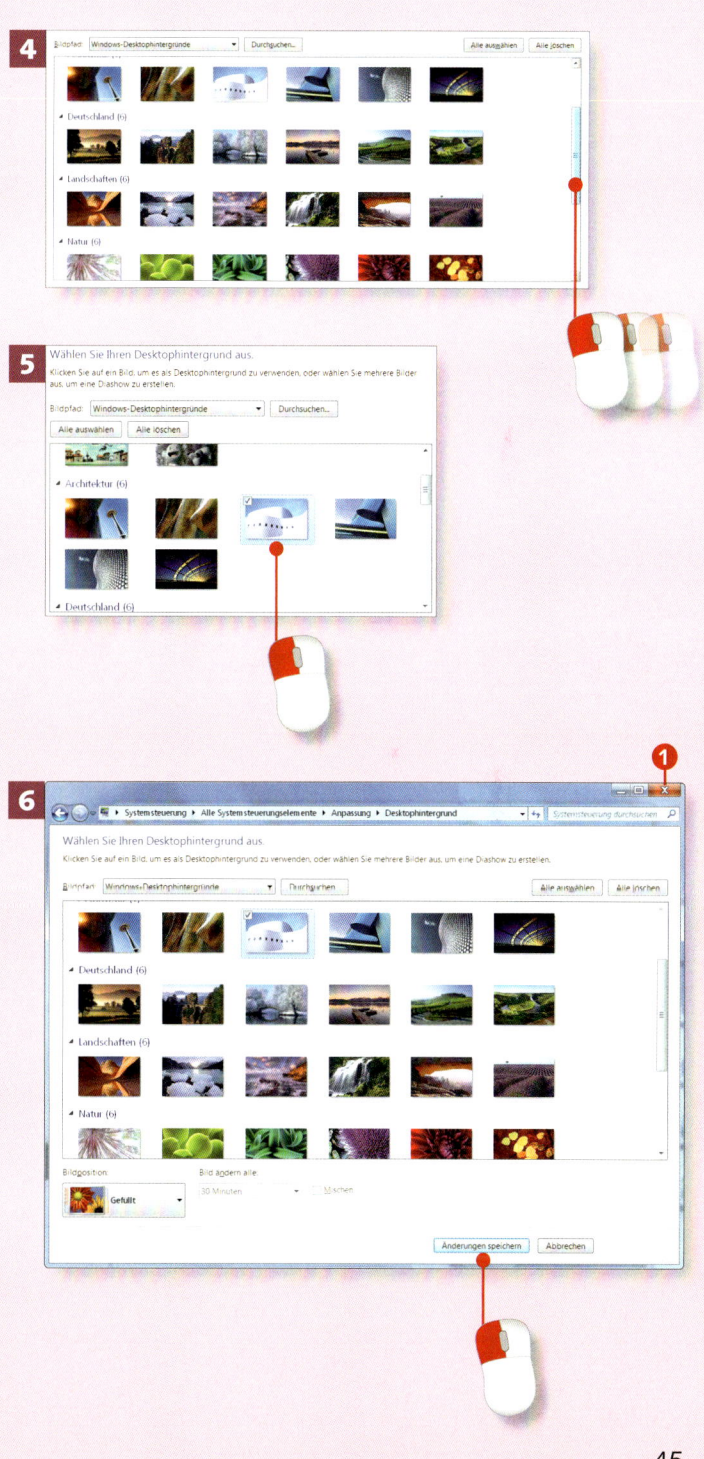

Bildposition ändern

Sollte das Bild verzerrt dargestellt werden, können Sie dies über **Bildposition** unterhalb der Hintergründe noch entsprechend korrigieren (siehe Schritt 4).

Die Fensterdarstellung verändern

Als Nächstes sollen die Fenster an die persönlichen Vorlieben angepasst werden. Auch das ist, wie Sie gleich sehen werden, mit wenigen Mausklicks erledigt.

Schritt 1

Führen Sie wieder einen Rechtsklick auf einem freien Bereich des Desktops aus. Im Kontextmenü klicken Sie mit links auf **Anpassen**.

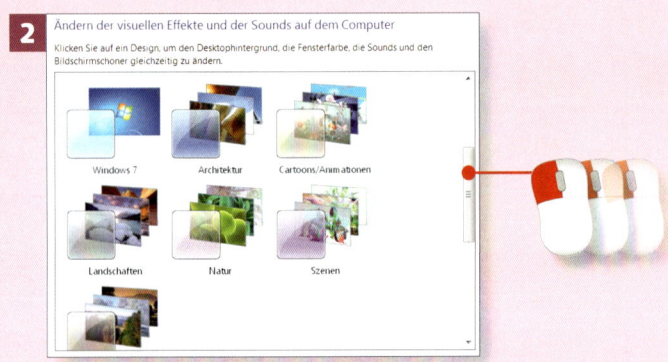

Schritt 2

Benutzen Sie den Scrollbalken an der rechten Seite, um die angebotenen Designs zu durchsuchen. Die grafisch ansprechenden Aero-Designs befinden sich oben und in der Mitte, während weiter unten klassische Designs zu finden sind.

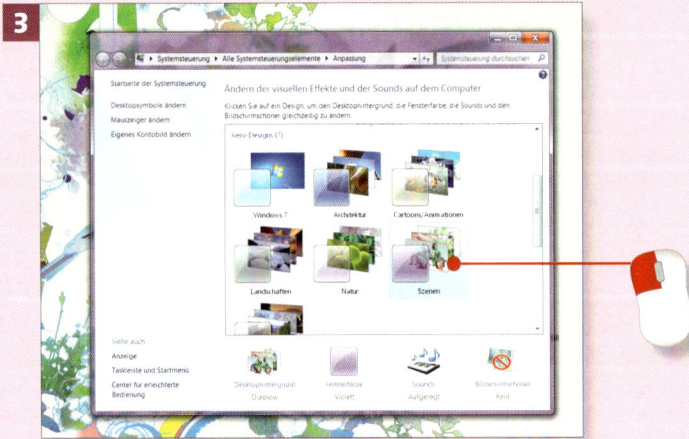

Schritt 3

Falls Sie den Hintergrund nicht ändern wollen, fahren Sie mit Schritt 4 fort. Oder sind Sie bereits fündig geworden? Dann markieren Sie den bevorzugten Look mit einem Mausklick (hier: **Szenen**).

Kapitel 3: Mein Windows 7

Schritt 4

Betätigen Sie jetzt die Schaltfläche **Fensterfarbe** unten im Dialogfeld. Standardmäßig ist diese mit »Himmel« untertitelt.

Schritt 5

Wählen Sie eine Grundfarbe aus, indem Sie eines der farbigen Quadrate anklicken (hier: **Schiefer**). Wenn Sie wollen, können Sie die Intensität noch mithilfe des Schiebereglers verändern. Je weiter Sie nach rechts ziehen, desto kräftiger wird die Fensterfarbe.

Schritt 6

Wenn alles wunschgemäß eingestellt ist, verlassen Sie den Dialog mit **Änderungen speichern**. Das darunter befindliche Fenster verlassen Sie wie gewohnt über die Schließen-Schaltfläche.

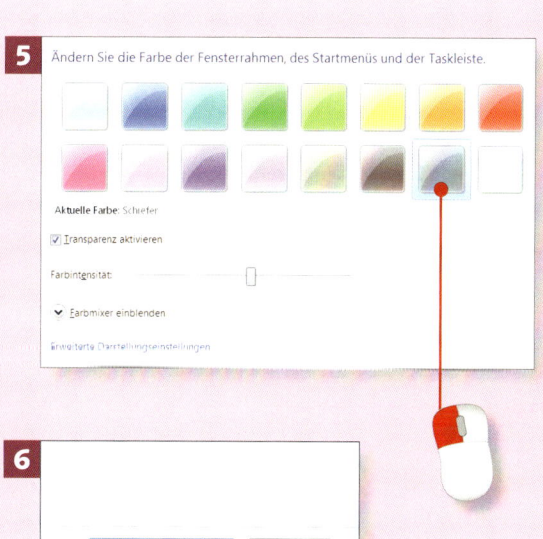

Dialoge

Ein Fenster, in dem eine oder mehrere Eingaben durch den Benutzer erwartet werden, bezeichnet man auch als *Dialog*. Eine Eingabe muss nicht immer alphanumerisch sein. Schon das Drücken einer Taste ist eine Eingabe.

Bildschirmschoner einrichten

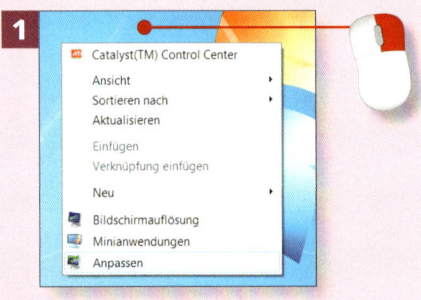

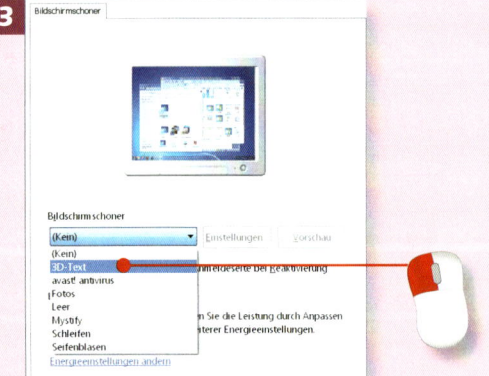

Früher setzte man den Bildschirmschoner ein, damit sich Linien und Konturen nicht in den Monitor »einbrennen«. Das ist bei heutigen Monitoren nicht mehr nötig. Heutzutage schützt der Bildschirmschoner vor neugierigen Blicken der Kollegen oder zaubert eine gewisse persönliche Note auf den Desktop.

Schritt 1

Öffnen Sie das Kontextmenü des Desktops, indem Sie mit rechts auf einen freien Bereich klicken. Betätigen Sie **Anpassen** ganz unten in der Liste.

Schritt 2

Ganz unten rechts verbirgt sich die Schaltfläche Bildschirmschoner, die Sie als Nächstes betätigen müssen.

Schritt 3

Setzen Sie einen Mausklick auf das Listenfeld, das sich unterhalb des Begriffs »Bildschirmschoner« befindet. Nachdem es sich geöffnet hat, klicken Sie auf den Eintrag **3-D-Text**.

Weitere Bildschirmschoner

Selbstverständlich dürfen Sie hier auch einen anderen Eintrag wählen. Allerdings wollen wir uns in den folgenden Schritten mit einem Text-Bildschirmschoner befassen, da er umfangreiche Einstellmöglichkeiten bietet.

Kapitel 3: Mein Windows 7

Schritt 4

Legen Sie jetzt die Zeit fest, die am ruhenden PC vergehen soll, ehe sich der Bildschirmschoner aktiviert. Im Beispiel wählen wir drei Minuten. Dazu klicken Sie zweimal auf das nach oben weisende Dreieck.

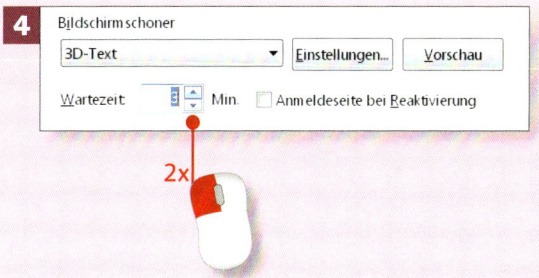

Schritt 5

Nun ist der Text »Windows 7« ja nicht sonderlich originell. Wenn Sie diesen ändern wollen, betätigen Sie **Einstellungen**.

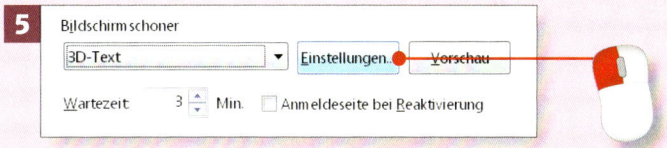

Schritt 6

Klicken Sie jetzt in das Eingabefeld **Text**, wobei Sie darauf achten sollten, dass sich die Maus rechts neben dem letzten Zeichen befindet. Halten Sie die Maustaste gedrückt und schieben Sie nach links. Lassen Sie los, wenn der gesamte Text blau markiert ist.

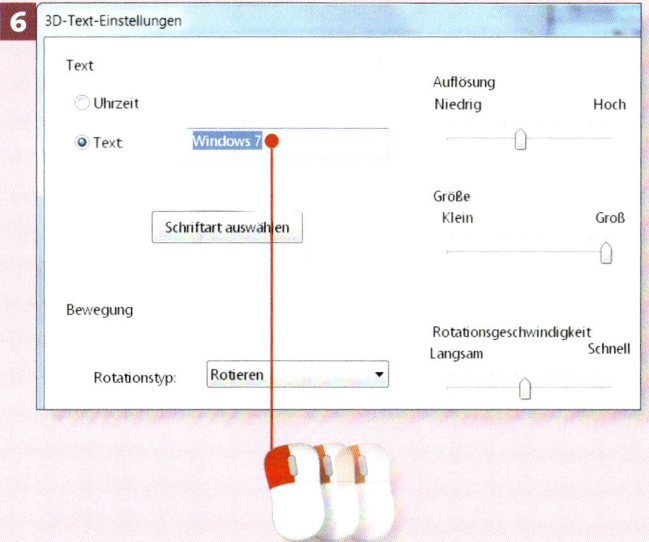

Bildschirmschoner einrichten (Forts.)

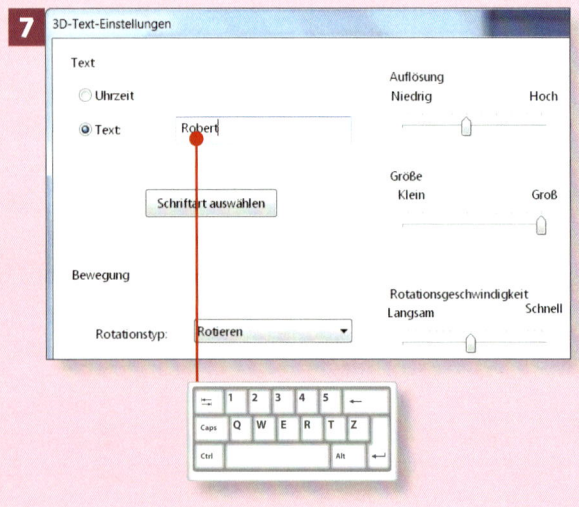

Schritt 7

Jetzt können Sie mit der Neueingabe per Tastatur beginnen. Achten Sie darauf, dass der Text nicht zu lang wird. Wenn der Text zu lang wird, leidet darunter der optische Effekt. 5 bis 20 Zeichen sind je nach Bildschirmgröße eine gute Wahl.

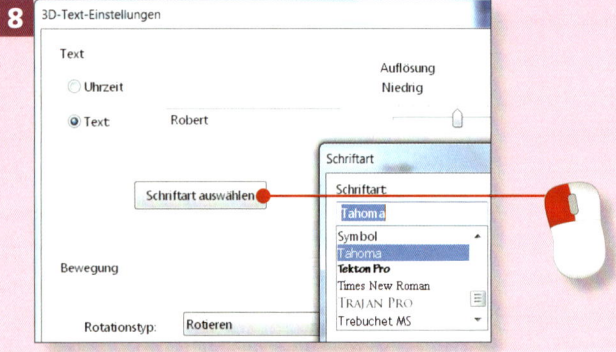

Schritt 8

Wie wäre es noch mit einer anderen Schrift? Kein Problem. Betätigen Sie dazu **Schriftart auswählen**. Das Fenster **Schriftart** öffnet sich.

Schritt 9

Suchen Sie eine andere Schrift aus, indem Sie diese mit der Maus anklicken (im Beispiel: **Verdana**). Probieren Sie ruhig ein wenig mit den Schriften herum. Sie können nach Abschluss der Einrichtung des Bildschirmschoners sehen, wie die Schrift wirkt.

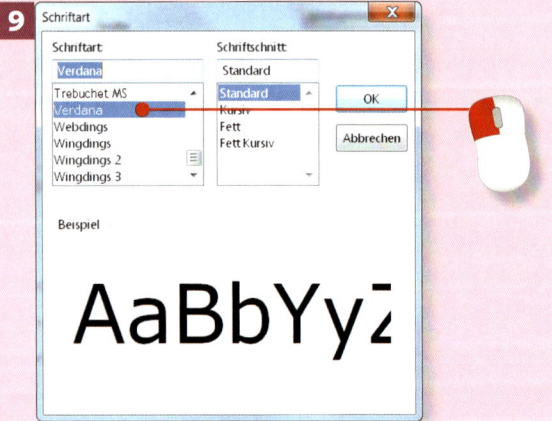

Kapitel 3: Mein Windows 7

Schritt 10

Verlassen Sie den Dialog **Schriftart** mit OK. Auch der Dialog **3-D-Text-Einstellungen** muss jetzt mit Klick auf OK ❶ verlassen werden.

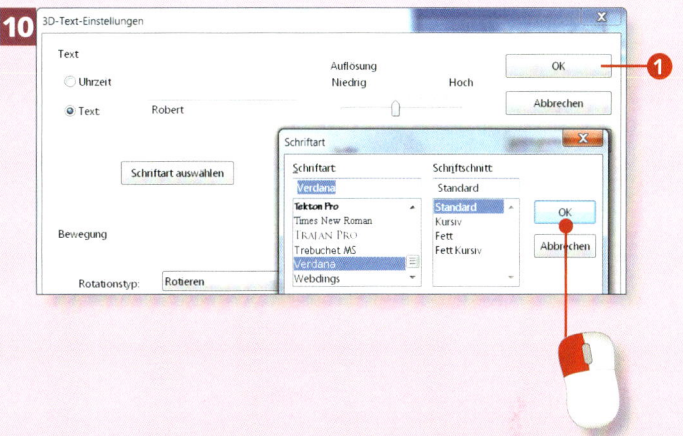

Schritt 11

Jetzt können Sie sich bereits eine **Vorschau** genehmigen, indem Sie den gleichnamigen Button betätigen. Wenn Sie die Vorschau abbrechen wollen, verschieben Sie die Maus ein wenig.

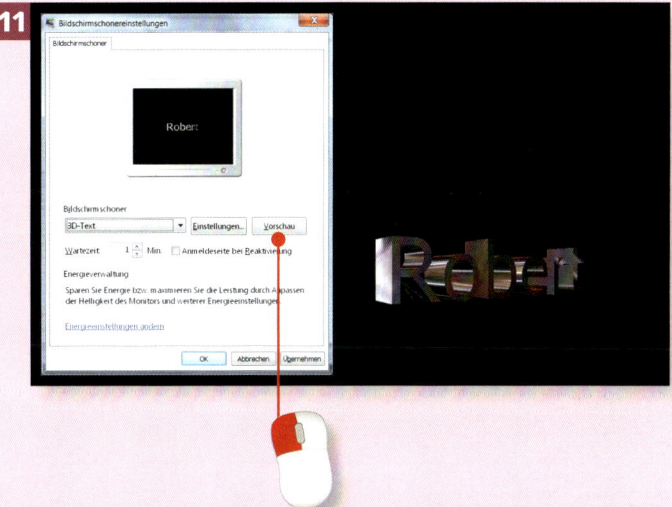

Schritt 12

Schließen Sie die Einstellungen ab, indem Sie OK betätigen. Fortan wird der Bildschirmschoner erscheinen, wenn der PC drei Minuten lang nicht bedient wird. Werden Tastatur oder Maus betätigt, kehren Sie zu Windows zurück.

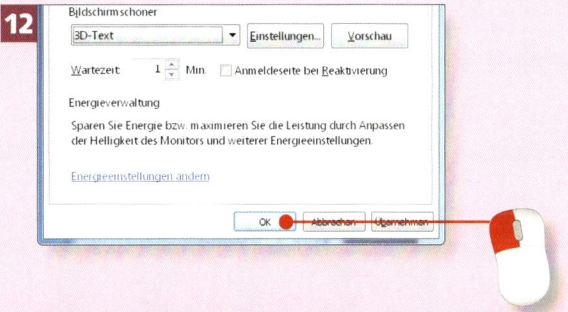

Taskleiste einrichten

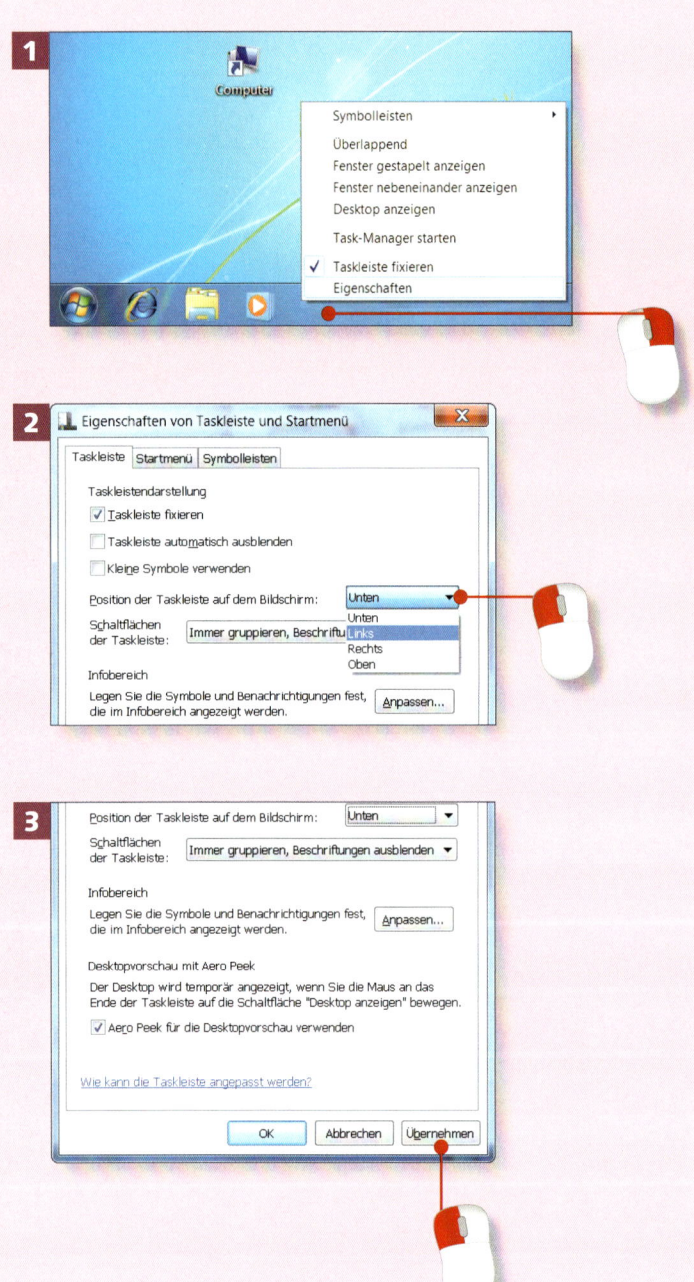

Wenn ein Programm in Windows 7 geöffnet ist, erscheint ein Miniaturbildchen in der Taskleiste – und zwar so lange, bis das Programm wieder geschlossen wird. Sie haben aber auch die Möglichkeit, häufig benutzte Programme hier für den schnellen Zugriff permanent abzulegen.

Schritt 1

Klicken Sie mit rechts auf einen freien Bereich der Taskleiste. Danach betätigen Sie **Eigenschaften**.

Schritt 2

Legen Sie mit **Position der Taskleiste auf dem Bildschirm** fest, an welcher Seite des Bildschirms die Leiste angeordnet werden soll. Dazu klicken Sie auf das sogenannte Pulldown-Menü und setzen einen erneuten Klick auf den bevorzugten Eintrag (hier: **Links**).

Schritt 3

Die neue Position können Sie begutachten, indem Sie auf **Übernehmen** gehen. Wollen Sie doch wieder die alte Position herstellen, wiederholen Sie Schritt 2, wobei Sie diesmal **Unten** festlegen, ehe Sie **OK** auswählen.

Kapitel 3: Mein Windows 7

Schritt 4

Befindet sich ein Icon, das Sie permanent in der Taskleiste sehen wollen, auf dem Desktop, ziehen Sie es mit gedrückter Maustaste in die Leiste. Nach einem Klick auf **Start** lassen sich aber auch Icons aus dem Startmenü in die Taskleiste ziehen – hier ist es der Editor.

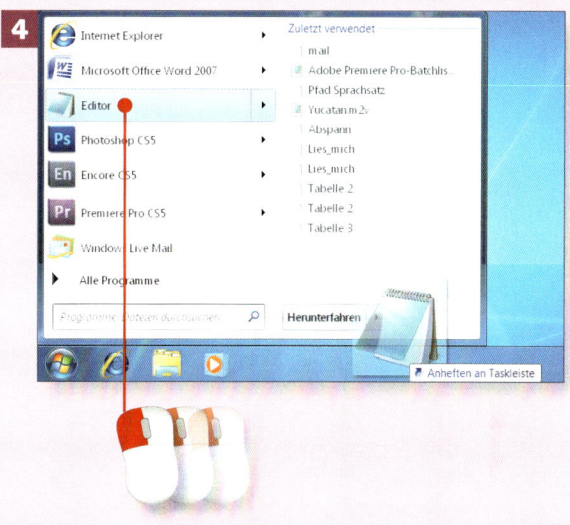

Schritt 5

Wollen Sie ein Icon entfernen, klicken Sie es an, halten die Maustaste gedrückt und ziehen nach oben, bis eine Tafel auftaucht.

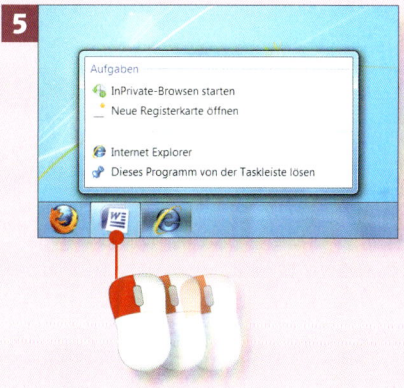

Schritt 6

Lassen Sie die Maustaste zunächst los und platzieren Sie den Zeiger über der Zeile **Dieses Programm von der Taskleiste lösen**. Jetzt reicht ein Klick, und das Icon ist verschwunden.

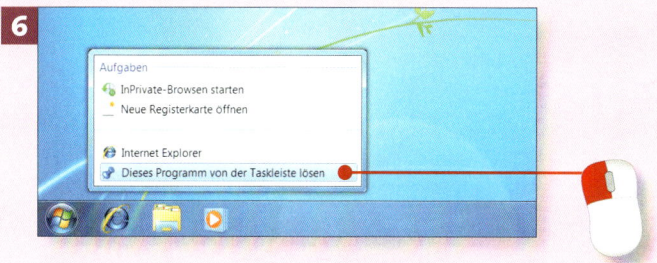

Taskleiste verschieben

Wenn Sie die Taskleiste lieber per Drag & Drop verschieben, klicken Sie diese mit rechts an und wählen **Taskleiste fixieren**, sofern diesem Eintrag ein Häkchen vorangestellt ist. Danach lässt sich die Leiste mit gedrückter Maustaste an einen anderen Bildrand ziehen.

Der Task-Manager

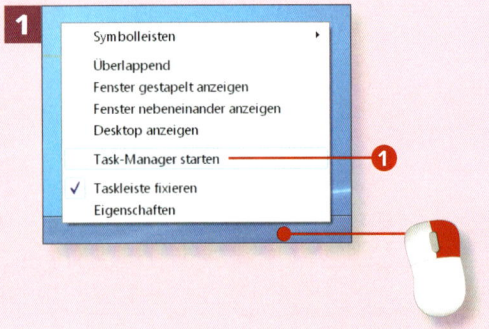

Der Task-Manager ist so etwas wie die System- oder Programmüberwachung von Windows 7. Hier werden die Anwendungen (= Programme) und Prozesse gelistet, die derzeit ausgeführt werden. Doch es steckt noch mehr im Task-Manager…

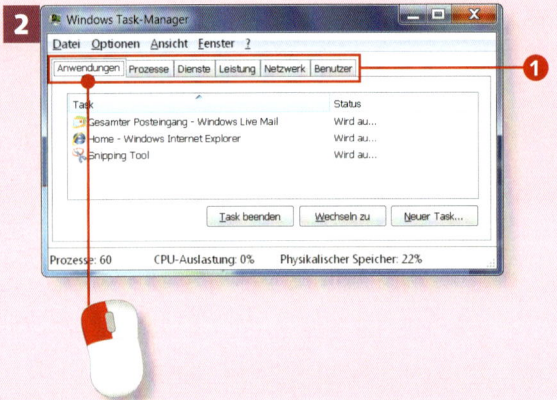

Schritt 1

Setzen Sie einen rechten Mausklick auf den freien Bereich der Taskleiste. Entscheiden Sie sich danach für den Eintrag **Task-Manager starten** ❶.

Schritt 2

Die kleinen Reiter, die Sie oben sehen, sind sogenannte »Register« ❷. Hinter jedem Register verbergen sich eigenständige Informationen. Aktivieren Sie das Register **Anwendungen**, um eine Übersicht der aktuell geöffneten Programme zu erhalten.

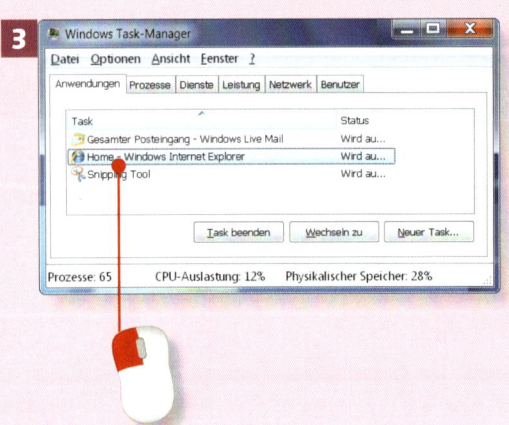

Schritt 3

Möchten Sie einzelne Programme schließen, beispielsweise weil hier noch Programme aufgeführt werden, die Sie aktuell nicht mehr benötigen, markieren Sie zunächst die betreffende Zeile mit einem Mausklick. Im Beispiel rechts ist es der Internet Explorer.

Kapitel 3: Mein Windows 7

Schritt 4

Danach betätigen Sie **Task beenden**. Das Programm wird dann automatisch geschlossen. Derartiges Vorgehen verlangt dem Computersystem weniger Leistung ab, denn jedes Programm benötigt Prozessorleistung sowie Arbeitsspeicher.

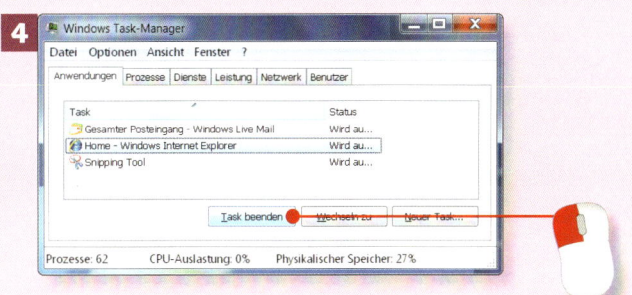

Schritt 5

Wenn Sie einmal sehen wollen, wie viel Leistung dem System derzeit abverlangt wird, gehen Sie auf das Register **Leistung**. Hier erhalten Sie Informationen über die Prozessor- und Arbeitsspeicher-Auslastung.

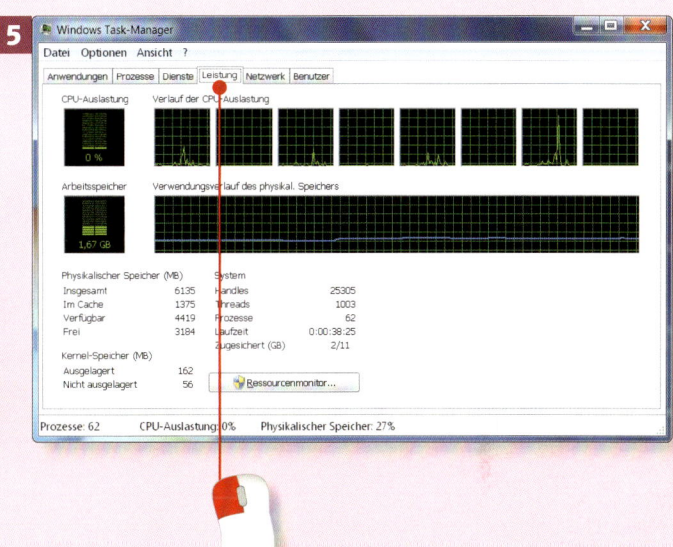

Schritt 6

Zuletzt sollten Sie das Register **Prozesse** aktivieren. Darin ist zu sehen, welche Prozesse (das sind im Prinzip auch kleine Anwendungen) im Hintergrund mitlaufen. Schließen Sie das Fenster über X oben rechts.

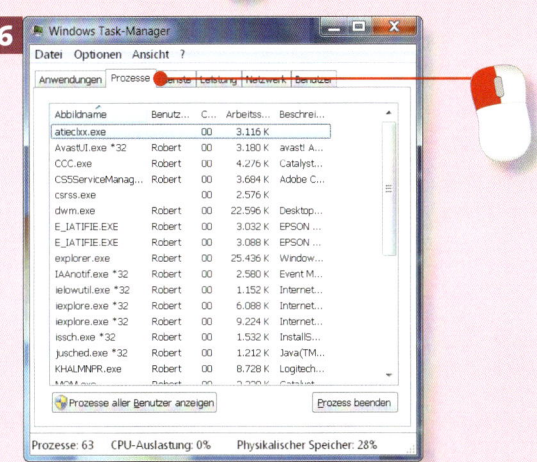

++ Programmabstürze

Mithilfe des Task-Managers lassen sich meist auch abgestürzte Programme schließen, die in der Anwendung selbst nicht mehr geschlossen werden können.

55

Systeminfos einholen

Möchten Sie einmal Infos über Ihren PC einholen? Interessiert es Sie, wie effektiv und leistungsfähig das von Ihnen verwendete System ist? Dann müssen Sie in den Systeminformationen nachschauen.

Schritt 1

Betätigen Sie die Schaltfläche **Start** in der Taskleiste. Dadurch öffnet sich das Startmenü.

Schritt 2

Auf der rechten Seite der Leiste klicken Sie auf **Systemsteuerung**. Daraufhin wird ein Fenster zur Verfügung gestellt, das alle verfügbaren Systemsteuerungselemente auflistet.

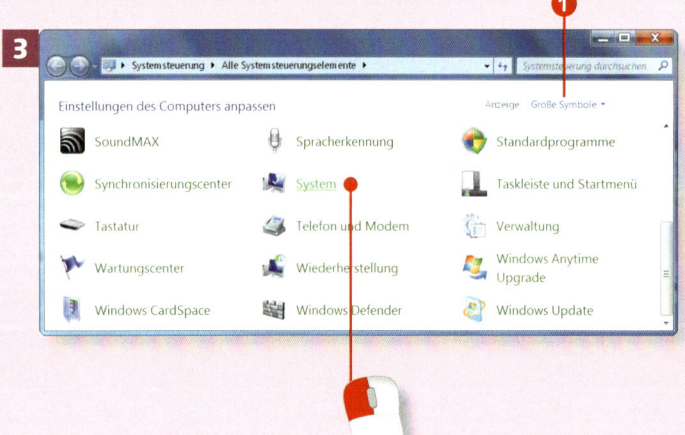

Schritt 3

Benutzen Sie den Scrollbalken auf der rechten Seite, um in der Liste weiter nach unten zu gelangen. Halten Sie nach **System** Ausschau und setzen Sie einen Mausklick darauf.

> **! Anzeige ändern**
>
> Sollte sich die Systemsteuerung nur in Rubriken darstellen, klicken Sie oben rechts im Fenster auf **Kategorie** ❶. Stellen Sie dort um auf **Große Symbole**.

Kapitel 3: Mein Windows 7

Schritt 4

Jetzt werden Ihnen bereits Infos angeboten. Klicken Sie auf **Windows Leistungsindex**. Sollten Sie zuvor systemrelevante Änderungen vorgenommen haben (z. B. Änderung der Arbeitsoberfläche), steht dort **Der Windows-Leistungsindex muss aktualisiert werden**.

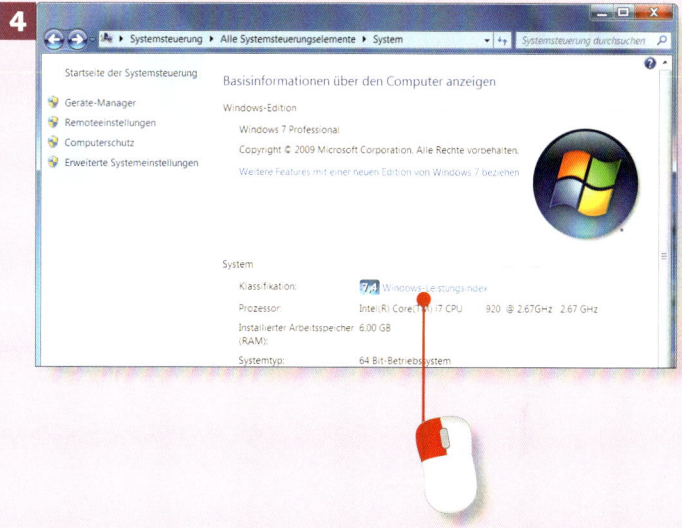

Schritt 5

Auf dieser Seite sehen Sie nun detailliert, wie leistungsfähig beispielsweise Ihr Prozessor oder die Festplatte ist. Maximum ist »8,0«. Gehen Sie auf **Tipps zum Verbessern der Leistung des Computers**.

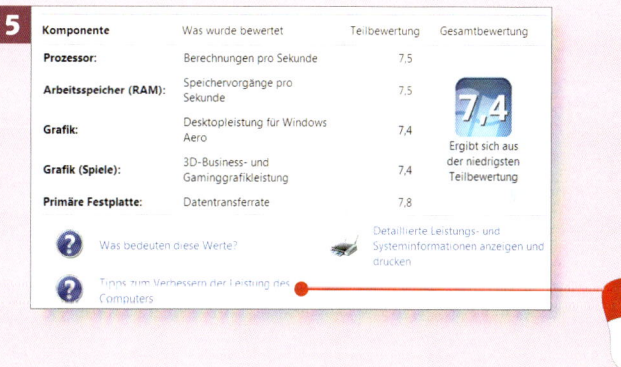

Schritt 6

Sie gelangen daraufhin zur Windows-Hilfe und erfahren eine Menge über Möglichkeiten zur Leistungssteigerung Ihres Systems.

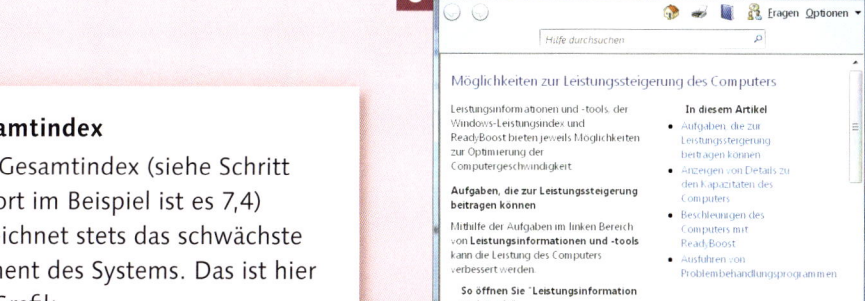

Gesamtindex

Der Gesamtindex (siehe Schritt 4, dort im Beispiel ist es 7,4) bezeichnet stets das schwächste Element des Systems. Das ist hier die Grafik.

Die Systemsteuerung

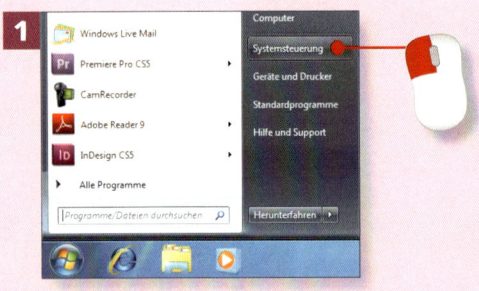

Wie der Name schon sagt, lässt sich mit der Systemsteuerung das gesamte Windows steuern, regeln und einstellen. Sie haben ja bereits des Öfteren damit zu tun gehabt. Hier noch ein paar Tipps und Tricks zur Einstellung, was nun die Systemsteuerung selbst betrifft.

Schritt 1

Gehen Sie, wie gewohnt, über **Start** und wählen Sie in der rechten Spalte des Startmenüs **Systemsteuerung**.

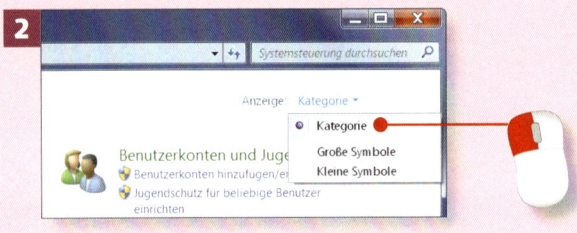

Schritt 2

Wenn Sie das zum ersten Mal machen, präsentiert sich die Systemsteuerung in der Kategorie-Ansicht. Da diese nicht besonders übersichtlich ist, empfehle ich Ihnen, die Ansicht zu ändern. Klicken Sie dazu oben rechts im Fenster auf den Begriff **Kategorie**.

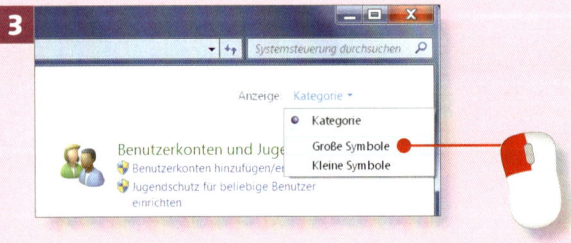

Schritt 3

Nun klappt eine kleine Tafel heraus (ein sogenanntes Pulldown-Menü). Setzen Sie einen Mausklick auf die Zeile **Große Symbole**.

Kapitel 3: Mein Windows 7

Schritt 4

Schauen Sie einmal in die oberste Zeile. Jedes der dort befindlichen Dreieck-Symbole lässt sich öffnen und von dort aus die gewünschte Kategorie aufrufen. Wenn Sie allerdings in der Symbolansicht arbeiten, können Sie dies vernachlässigen.

Schritt 5

Wenn Sie sich zu Beginn Ihrer Arbeiten noch nicht so richtig zurechtfinden, können Sie auch die Suchfunktion oben rechts benutzen. Klicken Sie dazu in das Eingabefeld und geben Sie den gewünschten Suchbegriff ein.

Schritt 6

Die Suchfunktion ist »kontextsensitiv«. Das bedeutet: Die Liste ❶ wird nach jedem Buchstaben automatisch aktualisiert. Wenn Sie beispielsweise »netz« eingeben, finden Sie unten alle dazu passenden Begriffe. Löschen Sie das Feld am Schluss durch Klick auf das Kreuz.

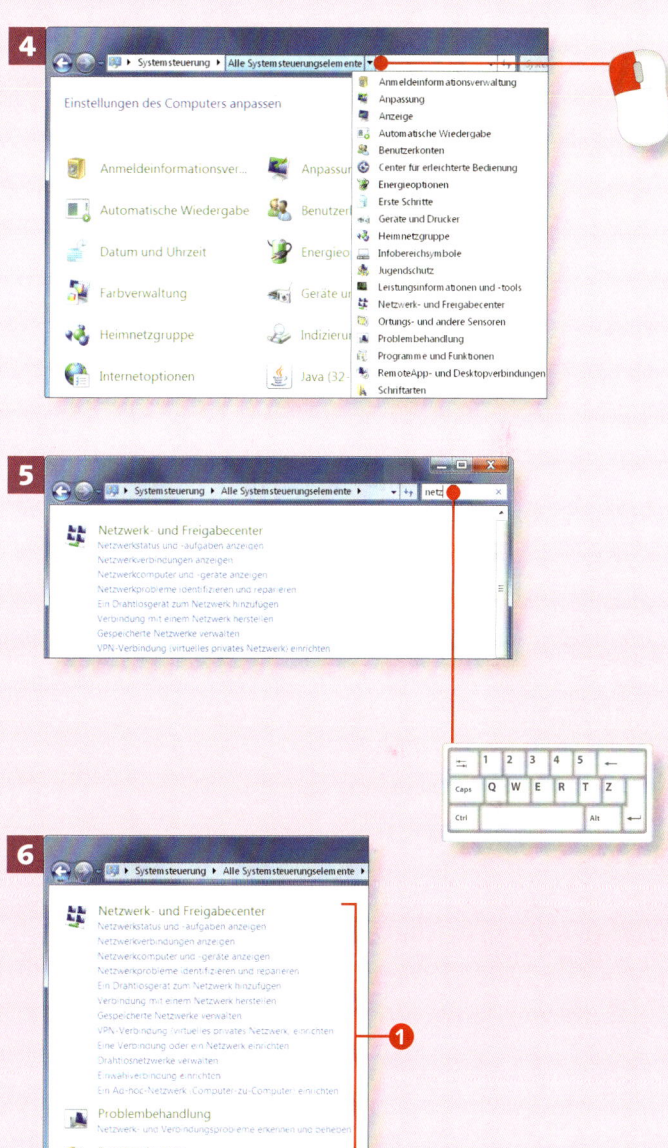

Groß- Kleinschreibung

Bei der Formulierung eines Suchbegriffs kann die Großschreibung ignoriert werden. Sie dürfen alles kleinschreiben.

59

Der Geräte-Manager

Mithilfe des Geräte-Managers lässt sich auf einen Blick das Ihrem PC zugrunde liegende Schema ausmachen. Meist werden Sie den Geräte-Manager aber benutzen, um Treiber-Software zu überprüfen.

Schritt 1

Gehen Sie, wie gewohnt, über **Start • Systemsteuerung** und klicken Sie auf den Eintrag **Geräte-Manager**.

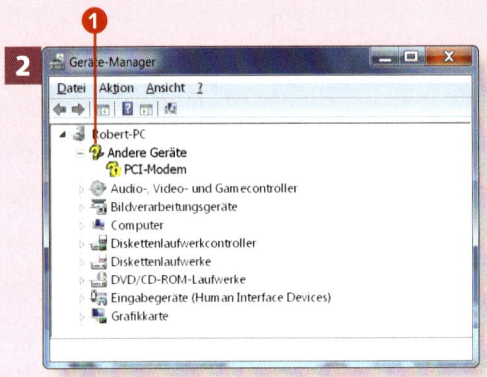

Schritt 2

In der Liste sehen Sie die Geräte, die sich in oder an ihrem Rechner befinden. Sollte eines der Geräte nicht oder nicht richtig funktionieren, steht links neben der Zeile ein deutlich sichtbares, gelbes Fragezeichen ❶.

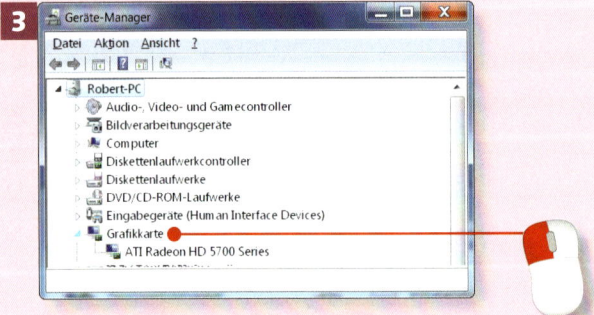

Schritt 3

Wenn ein Gerät nicht ordnungsgemäß funktioniert, öffnen Sie die Liste, indem Sie auf das vorangestellte Dreieck-Symbol klicken. Hier ist es z. B. die Grafikkarte.

Kapitel 3: Mein Windows 7

Schritt 4

Danach setzen Sie einen Doppelklick auf den untergeordneten Eintrag (hier: **ATI Radeon HD 5700 Series**). Das bewirkt, dass sich das Eigenschaftenfenster dieses Gerätes öffnet.

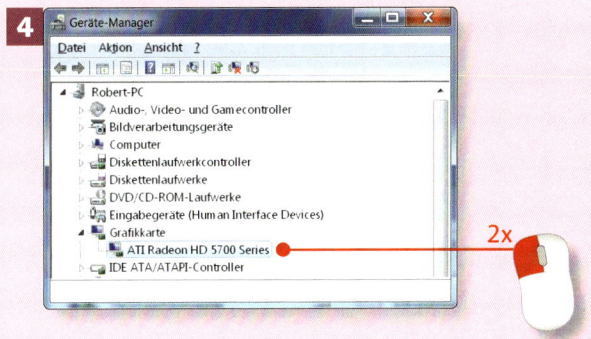

Schritt 5

Setzen Sie einen Mausklick auf das Register **Treiber** und betätigen Sie die Schaltfläche **Treiber aktualisieren**.

Schritt 6

Zuletzt entscheiden Sie, ob der neue Treiber auf Ihrem Rechner zu finden ist ❷, oder ob Sie im Internet nach einem aktuelleren Treiber suchen wollen. Dann wählen Sie **Automatisch nach aktueller Treibersoftware suchen**.

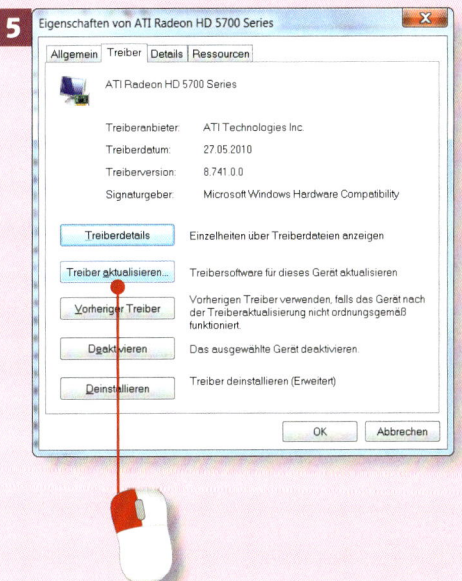

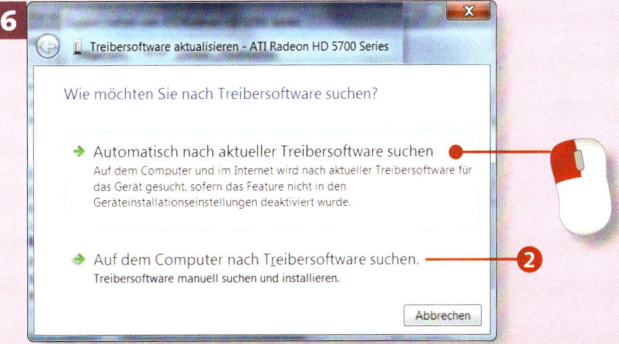

Ein Passwort einrichten

Sie sollten Ihren PC grundsätzlich mit einem Kennwort schützen. Das verhindert, dass der Rechner unbefugt benutzt werden kann. Nach dem Einschalten wird dann nämlich ein Passwort abgefragt, das Sie zuvor vergeben haben.

Schritt 1

Setzen Sie einen Mausklick auf **Benutzerkonten**, nachdem Sie über **Start** in die **Systemsteuerung** gelangt sind.

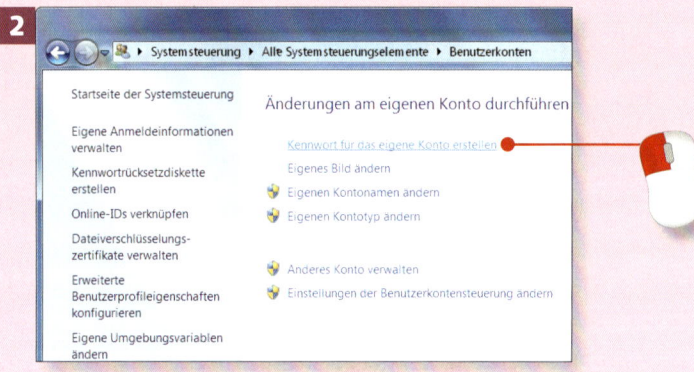

Schritt 2

Stellen Sie die Maus jetzt auf **Kennwort für das eigene Konto erstellen** und führen Sie einen Mausklick aus.

Schritt 3

Das erste Eingabefeld ist bereits aktiviert, und Sie können gleich mit der Eingabe des gewünschten Passworts beginnen. Im Idealfall benutzen Sie eine Kombination aus Groß- und Kleinbuchstaben sowie Ziffern.

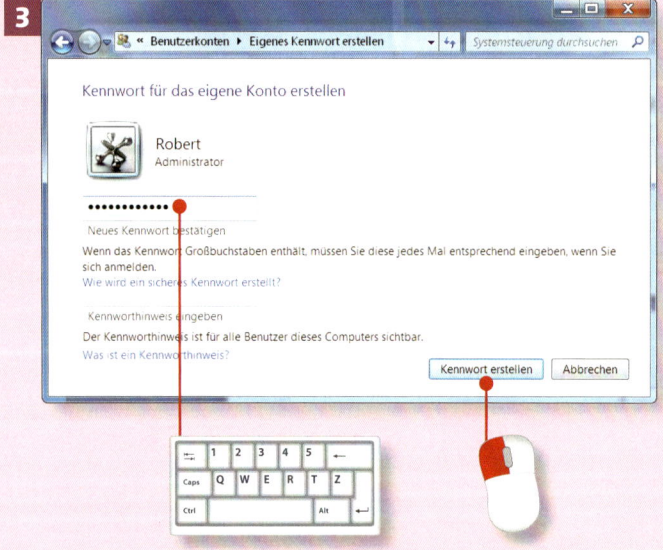

Kapitel 3: Mein Windows 7

Schritt 4

Wenn Sie mit der Eingabe fertig sind, drücken Sie ⇥, um zum zweiten Eingabefeld zu gelangen. Hier müssen Sie das Passwort nämlich noch einmal exakt wiederholen. Das beugt unbeabsichtigten Schreibfehlern vor.

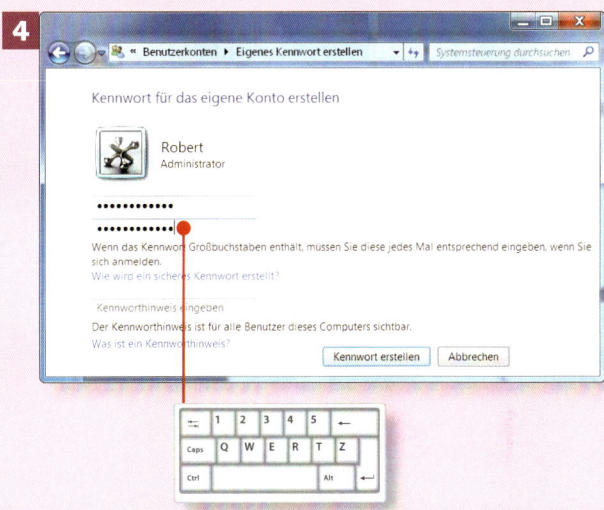

Schritt 5

Wenn Sie wollen, drücken Sie anschließend noch zweimal ⇥, um einem Kennworthinweis festzulegen. Das ist allerdings optional. Sie müssen es nicht machen. Lesen Sie dazu bitte auch die Hinweise im Kasten unten auf der Seite.

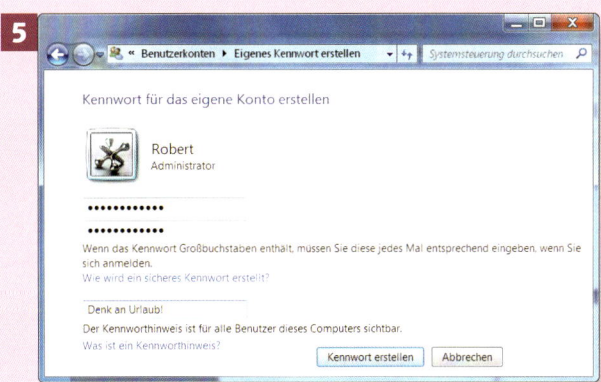

Schritt 6

Zuletzt klicken Sie auf Kennwort erstellen. Wenn alles korrekt ist, müssen Sie beim Hochfahren fortan das Kennwort eingeben. Sollten Sie jedoch soeben einen Fehler gemacht haben, erhalten Sie einen entsprechenden Hinweis.

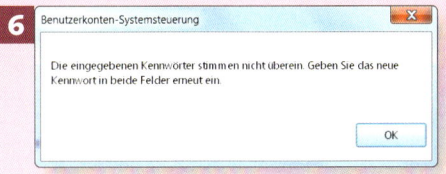

Kennworthinweis

Der Kennworthinweis dient lediglich als Gedankenstütze. Verstecken Sie Ihr Kennwort bitte nicht darin, denn der Hinweis ist beim Hochfahren des PCs auf dem Bildschirm zu sehen.

Benutzerkonto einrichten

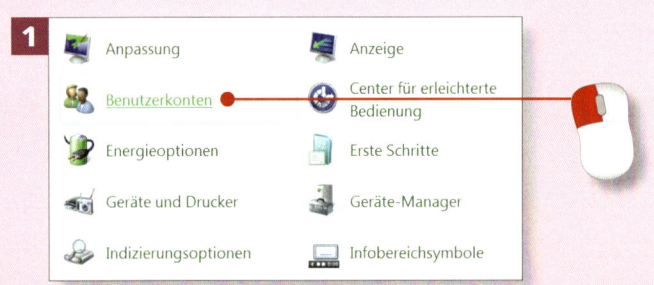

Oftmals ist es ja so, dass mehrere Personen an einem PC arbeiten. Dann ist es sinnvoll, jedem Nutzer ein eigenes Konto zu geben. Das sollte stets der Hauptverantwortliche, der Administrator erledigen.

Schritt 1

Der erste Schritt besteht wieder einmal darin, die Benutzerkonten zu öffnen. Gehen Sie daher über **Start • Systemsteuerung • Benutzerkonten**.

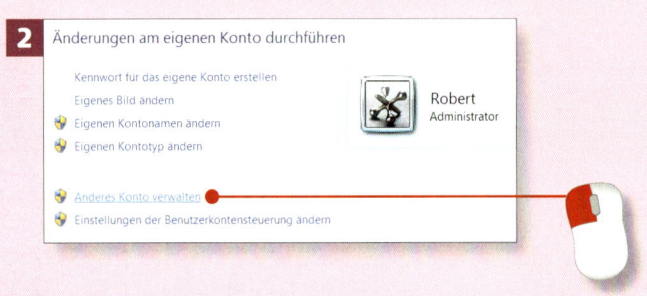

Schritt 2

Im folgenden Fenster wählen Sie die Zeile **Anderes Konto verwalten** an. Das bringt Sie in den Bereich, in dem Sie Konten ändern können.

Schritt 3

In dem Fenster, das sich nun öffnet, finden Sie unten links einige Zeilen, die angeklickt werden können. Entscheiden Sie sich für **Neues Konto erstellen**.

Kapitel 3: Mein Windows 7

Schritt 4

Jetzt ist es so weit. Sie können das Konto benennen. Starten Sie mit der Tastatureingabe und geben Sie beispielsweise den Vornamen der Personen ein, die das Konto in Zukunft nutzen wird.

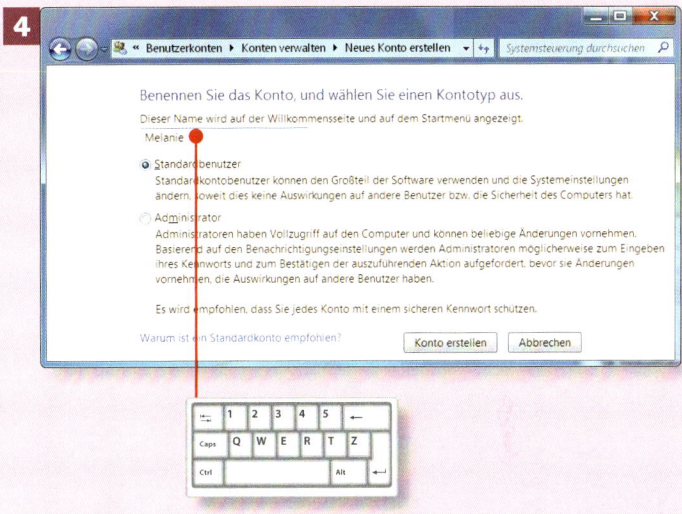

Schritt 5

Nun müssen Sie entscheiden, ob Sie Administratorrechte vergeben wollen. Dann müssten Sie auf den Knopf vor **Administrator** ❶ klicken. Wenn Sie das nicht wünschen (siehe Kasten), lassen Sie **Standardbenutzer** ❷ eingestellt, ehe Sie auf **Konto erstellen** klicken.

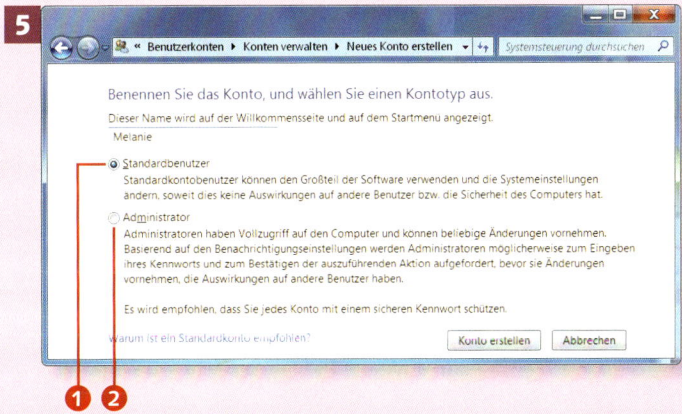

Schritt 6

Damit ist das Konto einsatzbereit. Jetzt sollten Sie allerdings noch einige Voreinstellungen festlegen, wie z. B. die Kennwortvergabe. Dazu klicken Sie auf das Vorschaubild des neuen Benutzers.

Was ist ein Administrator?

Als Administrator ist der Benutzer z. B. auch in der Lage, Software zu installieren oder Systemeinstellungen zu verändern. Deshalb ist wohl zu prüfen, wem Sie das erlauben wollen und wem nicht.

Benutzersymbol anpassen

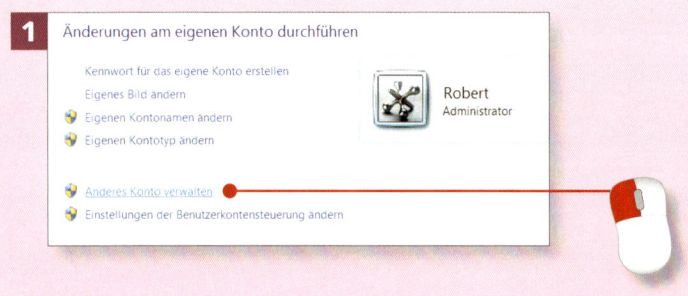

Wie Sie im vorangegangenen Workshop gesehen haben, wird das Vorschaubild, das einen Benutzer kennzeichnet, eher zufällig zugewiesen. Sie können das Bild aber auch individuell auswählen.

Schritt 1

Sie müssen zunächst wieder in die Kontoverwaltung gelangen. Dorthin kommen Sie über **Start • Systemsteuerung • Benutzerkonten • Anderes Konto verwalten**.

Schritt 2

Klicken Sie auf die Miniatur, beziehungsweise den Nutzer, dessen Bild Sie ändern wollen. Im Beispiel ist es die Nutzerin »Melanie«.

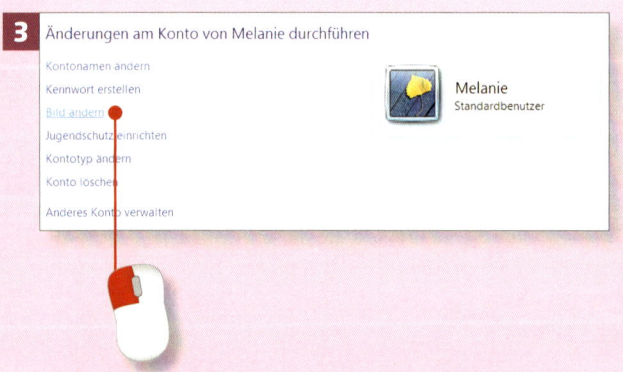

Schritt 3

Damit befinden Sie sich direkt im Konto des Benutzers. Betätigen Sie die Zeile **Bild ändern** auf der linken Seite.

Konto löschen
Über **Konto löschen** könnten Sie das Konto jederzeit wieder auflösen.

Kapitel 3: Mein Windows 7

Schritt 4

Nun gibt es zwei Möglichkeiten. Erstens: Sie suchen sich eine der Miniaturen aus, die im aktuell geöffneten Fenster angeboten werden, und klicken mit der Maus darauf.

Schritt 5

Sollten diese Miniaturen Ihnen alle nicht zusagen, können Sie als zweite Möglichkeit auch Fotos benutzen. Dann müssen Sie aber einen Mausklick auf die Zeile **Nach weiteren Bildern suchen** setzen. Öffnen Sie einen der Ordner per Doppelklick, markieren Sie ein Bild und bestätigen Sie mit **Öffnen**.

Schritt 6

Im Beispiel haben wir uns für das Katzenbild entschieden, das ziemlich weit rechts in der obersten Zeile zu finden ist. Ein anschließender Klick auf **Bild ändern** lässt die Änderungen wirksam werden.

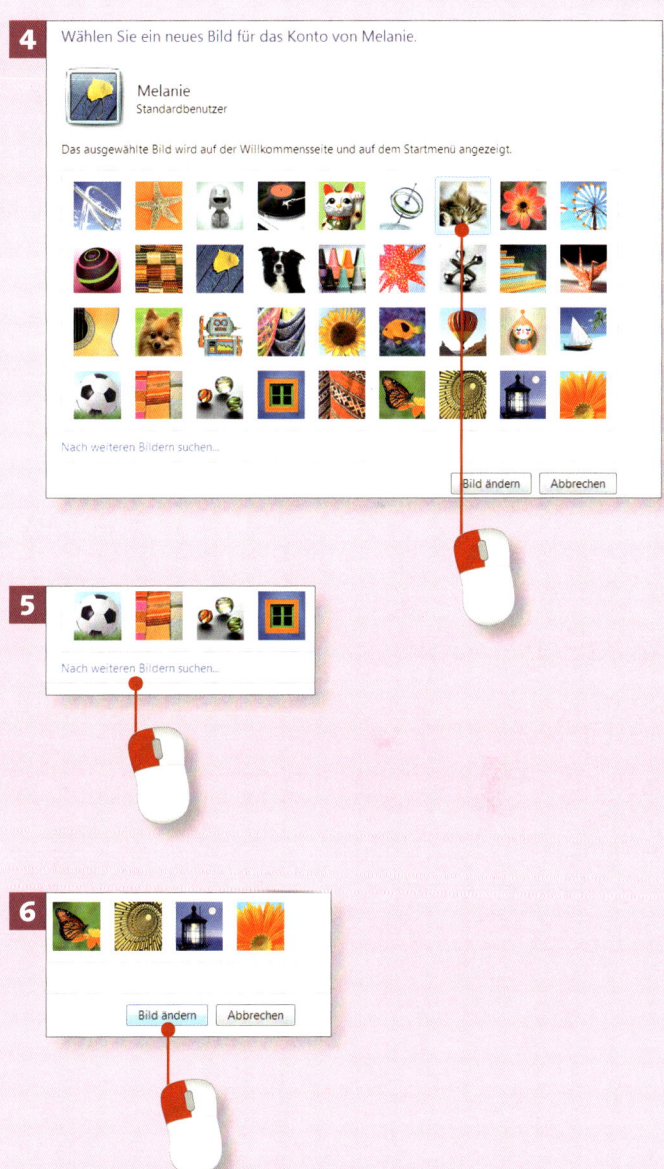

Energieoptionen

Computer verbrauchen viel Energie. Daher sollten Sie das System auch in puncto Verbrauch an Ihre Gewohnheiten anpassen. Mit wenigen Handgriffen lässt sich so aufs Jahr gesehen der eine oder andere Euro sparen.

Schritt 1

Zunächst müssen Sie die Energieoptionen aktivieren. Diese erreichen Sie über **Start • Systemsteuerung • Energieoptionen**.

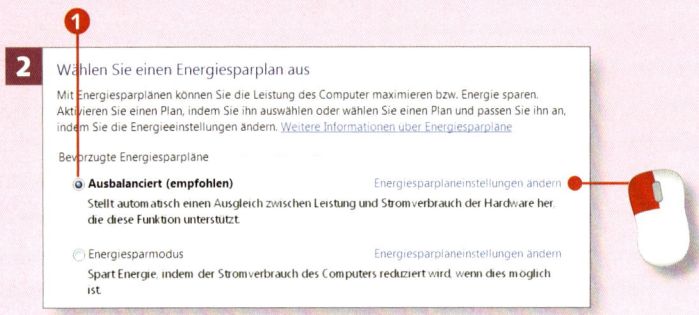

Schritt 2

Grundsätzlich werden drei Modi angeboten. **Ausbalanciert** ❶ stellt einen guten Kompromiss zwischen Computerleistung und Verbrauch dar. Betätigen Sie anschließend die Zeile **Energiesparmodus ändern**.

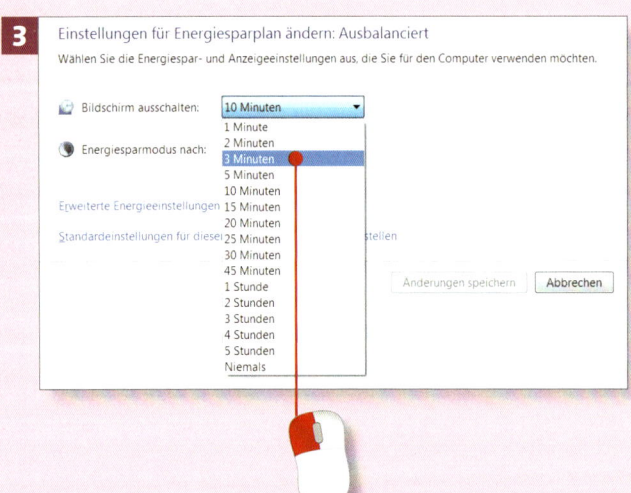

Schritt 3

Im folgenden Dialog klicken Sie zunächst auf die Zeitangabe neben **Bildschirm ausschalten**. Warum sollte der Monitor nicht beispielsweise **nach 3 Minuten** in den Ruhezustand versetzt werden? Das spart jede Menge Energie.

Kapitel 3: Mein Windows 7

Schritt 4

Mit **Energiesparmodus nach** legen Sie fest, wann der Computer in eine Art Ruhezustand übergehen soll. Wählen Sie eine Zeitvorgabe aus.

Schritt 5

Falls Sie daran interessiert sind, einzelne Elemente des Computers zielgenau mit Energieoptionen zu versorgen, klicken Sie auf **Erweiterte Energieeinstellungen ändern**. Anderenfalls betätigen Sie **Änderungen speichern** ❶ und lassen Schritt 6 aus.

Schritt 6

In diesem Dialog lässt sich beispielsweise die Festplatte separat einstellen. Klicken Sie dazu auf das Plus-Symbol ❷ (es wird dann zum Minus), danach auf ❸ und am Ende auf die Zeile **Einstellung Minuten** ❹. Stellen Sie den gewünschten Wert über die Dreieck-Tasten ❺ ein.

> **Festplatten deaktivieren**
>
> Das Deaktivieren von Festplatten ist nicht unproblematisch. Es dauert einen Moment, bis eine Festplatte nach dem Ruhezustand wieder »aufwacht«. Prüfen Sie daher genau, ob Sie diese Art der Einsparung wirklich nutzen wollen.

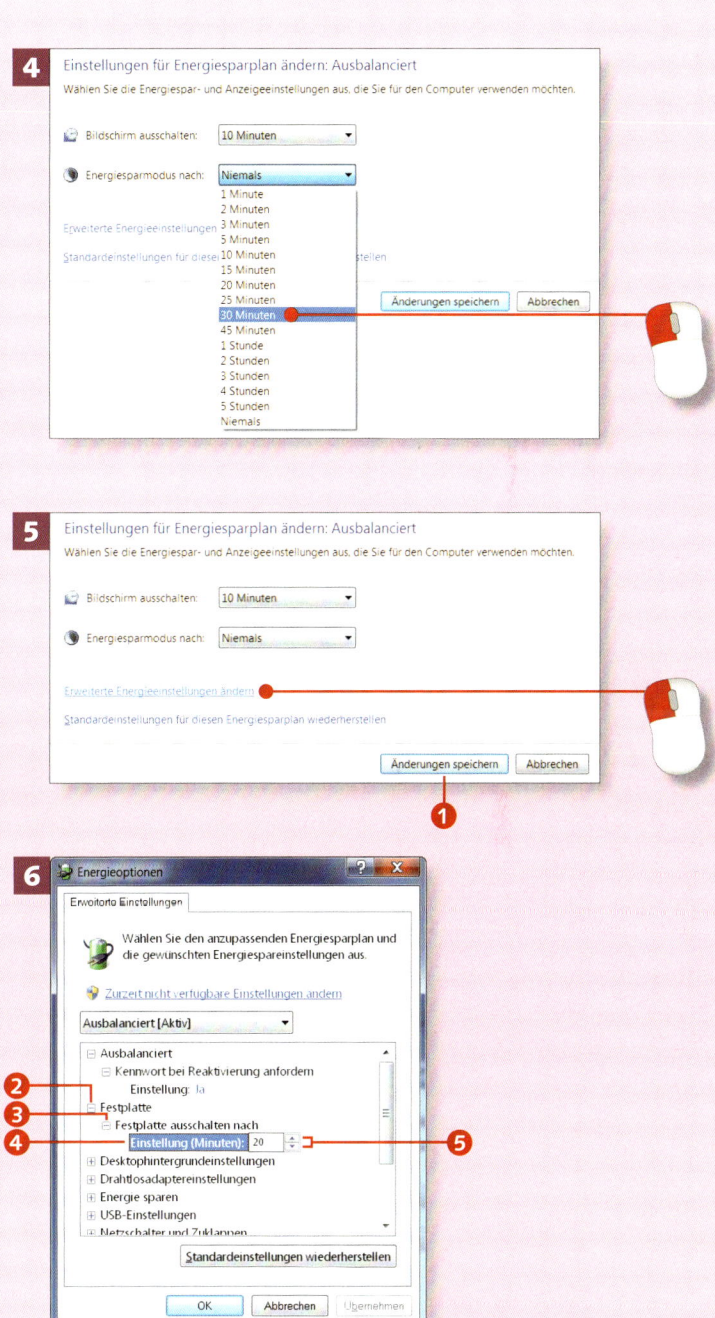

Systemdateien ein-/ausblenden

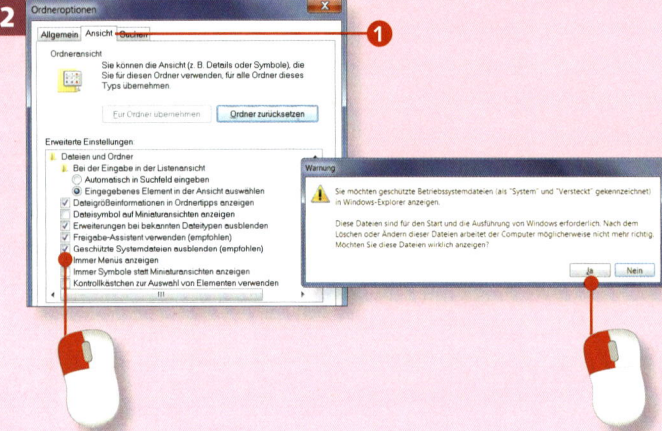

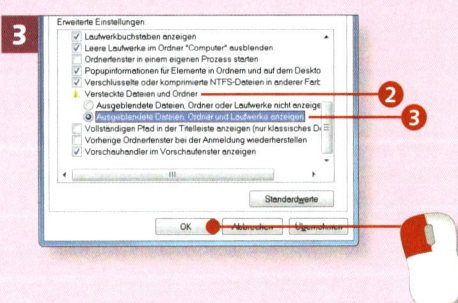

Zur Ausführung von Windows werden viele unterschiedliche Dateien benötigt. Damit Sie jedoch in Ordnern die Übersicht nicht verlieren, werden diese standardmäßig ausgeblendet. Wenn Sie einmal sehen wollen, was sich tatsächlich so alles auf Ihrem PC tummelt, schalten Sie die Systemdateien vorübergehend ein.

Schritt 1

Betätigen Sie den Schalter **Ordneroptionen**, den Sie unter **Start • Systemsteuerung** finden.

Schritt 2

Setzen Sie anschließend einen Mausklick auf das Register **Ansicht** ❶. Klicken Sie einmal auf das Häkchen vor **Geschützte Systemdateien ausblenden (empfohlen)**. Ignorieren Sie die folgende Warnung durch einen Klick auf **Ja**.

Schritt 3

Scrollen Sie in der Liste ganz nach unten. Halten Sie nach der Rubrik **Versteckte Dateien und Ordner** ❷ Ausschau. Aktivieren Sie den untersten, **Ausgeblendete Dateien, Ordner und Laufwerke anzeigen** ❸, und bestätigen Sie mit OK.

! Dateien ansehen

Wenn Sie die Systemdateien eingeschaltet haben, finden Sie u. a. in Programm- oder Windows-Ordnern Dateien mit Zahnrädern. Löschen Sie diese niemals, da die meisten von ihnen dringend benötigt werden.

Schriftgröße ändern

Die Schriftgröße verschiedener Objekte, z. B. Ordner oder Programme, lässt sich anpassen. Standardmäßig wird nämlich die kleinste von drei möglichen Größen verwendet. Wenn das für Sie nicht gut lesbar ist, lässt sich dies in drei Schritten korrigieren.

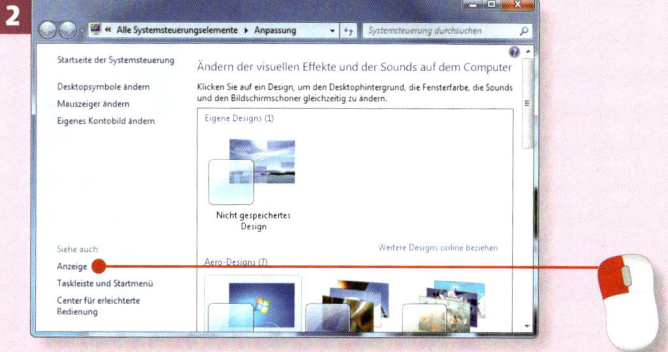

Schritt 1

Platzieren Sie einen rechten Mausklick auf eine freie Stelle des Desktops. Im Kontextmenü entscheiden Sie sich dann für den Eintrag **Anpassen**.

Schritt 2

Im Folgedialog klicken Sie einmal auf **Anzeige** unten links. Das bringt Sie geradewegs in den Dialog, der für die Einstellung der Schriftgröße zuständig ist.

Schritt 3

Aktivieren Sie den Radio-Button **Mittel 125 %** ❹. Danach drücken Sie auf die Schaltfläche **Übernehmen**. Sobald Sie darauf geklickt haben, müssen Sie sich beim System noch kurz ab- und wieder anmelden, damit die Änderungen wirksam werden.

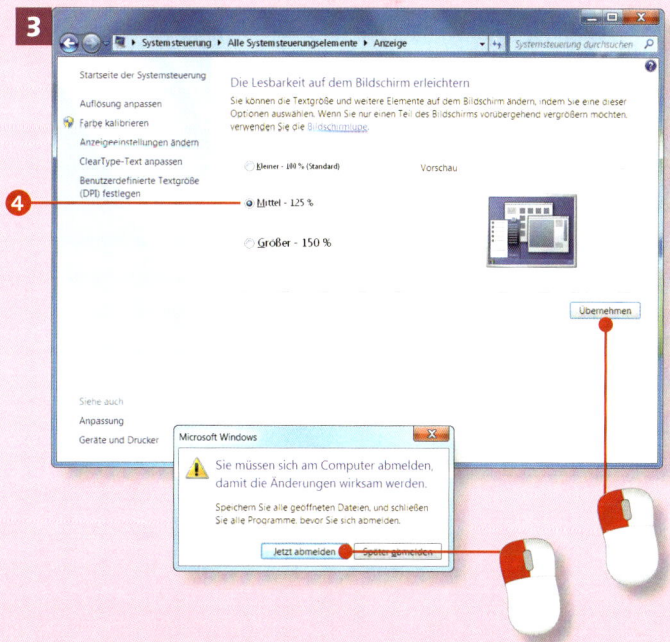

Kapitel 4:
Windows 7 Tag für Tag. Wichtige Aufgaben

Nun geht es richtig in die Praxis. Viele Aufgaben und Arbeiten mit einem Betriebssystem wiederholen sich regelmäßig. Was Sie unbedingt wissen sollten, sehen Sie in den folgenden Abschnitten.

❶ Umgang mit Dateien: öffnen, speichern, schließen, löschen
Sie werden häufig Dateien öffnen, bearbeiten, schließen oder auch löschen: Briefe, Fotos, E-Mails und vieles mehr. Hier sehen Sie nicht, nur, wie Sie das geschickt anstellen können, sondern auch, wie Sie durch den Einsatz von digitalen Ordnern die Übersicht behalten.

❷ Texte schreiben
Für Briefe und andere Texte hält Windows von Haus aus ein Programm für Sie bereit: Word-Pad. Hier sehen, wie Sie mit diesem Programm zu ansprechenden Ergebnissen kommen.

❸ Notizzettel zur Erinnerung
Sehr praktisch sind die digitalen Notizzettel, die Sie wie die echten einfach auf Ihren Desktop kleben können. Sehen Sie hier, wie das funktioniert.

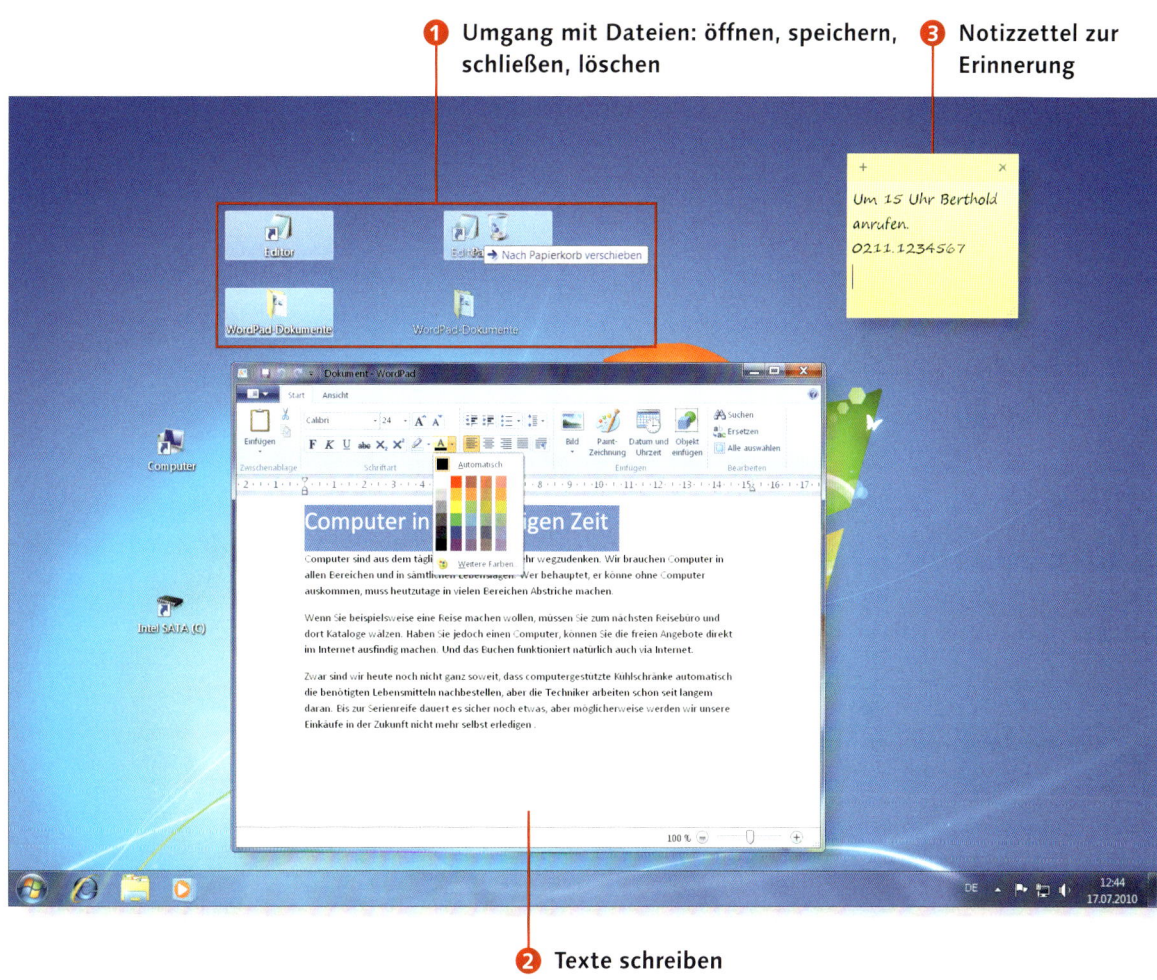

Öffnen, speichern, schließen

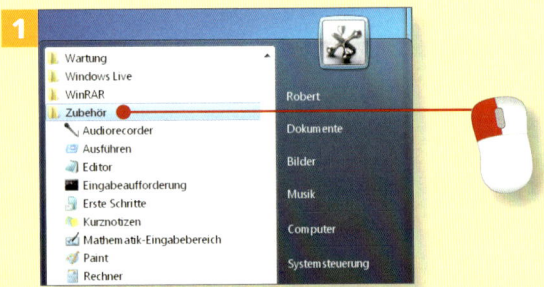

Sie haben verschiedene Möglichkeiten, ein Programm zu öffnen. Wenn es beispielsweise ein Icon auf dem Desktop gibt, reicht ein Doppelklick darauf. Doch was ist zu tun, wenn sich die Software, die Sie starten möchten, derzeit noch im Verborgenen hält?

Schritt 1

Eine Übersicht der Programme finden Sie, wenn Sie auf **Start • Alle Programme** gehen. Einige Programme befinden sich jedoch in Unterordnern. Auf diesen müssen Sie klicken, damit deren Inhalt angezeigt wird (hier z. B. auf den Ordner »Zubehör«).

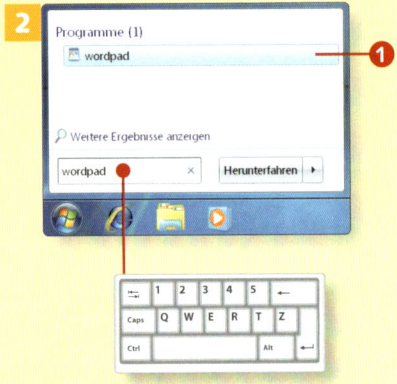

Schritt 2

Sollten Sie die gewünschte Software (in unserem Fall WordPad) nicht finden, müssen Sie danach suchen. Klicken Sie nach Betätigung von **Start** in das Eingabefeld und schreiben Sie »wordpad«. Betätigen Sie den ganz oben ❶ angebotenen Eintrag.

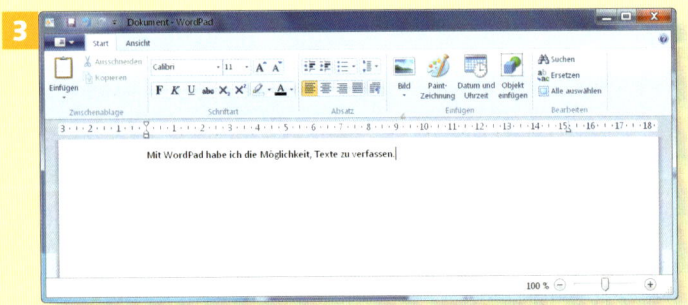

Schritt 3

Sie können nun gleich mit der Texteingabe beginnen. Schreiben Sie, worauf Sie Lust haben.

→ Wenn Sie sich für WordPad interessieren, beachten Sie übrigens auch die Hinweise im Abschnitt »Texte verfassen«, ab Seite 90.

Kapitel 4: Windows 7 Tag für Tag

Schritt 4

Wenn der Text fertig ist, setzen Sie einen Mausklick auf das Blatt-Symbol oben links ❶. Im sich öffnenden Menü betätigen Sie **Speichern**.

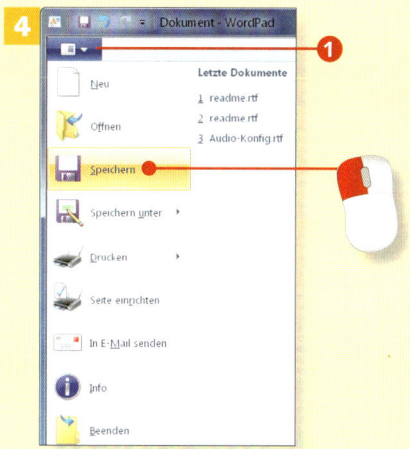

Schritt 5

Als Speicherort wollen wir für dieses Beispiel den **Desktop** nutzen. Klicken Sie deshalb auf den gleichnamigen Eintrag in der linken Spalte. Zuletzt betätigen Sie **Speichern** ❷. Danach schließen Sie WordPad.

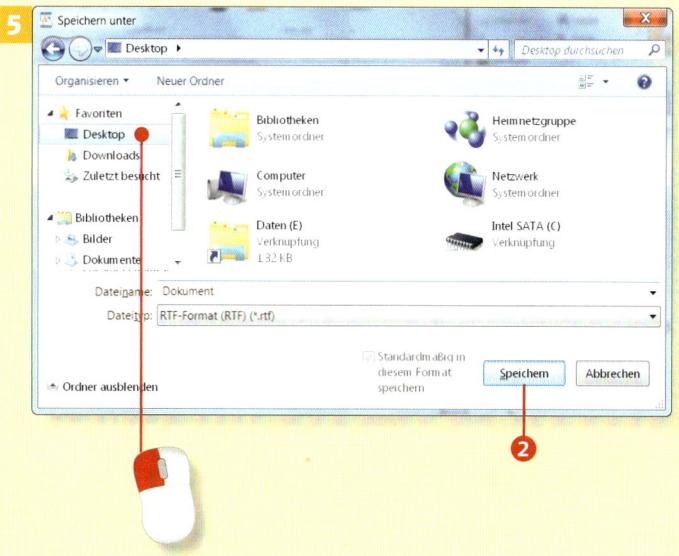

Schritt 6

Auf dem Desktop werden Sie jetzt Ihr soeben erzeugtes Dokument finden. Wann immer Sie daran weiterarbeiten wollen, platzieren Sie einen Doppelklick darauf.

Abgestürzte Programme schließen

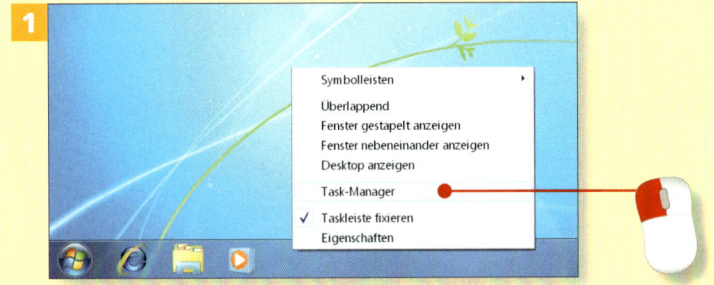

Auch wenn es äußerst selten ist, so kann es doch auch unter Windows 7 einmal passieren, dass ein Programm abstürzt. In diesem Fall lässt es sich nicht mehr wie gewohnt schließen, Sie müssen es über die Systemsteuerung abschalten.

Schritt 1

Versuchen Sie, mit rechts auf einen freien Bereich der Task-Leiste zu klicken und **Task-Manager starten** auszuwählen. Sollte das nicht funktionieren, drücken Sie gleichzeitig die Tasten [Strg] + [Alt] + [Entf]. Jetzt ist **Task-Manager starten** anwählbar.

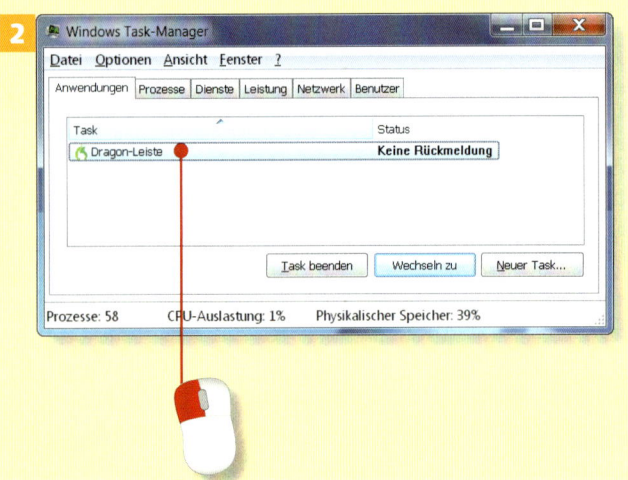

Schritt 2

Das Programm, das nicht mehr ordnungsgemäß ausgeführt werden kann, wird im Taskmanager mit dem Status **Keine Rückmeldung** ausgezeichnet. Markieren Sie diese Zeile mit einem Mausklick.

Schritt 3

Betätigen Sie jetzt den Schalter **Task beenden** unten rechts im Fenster. Sollten Sie nun noch gefragt werden, ob Sie das Programm wirklich schließen wollen, müssen Sie dies mit **Ja** beantworten. Danach können Sie den Task-Manager wieder schließen.

Ordner erzeugen

Damit Sie die Übersicht nicht verlieren, wenn Sie mit zahlreichen Dokumenten arbeiten, sollten Sie von Anfang an Ordner einsetzen. Hierbei handelt es sich um Ablagen, gewissermaßen um Behälter, die sich nach Herzenslust füllen lassen.

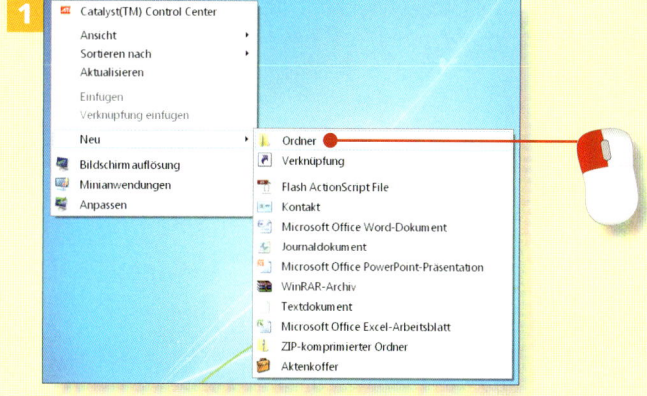

Schritt 1

Wenn Sie einen neuen Ordner auf dem Desktop einrichten wollen, klicken Sie mit der rechten Maustaste in einen freien Bereich, zeigen auf **Neu** und klicken anschließend auf **Ordner**.

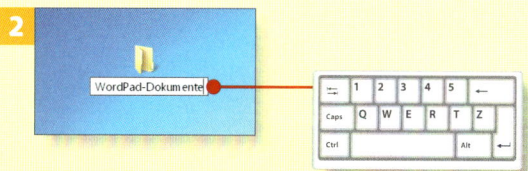

Schritt 2

Der Ordner trägt den Namen **Neuer Ordner**, was natürlich nicht besonders aussagekräftig ist. Da der Name aber markiert ist, dürfen Sie gleich damit beginnen, diesem über die Tastatur eine neue Bezeichnung zu geben.

Schritt 3

Wenn das erledigt ist, schließen Sie die Eingabe ab, indem Sie ⏎ auf Ihrer Tastatur drücken.

Unterordner erzeugen

Auf die im Schritt 1 beschriebene Methode lassen sich auch Unterordner innerhalb eines bestehenden Ordners erzeugen. Dazu führen Sie den Mausklick jedoch nicht auf dem Desktop, sondern in einem freien Bereich des geöffneten Ordners aus.

Ausschneiden, kopieren, einfügen

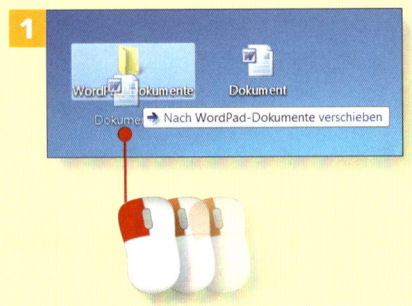

Windows 7 verfügt über eine ausgesprochen nützliche sogenannte Zwischenablage. Dort können Sie Dateien und andere Inhalte »zwischenlagern«, schnell verschieben und duplizieren.

Schritt 1

Ein Objekt lässt sich grundsätzlich mit gedrückt gehaltener linker Maustaste verschieben. Wollen Sie das Dokument beispielsweise in einem Ordner speichern, verschieben Sie das Dokument dorthin und lassen Sie erst los, wenn Sie sich mit dem Dokument direkt über dem Ordner befinden.

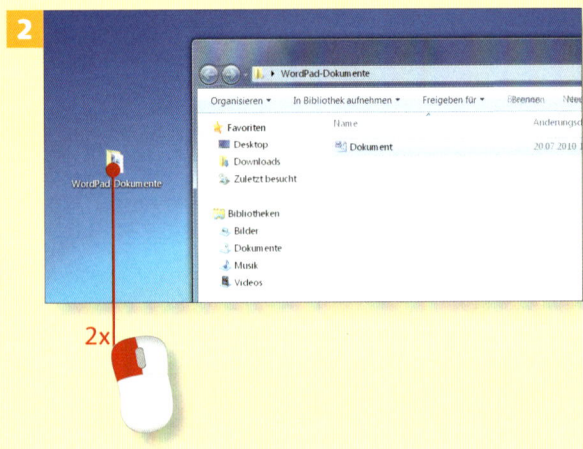

Schritt 2

Öffnen Sie den Ordner mit einem Doppelklick. Dort werden Sie das zuvor verschobene Dokument finden, denn es befindet sich ja jetzt nicht mehr auf dem Desktop. Markieren Sie das Dokument mit einem Mausklick.

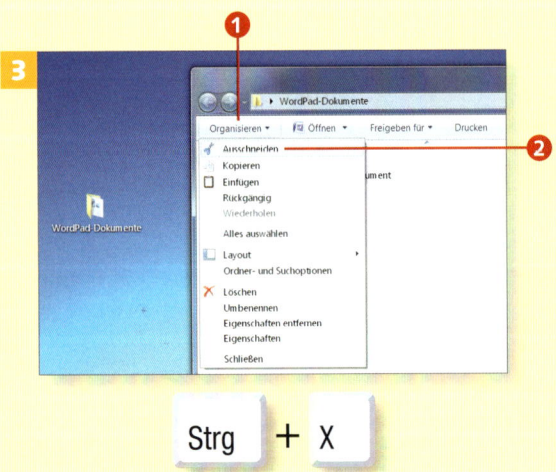

Schritt 3

Nun gibt es zwei Möglichkeiten, das Objekt an die Zwischenablage zu übergeben. Entweder Sie klicken auf **Organisieren** ❶, gefolgt von **Ausschneiden** ❷, oder Sie drücken Strg + X.

Kapitel 4: Windows 7 Tag für Tag

Schritt 4

Jetzt soll das Dokument auf dem Desktop wieder eingefügt werden. Dazu klicken Sie entweder mit links auf den Desktop und drücken dann `Strg` + `V`, oder Sie klicken mit rechts darauf und entscheiden sich im sodann erscheinenden Menü für **Einfügen**.

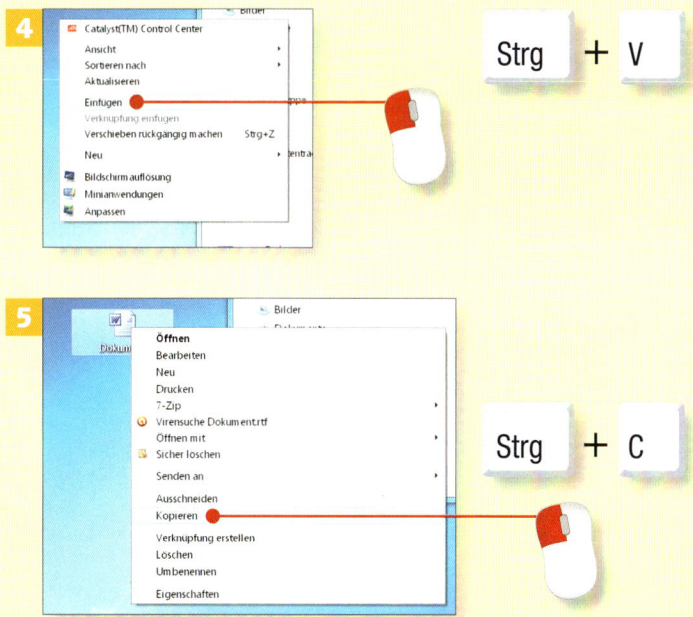

Schritt 5

Zuletzt soll das gute Stück noch dupliziert werden, also an beiden Orten erscheinen. Dazu führen Sie einen Rechtsklick auf dem Desktop-Dokument aus und betätigen **Kopieren**. Die Alternative: mit links darauf klicken und `Strg` + `C` drücken.

Schritt 6

Um nun ein Duplikat des Dokuments im Ordner zu platzieren, müssen Sie mit rechts dort hineinklicken und **Einfügen** anwählen. Oder aber Sie klicken mit links hinein und drücken `Strg` + `V`. **Organisieren • Einfügen** geht natürlich auch.

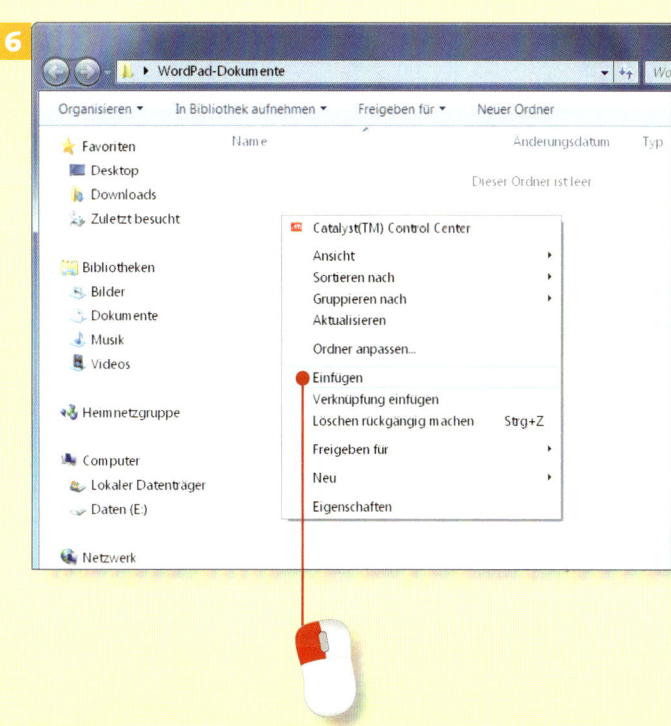

79

Ordneransicht ändern

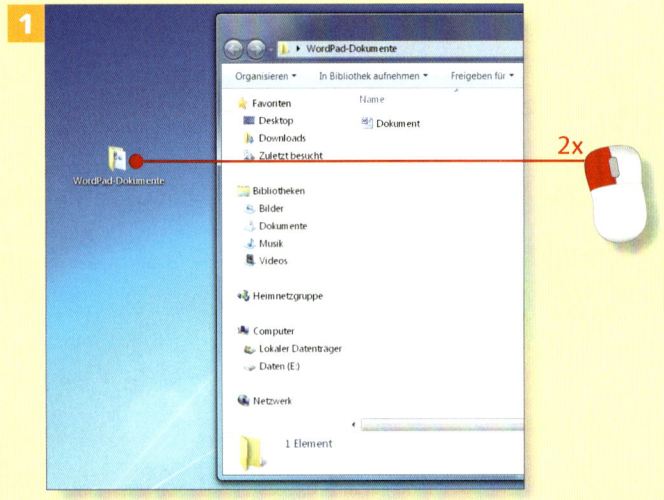

Wie Sie im vorangegangenen Abschnitt gesehen haben, ist die Ansicht der Dokumente innerhalb eines Ordners vorgegeben. Diese können Sie jedoch schnell und individuell ändern.

Schritt 1

Öffnen Sie den Ordner, indem Sie ihn mit einem Doppelklick versehen.

Schritt 2

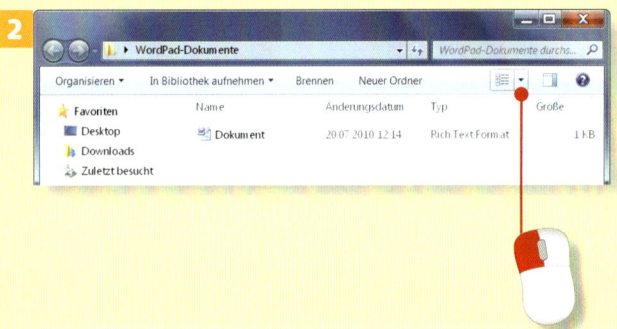

Gehen Sie auf die Schaltfläche **Weitere Optionen** (das kleine Dreieck-Symbol) und klicken Sie dieses mit der linken Maustaste an.

Schritt 3

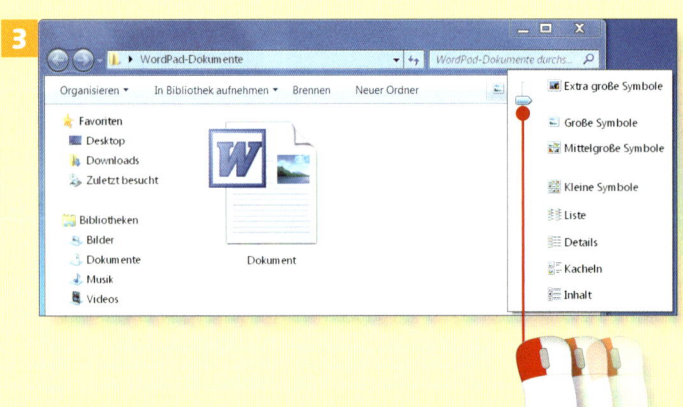

Mit gedrückter Maustaste kann der Schieber nun nach Wunsch verstellt werden. Je weiter Sie ihn nach oben regulieren, desto größer werden die Symbole. Eine große Vorschau ist z. B. bei Fotos sehr hilfreich. Die Wahl der richtigen hängt vom Geschmack, aber auch von der Anzahl der Dokumente ab, die sich im Ordner befinden.

Dateien und Ordner suchen

Irgendwann einmal, wenn sich zahlreiche Dokumente auf Ihrem Rechner befinden, werden Sie sich vielleicht nicht mehr spontan daran erinnern, an welchem Speicherort Sie nun das eine oder andere Dokument abgelegt haben. In diesem Fall müssen Sie suchen. Wie Sie dabei effizient vorgehen, sehen Sie hier.

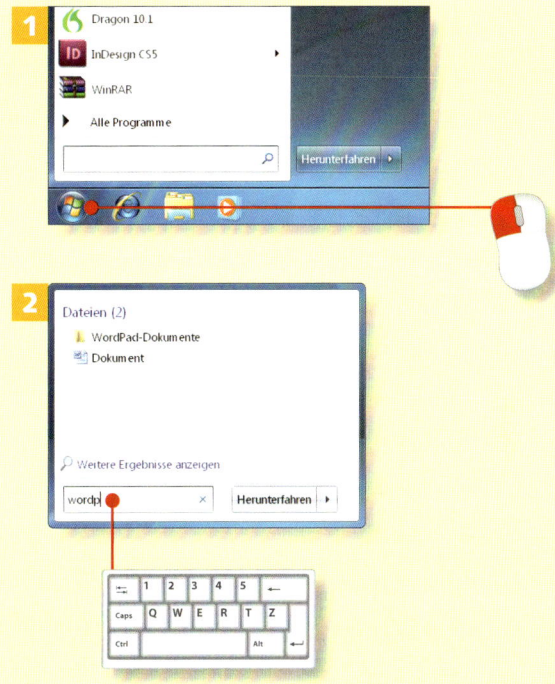

Schritt 1

Betätigen Sie **Start** in der Taskleiste und setzen Sie einen Mausklick auf das Suchfeld, das Sie ganz unten links finden.

Schritt 2

Geben Sie den Begriff ein, nach dem Sie suchen lassen wollen (hier der Ordner WordPad-Dokumente). Sobald Sie »wordp« eingegeben haben, erscheinen nur die Suchergebnisse oben in der Liste, die Ihrem Stichwort entsprechen.

Schritt 3

Wenn Sie von hier aus gleich in den Ordner wechseln wollen, haben Sie nichts weiter zu tun, als den Listeneintrag (WordPad-Dokumente) mit einem Mausklick zu versehen. Die Liste schließt sich, und im Gegenzug wird der Ordner geöffnet.

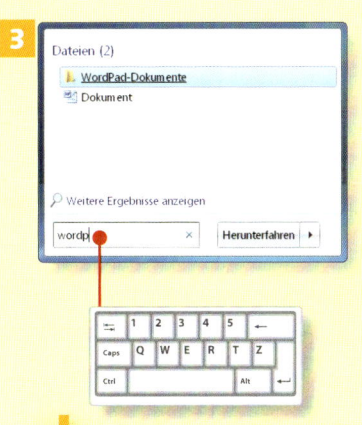

Im Ordner suchen

Wenn Sie einen einzelnen Ordner nach einem bestimmten Dokument durchsuchen lassen wollen, öffnen Sie diesen zunächst und benutzen dann das Suchfeld oben rechts.

Bibliotheksordner kennenlernen

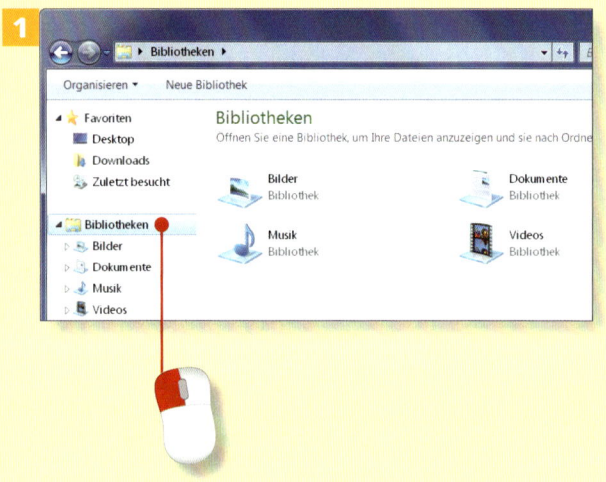

Wenn Sie die in Windows 7 zur Verfügung gestellten Bibliotheken benutzen, können Sie von Anfang an die Ordnung im System erhalten. Ihr Betriebssystem besteht nämlich aus je einer Bibliothek für Bilder, Dokumente, Musik und Video. Sie dürfen sogar selbst bestimmen, welche Festplatten-Ordner ebenfalls in die Bibliothek gehören.

Schritt 1

Öffnen Sie einen beliebigen Ordner. In der linken Spalte entscheiden Sie sich für **Bibliotheken**.

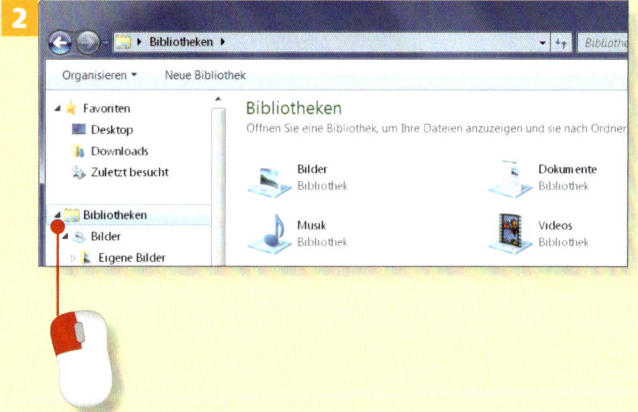

Schritt 2

Zeigen Sie auf einen der Bibliothekseinträge, so erscheinen kleine Dreieck-Symbole, die sich ebenfalls anklicken lassen. So können Sie bereits links in der Liste sehen, welche Unterordner im jeweiligen Verzeichnis enthalten sind.

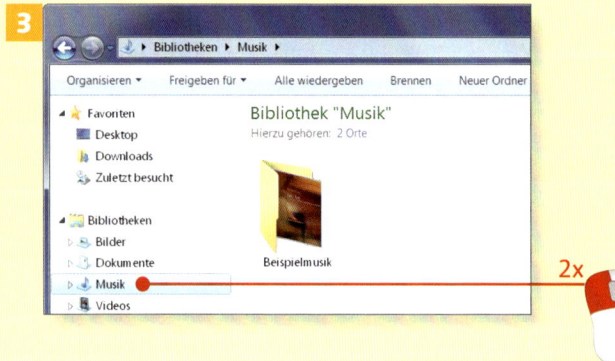

Schritt 3

Allerdings lassen sich Bibliotheken (Bilder, Dokumente, Musik, Videos) auch direkt öffnen, indem Sie einen Doppelklick auf den betreffenden Eintrag setzen (hier: **Musik**).

Kapitel 4: Windows 7 Tag für Tag

Schritt 4

Sie benötigen Unterordner, um beispielsweise verschiedene Musikrichtungen voneinander zu trennen? Dann wählen Sie zunächst die Bibliothek aus, in der Sie einen neuen Ordner platzieren wollen (hier: **Musik**) und wählen Sie **Neuer Ordner**.

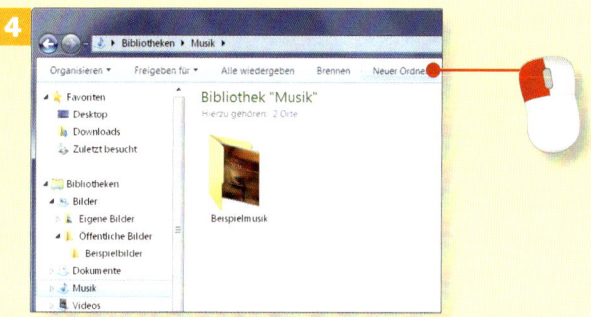

Schritt 5

Fahren Sie mit der Benennung des Ordners fort. Da der Name bereits markiert ist, dürfen Sie gleich mit der Eingabe beginnen. Schließen Sie die Eingabe mit ⏎ ab.

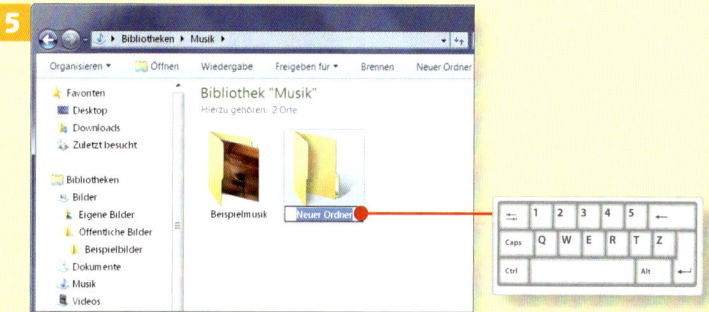

Schritt 6

Da dies nur ein Beispiel ist, sollten Sie den neuen Ordner wieder löschen. Markieren Sie ihn und drücken Sie `Entf`. Da Windows noch einmal nachfragt, ob Sie das wirklich wünschen, müssen Sie abschließend auf **Ja** ❶ klicken.

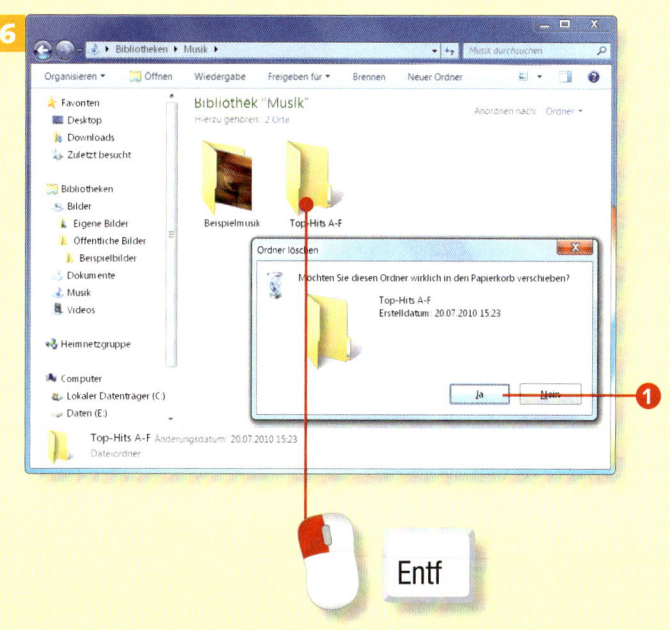

Neue Bibliothek erzeugen

Sie wollen nicht nur Unterordner, sondern weitere, individuell nutzbare Bibliotheken hinzufügen? Dann klicken Sie mit der rechten Maustaste auf **Bibliotheken** und wählen Sie **Neu • Bibliothek**.

83

Bibliotheksordner kennenlernen (Forts.)

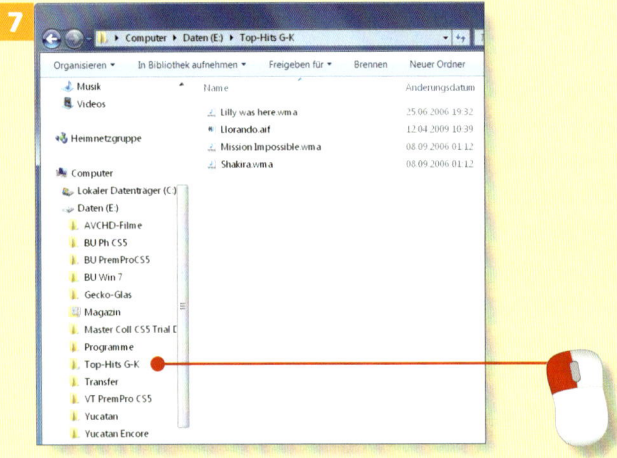

Schritt 7

Jetzt soll ein bestehender Ordner hinzugefügt werden. Dazu müssen Sie ihn zunächst einmal links im Objektbaum markieren Hier ist es z. B. der Ordner »Top-Hits G–K« auf der Festplatte E:.

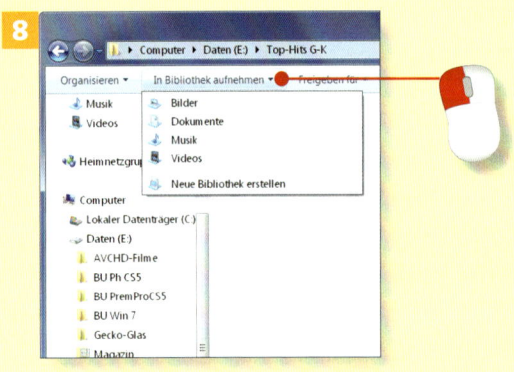

Schritt 8

In der oberen Leiste finden Sie den Eintrag **In Bibliothek aufnehmen**. Klicken Sie darauf.

Schritt 9

Jetzt setzen Sie einen Klick auf **Musik**, damit der von Ihnen ausgewählte Ordner auch der richtigen Bibliothek zugeordnet werden kann. Nachdem Sie das getan haben, ist der Ordner Ihrer Musik-Bibliothek zugeordnet oder besser: mit ihr verknüpft. Mehr über Verknüpfungen lesen Sie im folgenden Abschnitt.

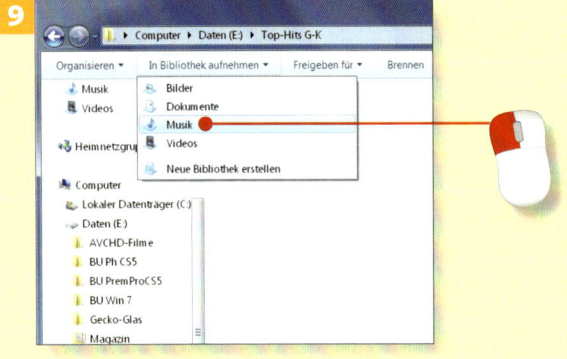

Kapitel 4: Windows 7 Tag für Tag

Schritt 10

Sehen Sie sich die Bibliotheken an, insbesondere die Musik-Bibliothek. Scrollen Sie dazu ggf. mit der Leiste ein wenig nach oben. Die Musik-Bibliothek weist jetzt einen Ordner gleichen Titels auf (Top-Hits G–K).

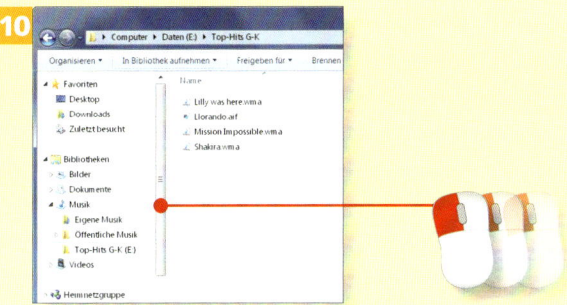

Schritt 11

Dieser Ordner ist jedoch nur ein Verweis auf das Original, er existiert nicht doppelt. Deutlich wird das, wenn Sie ihn wieder löschen. Markieren Sie die Top-Hits innerhalb der Bibliothek und drücken Sie Entf .

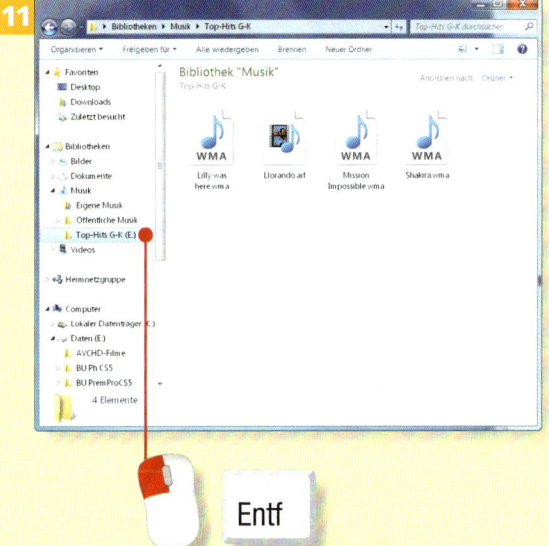

Schritt 12

Scrollen Sie jetzt wieder nach unten, sodass Sie die Festplatte sehen können. Der Verweis (in der Bibliothek) ist verschwunden, während der Original-Ordner ❶ noch vorhanden ist.

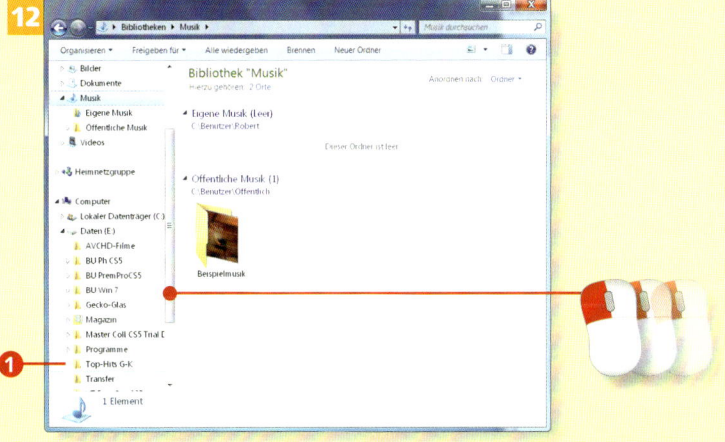

Verknüpfungen erzeugen

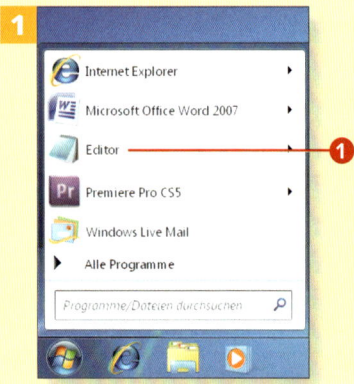

Mitunter ist es sinnvoll, Verknüpfungen zu Ordnern oder Programmen herzustellen, damit diese schnell von einem bestimmten Ort aus (beispielsweise dem Desktop) aufgerufen werden können. In den folgenden Schritten stellen wir eine Desktop-Verknüpfung zum Editor her.

Schritt 1

Suchen Sie das Programm, das Sie vom Desktop aus per Verknüpfung erreichen wollen, im Startmenü. Im Beispiel verwenden wir das Programm »Editor« ❶.

Schritt 2

Ist Editor im Startmenü vorhanden? Glückwunsch! Dann fahren Sie bitte mit Schritt 3 fort und lassen Sie die restlichen Schritte aus. Ist kein entsprechender Eintrag auszumachen, machen Sie mit Schritt 4 weiter.

Schritt 3

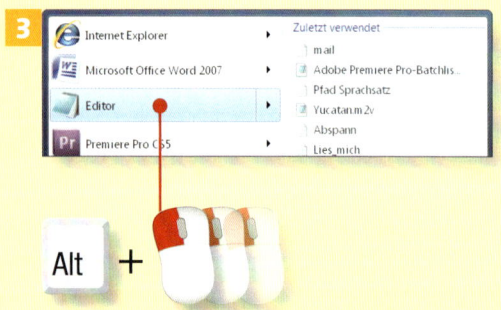

Halten Sie zunächst [Alt] gedrückt. Lassen Sie die Taste nicht mehr los. Klicken Sie auf **Editor**, halten Sie die Maustaste gedrückt und ziehen Sie die Maus auf einen freien Bereich des Desktops. Danach lassen Sie zunächst die Maustaste und erst am Schluss [Alt] los.

Kapitel 4: Windows 7 Tag für Tag

Schritt 4

Zeigen Sie im Startmenü auf **Alle Programme**. Das hat zur Folge, dass die Programmleiste angezeigt wird. Die Schnellstartleiste verschwindet.

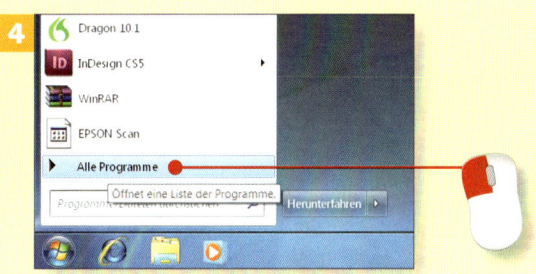

Schritt 5

Als Nächstes müssen Sie den Ordner **Zubehör** ausfindig machen. Falls erforderlich, scrollen Sie ein wenig nach unten. Sobald Sie ihn gefunden haben, setzen Sie einen Mausklick darauf. Sie sehen jetzt alle darin enthaltenen Programme.

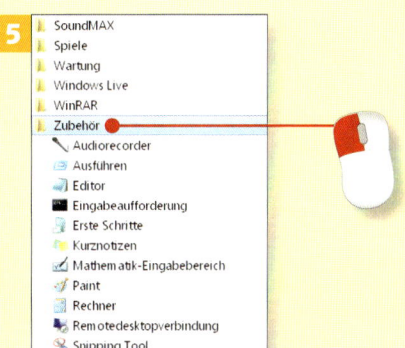

Schritt 6

Jetzt wiederholen Sie Schritt 3, wobei Sie allerdings den **Editor**-Eintrag des Ordners **Zubehör** ziehen. Lassen Sie auch hier zunächst die Maustaste und erst danach [Alt] los.

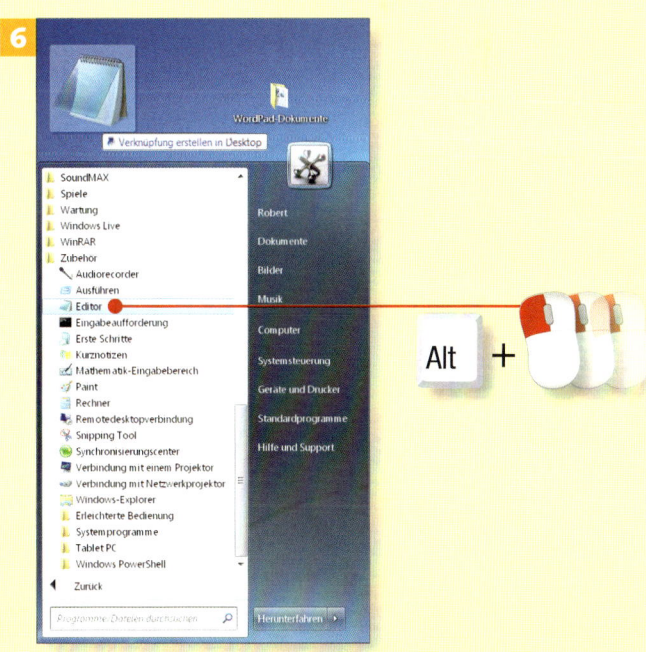

!
Ordner verknüpfen

So wie sich Programme verknüpfen lassen, können Sie auch Ordner verknüpfen. Dazu gehen Sie allerdings nicht in das Startmenü, sondern direkt zum Ordner, den Sie verknüpfen wollen. Ziehen Sie diesen mit ebenfalls gedrückter [Alt]-Taste auf den Desktop.

Objekte löschen und Papierkorb leeren

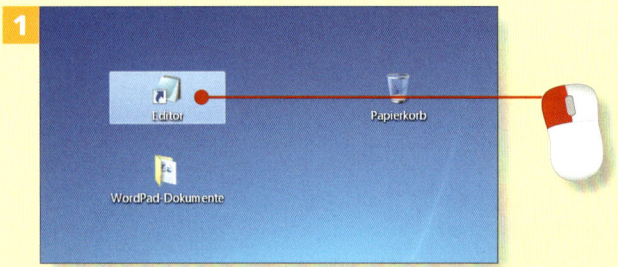

Glücklicherweise können Ordner und Dateien auch gelöscht werden. Ansonsten wäre es ja nur eine Frage der Zeit, wann Ihre Festplatte randvoll ist.

Schritt 1

Das zu löschende Objekt müssen Sie zunächst mit einem Mausklick markieren. Dabei spielt es keine Rolle, ob es sich auf dem Desktop oder in einem Ordner befindet. Wenn Sie nur eine einzelne Datei löschen wollen, machen Sie mit Schritt 4 weiter.

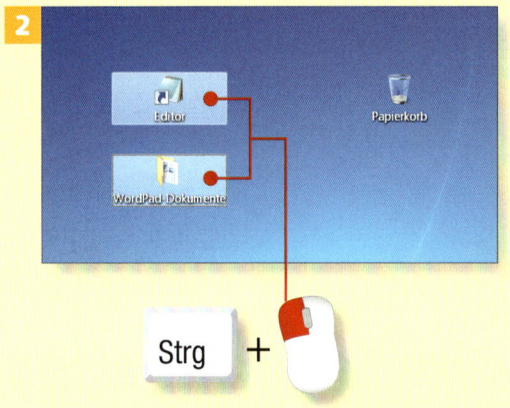

Schritt 2

Sie möchten dem bereits markierten Objekt ein weiteres hinzufügen, dass ebenfalls gelöscht werden soll? Dann halten Sie [Strg] gedrückt und klicken Sie auch auf das zweite Objekt. Danach dürfen Sie [Strg] wieder loslassen.

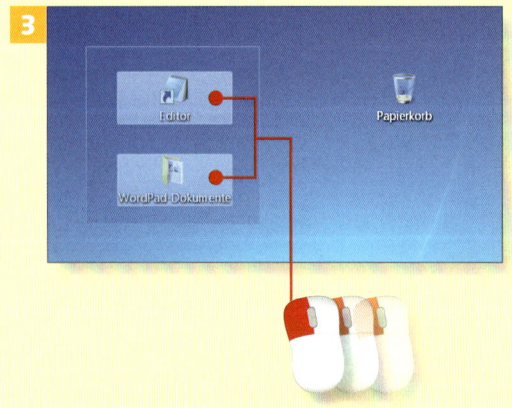

Schritt 3

Alternativ zu den Schritten 1 und 2 können Sie die zu löschenden Objekte auch per Drag & Drop markieren. Klicken Sie dazu außerhalb eines Symbols, halten Sie die Maustaste gedrückt, ziehen Sie über die Objekte und lassen Sie erst los, wenn alle markiert sind.

Kapitel 4: Windows 7 Tag für Tag

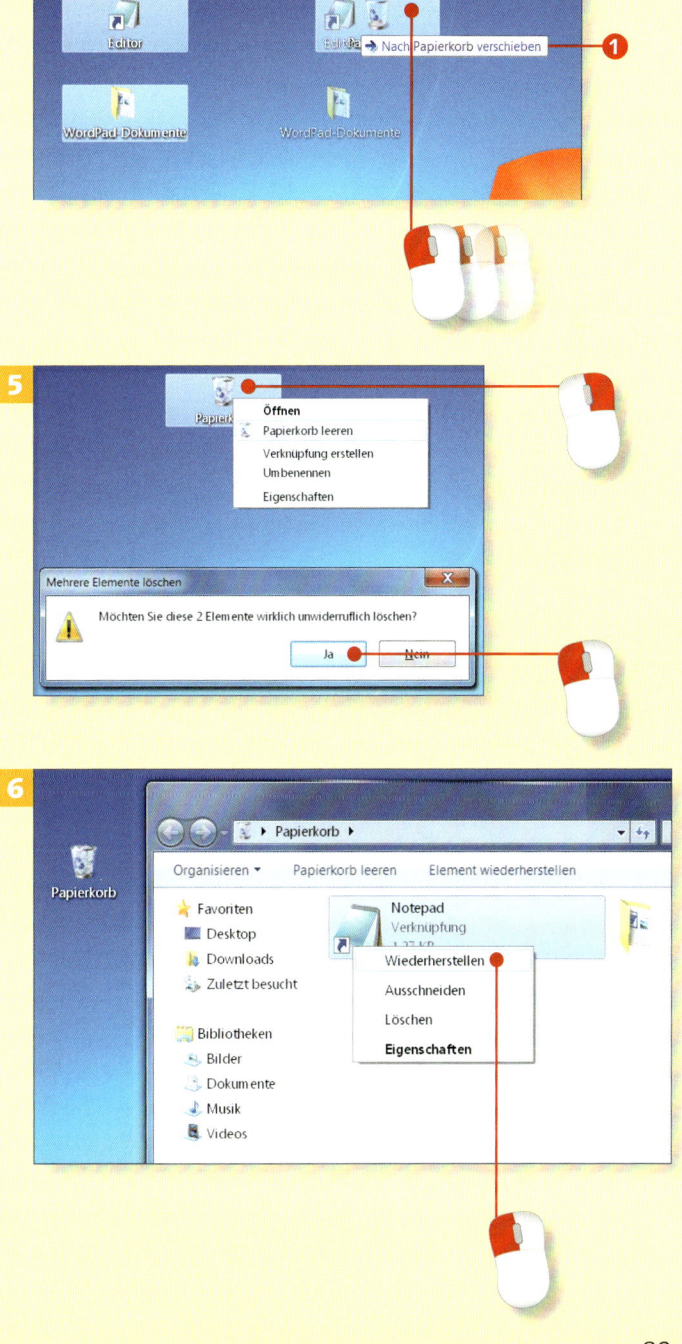

Schritt 4

Jetzt setzen Sie einen Mausklick auf eine der markierten Dateien, lassen die Maustaste nicht mehr los und ziehen sie zum Papierkorb. Sobald **Nach Papierkorb verschieben** ❶ sichtbar wird, dürfen Sie loslassen.

Schritt 5

Der Papierkorb wird jetzt als gefüllt angezeigt. Wenn Sie ihn leeren wollen, klicken Sie ihn mit rechts an und markieren **Papierkorb leeren**. Die anschließende Kontrollabfrage bestätigen Sie mit **Ja**.

Schritt 6

Schritt 6 funktioniert nur, solange Schritt 5 noch nicht vollzogen ist: Sie haben eine Datei unbeabsichtigt gelöscht? Dann doppelklicken Sie den Papierkorb, setzen einen Rechtsklick auf die Datei und wählen Sie **Wiederherstellen**.

!
Keine Sicherheit beim Löschen
Bitte bedenken Sie immer, dass Dateien niemals wirklich rückstandsfrei vom Rechner entfernt werden, auch wenn Sie diese aus dem Papierkorb gelöscht haben. Gelöschte Dateien können mit einer entsprechenden Software oft wieder hergestellt werden.

Texte verfassen

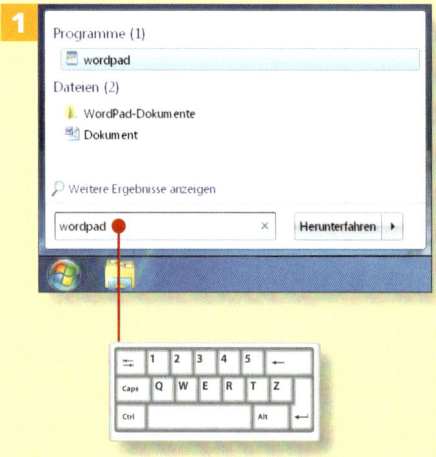

Wenn Sie dieses Buch chronologisch durcharbeiten, sind Sie ja bereits einmal mit WordPad konfrontiert worden. In diesem Abschnitt wollen wir uns nun mit der Erstellung und Auszeichnung (Veränderung) von Text befassen.

Schritt 1

Betätigen Sie zunächst die Start-Schaltfläche innerhalb der Taskleiste. Klicken Sie in das Eingabefeld **Programme/Dateien durchsuchen** und geben Sie dort »wordpad« ein.

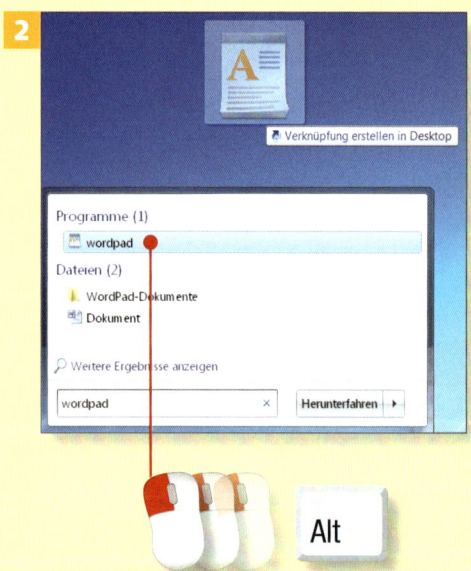

Schritt 2

Halten Sie Alt gedrückt, klicken Sie auf den Programmen-Eintrag »wordpad« und ziehen Sie diesen mit gedrückter Maustaste auf den Desktop. Lassen Sie zunächst die Maustaste, danach Alt los. Jetzt gibt es eine permanente Verknüpfung zu diesem Programm.

Schritt 3

Setzen Sie einen Doppelklick auf die soeben erzeugte Verknüpfung, wodurch sich die Anwendung öffnet.

Kapitel 4: Windows 7 Tag für Tag

Schritt 4

Sie können mit der Texteingabe beginnen. Wenn Sie in eine neue Zeile springen wollen, betätigen Sie zuvor ⏎ , während sich Großbuchstaben schreiben lassen, solange Sie ⇧ gedrückt halten.

Schritt 5

Sollten Sie sich einmal verschrieben haben, können Sie die letzten Zeichen editieren (= löschen), indem Sie mehrfach Entf drücken. Außerdem lassen sich einzelne Begriffe mit einem Doppelklick markieren, während Sie ganze Absätze mit einem Dreifachklick auswählen können.

Schritt 6

Zur besseren Übersicht ist es sinnvoll, Text unterschiedlich zu gestalten. Setzen Sie beispielsweise einen Dreifachklick auf die Überschrift. Sie wird daraufhin blau markiert.

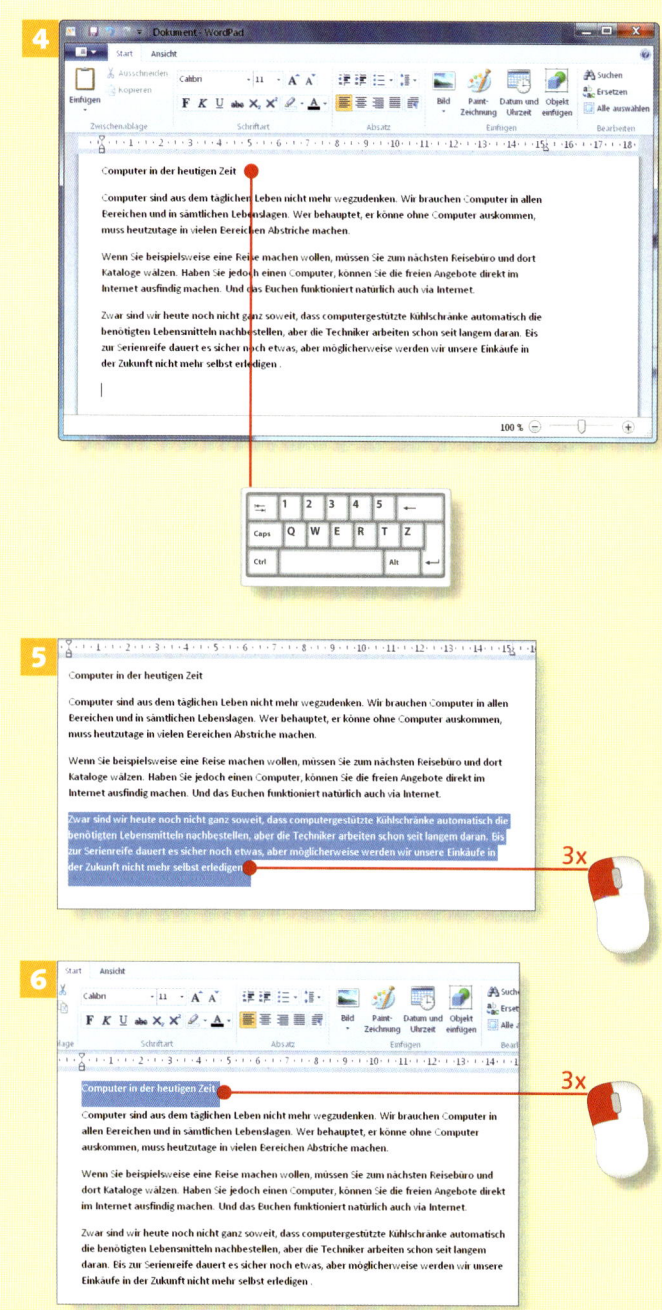

Texte verfassen (Forts.)

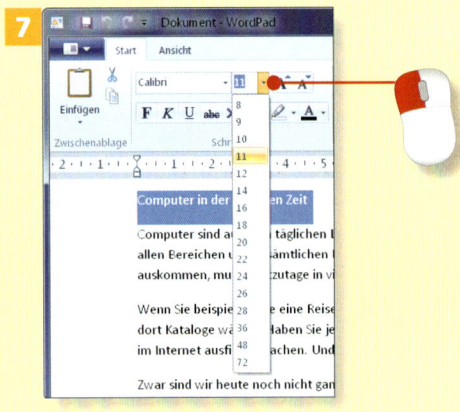

Schritt 7

Verändern Sie den **Schriftgrad**. Dazu öffnen Sie zunächst die Liste, indem Sie auf das kleine Dreieck neben der Schriftgröße klicken.

Schritt 8

Fahren Sie jetzt den Balken entlang, bis Sie auf **24** angelangt sind. Dort platzieren Sie einen weiteren Mausklick. Die immer noch markierte Schrift soll jetzt umgefärbt werden. Betätigen Sie das kleine Textfarben-Dreieck.

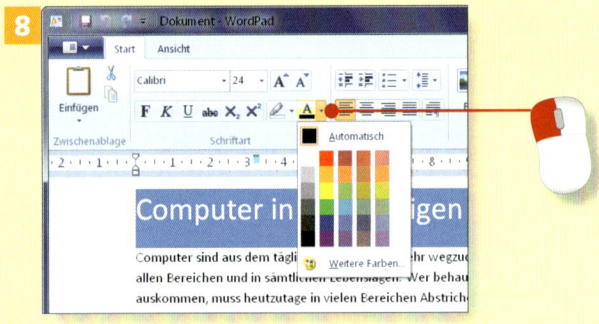

Schritt 9

Klicken Sie auf eines der farbigen Quadrate (im Beispiel: Kräftiges Blau). Dies hat zur Folge, dass der Text entsprechend umgefärbt wird.

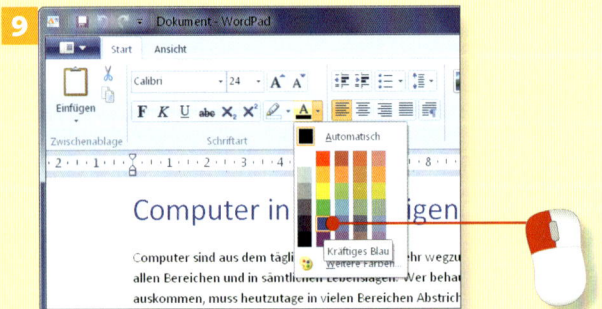

Farbe mit Bedacht wählen

Wenn Sie das Dokument später drucken möchten, achten Sie bei der Wahl der Schriftfarbe immer darauf, ob der Text auf dem gedruckten Papier später gut lesbar ist. Bunt ist zwar schön, aber der Lesbarkeit nicht immer zuträglich.

Kapitel 4: Windows 7 Tag für Tag

Schritt 10

Da Sie die Schriftfarbe nicht richtig sehen können (der Text ist ja immer noch blau markiert), sollten Sie nun noch auf einen beliebigen Bereich des Textes klicken. Setzen Sie bitte nur einen einzelnen Mausklick ein.

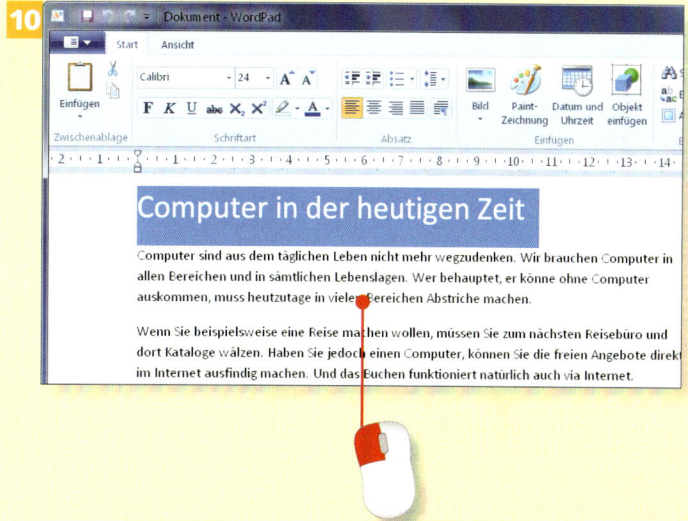

Schritt 11

In diesem Schritt werden Sie ein einzelnes Wort kursiv stellen. Das bedeutet: Sie werden die Buchstaben ein wenig neigen. Markieren Sie dazu ein Wort, das Sie für wichtig erachten (hier: Reisebüro), indem Sie einen Doppelklick darauf setzen.

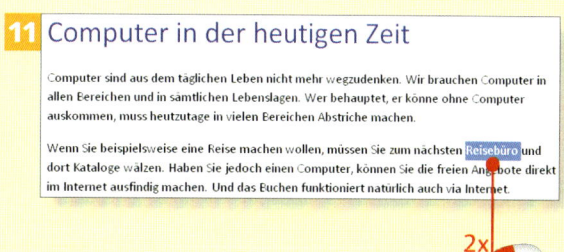

Schritt 12

Damit das markierte Wort schräggestellt werden kann, betätigen Sie die kleine *K*-Schaltfläche.

93

Texte verfassen (Forts.)

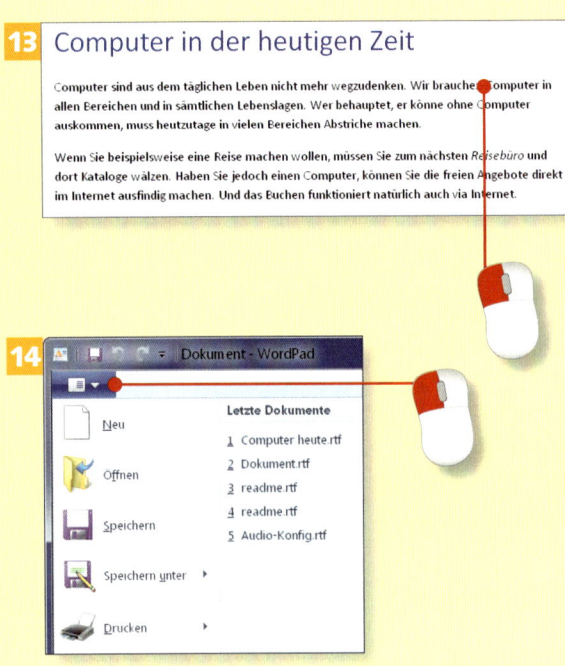

Schritt 13

Entfernen Sie die Markierung abermals, indem Sie einen einzelnen Mausklick auf einen anderen Textbereich setzen.

Schritt 14

Es wird Zeit, das Dokument zu speichern. Denn wenn es einen Computer-Absturz gibt, ist alles verloren. Daher klicken Sie zunächst auf das kleine Blatt-Symbol in der oberen linken Ecke.

Schritt 15

Betätigen Sie **Speichern unter**. Das sorgt dafür, dass Sie im nächsten Dialog einen Speicherort angeben können.

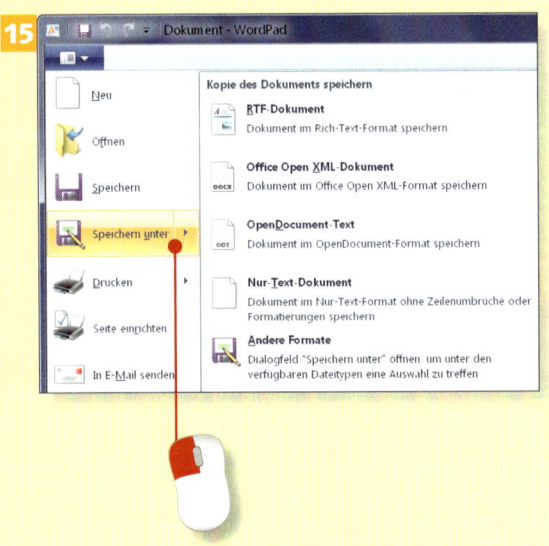

> **Speichern nicht vergessen**
>
> Es ist ärgerlich, wenn Sie einen langen Text geschrieben, ihn nicht gesichert haben und das Programm oder der Computer abstürzt. Gehen Sie lieber auf Nummer Sicher: Häufiges Speichern erspart Ihnen eine Menge Ärger.

Kapitel 4: Windows 7 Tag für Tag

Schritt 16

Da der Dateiname unten bereits blau markiert ist, sollten Sie diesen gleich neu angeben. Vergeben Sie den Namen »Computer heute«.

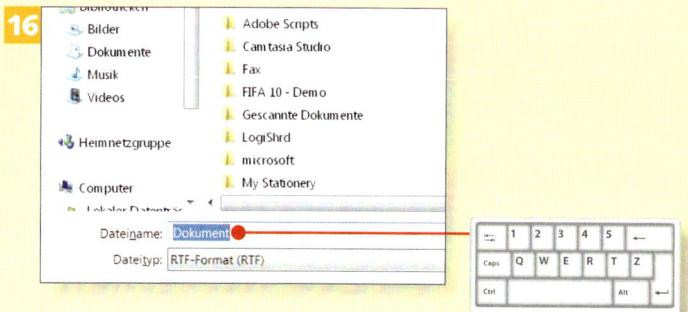

Schritt 17

Wenn Sie nun noch den **Desktop** in der linken Spalte anwählen, haben Sie auch gleich einen Speicherort zugewiesen. Zur Wiederholung: Das WordPad-Dokument wird unter dem Namen »Computer heute« auf dem Desktop abgelegt.

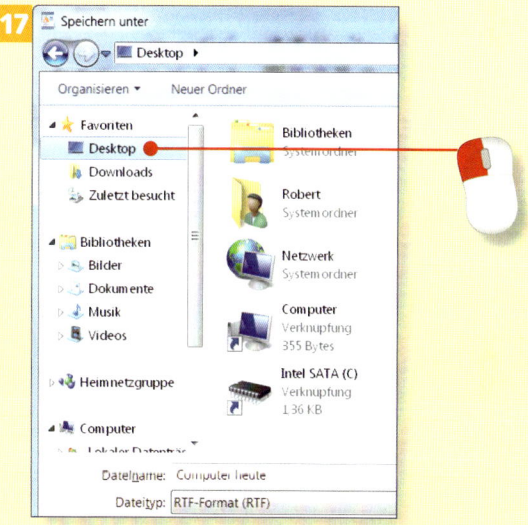

Schritt 18

Zuletzt reicht ein Klick auf **Speichern,** und das Dokument ist gesichert. Wenn Sie wollen, können Sie WordPad nun schließen.

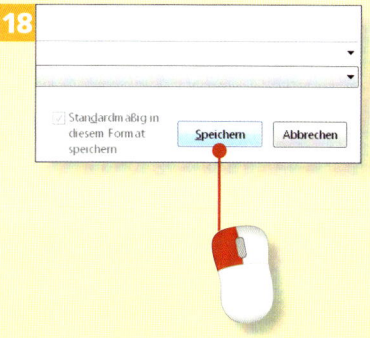

Dokument öffnen

Nachdem Sie WordPad geschlossen haben, können Sie das Dokument jederzeit wieder zugänglich machen, indem Sie das entsprechende Symbol auf dem Desktop mit einem Doppelklick versehen.

Kurznotizen erstellen

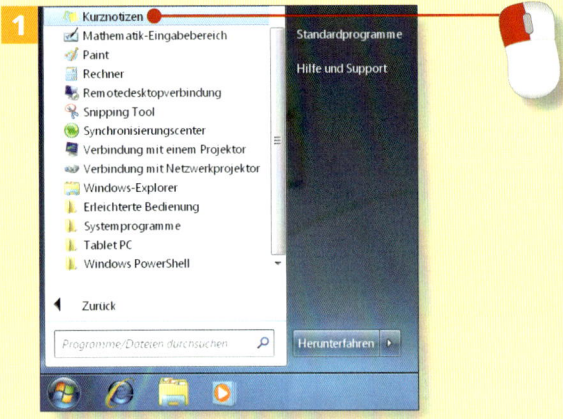

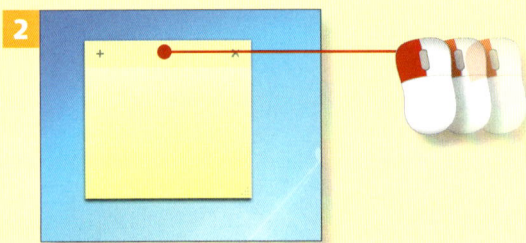

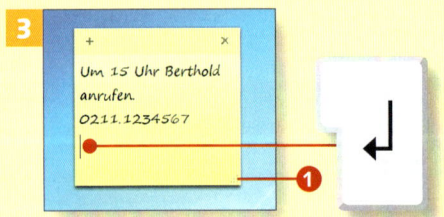

Wenn man einmal etwas nur schnell notieren muss, ist ein Textverarbeitung-Programm wie WordPad viel zu umständlich. Verwenden Sie doch lieber kleine Notizzettel, die sogenannten Kurznotizen. Diese bleiben ohne Speicherung erhalten – selbst wenn Sie den PC herunterfahren.

Schritt 1

Stellen Sie über **Start • Alle Programme • Zubehör • Kurznotizen** einen neuen Notizzettel zur Verfügung. Wenn Sie wollen, können Sie diesen für immer geöffnet lassen. Anderenfalls legen Sie eine Verknüpfung an.

Schritt 2

Der Zettel taucht jetzt irgendwo auf dem Desktop auf. Das müssen Sie allerdings nicht hinnehmen. Klicken Sie auf die Kopfzeile und verschieben Sie den Zettel nach Wunsch mit gedrückter Maustaste.

Schritt 3

Nun können Sie die Notiz verfassen. Alles, was Sie über die Tastatur eingeben, erscheint auch auf dem Zettel. Auch hier führen Sie eine Zeilenschaltung mit ↵ durch.

Zettel skalieren

Falls Sie einmal einen größeren Zettel benötigen, können Sie die untere rechte Ecke ❶ mit gedrückter Maustaste nach außen ziehen. Eine Zeilenschaltung am unteren Ende des Notizzettels bewirkt hingegen, dass der Zettel nach unten automatisch vergrößert wird.

Kapitel 4: Windows 7 Tag für Tag

Schritt 4

Wenn eine Notiz nicht ausreicht, ziehen Sie einfach einen weiteren Zettel hinzu. Das machen Sie, indem Sie auf das kleine Plus-Symbol oben links klicken.

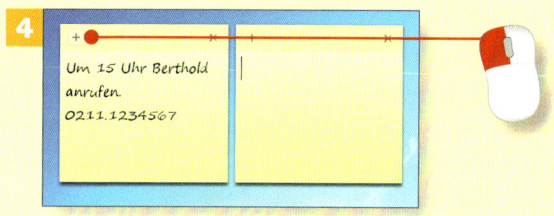

Schritt 5

Damit sich die Zettel nicht nur inhaltlich, sondern auch farblich voneinander unterscheiden, klicken Sie den neuen Zettel, falls Sie es wünschen, mit der rechten Maustaste an und weisen ihm per Mausklick eine neue Farbe zu (wie z. B. hier **Grün**).

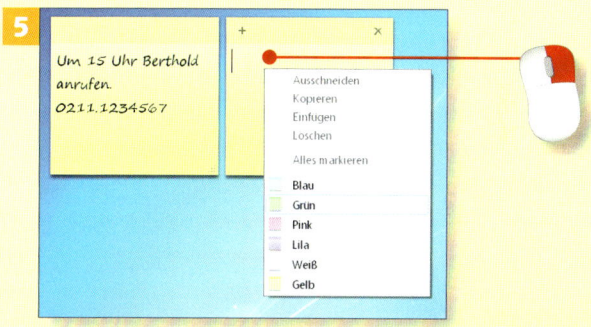

Schritt 6

Der Anruf ist erledigt – Sie benötigen den Zettel jetzt nicht mehr. Klicken Sie also auf das Kreuzchen oben rechts und bestätigen Sie die Kontrollabfrage mit Ja.

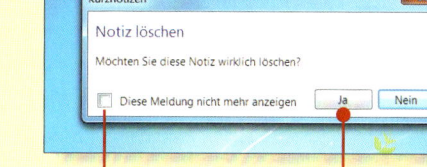

Meldungen entfernen

Wenn Sie die immer wiederkehrende Kontrollabfrage künftig umgehen wollen, klicken Sie in das kleine Quadrat vor **Diese Meldung nicht mehr anzeigen** ❶, und bestätigen Sie erst anschließend mit **Ja**.

Journalnotizen erstellen

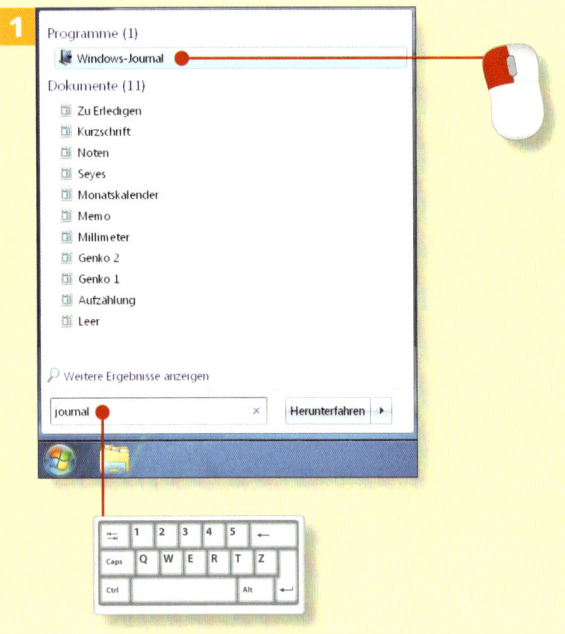

Wer ein Zeichenbrett einsetzt oder mit dem Laptop unterwegs ist, der möchte vielleicht ganz schnell einmal eine Journalnotiz erstellen. Hierüber können Sie nämlich mit einem Pen bzw. auf dem TouchPad des Laptops schreiben, sofern Ihr Notebook diese Funktion unterstützt.

Schritt 1

Klicken Sie auf **Start** und setzen Sie anschließend einen zweiten Mausklick in das Suchfeld des Startmenüs. Tragen Sie »journal« ein. Zuletzt klicken Sie auf den obersten Eintrag **Windows-Journal**.

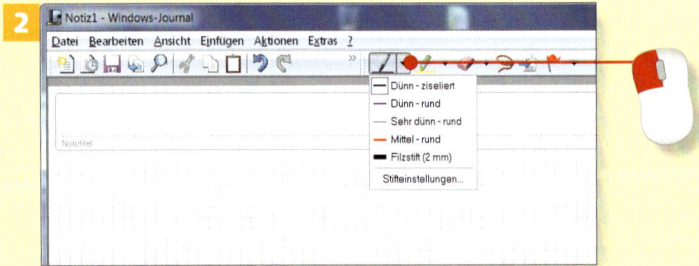

Schritt 2

In der sogenannten *Optionsleiste* des Programms klicken Sie jetzt bitte auf das kleine Dreieck neben dem Pinsel. Suchen Sie einen Stift aus, indem Sie einen der Einträge des Pulldown-Menüs mit der Maus markieren.

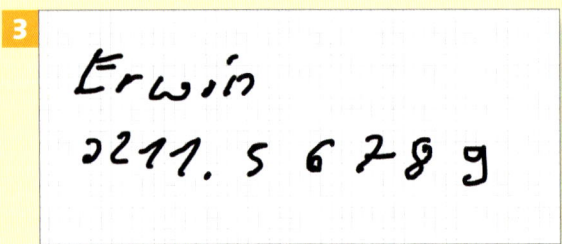

Schritt 3

Schreiben Sie mit dem Pen Ihres Tabletts oder benutzen Sie das TouchPad des Notebooks, indem Sie mit dem Finger darauf schreiben, was im Journal abgebildet werden soll.

Kapitel 4: Windows 7 Tag für Tag

Schritt 4

Zur Korrektur hält das Programm einen eigenen Radierer bereit ❶. Nachdem Sie diesen angewählt haben, können Sie mit gedrückter Maustaste über das Blatt wischen. Dort, wo Sie den Radierer einsetzen, werden die Aufzeichnungen gelöscht.

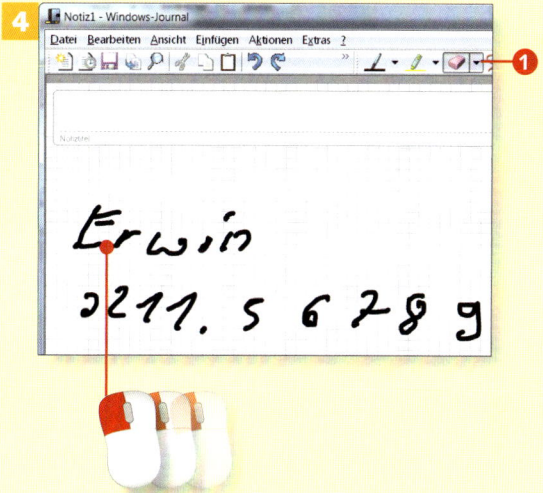

Schritt 5

Zuletzt sollten Sie die Journal-Datei speichern. Gehen Sie dazu in das Menü **Datei** und klicken Sie dort auf **Speichern unter**.

Schritt 6

Standardmäßig legt Windows die Datei in einem separaten Ordner ab (**Notizen** ❷), der in **Eigene Dokumente** zu finden ist. Wenn Ihnen dieser Speicherort nicht zusagt, klicken Sie in der linken Spalte auf **Desktop** ❸ und anschließend auf **Speichern**.

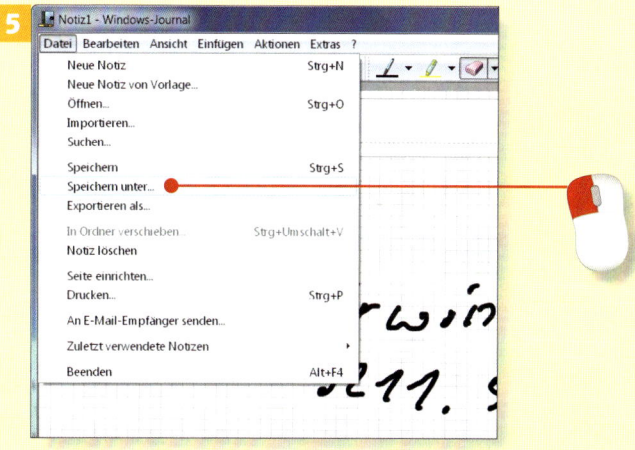

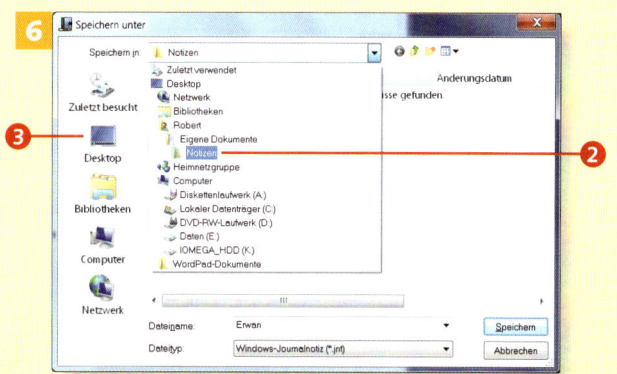

Datei- und Ordnereigenschaften anzeigen

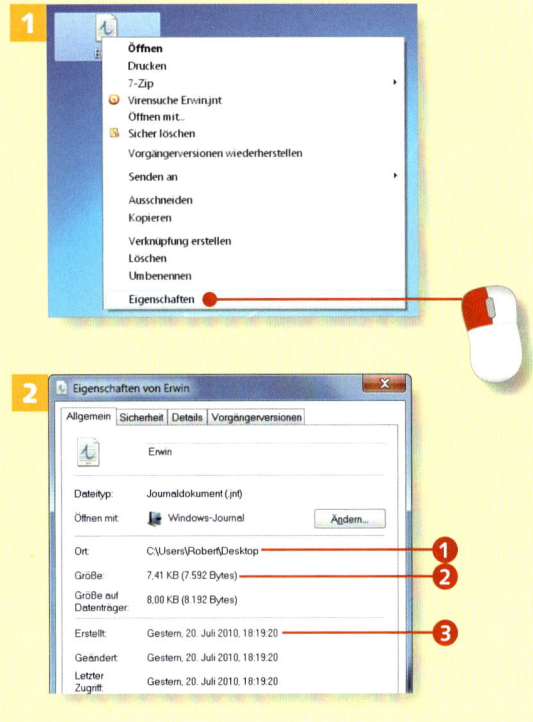

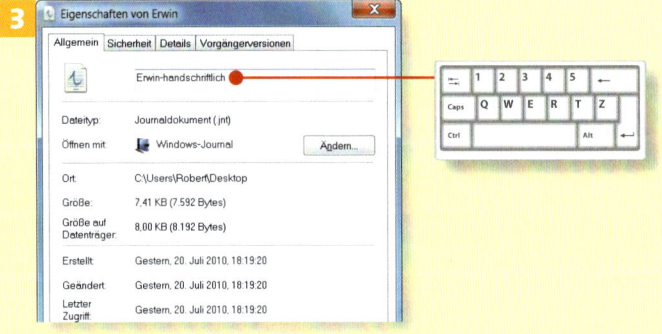

Stellen Sie sich vor, Sie haben mehrere Versionen eines Dokuments gespeichert und wollen nun wissen, welche Datei zuletzt erzeugt worden ist. Dann können Sie das und noch vieles mehr in den Eigenschaften nachsehen.

Schritt 1

Klicken Sie ein beliebiges Dokument (z. B. WordPad oder Journal) mit rechts an und entscheiden Sie sich im Kontextmenü für **Eigenschaften**. Ob sich das Dokument auf dem Desktop oder in einem Ordner befindet, spielt keine Rolle.

Schritt 2

Etwa in der Mitte des Eigenschaftenfensters lassen sich Speicherort (in diesem Fall der Desktop) ❶, Größe ❷, Erstellungsdatum ❸ usw. ablesen.

Schritt 3

Sie dürfen das Dokument auch umbenennen, indem Sie in das Eingabefeld klicken. Setzen Sie den Mausklick hinter dem letzten Zeichen an, wenn Sie den Namen verlängern wollen. Danach tippen Sie die Erweiterung ein.

> **Größe auf Datenträger**
>
> Bei der Größe gibt es zwei unterschiedliche Angaben. Da Dateien auf Datenträgern wie CD oder DVD etwas mehr Platz benötigen, existiert neben der normalen Größe auch der Eintrag **Größe auf Datenträger**.

Schritt 4

Wenn Sie das Dokument schützen wollen, klicken Sie auf das Wort **Schreibgeschützt**. Das nun vorangestellte Häkchen signalisiert: Die Datei kann zwar noch geöffnet und bearbeitet, nicht jedoch unter demselben Namen und am selben Ort gesichert werden.

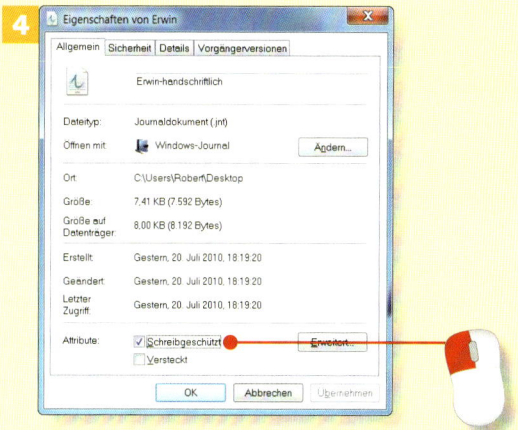

Schritt 5

Wenn Sie einen Ordner mit der rechten Maustaste anklicken und auch dort den Kontextmenü-Eintrag **Eigenschaften** betätigen, finden Sie das Register **Anpassen** vor. Entscheiden Sie sich für die Schaltfläche **Anderes Symbol**.

Schritt 6

Jetzt suchen Sie ein Symbol aus ❹, das Sie für geeigneter halten, markieren es mit einem Mausklick und bestätigen die geöffneten Dialogfenster jeweils mit OK.

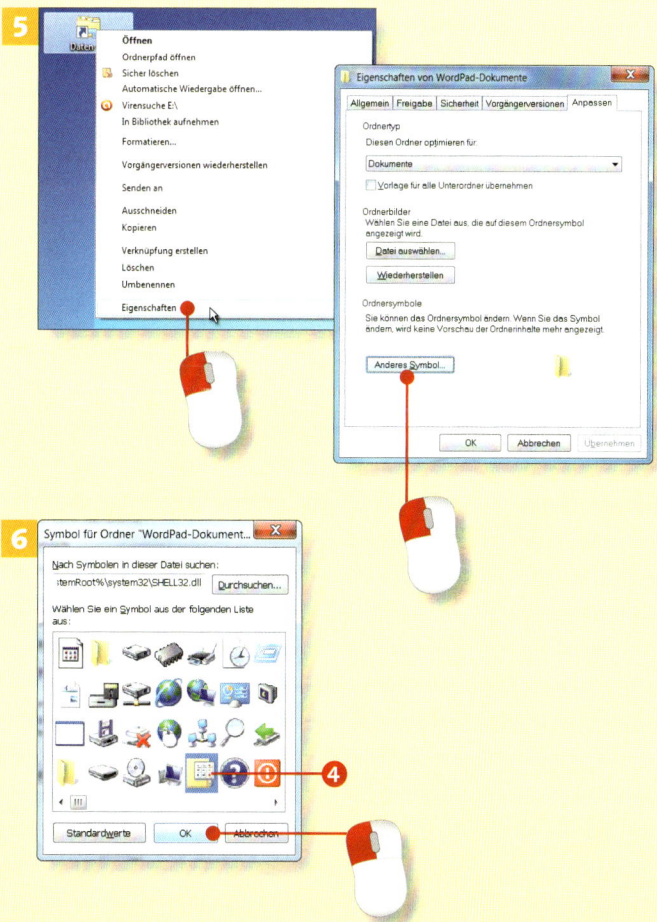

Keine exotischen Zeichen

Prinzipiell dürfen Sie zwar jedes x-beliebige Zeichen verwenden, doch ist es zu empfehlen, Symbole zu nutzen, die Rückschlüsse auf die Art zulassen. Wählen Sie bitte für die Ordner auch Ordnersymbole.

Der Explorer

Der Explorer von Windows 7 ist gewissermaßen das Herzstück in puncto Ordnerverwaltung. Hier finden Sie wirklich alles.

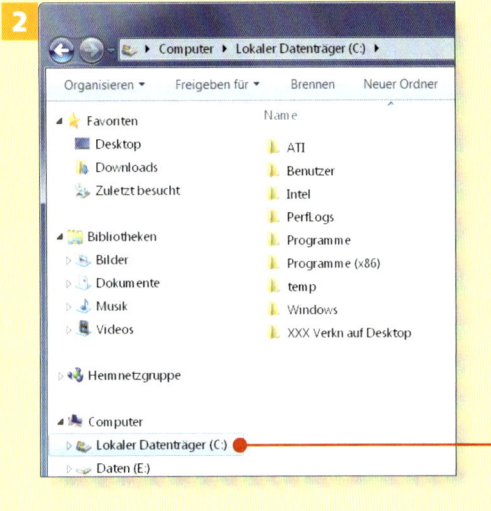

Schritt 1

Betätigen Sie das Explorer-Symbol in der Taskleiste. So gelangen Sie automatisch in die bereits bekannten Bibliotheken.

Schritt 2

Wenn Sie in der linken Spalte ein Verzeichnis markieren (hier: **Lokaler Datenträger (C:)**), wird dessen Inhalt im Hauptfenster aufgelistet.

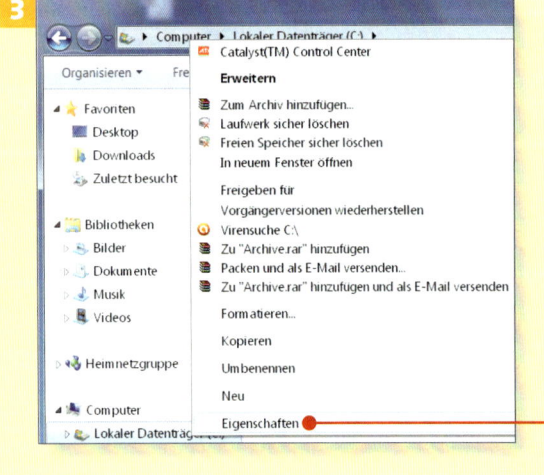

Schritt 3

Klicken Sie den Eintrag hingegen mit der rechten Maustaste an, lassen sich auch dort die im Kontextmenü befindlichen **Eigenschaften** anwählen.

!
Kontextmenü

Beachten Sie, dass das Kontextmenü je nach installierter Software unterschiedlich aussieht. Bestimmt werden Sie auf Ihrem PC nicht alle hier gezeigten Einträge zur Verfügung haben.

Kapitel 4: Windows 7 Tag für Tag

Schritt 4

Anhand der rosa markierten Fläche lässt sich gut ersehen, wie viel Platz noch auf einer Festplatte zur Verfügung steht. In der Zeile **Freier Speicher** ❶ kann die Größe zudem exakt abgelesen werden.

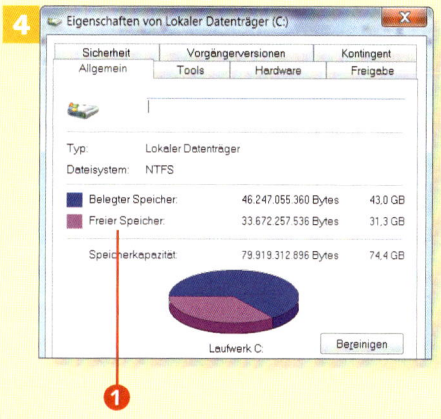

Schritt 5

Was Sie auf der linken Seite markieren, lässt sich anschließend durchsuchen. Dazu geben Sie den gewünschten Begriff oben rechts ein, nachdem Sie in das Feld hineingeklickt haben. Gedulden Sie sich einen Moment, denn das Ergebnis wird laufend aktualisiert.

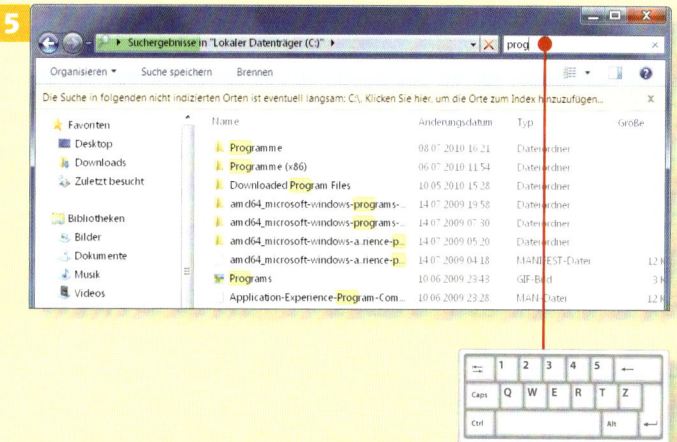

Schritt 6

Wenn Sie den gesuchten Eintrag in der Fenstermitte ausfindig gemacht haben, können Sie darauf mit einem Doppelklick zugreifen.

Balken beobachten

Das gewählte Verzeichnis ist erst dann komplett durchsucht, wenn der grüne Balken in der Adressleiste ganz rechts angekommen ist. Bis dahin werden die Ergebnisse kontinuierlich erweitert.

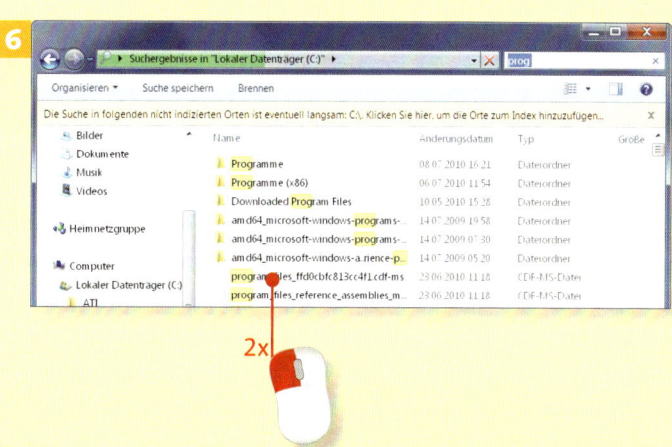

103

Der Explorer (Forts.)

Schritt 7

Denken Sie bitte daran, den Suchbegriff am Schluss wieder zu löschen, indem Sie auf das X im Eingabefeld klicken.

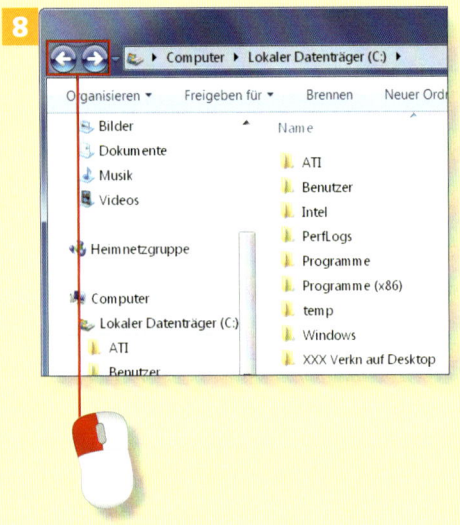

Schritt 8

Mit den beiden Pfeiltasten oben links können Sie jederzeit eine Seite zurück bzw. anschließend wieder eine Seite nach vorne springen, denn der Explorer »merkt« sich, was Sie sich angesehen haben.

Schritt 9

Nützlich im Zusammenhang mit Dateien ist das sogenannte Vorschaufenster. Da dieses nicht aktiv ist, müssen Sie es zunächst einschalten.

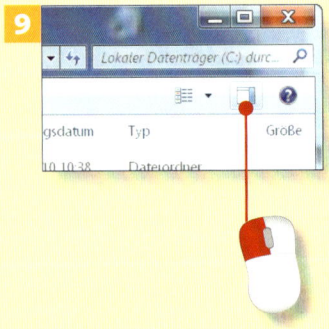

Vorschau verlangsamt

Die Vorschau ist eine sehr praktische Hilfe in Windows 7. Sollten Sie jedoch feststellen, dass Ihr Rechner dadurch deutlich langsamer arbeitet, empfiehlt es sich, die Vorschau wieder zu deaktivieren.

Kapitel 4: Windows 7 Tag für Tag

Schritt 10

Markieren Sie oben links das Verzeichnis, das Sie anzeigen lassen wollen (hier: **Desktop**). Nehmen Sie ein Verzeichnis, das ein Bild oder ein Textdokument beinhaltet.

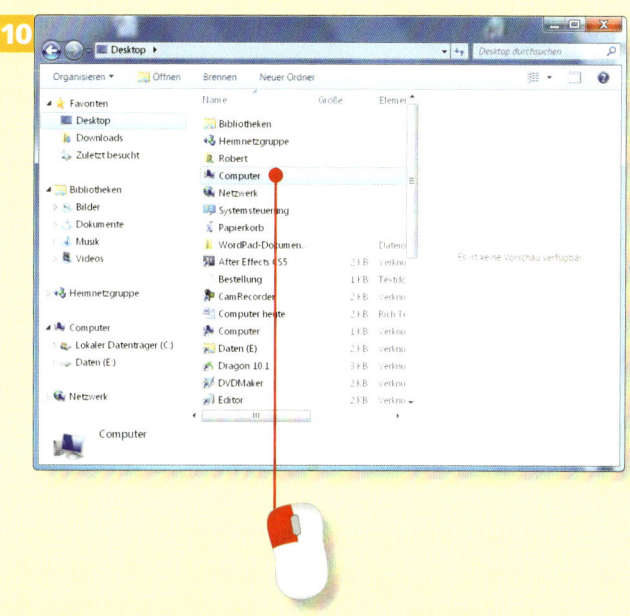

Schritt 11

Wenn Sie jetzt in der Fenstermitte ein solches Dokument anklicken, wird auf der rechten Seite gleich eine Vorschau präsentiert. Sie können also den Inhalt von Textdokumenten sehen, ohne diese extra öffnen zu müssen. Praktisch, oder?

Schritt 12

Derartige Ansichten sind zwar ausgesprochen interessant, doch nehmen sie leider auch viel Platz weg. Daher ist es ratsam, die Funktion zu deaktivieren, wenn Sie diese nicht mehr benötigen.

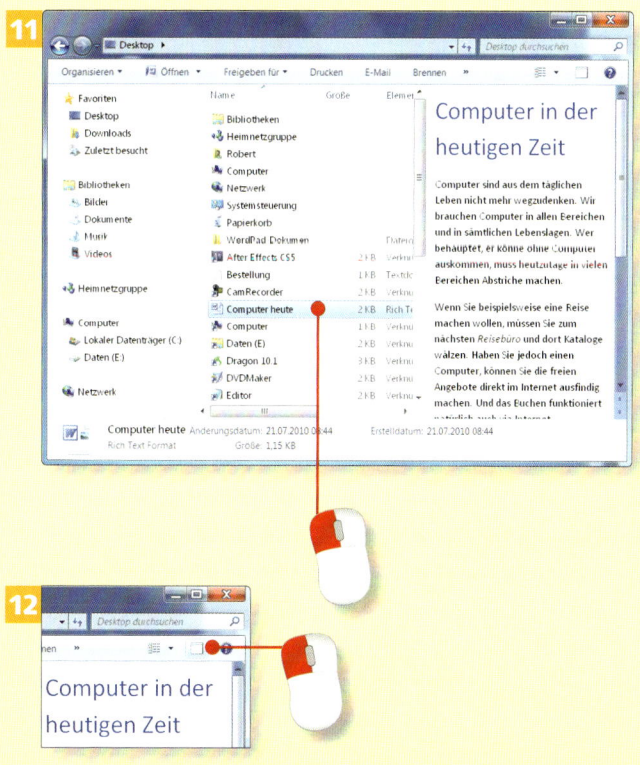

Fenster maximieren

Um den Explorer komfortabel durchsuchen zu können, empfiehlt es sich, diesen zwischenzeitlich zu maximieren. Betätigen Sie dazu die Schaltfläche neben dem Schließen-Button. Ein erneuter Klick darauf stellt die ursprüngliche Fenstergröße wieder her.

Der Explorer (Forts.)

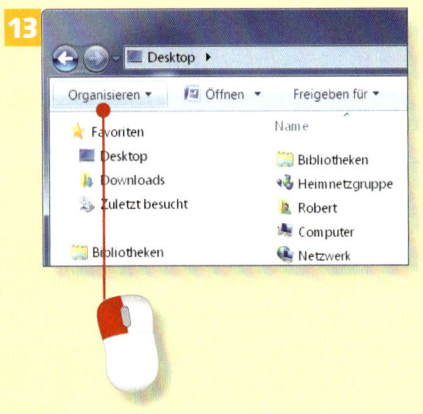

Schritt 13

Sie können dem Explorer jederzeit eine Menüleiste hinzufügen, die zahlreiche zusätzliche Befehle beinhaltet. Dazu müssen Sie zunächst auf **Organisieren** gehen.

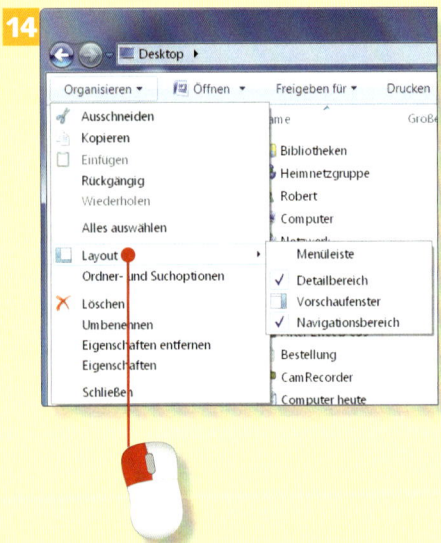

Schritt 14

Zeigen Sie jetzt auf den Eintrag **Layout**. Im rechts daneben erscheinenden Fenster sehen Sie nun, welche Elemente bereits aktiv sind und welche noch nicht. Was eingeschaltet ist, wird mit einem Häkchen ausgewiesen.

Schritt 15

Fahren Sie mit der Maus nach rechts und klicken Sie auf **Menüleiste**. Daraufhin wird oberhalb der Leiste, in der sich auch der Eintrag **Organisieren** befindet, eine weitere Leiste angeboten, die Menüeinträge wie **Datei**, **Bearbeiten** oder **Ansicht** beinhaltet.

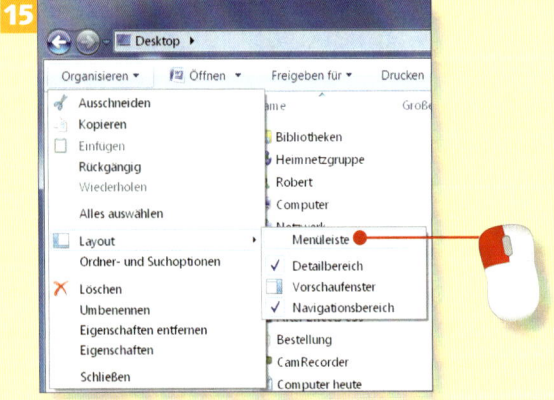

Kapitel 4: Windows 7 Tag für Tag

Schritt 16

Betätigen Sie einen der Einträge der neu gewonnenen Leiste, öffnet sich ein weiteres Pulldown-Menü, das zahlreiche weitere Befehle offenbart.

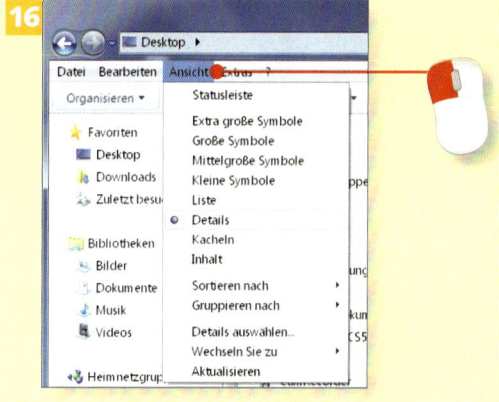

Schritt 17

Um die Leiste wieder zu entfernen, gehen Sie noch einmal auf **Organisieren**.

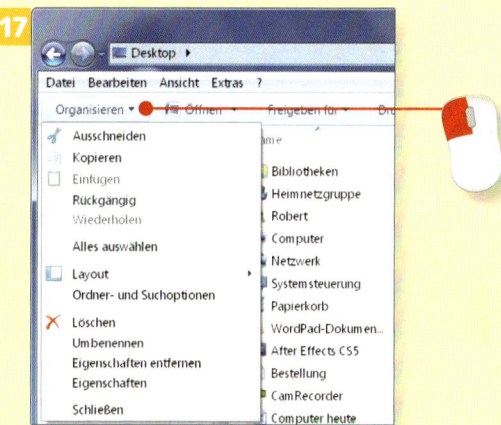

Schritt 18

Fahren Sie mit der Maus wieder herunter bis auf **Layout**. Danach gehen Sie nach rechts und betätigen abermals den Eintrag **Menüleiste**. Damit ist die Leiste wieder verschwunden – und das Häkchen übrigens auch.

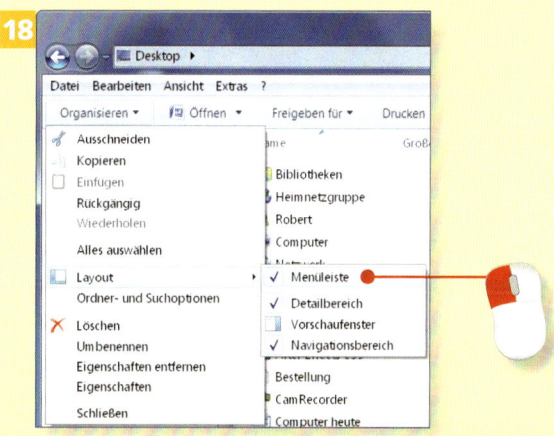

Dateien komprimieren und dekomprimieren

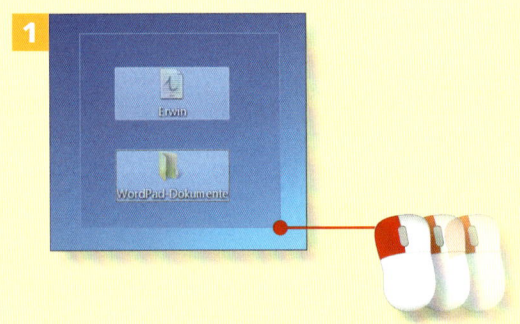

Wenn Sie beabsichtigen, Dateien zu archivieren oder per E-Mail zu versenden, macht es Sinn, diese vorab zu komprimieren. Dabei werden die Dateien gewissermaßen zusammengepresst, und die Dateigröße verringert sich zum Teil beträchtlich. Umgangssprachlich nennt man diese Technik »zippen«.

Schritt 1

Setzen Sie einen Mausklick auf das Objekt, das Sie komprimieren wollen. Sie dürfen auch mehrere Objekte anklicken, während Sie `Strg` gedrückt halten, oder mit gedrückter Maustaste einen Rahmen um die zu »zippenden« Dateien ziehen.

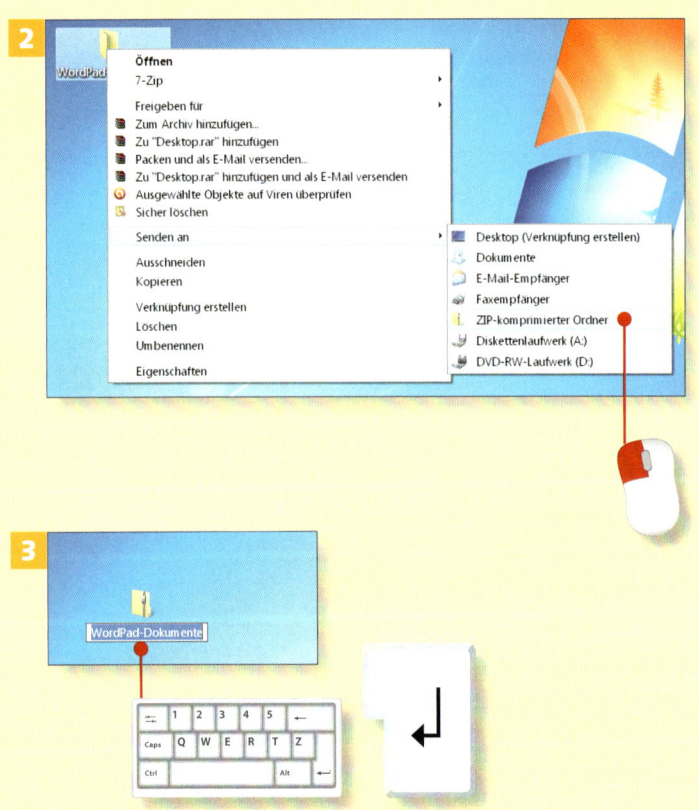

Schritt 2

Danach erfolgt der mittlerweile wohl bestens bekannte Rechtsklick auf eine der Dateien. Zeigen Sie jetzt auf **Senden an** und betätigen Sie den Eintrag **ZIP-komprimierter Ordner**.

Schritt 3

Kurz darauf finden Sie einen weiteren Ordner vor, der mit einem Reißverschluss versehen ist. Wenn Sie keinen neuen Namen eingeben wollen, betätigen Sie `↵`.

Kapitel 4: Windows 7 Tag für Tag

Schritt 4

Öffnen Sie den neuen Ordner per Doppelklick. Sie können die darin enthaltenen Dateien zwar ansehen und auch darauf zugreifen, jedoch lässt sich damit nicht arbeiten.

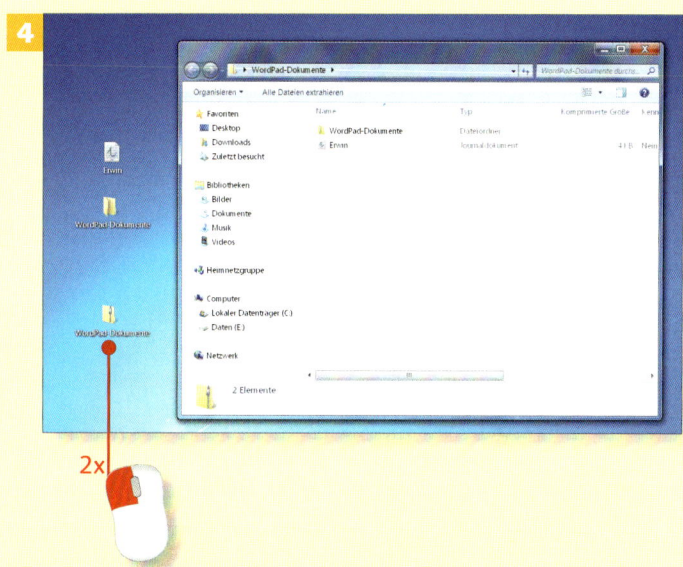

Schritt 5

Um die »gezippten« Dateien wieder verwenden zu können, sollte Ihr Empfänger mit der rechten Maustaste darauf klicken und **Alle extrahieren** auswählen.

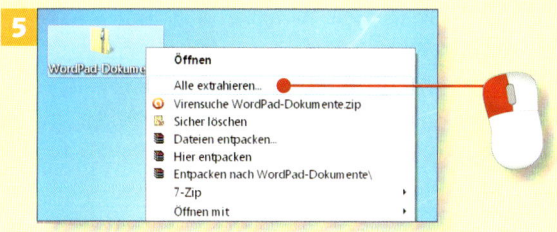

Schritt 6

Im folgenden Dialog muss noch einmal auf **Extrahieren** geklickt werden. Jetzt wird an dem Ort, wo sich der ZIP-Ordner befindet, ein dekomprimierter Ordner erzeugt. Die darin enthaltenen Dateien können bearbeitet werden.

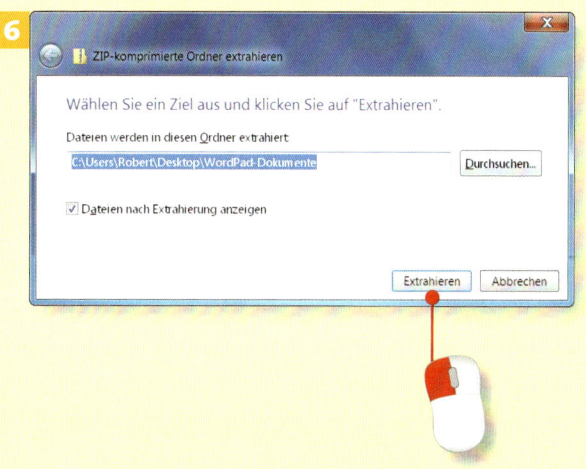

> **Speicherort ändern**
> Klicken Sie auf **Durchsuchen**, falls Sie beabsichtigen, einen neuen Speicherort anzugeben.

Dateitypen anzeigen

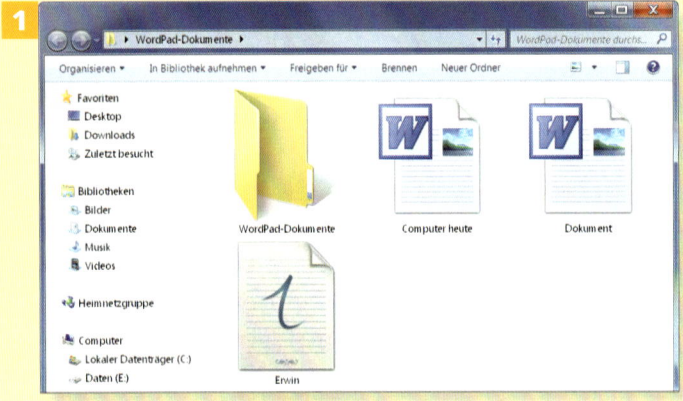

Wenn Sie mit vielen verschiedenen Arten von Dateien zu tun haben, ist es sinnvoll, sich die Dateiendungen anzeigen zu lassen. Daran ist nämlich zu erkennen, in welchem Format die Dokumente vorliegen.

Schritt 1

Öffnen Sie einen Ordner, indem sich verschiedene Dateien befinden (hier: **WordPad-Dokumente**). Unterhalb der Dateien sehen Sie lediglich Namen, jedoch keine Dateiendungen.

Schritt 2

Wenn Sie das ändern wollen, müssen Sie wieder in die **Ordneroptionen**. Dazu gehen Sie zunächst über **Start • Systemsteuerung**.

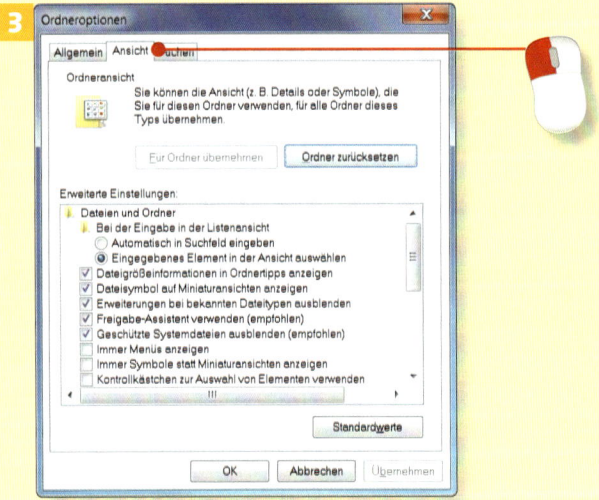

Schritt 3

Der Dialog **Ordneroptionen** öffnet sich. Stellen Sie hier zunächst einmal die Registerkarte **Ansicht** nach vorne.

Kapitel 4: Windows 7 Tag für Tag

Schritt 4

In der Liste **Erweiterte Einstellungen** ❶ suchen Sie nach dem Eintrag **Erweiterungen bei bekannten Dateitypen ausblenden**. Klicken Sie die Zeile an, damit das vorangestellte Häkchen verschwindet.

Schritt 5

Falls Sie beabsichtigen, die Ordneroptionen geöffnet zu lassen und vorab die gerade definierte Änderung an Windows zu übergeben, betätigen Sie **Übernehmen**. Anderenfalls verlassen Sie den Dialog mit OK.

Schritt 6

Nun sollten Sie sich den eingangs erwähnten Ordner noch einmal ansehen. Hinter den Dateinamen tauchen jetzt Endungen wie ».rtf« ❶ oder ».jnt« ❷ auf. Ersteres steht beispielsweise für »Rich Text Format«, also Text, während ».jnt« auf Journal-Dokumente hindeutet.

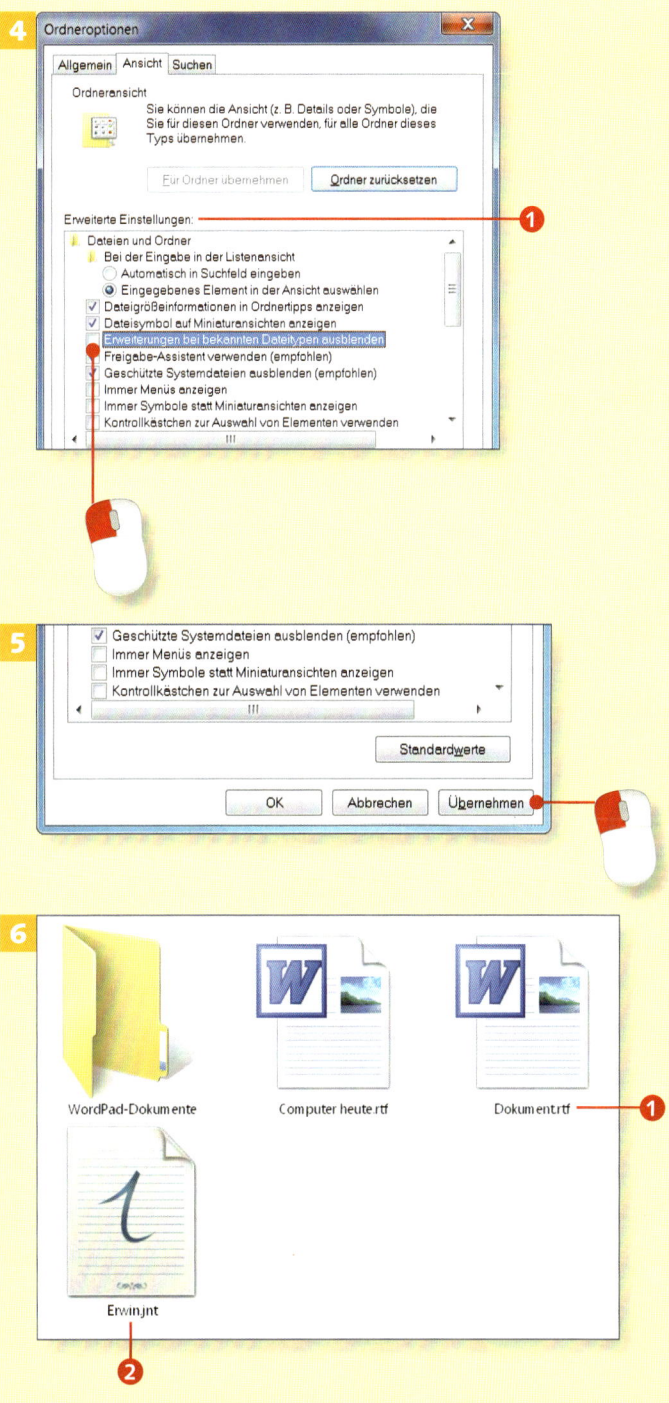

Kapitel 5:
Weitere Geräte anschließen

So ganz ohne Papier kommt man meist ja doch nicht aus. Eine der am häufigsten genutzten Funktionen von Windows 7 ist das Drucken. Wenn Sie im Besitz eines Druckers sind, erfahren Sie hier, wie Sie ihn unter Windows 7 einrichten und einsetzen können. Auch die Einrichtung weiterer Geräte wird gezeigt, z. B. von Lautsprechern.

❶ Mit Windows drucken
Drucker anschließen, Treiber installieren, testen und drucken. Das klingt kompliziert? Keine Sorge, in aller Regel ist dazu kein großer Aufwand nötig. Hier sehen Sie, wie es geht.

❷ Lautsprecher anschließen
Sie möchten mit Ihrem Rechner Musik hören, Filme gucken oder etwas aufzeichnen? Wie Sie vorgehen müssen, finden Sie in diesem Kapitel Schritt für Schritt erklärt.

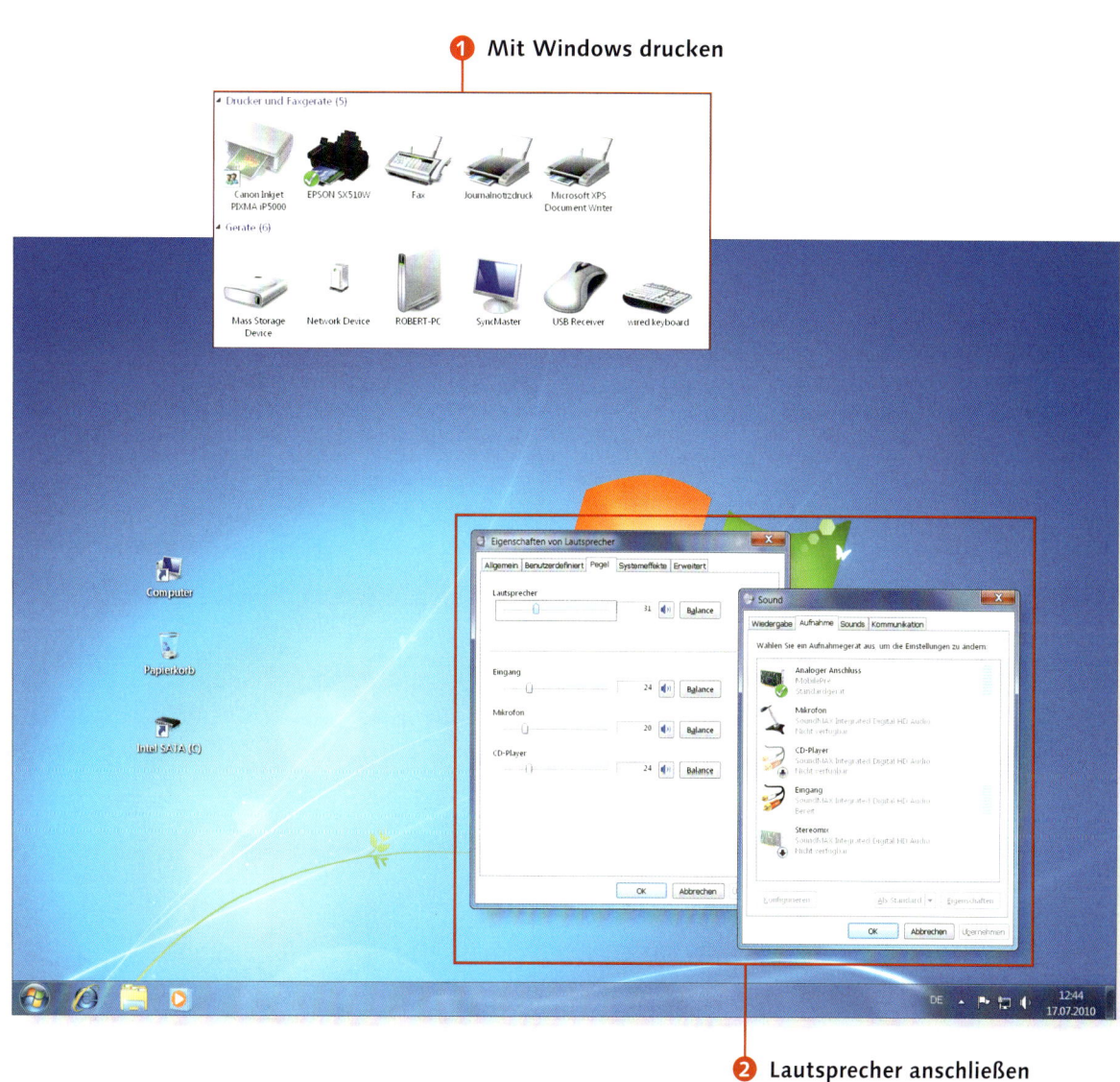

Drucker anschließen

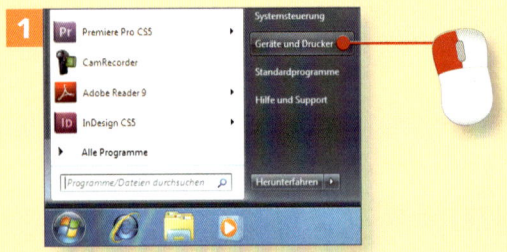

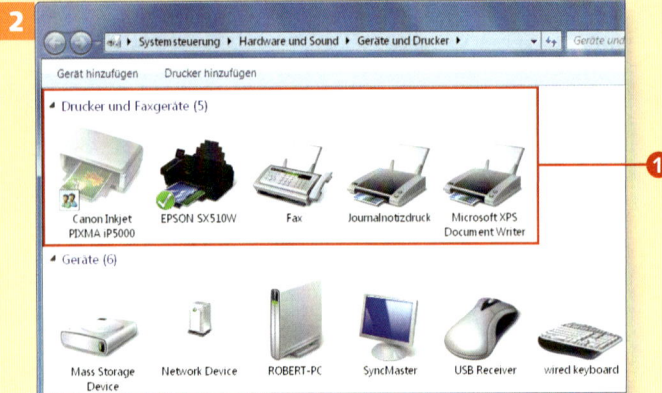

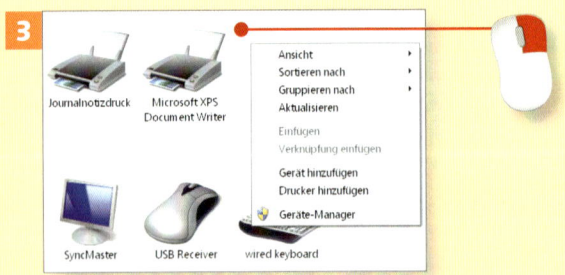

Moderne Drucker werden via USB angeschlossen, eingeschaltet und funktionieren. Der erforderliche Treiber installiert sich automatisch. Wenn Sie jedoch einen Drucker mit einer anderen Kabelverbindung installieren wollen, müssen Sie selbst Hand anlegen.

Schritt 1

Schließen Sie den Drucker an und schalten Sie ihn ein. Betätigen Sie den runden Start-Button in der Taskleiste. Entscheiden Sie sich in der Startleiste auf der rechten Seite für **Geräte und Drucker**.

Schritt 2

In der obersten Zeile ❶ finden Sie die bereits installierten Drucker. Das können auch sogenannte Software-Drucker sein wie z. B. der Journalnotizdruck.

Schritt 3

Platzieren Sie jetzt einen Rechtsklick neben den vorhandenen Druckern.

Software von CD installieren

Bei der automatischen Installation eines USB-Druckers wird lediglich die Treibersoftware installiert. Sollte Ihr Drucker mit zusätzlicher Software ausgeliefert werden, müssen Sie diese vom beiliegenden Datenträger separat installieren.

Kapitel 5: Weitere Geräte anschließen

Schritt 4

Im Kontextmenü selektieren Sie den Eintrag **Drucker hinzufügen**. Bis Windows darauf reagiert, können manchmal einige Sekunden vergehen.

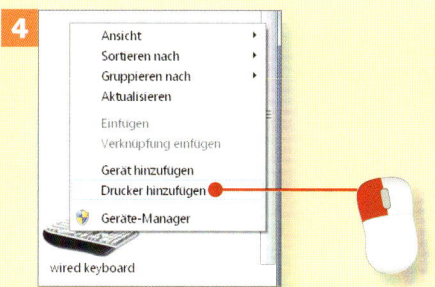

Schritt 5

Im folgenden Dialog klicken Sie auf den oberen Text, **Einen lokalen Drucker hinzufügen**.

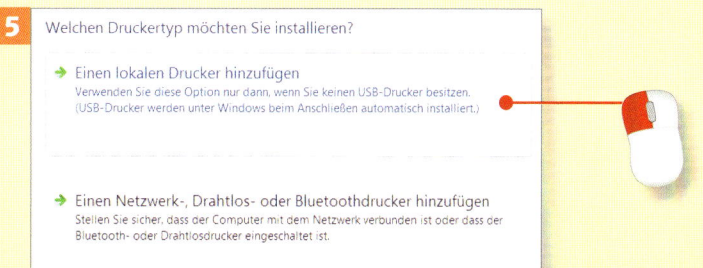

Schritt 6

Da Sie keinen USB-Drucker einsetzen, müssen Sie Windows 7 mitteilen, welchen Druckeranschluss Sie verwenden. Hier können Sie **Vorhandenen Anschluss verwenden** sowie **LPT1: (Druckeranschluss)** stehen lassen und gleich auf **Weiter** klicken.

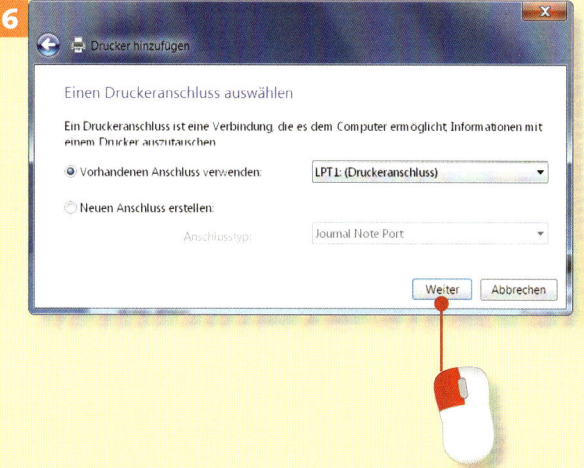

Drucker anschließen (Forts.)

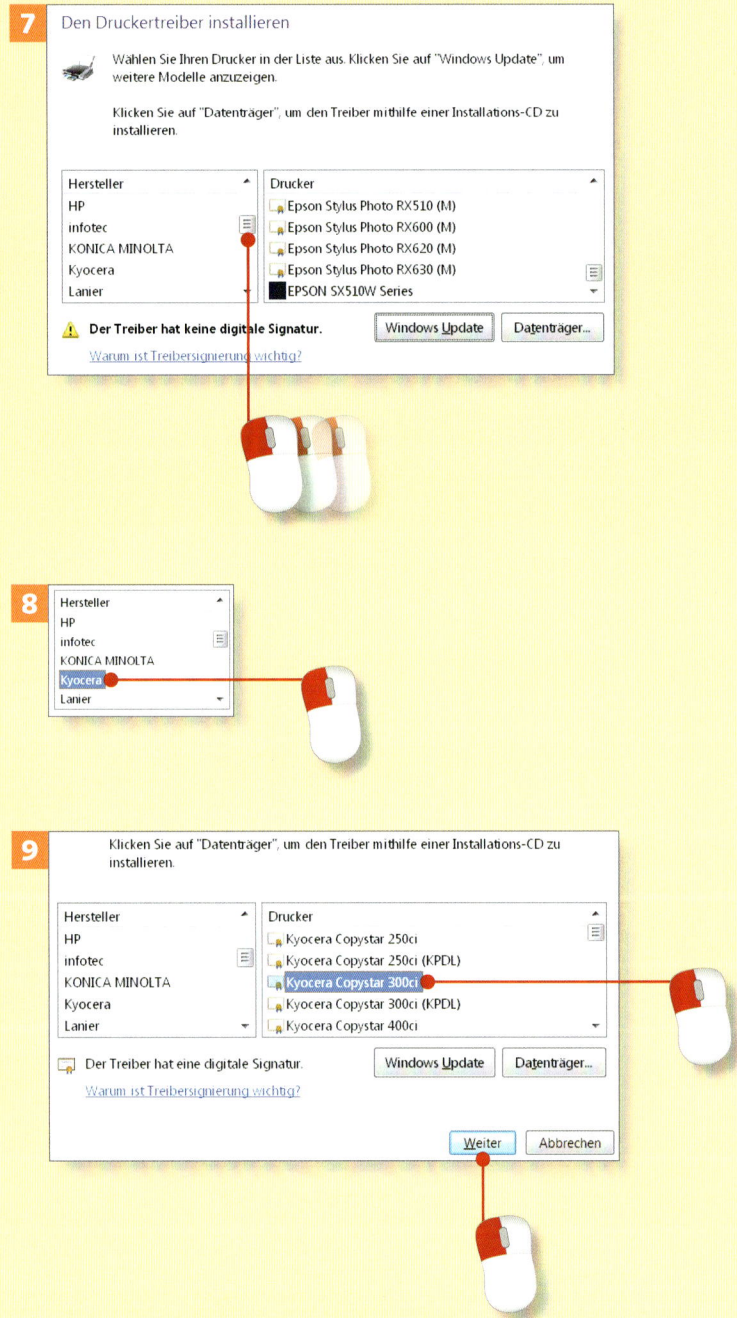

Schritt 7

Halten Sie in der linken Spalte nach dem **Hersteller** Ausschau. Falls erforderlich, scrollen Sie in der Liste ein wenig nach unten.

Schritt 8

Klicken Sie auf den Hersteller Ihres Druckers. Der Name steht in aller Regel gut sichtbar auf Ihrem Gerät. Im Beispiel hier ist es der Hersteller »Kyocera«. Bei Ihnen wird es vermutlich ein anderer Hersteller sein.

Schritt 9

Jetzt müssen Sie in der rechten Liste (**Drucker**) noch nach dem Typ suchen. Auch diesen markieren Sie dann, ehe Sie auf **Weiter** klicken. Achten Sie hier genau auf die Schreibweise des Modells, die sich ebenfalls in aller Regel gut sichtbar auf Ihrem Drucker befindet.

Kapitel 5: Weitere Geräte anschließen

Schritt 10

Den Namen des Druckers können Sie nun noch verändern. Da der komplette Name bereits markiert ist, können Sie gleich lostippen. Betätigen Sie dann den Button **Weiter**.

Schritt 11

Falls Sie den Drucker anderen Nutzern in einem Netzwerk zur Verfügung stellen wollen, müssen Sie den unteren Radio-Button ❶ anklicken. Ansonsten lassen Sie den obersten Knopf aktiv und gehen abermals auf **Weiter**.

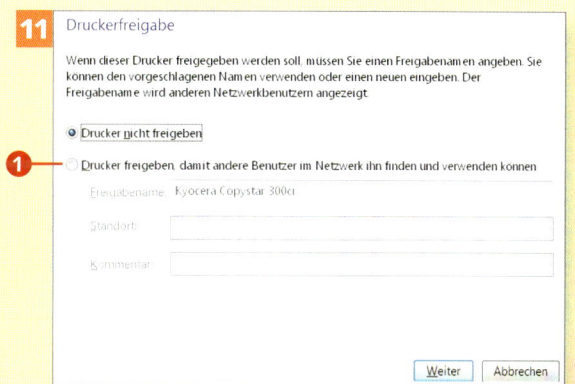

Schritt 12

Zuletzt bestätigen Sie mit **Fertig stellen**. Falls noch weitere Drucker installiert sind, und Sie nicht wünschen, dass dieser Drucker primär verwendet wird, nehmen Sie vorab noch das Häkchen weg, indem Sie auf **Als Standarddrucker festlegen** klicken.

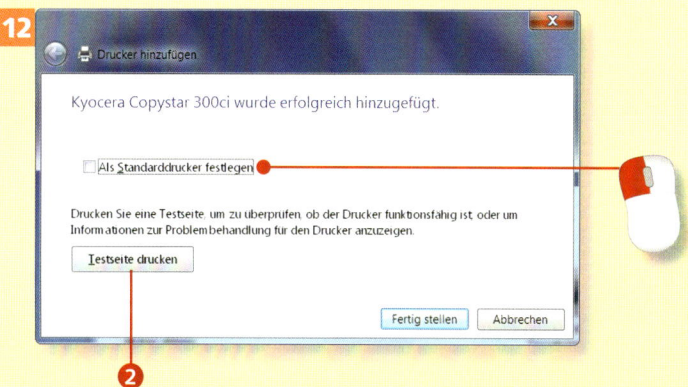

Testseite drucken

Solange Sie noch nicht auf **Fertig stellen** gedrückt haben, können Sie eine **Testseite drucken** ❷, indem Sie auf die gleichnamige Schaltfläche klicken.

Netzwerkdrucker einrichten

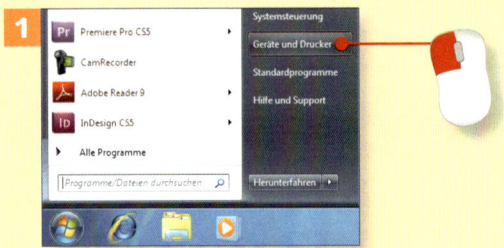

Wenn Sie einen Netzwerk-Drucker hinzufügen wollen, auf den jeder Computer Zugriff hat, der mit dem Netzwerk verbunden ist, können Sie das ebenfalls schnell und unkompliziert von Hand erledigen.

Schritt 1

Schließen Sie den Drucker an und schalten Sie ihn ein. Gehen Sie über **Start** auf **Geräte und Drucker**.

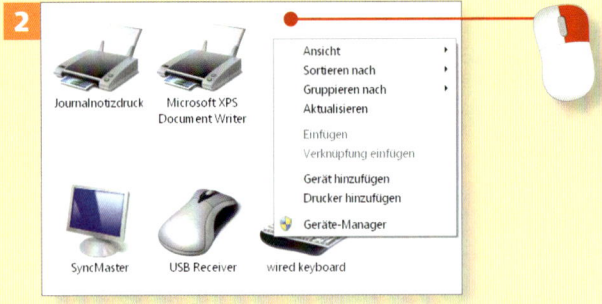

Schritt 2

Klicken Sie mit rechts in einen freien Bereich am Ende der ersten Zeile, also auf den weißen Bereich neben den Symbolen für die Drucker.

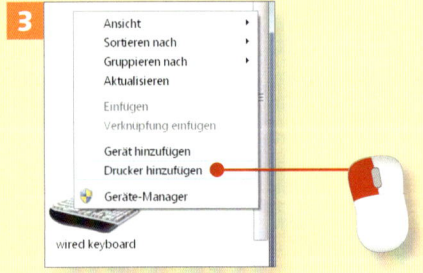

Schritt 3

Entscheiden Sie sich für **Drucker hinzufügen** und gedulden Sie sich einen Augenblick, bis Windows den nächsten Dialog zur Verfügung stellt.

Kapitel 5: Weitere Geräte anschließen

Schritt 4

Der untere Eintrag, **Einen Netzwerk-, Drahtlos- oder Bluetoothdrucker hinzufügen**, muss jetzt von Ihnen mit einem Mausklick versehen werden.

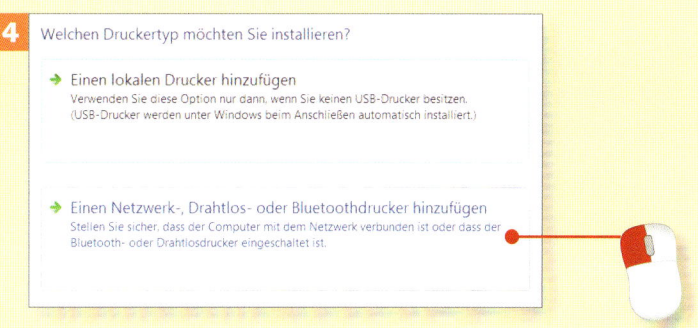

Schritt 5

Nun sucht Windows nach zur Verfügung stehenden Druckern. Nachdem das gewünschte Gerät aufgetaucht ist, wählen Sie es in der Liste per Mausklick aus. Danach können Sie auf **Weiter** klicken.

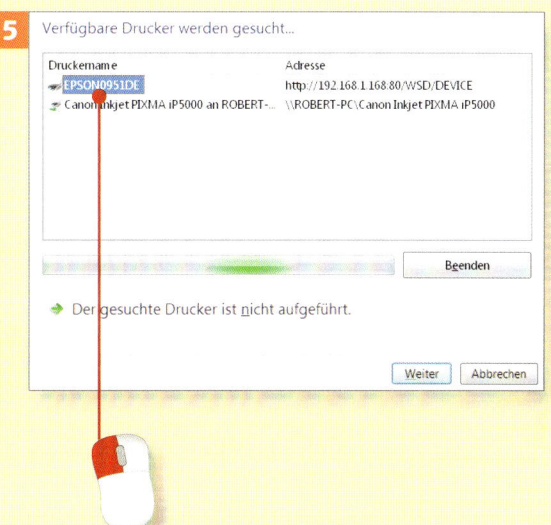

Schritt 6

Den Rest erledigt nun Windows 7 für Sie. Nachdem die Installation beendet ist, betätigen Sie **Fertig stellen** (siehe Schritt 12 des vorangegangenen Workshops).

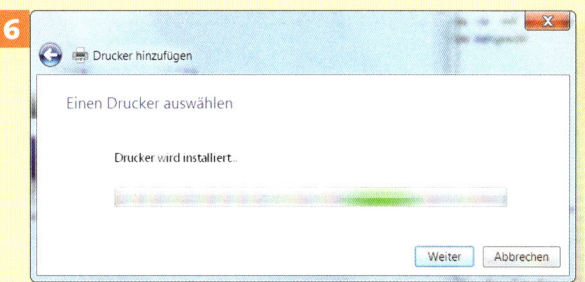

Drucker auf Funktion prüfen

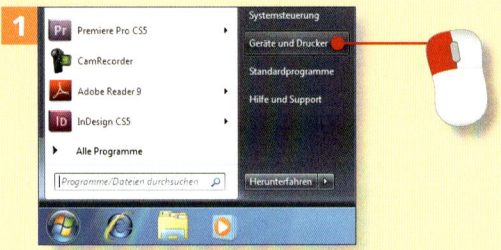

Der Drucker ist angeschlossen und die Treiber-Software installiert. Testen Sie jetzt, ob das Gerät auch einwandfrei funktioniert.

Schritt 1

Klicken Sie in der Taskleiste auf Start und wählen Sie rechts in der Leiste **Geräte und Drucker**.

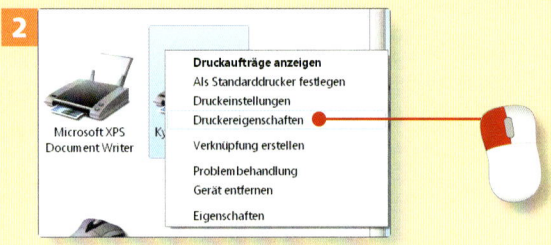

Schritt 2

Setzen Sie einen rechten Mausklick auf das Gerät, das Sie testen wollen, und gehen Sie auf **Druckereigenschaften**.

Schritt 3

Standardmäßig wird die Registerkarte **Allgemein** angeboten. Dort finden Sie auch einen Button mit der Bezeichnung **Testseite drucken**. Klicken Sie darauf und warten Sie, bis die Testseite am Drucker ausgegeben wird.

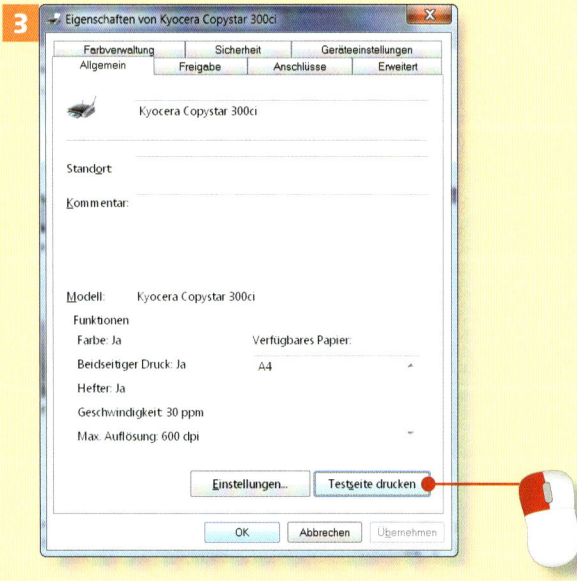

Kapitel 5: Weitere Geräte anschließen

Schritt 4

Kurz nachdem Sie eine entsprechende Meldung erhalten haben, sollte auch der Testausdruck vorliegen. Prüfen Sie, ob der Druck zufriedenstellend ist.

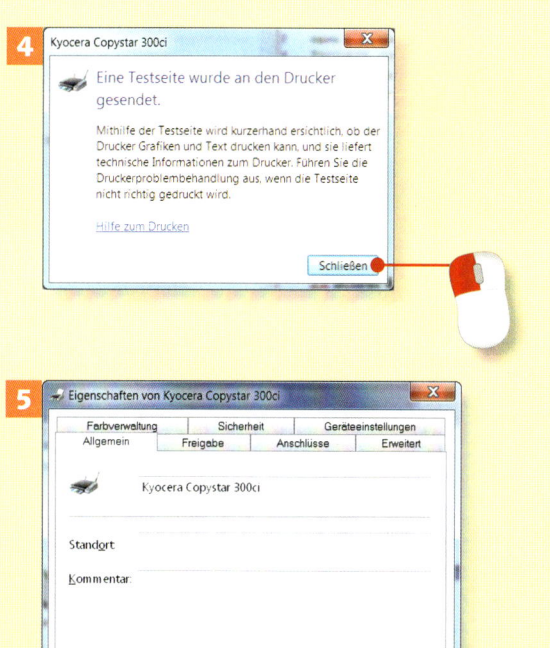

Schritt 5

Ist das Ergebnis nicht in Ordnung, betätigen Sie **Einstellungen**. Hier finden Sie je nach Drucker-Typ ein Register mit dem Titel **Wartung**, **Utility** o.Ä. Dort finden Sie je nach Modell in aller Regel Möglichkeiten und Hinweise, die zu verbesserten Druckergebnissen führen. Da wir hier leider nicht auf alle Modelle eingehen können, müssen wir hier auf das Handbuch des Druckers oder den Händler Ihres Vertrauens verweisen.

Standarddrucker einrichten

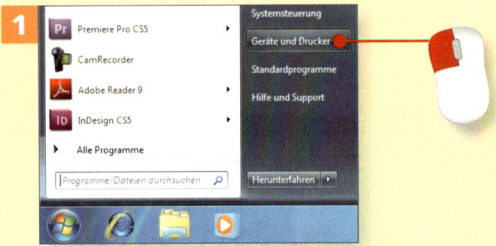

Nicht selten werden heutzutage gleich mehrere Drucker an einem PC oder im Netzwerk betrieben. In diesem Fall können Sie bestimmen, welcher Drucker bei einem Druck aus der Software heraus voreingestellt sein soll.

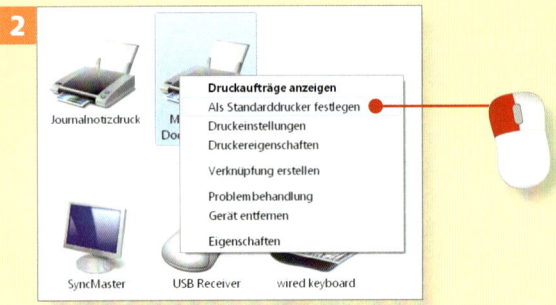

Schritt 1

Der erste Schritt ist die Bereitstellung des Dialogs **Geräte und Drucker**. Betätigen Sie den gleichnamigen Eintrag, nachdem Sie auf **Start** geklickt haben.

Schritt 2

Markieren Sie den Drucker, der standardisiert werden soll, mit der rechten Maustaste und entscheiden Sie sich im Kontextmenü für **Als Standarddrucker festlegen**.

Schritt 3

Anschließend wird dieser Drucker mit einem Häkchen ❶ versehen. Sie können grundsätzlich nur einen Drucker zum Standarddrucker machen.

Standarddrucker
Gehen Sie aus einer Software heraus (z. B. WordPad) auf **Datei • Drucken**, wird der soeben definierte Standarddrucker stets vorrangig angeboten.

Drucker entfernen

Drucker leben leider nicht ewig. Deswegen werden Sie von Zeit zu Zeit einen neuen benötigen. Der alte Drucker bleibt aber in der Geräteliste bestehen – es sei denn, Sie entfernen ihn aus der Liste.

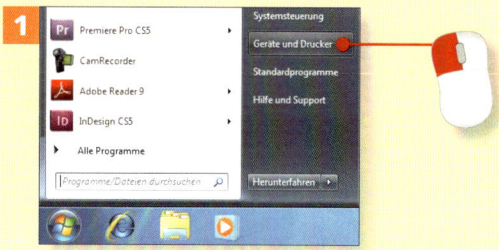

Schritt 1

Gehen Sie über den Start-Button in **Geräte und Drucker**.

Schritt 2

Platzieren Sie einen rechten Mausklick auf dem Drucker, den Sie entfernen möchten. Im Kontextmenü entscheiden Sie sich für **Gerät entfernen** ❶.

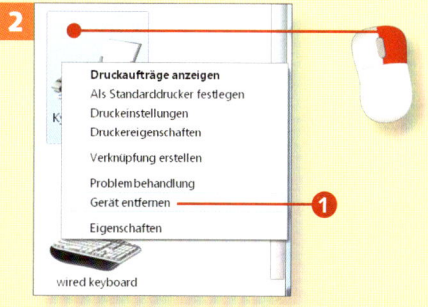

Schritt 3

Damit Sie nicht versehentlich das falsche Gerät entfernen, fragt Windows lieber noch einmal nach. Bestätigen Sie das mit Klick auf **Ja**.

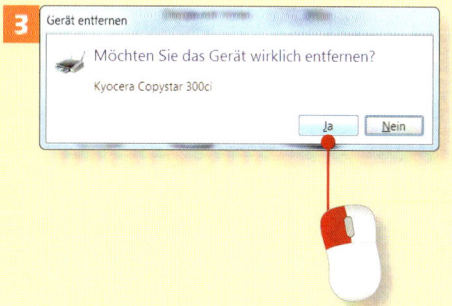

Entfernung dauert

Verzagen Sie nicht, wenn die Entfernung des Geräts nicht direkt sichtbar wird. Es kann durchaus ein wenig Zeit in Anspruch nehmen, bis auch das Symbol des Druckers entfernt wird.

Lautsprecher anschließen und einstellen

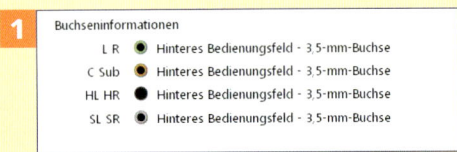

Lautsprecher sollten von Anfang an korrekt konfiguriert werden, damit Sie keine Beeinträchtigungen erleiden müssen. Denn schließlich soll der Klang ja auch am PC zum Hörgenuss werden.

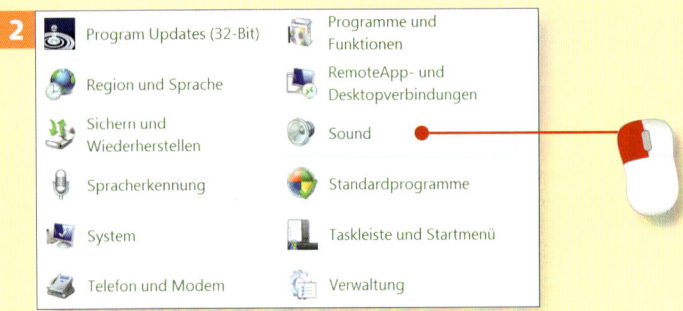

Schritt 1

Zunächst müssen Sie sicherstellen, dass der richtige Anschluss gewählt ist. Stereo-Lautsprecher gehören an den grünen Ausgang.

Schritt 2

Über **Start • Systemsteuerung** aktivieren Sie den Systembereich **Sound**.

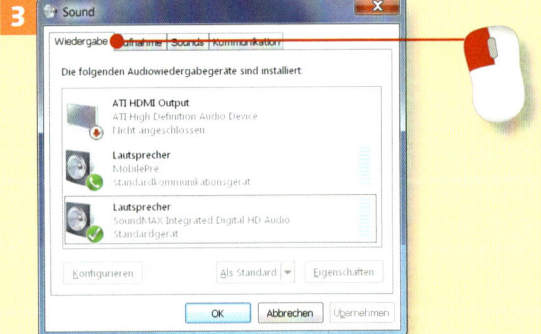

Schritt 3

Aktivieren Sie das Register **Wiedergabe**, sofern dieses nicht bereits vorne steht. Hier sehen Sie alle angeschlossenen bzw. zur Verfügung stehenden Geräte.

!
Als Standardgerät
Sie können das Wiedergabegerät als Standard verwenden. Dazu klicken Sie mit der rechten Maustaste darauf und entscheiden sich für **Als Standardgerät auswählen**.

Kapitel 5: Weitere Geräte anschließen

Schritt 4

Doppelklicken Sie die Zeile **Lautsprecher**, damit Sie diese konfigurieren können.

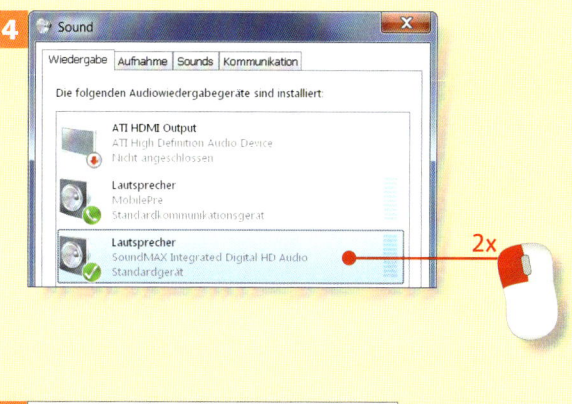

Schritt 5

Aktivieren Sie jetzt zunächst die Registerkarte **Erweitert**. Anschließend drücken Sie auf **Testen**. Die Lautsprecher sollten jetzt ein kurzes Glockenspiel wiedergeben.

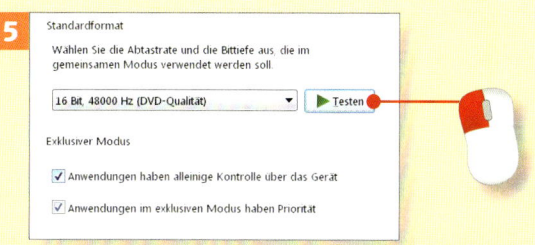

Schritt 6

Wenn dies nicht der Fall ist, oder wenn der Ton zu leise bzw. zu laut ist, wechseln Sie auf das Register **Pegel** ❶. Falls erforderlich, ziehen Sie den Regler **Lautsprecher** nach links oder rechts. Bestätigen Sie mit OK. Sie können die Einstellung auch zu einem späteren Zeitpunkt noch wiederholen und ändern.

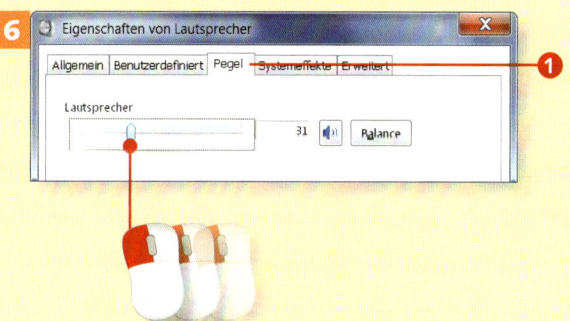

125

Lautsprecher anschließen und einstellen (Forts.)

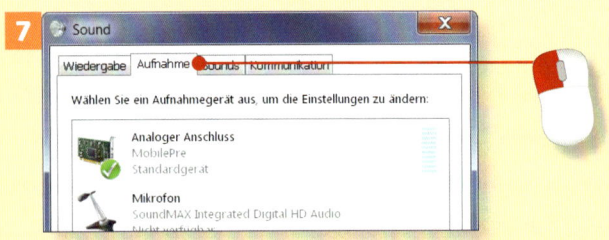

Schritt 7

Falls Sie ein Mikrofon oder ein anderes Aufnahmegerät (z. B. Audio-Interface) angeschlossen haben, stellen Sie das Register **Aufnahme** nach vorne. Ist kein Mikro angeschlossen, fahren Sie mit Schritt 11 fort.

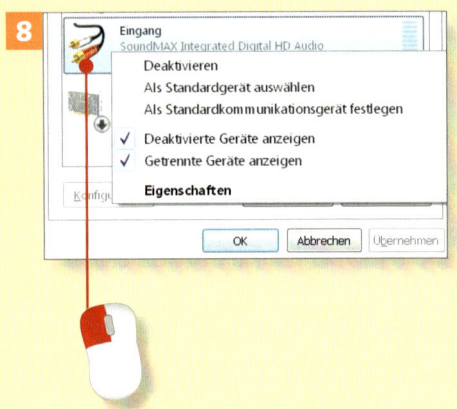

Schritt 8

Je nachdem, welches Gerät Sie verwenden wollen, klicken Sie nun mit der rechten Maustaste auf **Mikrofon** oder, falls verfügbar, auf **Eingang**. Beim Anschluss eines Mikrofons ist das in aller Regel die rosafarbene Buchse. Im Zweifel schauen Sie in das Handbuch Ihres Computers.

Schritt 9

Legen Sie fest, dass das Gerät als Standard verwendet werden soll, indem Sie **Als Standardgerät auswählen** im Kontextmenü aktivieren.

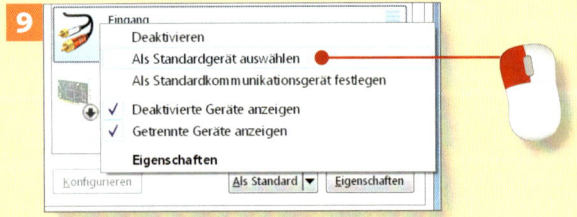

Kapitel 5: Weitere Geräte anschließen

Schritt 10

Damit ist alles erledigt und Sie können den Dialog mit Klick auf OK verlassen.

Schritt 11

Die Lautstärke (damit ist die Wiedergabe über die Lautsprecher gemeint) lässt sich fortan regeln, indem Sie auf das kleine Lautsprecher-Symbol in der Taskleiste klicken. Verschieben Sie den Regler, während Sie die Maustaste gedrückt halten.

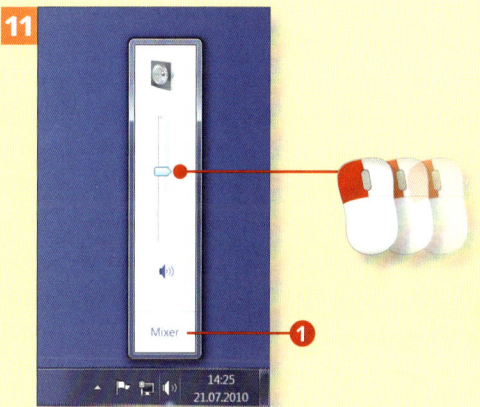

Schritt 12

Klicken Sie unterhalb des Reglers auf **Mixer** ❶, so verfügen Sie stattdessen über die Möglichkeit, auch die Eingangslautstärke des Mikrofons zu beeinflussen (rechts).

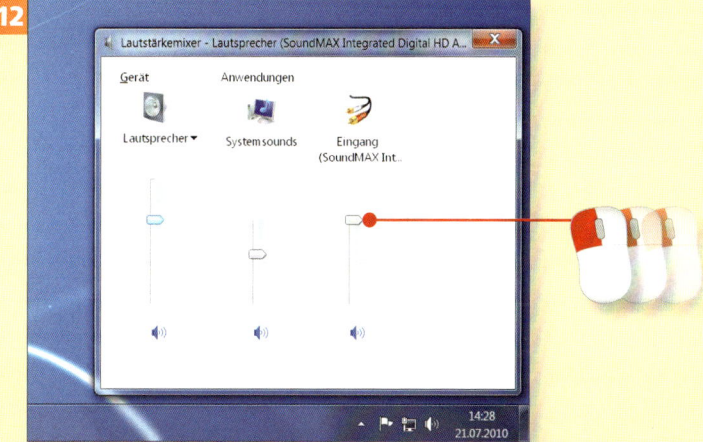

Aufnahme-Check

Eine abschließende Prüfung der Mikrofonaufnahme lässt sich realisieren, indem Sie die Schritte des folgenden Workshops machen.

Aufnahme und Wiedergabe testen

Alle Geräte sind angeschlossen und gemäß vorangegangenem Workshop konfiguriert? Na, dann lassen Sie es krachen…

Schritt 1

Zunächst sollten Sie die Wiedergabe über die Lautsprecher testen. Betätigen Sie dazu das Explorer-Symbol in der Taskleiste.

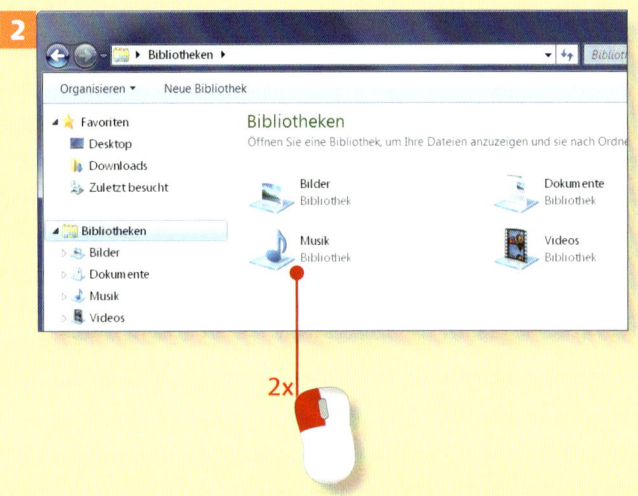

Schritt 2

Markieren Sie **Bibliotheken** im Objektbaum der linken Spalte. Danach führen Sie einen Doppelklick auf **Musik** auf der rechten Seite des Fensters aus (das größere Symbol in der Mitte).

Schritt 3

Sie befinden sich nun direkt im Musikarchiv. Doppelklicken Sie nun bitte auf den Ordner **Beispielmusik**.

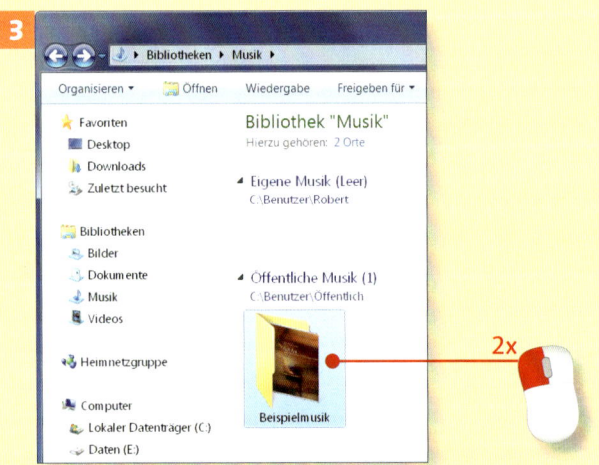

Kapitel 5: Weitere Geräte anschließen

Schritt 4

Suchen Sie sich einen Titel aus und setzen Sie einen Doppelklick darauf (hier: Sleep Away).

Schritt 5

Der Media Player öffnet sich und spielt das gewünschte Lied. Lauschen Sie den Klängen der Musik. Wenn Sie den ersten Teil des Checks beenden wollen, schließen Sie das aktive Fenster wieder. Das lässt die Musik verstummen.

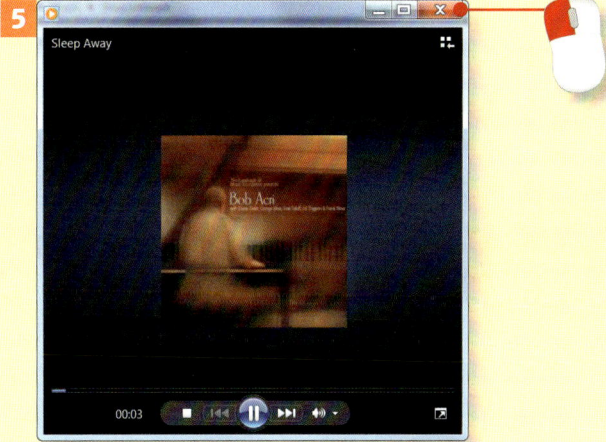

Schritt 6

Nachdem Sie die Lautsprecher getestet haben, ist nun die Aufnahme mit dem Mikrofon an der Reihe. Klicken Sie abermals auf Start und zeigen Sie auf **Alle Programme**.

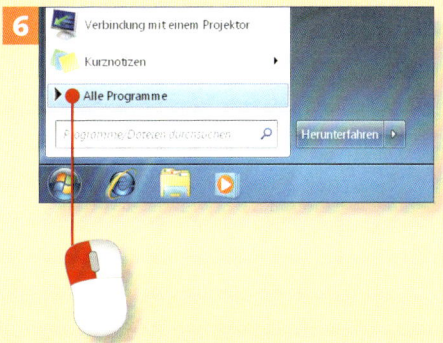

Aufnahme und Wiedergabe testen (Forts.)

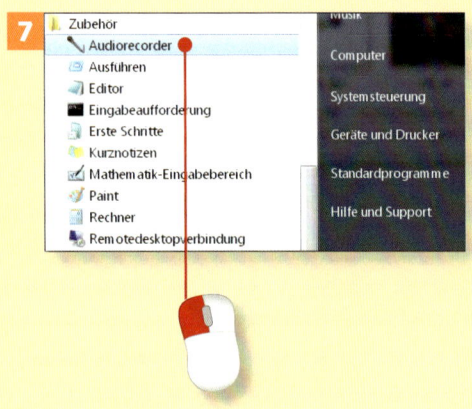

Schritt 7

Öffnen Sie das Programmverzeichnis **Zubehör** und wählen Sie daraus **Audiorecorder**. Das Programm öffnet sich daraufhin.

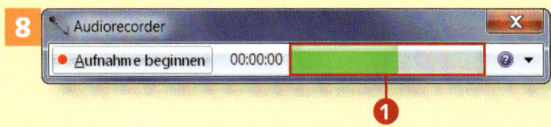

Schritt 8

Dieses kleine Programm sieht zwar ausgesprochen mickrig aus, ist aber recht effektiv. Sprechen Sie, noch ehe Sie mit der Aufnahme beginnen, ein paar Worte und beobachten Sie dabei den grauen Balken rechts ❶. Dieser sollte sich grün färben, wenn Sprache ankommt.

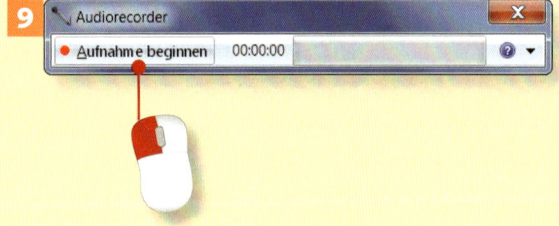

Schritt 9

Achtung, Aufnahme! Machen Sie sich bereit, betätigen Sie die Schaltfläche **Aufnahme beginnen** und sprechen Sie den gewünschten Kommentar ein.

Kapitel 5: Weitere Geräte anschließen

Schritt 10

Nachdem Sie mit dem Kommentar fertig sind, drücken Sie **Aufnahme beenden**. Das stellt sogleich einen Speichern-Dialog zur Verfügung.

Schritt 11

Wenn Sie keine Änderungen vornehmen, wird die Datei unter **Dokumente** abgelegt. Das ist nicht so passend. Deswegen klicken Sie links im Objektbaum auf **Desktop** und führen dann einen Doppelklick auf **Unbenannt** aus (im Feld: **Dateiname**).

Schritt 12

Benennen Sie die Datei beispielsweise mit »Test« und klicken Sie auf **Speichern**. Die Aufnahme können Sie anhören, indem Sie einen Doppelklick darauf ausführen.

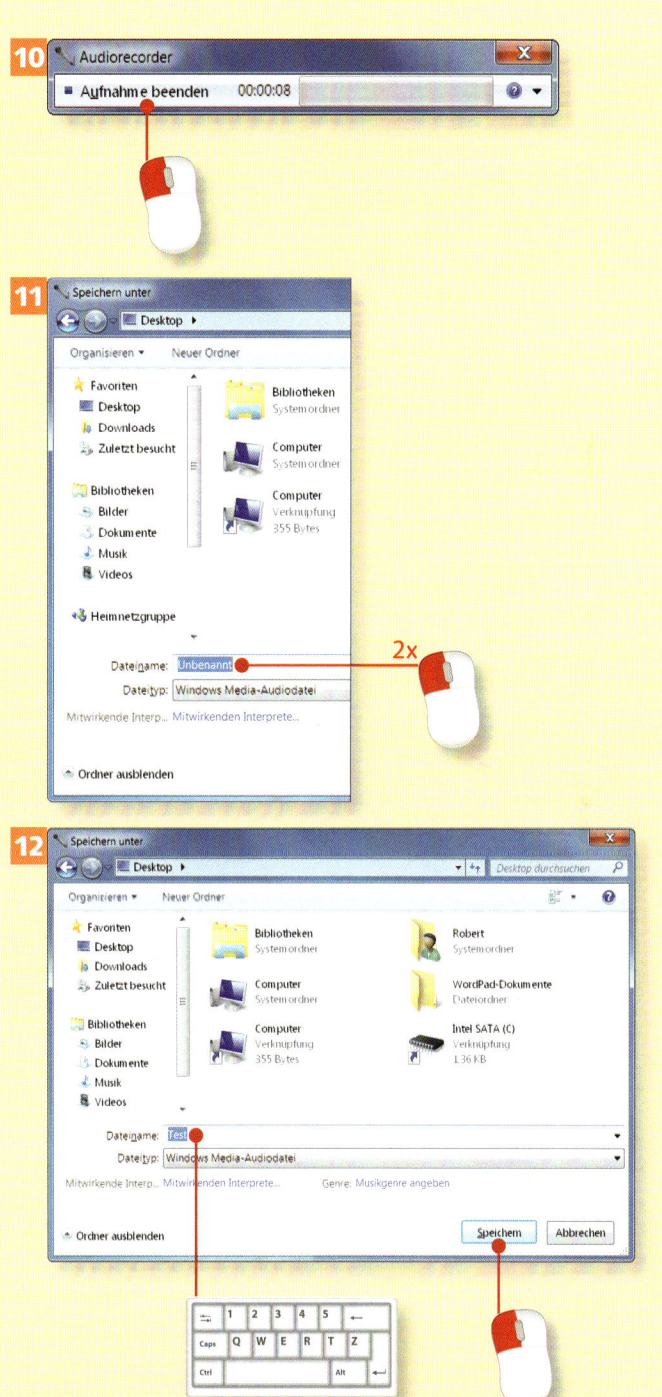

Eine externe Festplatte hinzufügen

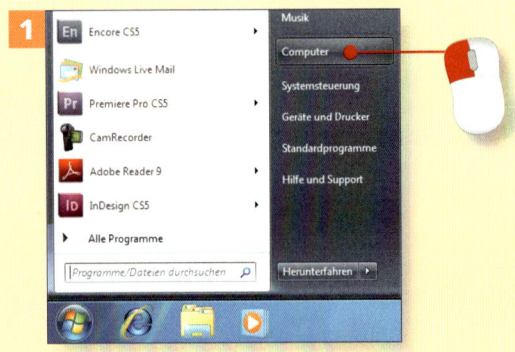

In Zeiten, in denen Festplatten immer günstiger werden, lohnt es sich, externe Laufwerke zu benutzen. So entlasten Sie die eingebaute Festplatte Ihres Computers, da Sie Dateien auf das externe Gerät auslagern können.

Schritt 1

Bevor Sie die Festplatte anschließen, sollten Sie sich ansehen, wie der Computer bestückt ist. Dazu gehen Sie auf die Start-Schaltfläche der Taskleiste und klicken danach auf **Computer**.

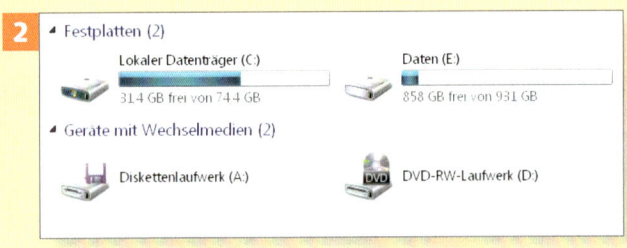

Schritt 2

In der obersten Zeile sehen Sie die fest im PC installierten Festplatten (hier C und E). Darunter gibt es die sogenannten »Wechselmedien«. Das sind z. B. DVD- (hier D) oder Speicherkarten-Laufwerke (hier A).

Schritt 3

Verbinden Sie die externe Festplatte jetzt mit dem Stromnetz sowie (via USB oder FireWire) mit dem PC. Schalten Sie die Festplatte ein, sofern diese mit einem Netzschalter ausgestattet ist. Eine Meldung unten rechts in der Taskleiste ❶ ist die Folge.

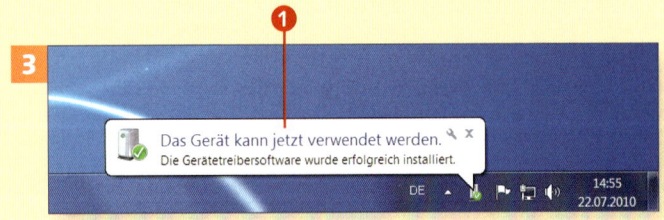

Kapitel 5: Weitere Geräte anschließen

Schritt 4

Wenig später öffnet sich ein Fenster, das es Ihnen ermöglicht, direkt auf die angeschlossene Festplatte zuzugreifen. Klicken Sie auf **Ordner öffnen, um Dateien anzuzeigen**. Alternativ schließen Sie das Fenster und wiederholen Schritt 1.

Schritt 5

Schauen Sie noch einmal unter **Start • Computer** nach (siehe Schritt 1). Dort finden Sie jetzt auch die gerade angeschlossene Festplatte (hier »Elements J«) ❷.

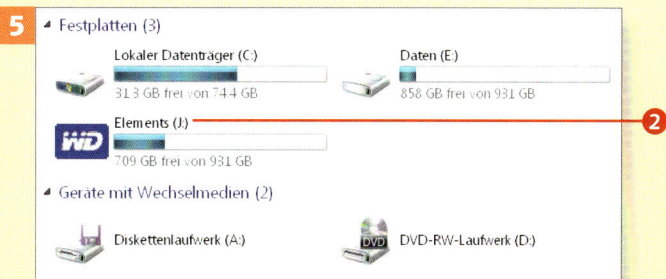

Schritt 6

Anhand der Balken lässt sich der Füllungsgrad der Festplatte ermitteln. Je weiter sich der Balken nach rechts erstreckt, desto weniger Platz steht auf dem Medium noch zur Verfügung. Irgendwann wird dieser sogar rot (hier IOMEGA K ❸). Das heißt: Kaum noch Platz vorhanden!

Speicherplatz ablesen

Unterhalb der erwähnten Balken ist der noch zur Verfügung stehende Platz abzulesen. Bei der Platte J sind das aktuell beispielsweise noch 709 von insgesamt 931 Giga-Byte (= GB).

Eine externe Festplatte hinzufügen (Forts.)

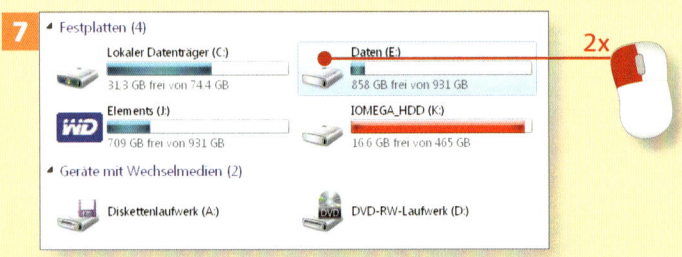

Schritt 7

Achten Sie bitte auch darauf, dass angeschlossene Festplatten grundsätzlich links im Objektbaum zu sehen sind. Hier oder beim großen Symbol in der Mitte reicht ein Doppelklick, um direkt zur Festplatte zu gelangen.

Schritt 8

Richtig interessant wird die Arbeit mit externen Festplatten, wenn Sie mit zwei Fenstern arbeiten. Ziehen Sie dazu das geöffnete Fenster (das den Inhalt der Festplatte anzeigt) an dessen Kopfleiste ganz auf den rechten Rand des Desktops. Lassen Sie dort los.

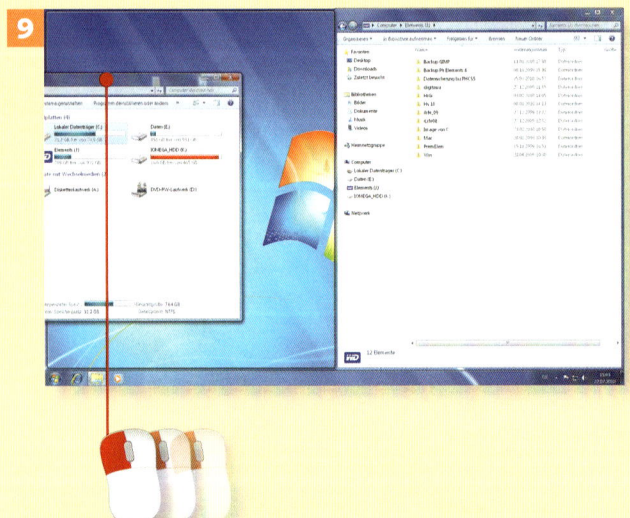

Schritt 9

Wiederholen Sie Schritt 1. Danach öffnen Sie eine interne Festplatte per Doppelklick (hier C:). Klicken Sie auf die Kopfleiste des Fensters und ziehen Sie die Maus an den linken Rand des Desktops.

Kapitel 5: Weitere Geräte anschließen

Schritt 10

Da jetzt beide Festplatten-Fenster nebeneinander stehen, können Sie Ordner und/oder Dokumente per Drag & Drop von einem Fenster in das andere ziehen. Dabei werden die Daten auf die externe Festplatte kopiert.

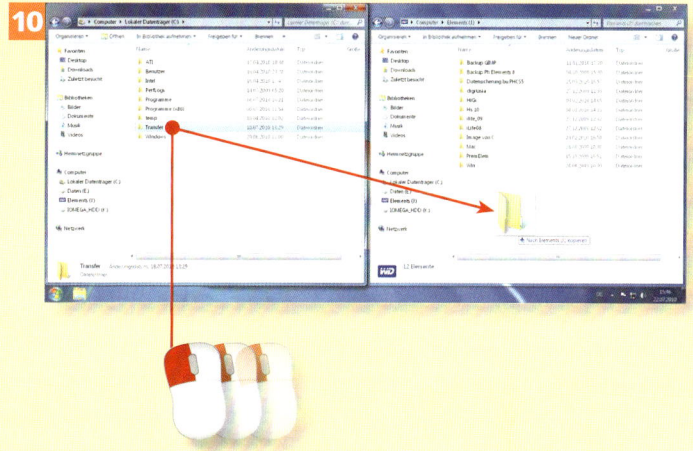

Schritt 11

Bitte trennen Sie Festplatten grundsätzlich vor dem Ausschalten vom System! Und das geht so: Klicken Sie auf das kleine Dreieck in der Taskleiste und danach auf **Hardware sicher entfernen und Medium auswerfen** ❶.

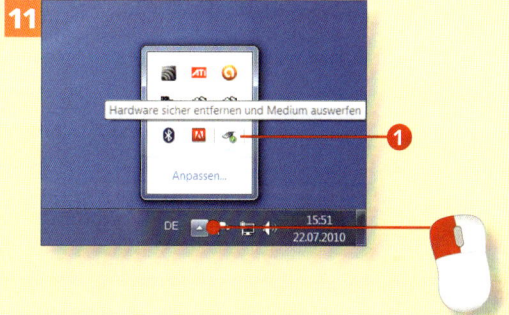

Schritt 12

Im sich öffnenden Menü klicken Sie zuletzt noch auf die Platte, die ausgeworfen werden soll (hier External HD auswerfen – IOMEGA_HDD J). Warten Sie die Meldung ab, die darauf hinweist, dass Sie das Gerät nun entfernen können.

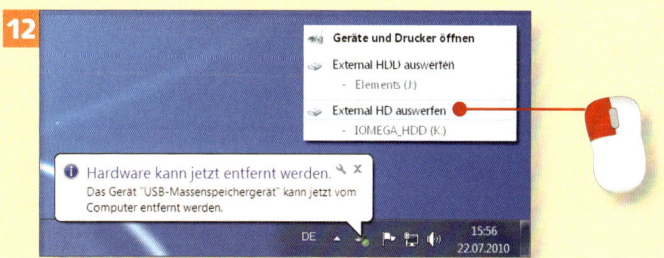

> **Originale löschen**
>
> In der Regel werden Sie Daten auf die externe Festplatte ziehen, um den Speicherplatz auf der internen Platte zurückzugewinnen. Dort ist das Original aber noch vorhanden, weswegen Sie es mithilfe des Papierkorbs separat löschen müssen.

Bluetooth-Geräte mit Windows verbinden

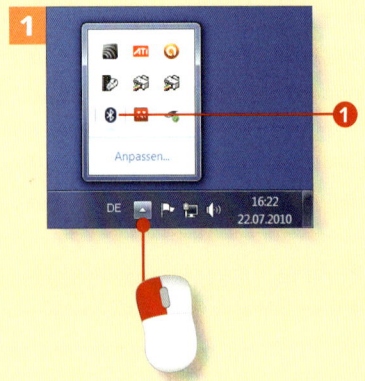

Sofern Ihr Computer Bluetooth-fähig ist, lassen sich Daten kabellos zwischen dem PC und einem weiteren Gerät (z. B. Foto-Handy) übertragen. Was dabei zu beachten ist, erfahren Sie hier.

Schritt 1

Die Schritte 1 bis 3 müssen Sie dabei nur ein einziges Mal machen. Klicken Sie zunächst auf das kleine Dreieck in der Taskleiste und betätigen Sie das Symbol **Bluetooth-Geräte** ❶.

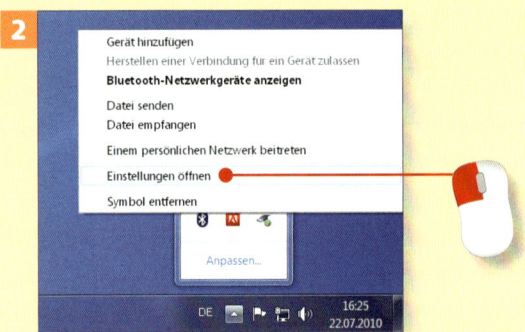

Schritt 2

In der sich öffnenden Tafel klicken Sie auf **Einstellungen öffnen**.

Schritt 3

Kontrollieren Sie, ob die beiden Häkchen im Bereich **Verbindungen** ❶ aktiv sind. Falls nicht, klicken Sie darauf und bestätigen Sie mit OK.

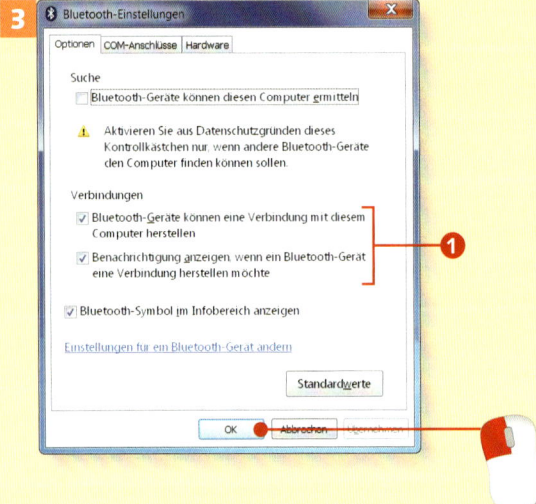

> **Einstellungen über Start öffnen**
> Sollte kein derartiges Symbol in der Taskleiste zu finden sein, gehen Sie über **Start • Geräte und Drucker**. Klicken Sie mit der rechten Maustaste auf das Bluetooth-Gerät, gefolgt von einem Klick auf **Bluetooth-Einstellungen**.

Kapitel 5: Weitere Geräte anschließen

Schritt 4

Dateien empfangen Sie, indem Sie abermals das Dreieck und erneut das Bluetooth-Symbol anklicken. Diesmal entscheiden Sie sich in der Liste jedoch für **Datei empfangen**.

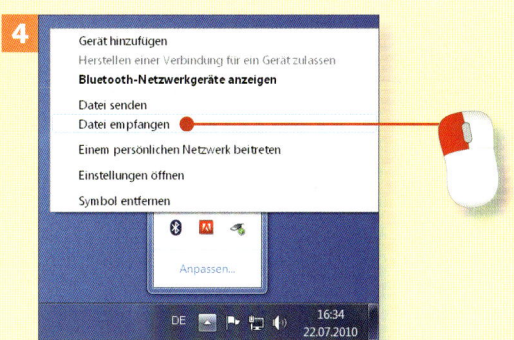

Schritt 5

Auf Ihrem Handy aktivieren Sie nun Bluetooth. Wählen Sie dort zudem ein Foto aus und senden Sie es via Bluetooth. Ihrem Computer wird das nicht entgehen, denn dort wird ein entsprechender Hinweis zeigen.

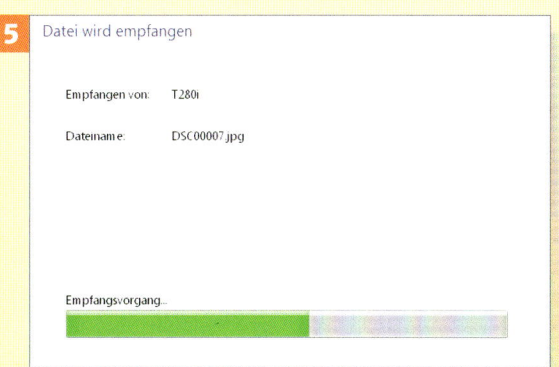

Schritt 6

Sobald sich die Datei auf Ihrem Computer befindet, ändert sich das Fenster. Windows wartet jetzt darauf, dass Sie einen Speicherort festlegen. Da standardmäßig der Dokumentordner verwendet wird, sollten Sie auf **Durchsuchen** klicken.

Handy sichtbar?

In den Bluetooth-Einstellungen des Handys besteht die Möglichkeit, das Gerät zu verstecken bzw. unsichtbar zu machen. Wenn diese Funktion aktiv ist, kann Windows 7 das Gerät nicht finden. Stellen Sie es also zuvor auf »sichtbar« bzw. »Telefon zeigen«.

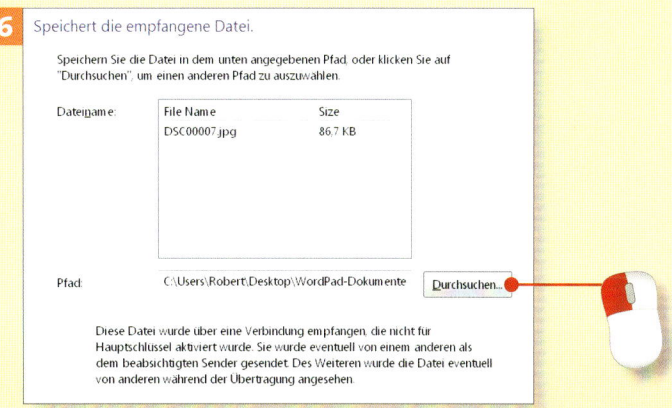

Bluetooth-Geräte mit Windows verbinden (Forts.)

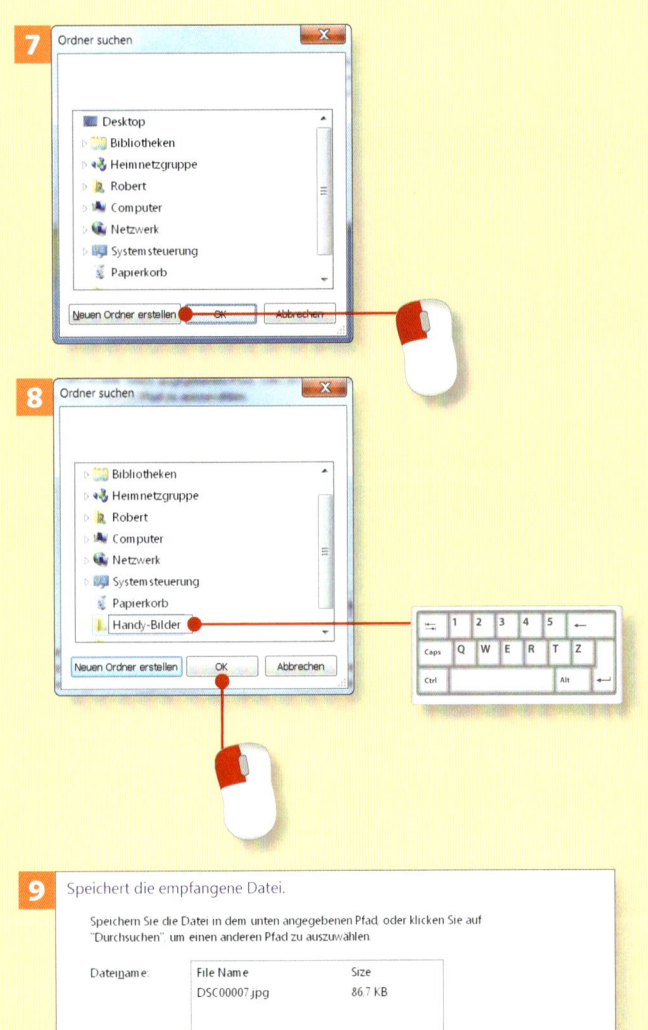

Schritt 7

Legen Sie den Speicherort fest. Das kann zwar der Desktop sein, doch wir wollen gleich einen Schritt weitergehen und einen entsprechenden Ordner erstellen. Klicken Sie in der Liste auf **Desktop** und drücken Sie **Neuen Ordner erstellen**.

Schritt 8

Der Name (»Neuer Ordner«) ist markiert und Sie können gleich mit der Eingabe eines sinnvolleren Namens beginnen (hier: »Handy-Bilder«). Betätigen Sie daraufhin die OK-Taste.

Schritt 9

Der Speicherpfad wurde somit von Ihnen aktualisiert und Sie können auf **Fertig stellen** gehen.

 Speicherort bleibt aktuell

Der Speicherort muss von Ihnen nur einmal angegeben werden (siehe Schritte 7 und 8). Danach bleibt dieser automatisch erhalten, und weitere Dateien werden gleich dorthin übertragen.

Kapitel 5: Weitere Geräte anschließen

Schritt 10

Öffnen Sie den auf dem Desktop befindlichen Ordner »Handy-Bilder«, indem Sie einen Doppelklick darauf setzen. Dort werden Sie das übertragene Bild finden.

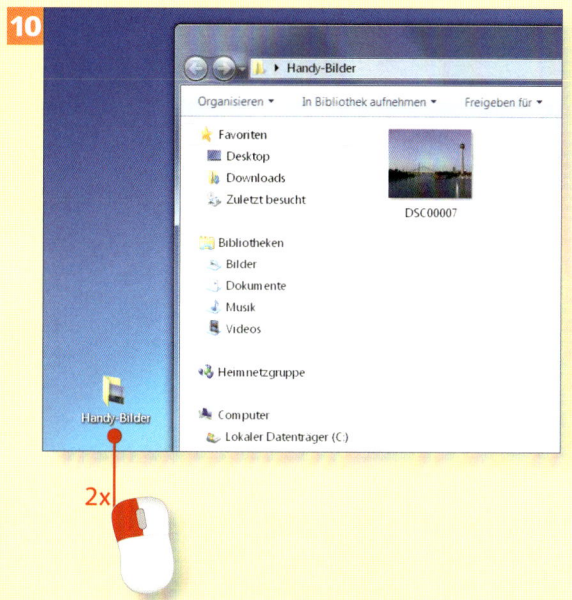

Schritt 11

Dateien senden Sie, indem Sie auf das Dreieck in der Taskleiste klicken, gefolgt von **Bluetooth-Geräte**.

Schritt 12

Auf der sich öffnenden Hinweistafel entscheiden Sie sich für **Datei senden**.

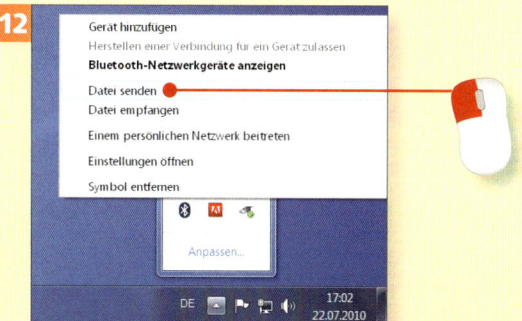

Bluetooth-Geräte mit Windows verbinden (Forts.)

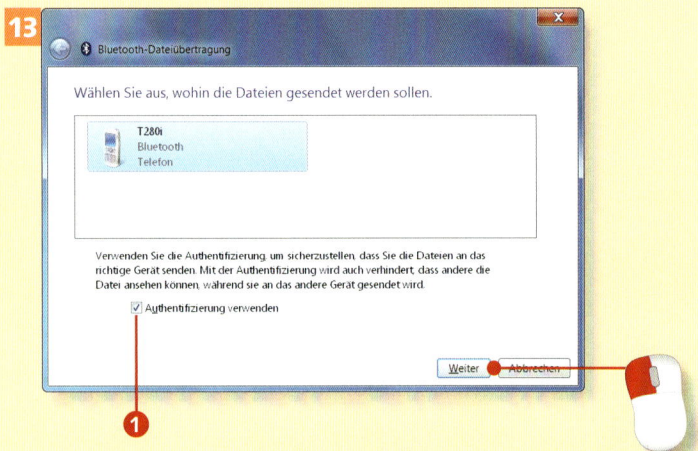

Schritt 13

Windows wird zwar das gesuchte Handy finden, aber dennoch müssen Sie darauf klicken, um es auszuwählen. Es wird dann blau eingefasst. Schalten Sie die Funktion **Authentifizierung verwenden** ❶ aus, indem Sie auf das Häkchen klicken, und betätigen Sie **Weiter**.

Schritt 14

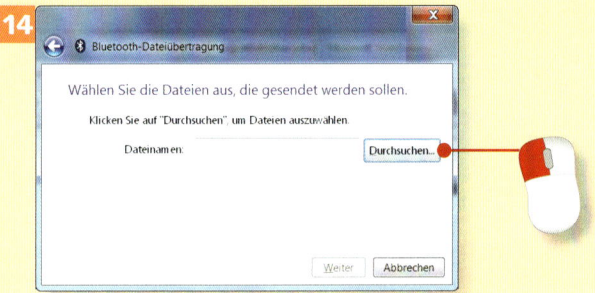

Da Sie jetzt noch den Speicherort des Fotos auf dem Computer angeben müssen, betätigen Sie die Schaltfläche **Durchsuchen**.

Schritt 15

Klicken Sie das Bild an, das Sie übertragen wollen, und betätigen Sie **Öffnen**.

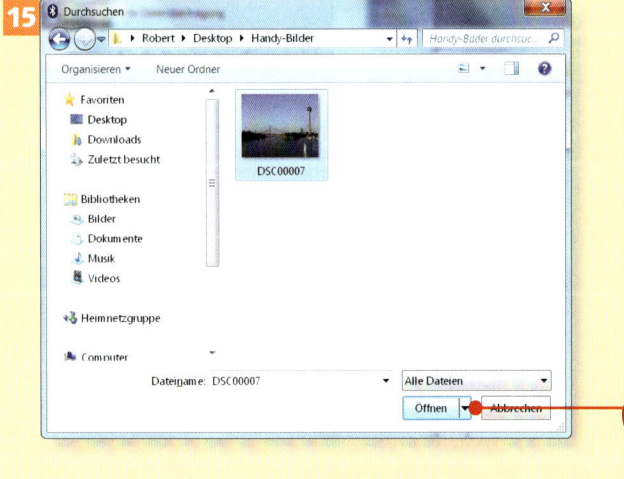

Authentifizierung
Die Authentifizierung sollte aktiviert werden, wenn mehrere Handys in der Nähe sind. Dann müssen Sie im nächsten Schritt allerdings den Kopplungscode des Handys eingeben. Wie Sie diesen für Ihr Gerät ermitteln, erfahren Sie in der Bedienungsanleitung des Handys.

Kapitel 5: Weitere Geräte anschließen

Schritt 16

Das Fenster schließt sich daraufhin automatisch und Sie gelangen zurück zum Dialog **Bluetooth-Dateiübertragung**. Jetzt müssen Sie noch einmal auf **Weiter** klicken.

Schritt 17

Damit beginnt die Dateiübertagung. Den Fortschritt sehen Sie auch im Dialogfeld. Sie haben nun einige Sekunden Zeit, das Bild auf dem Handy anzunehmen. Lassen Sie diese Zeit verstreichen, wird der Vorgang abgebrochen.

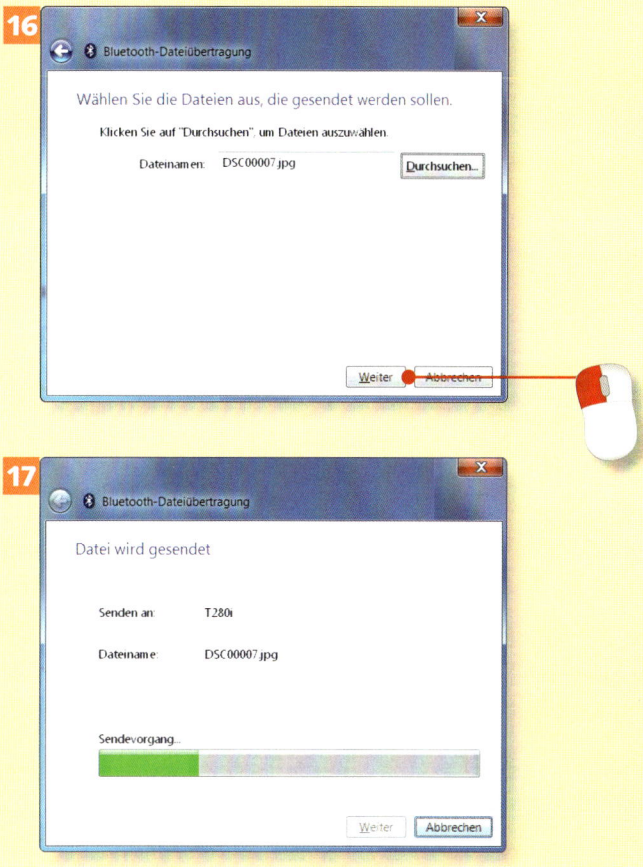

Schritt 18

Sobald das Foto am Handy angenommen wird, meldet Windows 7 die erfolgreiche Übertragung. Betätigen Sie **Fertig stellen**, um die Aktion zu beenden.

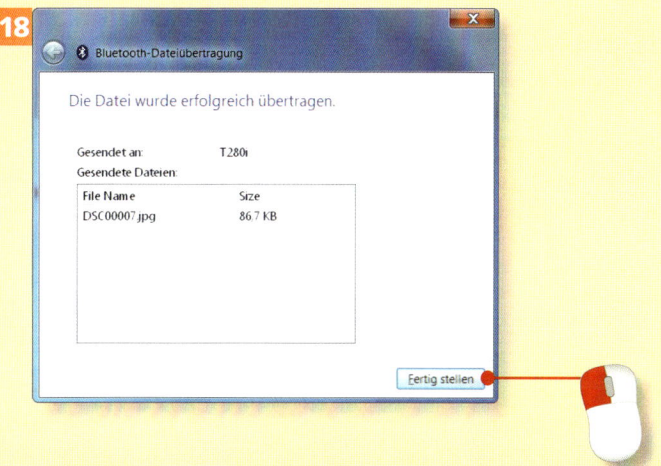

Kapitel 6:
Mit Fotos arbeiten

Falls Sie digital fotografieren, möchten Sie Ihre Bilder natürlich auch auf den eigenen PC übertragen, um sie zu archivieren, zu sortieren oder nachzubearbeiten. Windows 7 vereinfacht Ihnen diese Arbeit enorm, indem es die wichtigsten Werkzeuge von Haus aus mitbringt.

❶ Fotos auf den Rechner übertragen
Zunächst müssen die Bilder von der Kamera auf den Rechner gelangen. So können Sie sie archivieren und später auch leicht bearbeiten, wenn Sie möchten.

❷ Ordnung halten in Ihren Bildern
Windows 7 hilft Ihnen dabei, Ordnung in Ihrer Bildersammlung zu halten. Sehen Sie hier, wie Sie die Möglichkeiten des Systems nutzen, um den Überblick zu behalten.

❸ Fotos verbessern
Kleinere Bildverbesserungen und -veränderungen sind mit dem in Windows 7 enthaltenen Programm Paint leicht möglich. Sehen Sie hier, wie es geht.

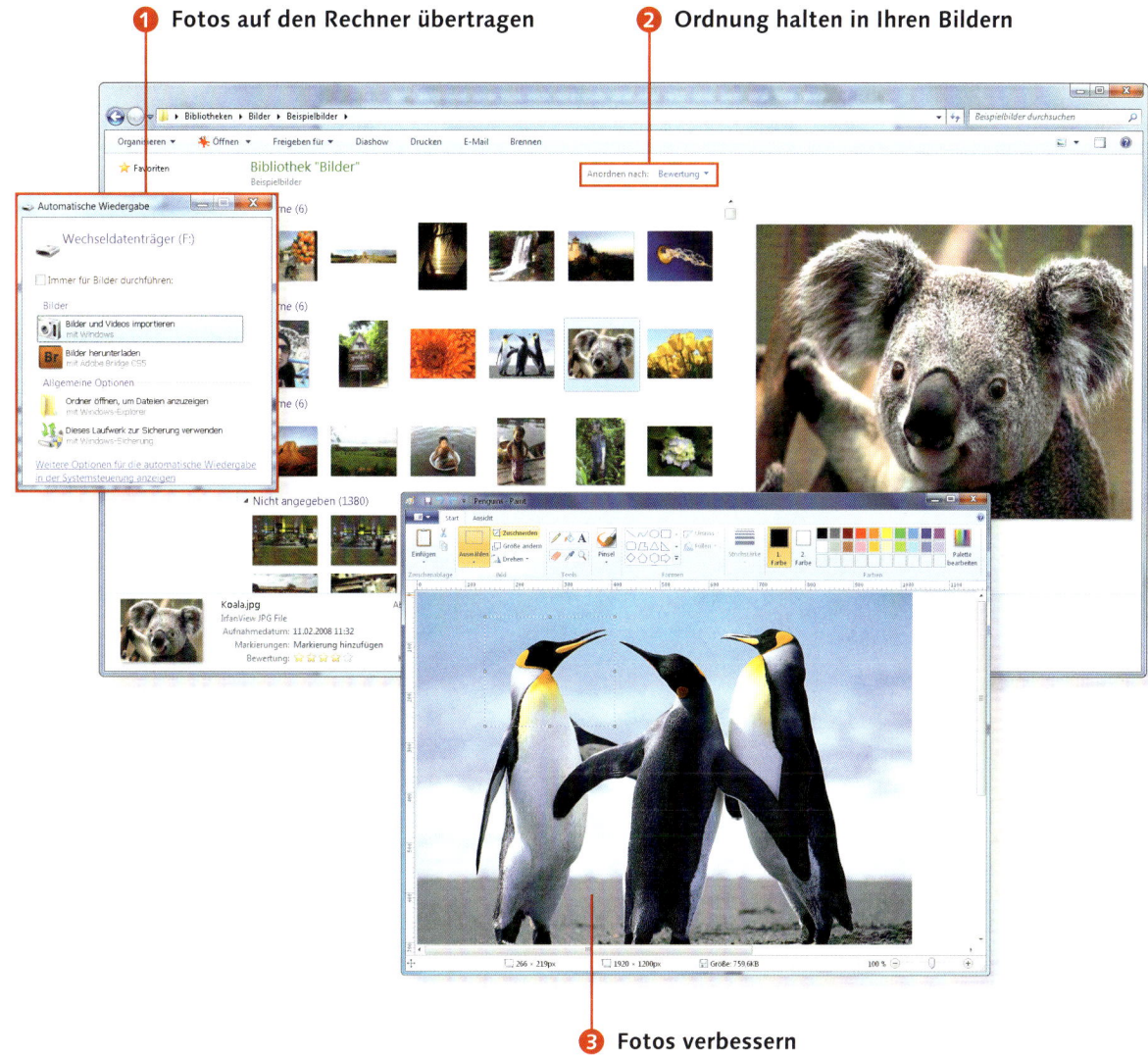

1 Fotos auf den Rechner übertragen
2 Ordnung halten in Ihren Bildern
3 Fotos verbessern

Fotos auf den Rechner übertragen

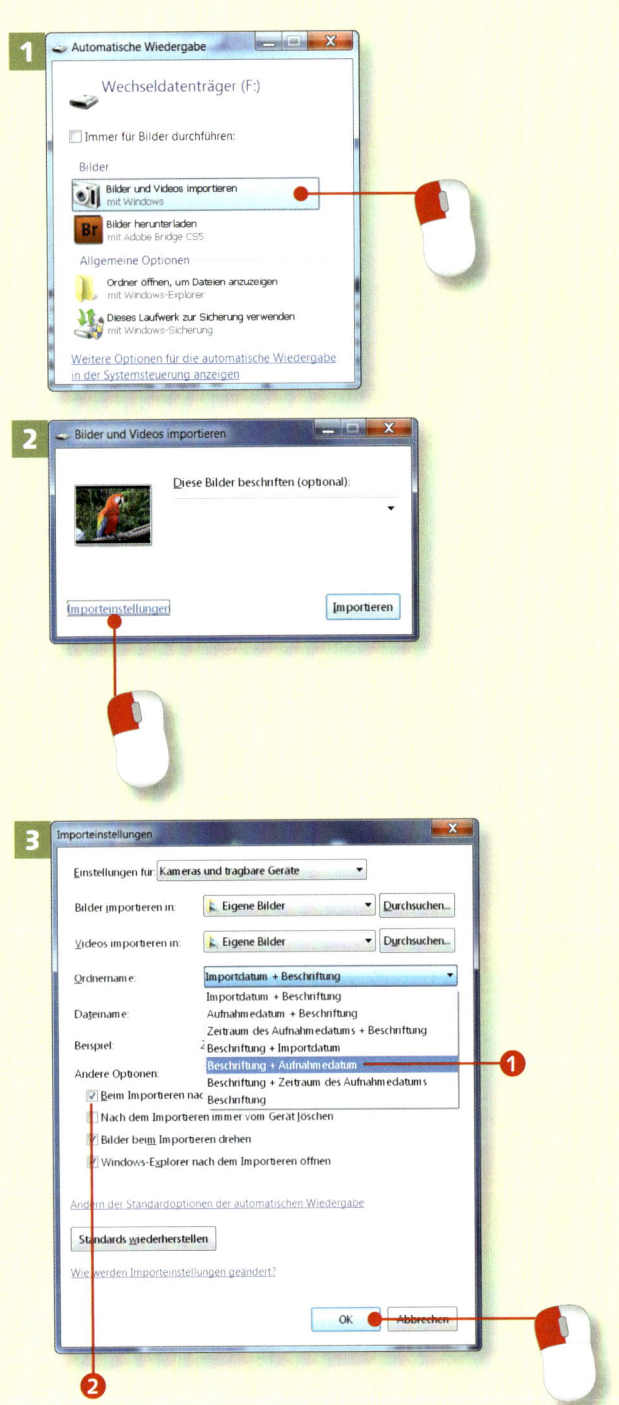

Ihr Computer versteht sich ausgezeichnet mit Digitalkameras und deren Speicherkarten. Wenn Sie Ihre Schnappschüsse auf dem PC speichern wollen, ist das gar nicht so kompliziert.

Schritt 1

Verbinden Sie die Kamera mit dem Computer bzw. stecken Sie die Speicherkarte in das Kartenlesegerät. Windows reagiert und stellt den Dialog **Automatische Wiedergabe** zur Verfügung. Klicken Sie hier auf **Bilder und Videos importieren**.

Schritt 2

In nächsten Fenster gehen Sie auf **Importeinstellungen**. Diesen und die beiden folgenden Schritte machen Sie nur dieses eine Mal.

Schritt 3

Klicken Sie auf das Pulldown-Menü **Ordnername** und selektieren Sie **Beschriftung + Aufnahmedatum** ❶. Dies macht es fortan möglich, den Import zu benennen. Haken Sie auch unbedingt **Beim Importieren nach Beschriftung fragen** ❷ an und bestätigen Sie mit OK.

Kapitel 6: Mit Fotos arbeiten

Schritt 4

Da Sie die Importeinstellungen geändert haben, muss das Programm erneut gestartet werden. Erklären Sie sich durch Klick auf OK damit einverstanden.

Schritt 5

Jetzt sollten Sie in das Eingabefeld klicken und diesem Import via Tastatur einen Namen zuweisen. Wie wäre es beispielsweise mit dem Aufnahmeort? Zuletzt setzen Sie einen beherzten Klick auf **Importieren**.

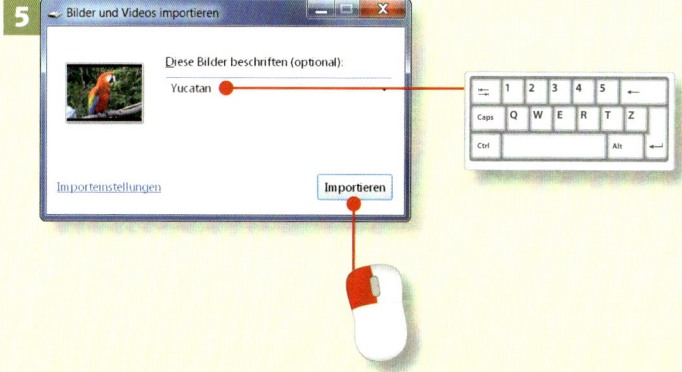

Schritt 6

Nach dem Import wird der Dialog automatisch geschlossen. Schauen Sie am Zielort nach (**Bibliotheken • Bilder**). Sie werden feststellen, dass der Ordner entsprechend benannt worden ist.

Weitere Importe benennen

Da Sie in den Einstellungen festgelegt hatten, dass Sie nach einem Importnamen gefragt werden wollen, können Sie bei allen künftigen Importen neue Namen eingeben (siehe Schritt 5).

Fotos aus dem Internet

Vielleicht soll es ja mal ein Foto aus dem World Wide Web sein, das Sie auf Ihre Festplatte bringen wollen? Das geht ruck, zuck! Aber prüfen Sie unbedingt vorab, ob sie das auch dürfen. Hier soll lediglich ein Beispiel aufgezeigt werden.

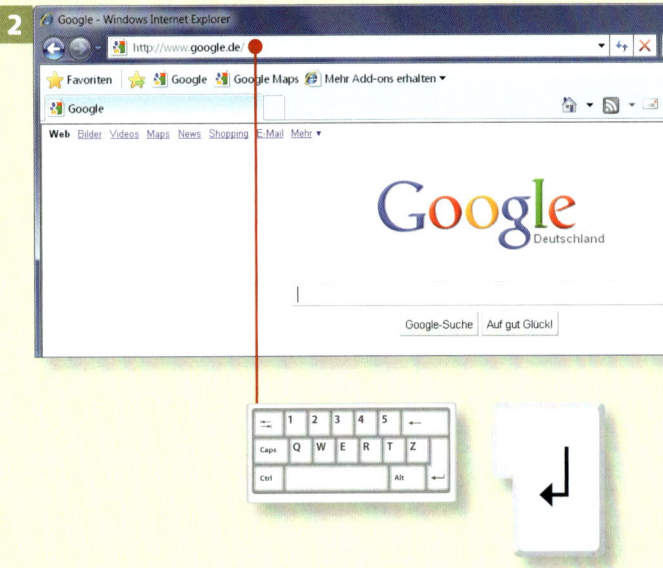

Schritt 1

Starten Sie den **Internet Explorer**, indem Sie das entsprechende Symbol in der Taskleiste anklicken. (Zum Umgang mit dem Internet Explorer beachten Sie die Abschnitte in Kapitel 10, ab Seite 252.)

Schritt 2

Geben Sie im obersten Eingabefeld »www.google.de« ein (oder eine Seite Ihrer Wahl, auf der Sie ein Foto downloaden wollen) und schließen Sie den Vorgang mit ⏎ ab.

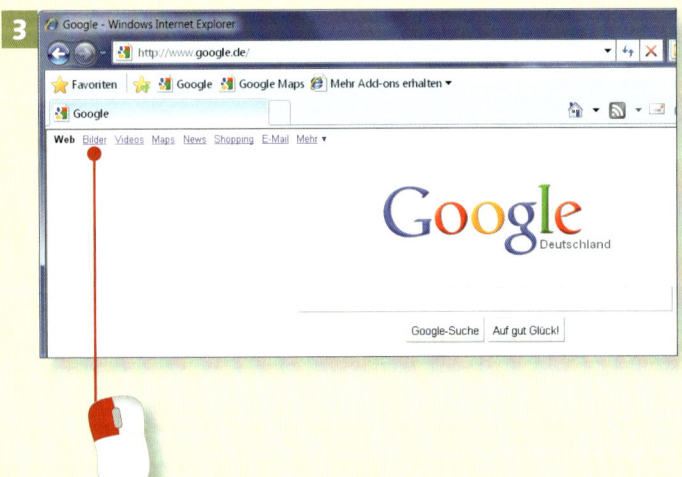

Schritt 3

Falls Sie die Google-Seite gewählt haben, klicken Sie jetzt oben links auf **Bilder**.

Kapitel 6: Mit Fotos arbeiten

Schritt 4

Geben Sie einen Suchbegriff ein. Sie müssen nichts vorher anklicken, sondern können gleich schreiben. Wir verwenden hier »hochhaus«. (Die Großschreibung können Sie ignorieren.) Schließen Sie den Vorgang wieder mit ⏎ ab.

Schritt 5

Klicken Sie jetzt eines der Bilder mit der rechten Maustaste an und entscheiden Sie sich im Kontext für **Bild speichern unter**.

Schritt 6

Nun können Sie das Bild direkt via Tastatur benennen (optional) und anschließend auf **Speichern** klicken. Alternativ dazu reicht auch hier der Klick auf ⏎. Bitte beachten Sie die Rechtshinweise im Kasten!

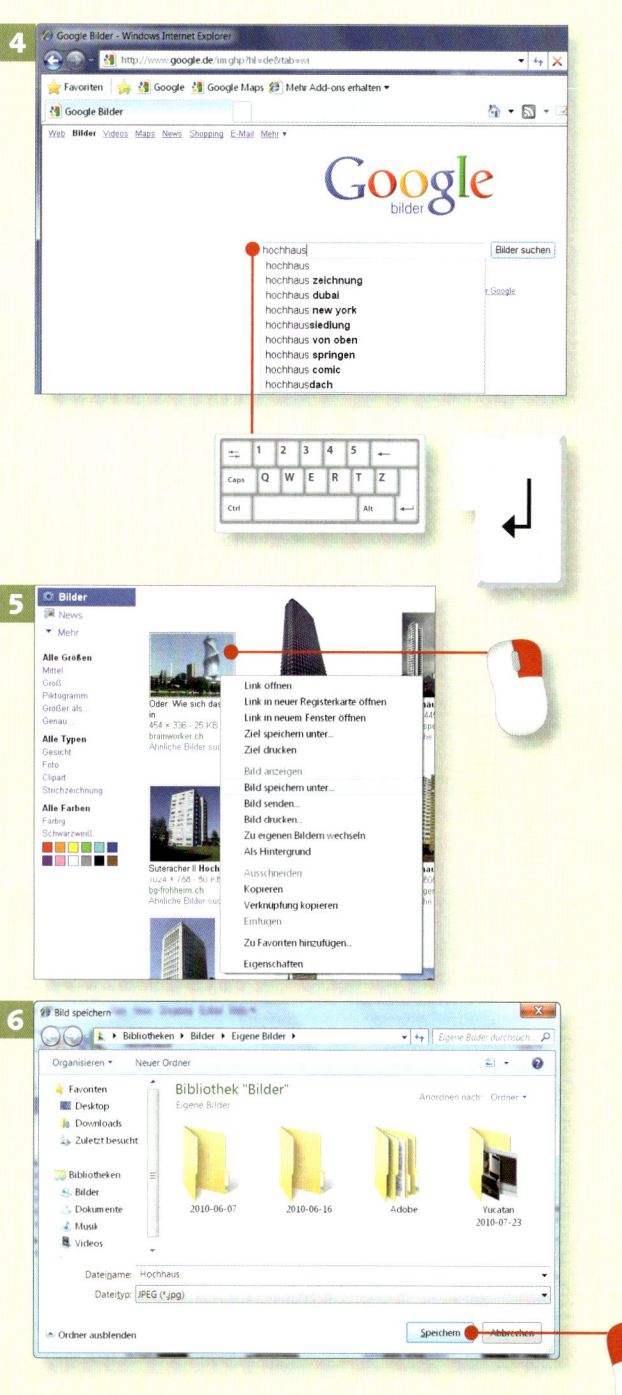

> **Nicht frei verwendbar**
> Sämtliche im Internet platzierte Elemente, insbesondere Fotos, unterstehen geltendem Urheber- und Verwertungsrecht. Sie dürfen derartige Fotos nicht frei verwenden. Bei vielen Websites ist schon das bloße Herunterladen verboten. Informieren Sie sich deshalb vorab gut, was erlaubt ist und was nicht.

147

Fotos in Windows 7 ansehen

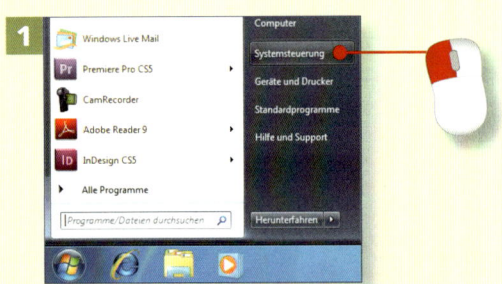

Die Windows-Fotoanzeige ermöglicht es dem Benutzer, Fotos mit einfachen Mitteln darzustellen. Wenn Sie wollen, können Sie die Bilder sogar bildschirmfüllend präsentieren.

Schritt 1

Zunächst wollen wir uns darum kümmern, die Windows-Fotoanzeige als Standard zu bestimmen. Dann reicht künftig ein Doppelklick, um ein Foto in diesem Programm anzusehen. Dazu gehen Sie auf **Start • Systemsteuerung**.

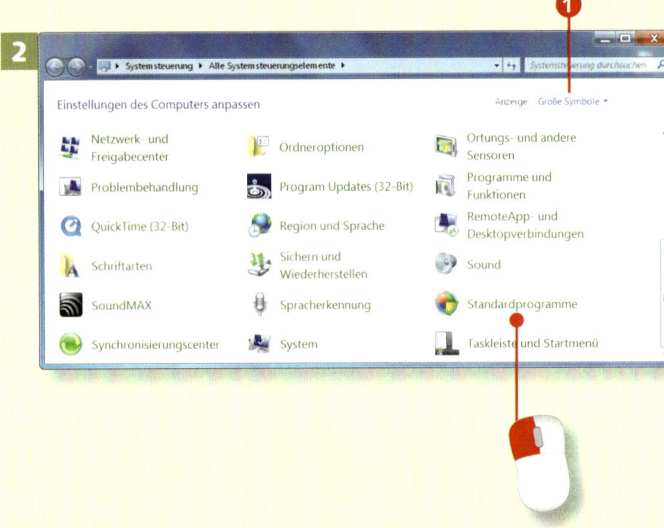

Schritt 2

In der Anzeigeoption **Große Symbole** 1 klicken Sie auf **Standardprogramme**.

Schritt 3

Jetzt müssen Sie noch den obersten Eintrag, **Standardprogramme festlegen**, markieren.

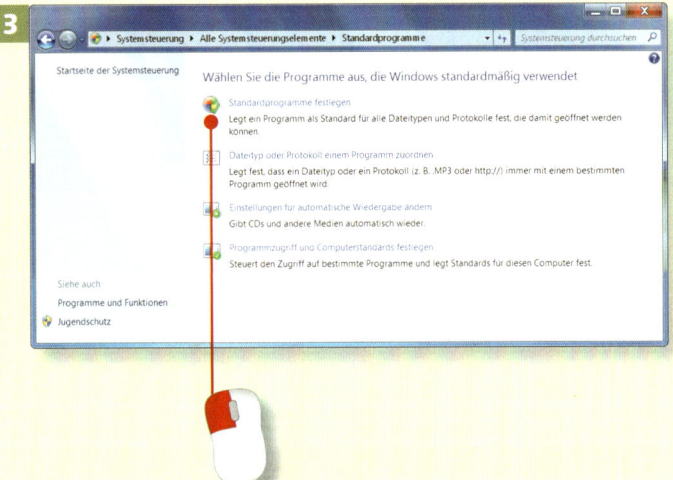

Kapitel 6: Mit Fotos arbeiten

Schritt 4

In der linken Spalte suchen Sie das Programm aus, das als Standard definiert werden soll. In unserem Fall ist das die Windows-Fotoanzeige. Betätigen Sie anschließend **Dieses Programm als Standard festlegen** und verlassen Sie den Dialog mit OK.

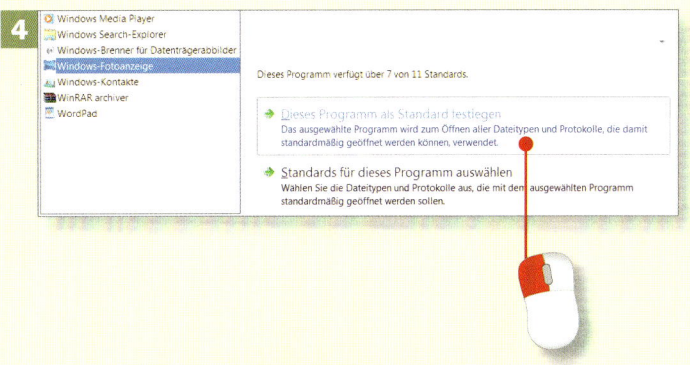

Schritt 5

Rufen Sie jetzt Ihr Bildarchiv auf, indem Sie auf **Start • Bilder** gehen. Alternativ können Sie natürlich gerne einen beliebigen anderen Ordner verwenden. Dieser sollte allerdings Bilder enthalten.

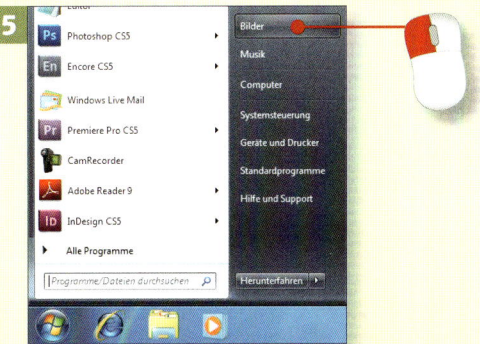

Schritt 6

Öffnen Sie den gewünschten Ordner (hier: **Öffentliche Bilder**) mit einem Doppelklick. Sie werden sehen, wie die eben vorgenommenen Standardeinstellungen sich nun auswirken.

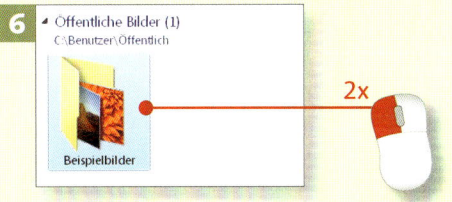

Fotos in Windows 7 ansehen (Forts.)

Schritt 7

Sie dürfen nun im Innern des Ordners frei wählen, welches Bild als Erstes angezeigt werden soll. Auf dieses Foto setzen Sie dann ebenfalls einen Doppelklick.

Schritt 8

Sofern das Fenster nicht maximiert ist, lässt sich die Größe der Fotoanzeige individuell einstellen, indem Sie eine der vier Ecken mit gedrückter Maustaste nach Wunsch in Form ziehen. Wenn Sie die richtige Position gefunden haben, ändert sich der Mauszeiger in einen diagonalen Doppelpfeil.

Schritt 9

Nun bleibt das gewählte Foto ewig stehen. Wenn Sie das nächste Bild sehen wollen, betätigen Sie **Weiter** ❷ oder drücken Sie → auf Ihrer Tastatur. Um ein Bild zurück gelangen Sie mit **Zurück** ❶ oder der ←.

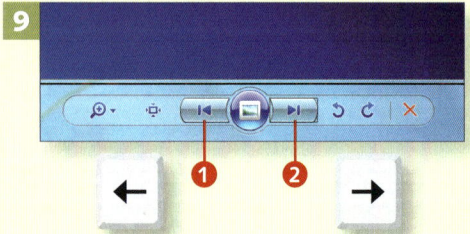

Fotos löschen

Wenn Ihnen ein Foto überhaupt nicht gefällt, betätigen Sie das kleine, rote Kreuz ganz rechts. Dadurch wird das Foto in den Papierkorb verschoben.

Kapitel 6: Mit Fotos arbeiten

Schritt 10

Möchten Sie einen stark vergrößerten Ausschnitt des Fotos betrachten? Dann klicken Sie zunächst auf die Lupe. Klicken Sie den Schieber an, halten Sie die Maustaste gedrückt und schieben Sie langsam nach oben.

Schritt 11

Da auf die beschriebene Methode grundsätzlich die Mitte des Fotos vergrößert wird, müssen Sie den Ausschnitt noch korrigieren. Klicken Sie dazu auf das Foto, halten Sie auch hier die Maus gedrückt und verschieben Sie die Maus in die gewünschte Richtung.

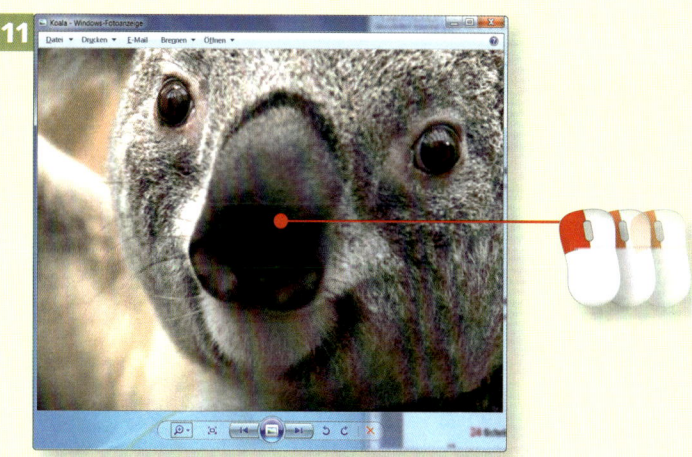

Schritt 12

Lehnen Sie sich entspannt zurück und betrachten Sie die Fotos als Diashow. Das geht ganz schnell, indem Sie die Taste in der Mitte betätigen, oder F11 drücken. Verlassen Sie die Diashow mit Esc (ganz oben links auf der Tastatur).

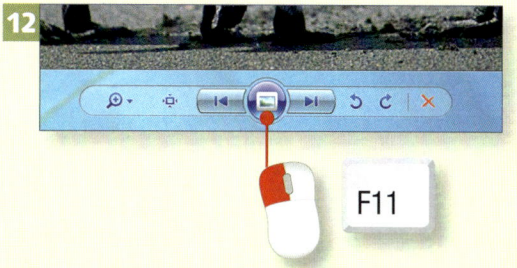

> **Diashow steuern**
>
> Die Diashow lässt sich während des Abspielens bedienen, indem Sie einen Rechtsklick ausführen. Eine Beschreibung dazu finden Sie im nächsten Workshop.

Fotos als Diashow ansehen

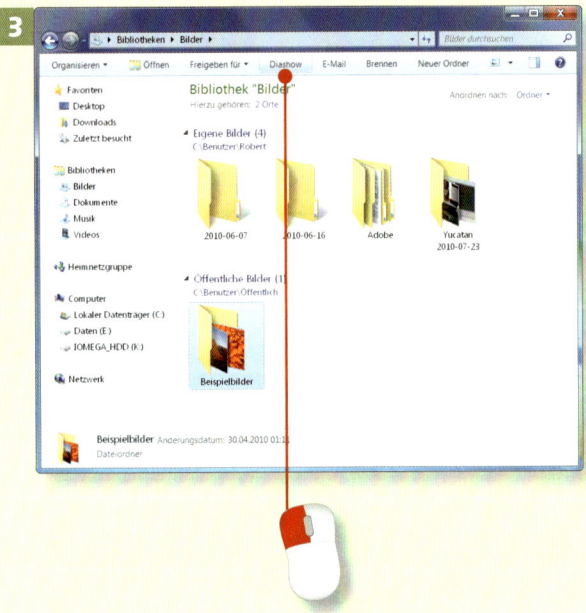

Wenn es einmal ganz schnell gehen soll, lässt sich der Inhalt eines Ordners komfortabel als Diashow präsentieren.

Schritt 1

Betätigen Sie das Explorer-Symbol in der Taskleiste von Windows 7.

Schritt 2

Setzen Sie einen Doppelklick auf **Bilder**. Natürlich können Sie auch jeden anderen Ordner auswählen, der Fotos enthält.

Schritt 3

Öffnen Sie diesmal den Ordner nicht mit einem Doppelklick, sondern markieren Sie ihn lediglich mit einem einzelnen Mausklick. Danach klicken Sie auf **Diashow** in der oberen Leiste.

Bildaufbau

Die Miniaturbilder der Fotos müssen zunächst von Windows erzeugt werden. Wenn ein Ordner mit zahlreichen Fotos geöffnet wird, kann es sein, dass Sie zunächst nur Platzhalter sehen. Diese werden dann aber nach und nach gegen »echte« Vorschaubilder ausgetauscht.

Kapitel 6: Mit Fotos arbeiten

Schritt 4

Die Fotos werden nun automatisch nacheinander präsentiert. Wenn Ihnen das nicht schnell genug weitergeht, betätigen Sie zunächst die rechte Maustaste. Im Kontextmenü wählen Sie **Weiter**.

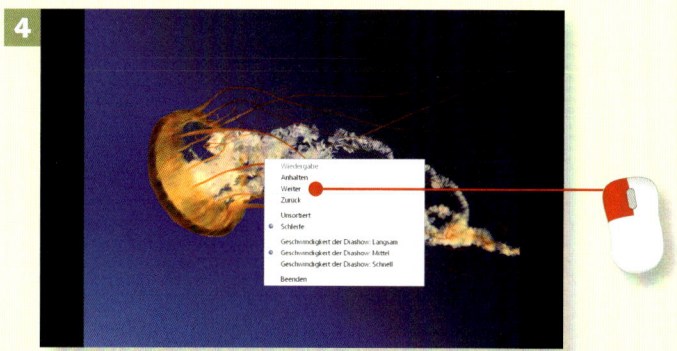

Schritt 5

Die Geschwindigkeit lässt sich generell erhöhen. Dazu müssen Sie erneut das Kontextmenü aufrufen (Rechtsklick) und anschließend **Geschwindigkeit der Diashow: Schnell** anwählen.

Schritt 6

Nun besteht das Problem, dass Sie die Diashow nie wieder verlassen können – es sei denn, Sie betätigen Esc oder öffnen erneut das Kontextmenü und wählen **Beenden**.

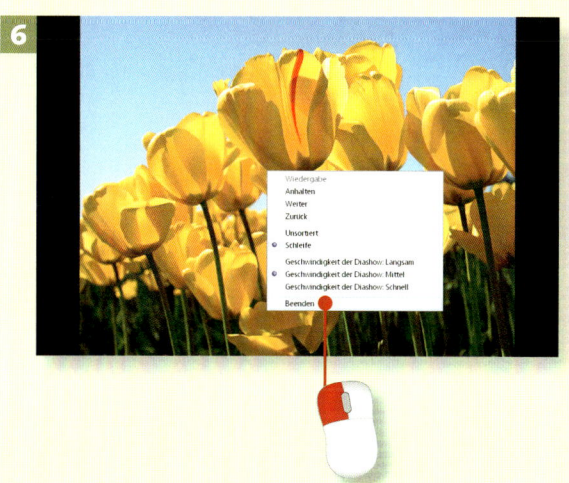

Bildeigenschaften abrufen

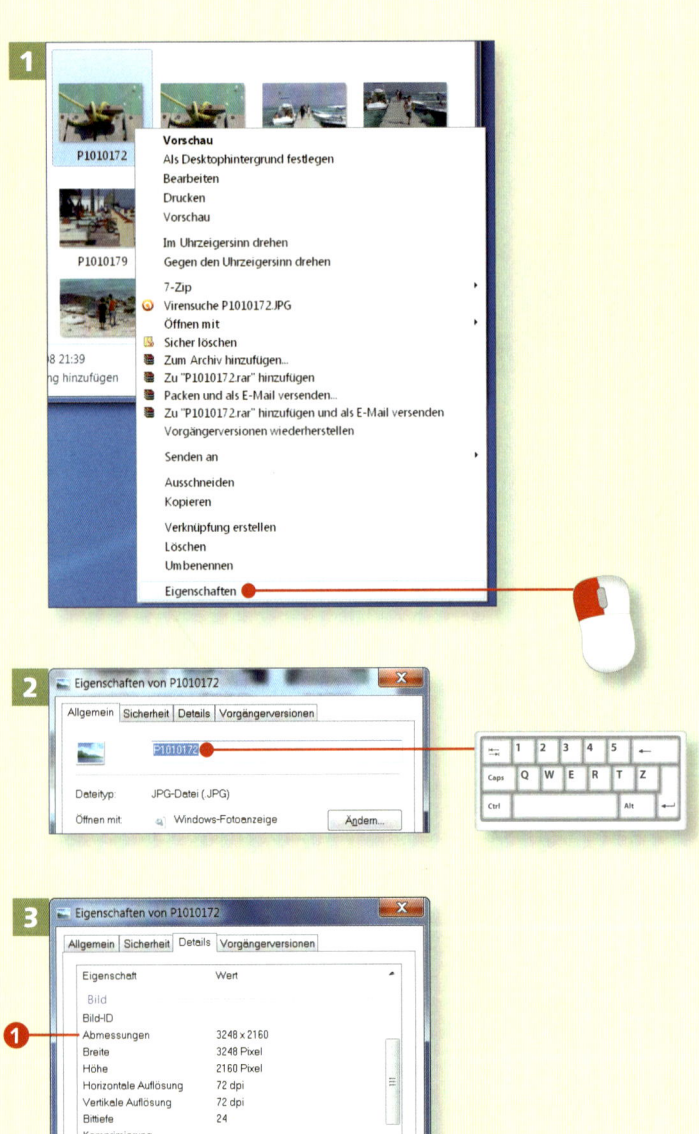

Mitunter ist es wichtig, zu wissen, wie groß ein Bild ist oder mit welcher Kamera es gemacht wurde. Das und vieles mehr können Sie in den »Eigenschaften« in Erfahrung bringen.

Schritt 1

Setzen Sie einen rechten Mausklick auf die Miniatur des Bildes, über das Sie weitere Informationen benötigen. Mit der linken Maustaste wählen Sie **Eigenschaften** an.

Schritt 2

Fotos von Digitalkameras haben meist exotische Bezeichnungen. Benennen Sie das Foto aussagekräftig, indem Sie einen Doppelklick in das Namensfeld setzen und den neuen Titel via Tastatur eingeben.

Schritt 3

Aktivieren Sie das Register **Details**. Hier finden Sie sämtliche Informationen, die Sie benötigen, wie z. B. die Abmessungen ❶, den Kamerahersteller ❷ oder das Modell ❸.

Bestätigen oder Abbrechen
Sollten Sie Änderungen vorgenommen haben (siehe Schritt 2), verlassen Sie den Dialog mit OK.

Foto als Kopie speichern

Im übernächsten Abschnitt werden wir Fotos bearbeiten. Damit das Original nicht verändert wird, bietet es sich an, vorher eine Kopie zu erstellen und mit dieser weiterzuarbeiten.

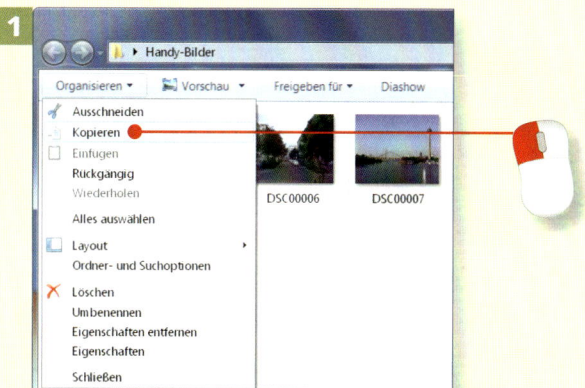

Schritt 1

Platzieren Sie einen Mausklick auf dem Foto, das vervielfältigt werden soll. Danach klicken Sie auf **Optionen** und entscheiden sich für **Kopieren**. Alternativ drücken Sie nach der Markierung des Fotos [Strg] + [C].

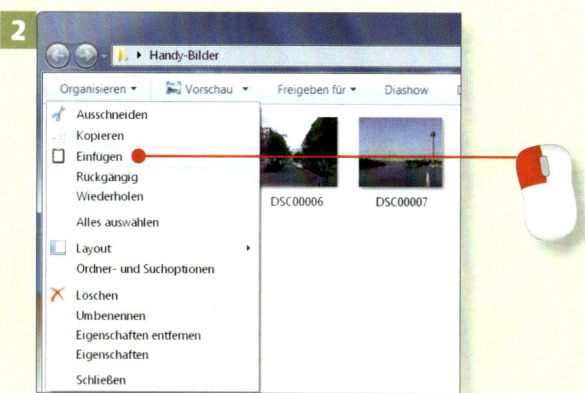

Schritt 2

Da sich die Kopie bislang nur in der imaginären Zwischenablage des Betriebssystems befindet, müssen Sie diese noch reproduzieren. Das machen Sie über **Optionen** und den Listeneintrag **Einfügen**, oder indem Sie [Strg] + [V] drücken.

Schritt 3

Sie finden nun das Original und die Kopie direkt nebeneinander. Wenn Sie anschließend Änderungen an der Kopie vornehmen, bleibt das Original stets unangetastet.

Tastenkombinationen

Eine Tastenkombination wie z. B. [Strg] + [C] wird folgendermaßen ausgelöst: Zuerst [Strg] drücken und diese Taste festhalten. Danach tippen Sie auf [C] und lassen diese Taste wieder los. Zuletzt können Sie dann [Strg] wieder loslassen.

Fotos mit Paint zuschneiden

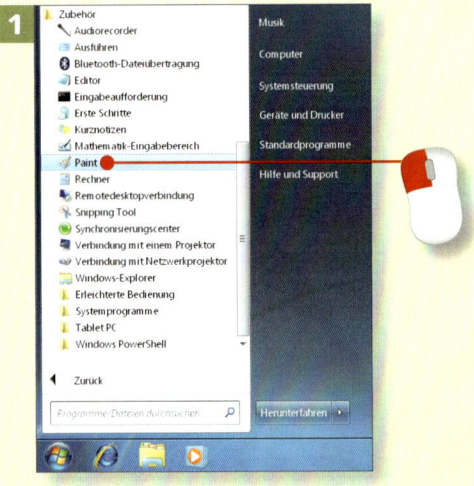

Paint ist ein kleines Grafikprogramm, mit dem man auch Bilder bearbeiten kann. Wie das geht, sehen wir uns auf den nächsten Seiten an.

Schritt 1

Öffnen Sie Paint, indem Sie über **Start • Alle Programme • Zubehör • Paint** gehen.

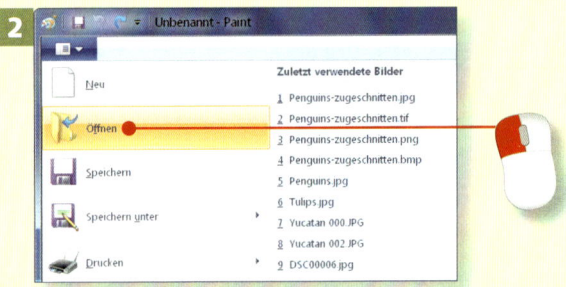

Schritt 2

Zunächst soll ein Foto an Paint übergeben werden. Setzen Sie daher einen Mausklick auf das kleine Blatt-Symbol oben links. In der Liste entscheiden Sie sich für **Öffnen**.

Schritt 3

Suchen Sie eines der Bilder aus (hier habe ich *Penguin*, die Pinguine, gewählt), markieren Sie es mittels Mausklick und betätigen Sie die **Öffnen**-Schaltfläche.

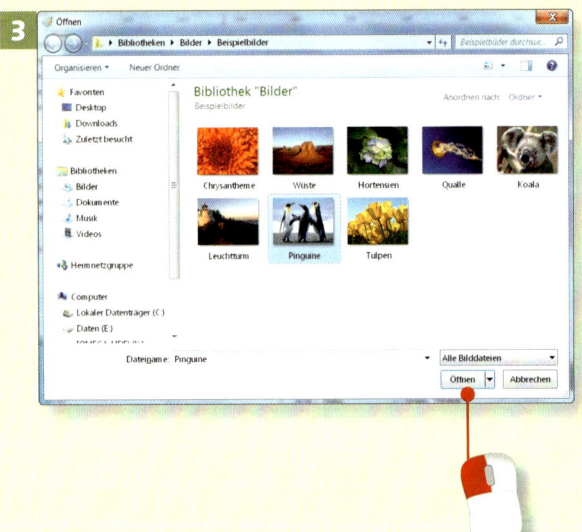

Originale

Bitte machen Sie sich keine Gedanken darüber, dass hier ein Originalfoto verwendet wird. Sie erfahren am Ende des Workshops, wie Sie eine Kopie erzeugen und das Original unverändert erhalten können.

Kapitel 6: Mit Fotos arbeiten

Schritt 4

Alternativ zu den Schritten 2 und 3 können Sie auch eine Bildminiatur (z. B. aus dem Ordner **Öffentliche Bilder**) mit rechts markieren und im Kontext **Öffnen mit • Paint** einstellen.

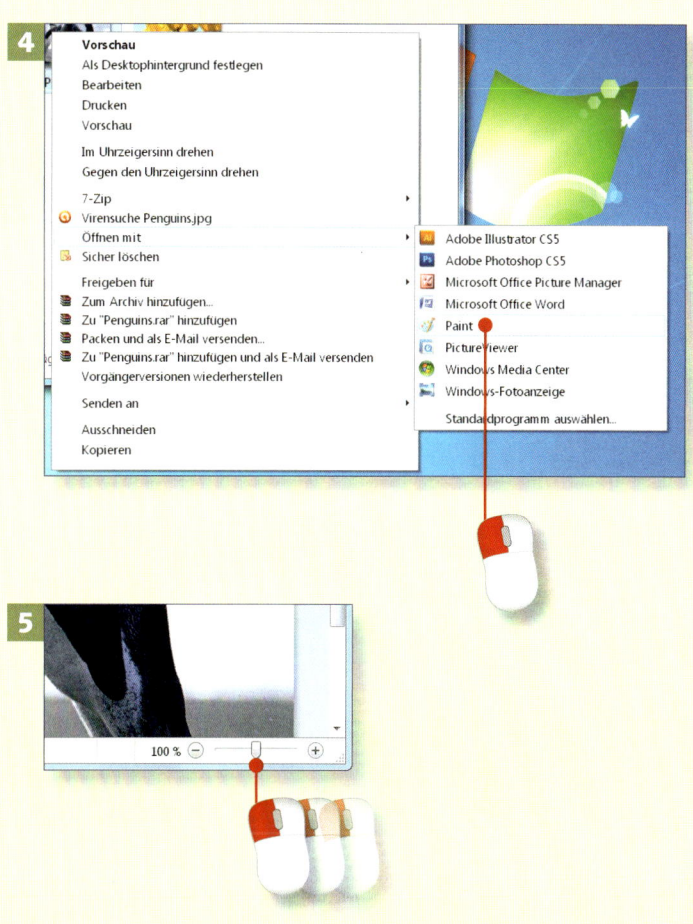

Schritt 5

Unten rechts können Sie in das Bild ein- oder auszoomen, sprich: näher herangehen, bzw. zurückgehen. Dazu ziehen Sie entweder den Schieber mit gedrückter Maustaste oder klicken auf die Plus- bzw. Minustaste.

Schritt 6

Für Vergrößerungen oder Verkleinerungen stehen Ihnen auch Lupen-Schaltflächen zur Verfügung. Dazu müssen Sie allerdings zuvor das Register **Ansicht** nach vorne stellen.

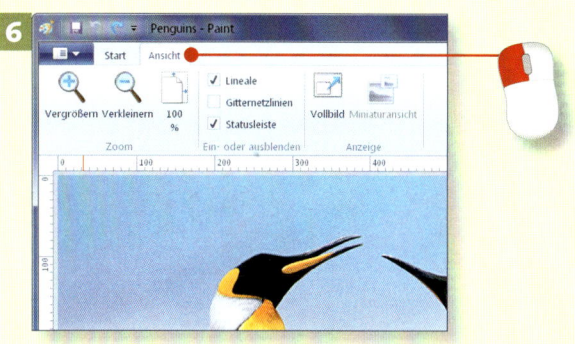

++ Vollbild-Darstellung

Die Ansicht lässt sich bildschirmfüllend vergrößern. Betätigen Sie dazu **Vollbild**. Drücken Sie ⌜Esc⌝ um zur herkömmlichen Ansicht zurückzukehren.

157

Fotos mit Paint zuschneiden (Forts.)

Schritt 7

Kehren Sie jetzt zurück zum Register **Start**. Platzieren Sie zudem einen Mausklick auf der Schaltfläche **Auswählen**.

Schritt 8

Jetzt klicken Sie auf das Foto. Die Position ❶ außerhalb des Pinguinkopfes ist eine geeignete Stelle. Halten Sie die Maustaste gedrückt. Verschieben Sie die Maus diagonal nach unten, bis Sie etwa an Position ❷ angelangt sind. Lassen Sie die Maustaste los.

Schritt 9

Rechts neben der Schaltfläche **Auswählen** gibt es die Taste **Zuschneiden** ❸. Wenn der Name der Taste nicht sichtbar ist, ziehen Sie das Fenster an der unteren rechten Ecke auseinander.

> **Taste funktioniert trotzdem**
>
> Der Name der Taste muss nicht zwingend angezeigt werden. Sie funktioniert auch, wenn nur das Zeichen sichtbar ist. Allerdings können Sie die Schaltfläche anhand des Namens besser ausfindig machen.

Kapitel 6: Mit Fotos arbeiten

Schritt 10

Klicken Sie auf **Zuschneiden**, damit alle Bereiche jenseits des Rahmens, den Sie in Schritt 8 erzeugt haben, entfernt werden. Das Bild wird danach nur noch den Kopf des linken Pinguins zeigen.

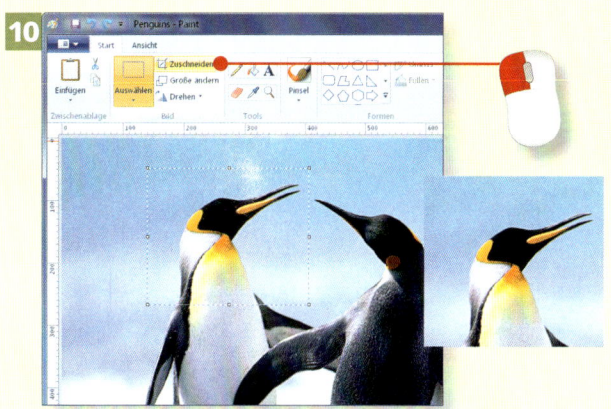

Schritt 11

Sie arbeiten ja derzeit mit dem Original (und haben keine Kopie erzeugt, wie im letzten Workshop beschrieben). Deswegen müssen Sie »jetzt« eine Kopie anfertigen. Betätigen Sie dazu das Blattsymbol, gefolgt von **Speichern unter • BMP-Bild**.

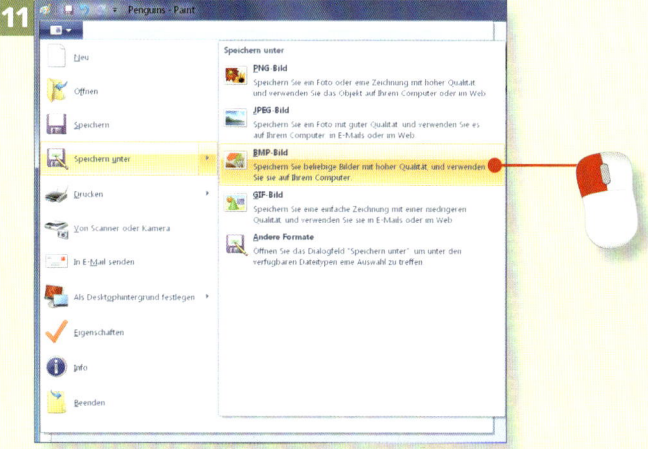

Schritt 12

Hängen Sie im Eingabefeld z. B. »-zugeschnitten« an »Penguins« an, damit Sie auch später noch wissen, welches Foto das Original und welches das nachbearbeitete ist. Klicken Sie auf **Speichern**.

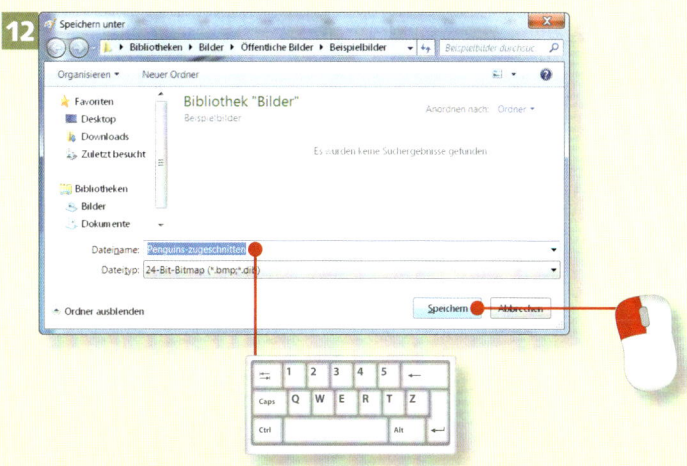

> **Warum BMP?**
>
> BMP ist ein qualitativ hochwertiges Dateiformat. Es benötigt allerdings sehr viel Speicherplatz. Lesen Sie dazu auch den nächsten Workshop.

Fotos in anderen Formaten speichern

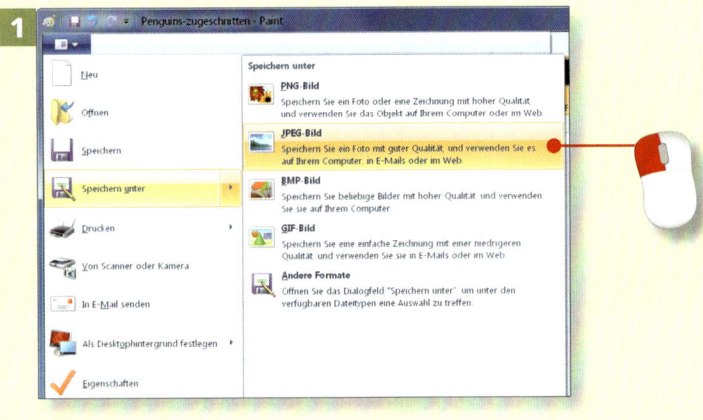

BMP-Dateien sind qualitativ optimal. Leider sind sie bezüglich der Dateigröße recht umfangreich. Aber es gibt Alternativen…

Schritt 1

Wenn Sie über das Blatt-Symbol von Paint gehen und neben **Speichern unter** auf **JPEG-Bild** klicken, erzeugen Sie ein Foto, dessen Datenmenge wesentlich kleiner als BMP ist und sich zudem optimal für die Veröffentlichung im Internet eignet.

Schritt 2

Bevor Sie auf **Speichern** klicken, achten Sie zunächst auf den **Dateityp**. Dieser wird nun nicht wie zuvor mit BMP, sondern mit JPEG ausgewiesen.

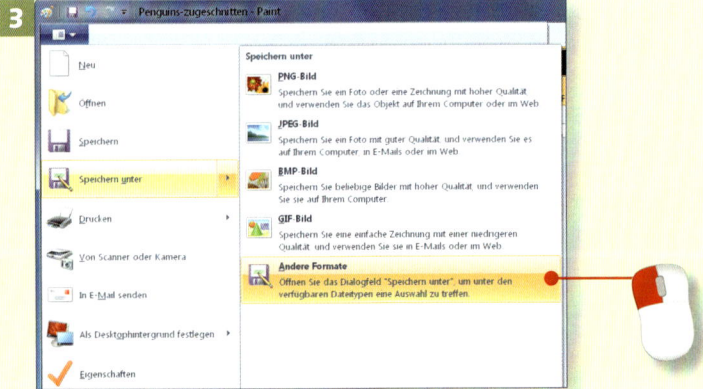

Schritt 3

Die dritte Variante ist TIFF. Dieses Dateiformat ist, genau wie BMP, verlustfrei, wobei die Dateigröße ähnlich umfangreich ist. TIFF ist das bevorzugte Format für die professionelle Weiterverarbeitung. Wählen Sie dazu **Speichern unter • Andere Formate**.

Andere Formate

Sie können das Format auch noch ändern, nachdem Sie beispielsweise BMP-Foto gewählt haben. Denn erst der eigentliche Speichervorgang weist dem Bild das Format zu. Der Weg über **Andere Formate** ist also nicht zwingend erforderlich.

Kapitel 6: Mit Fotos arbeiten

Schritt 4

Jetzt müssen Sie unterhalb des Dateinamens noch manuell auf TIFF umstellen. Klicken Sie dazu auf das Listenfeld und setzen Sie einen Klick auf TIFF innerhalb des Menüs.

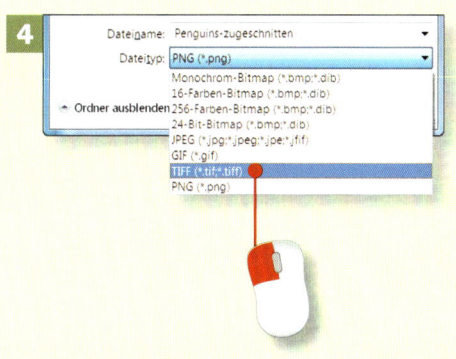

Schritt 5

Die Liste klappt automatisch zu, und Sie können den Vorgang mit **Speichern** abschließen.

Schritt 6

Lassen Sie uns nun das Foto auf der Festplatte betrachten. Gehen Sie über **Start • Bilder** und doppelklicken Sie **Beispielbilder**. Leider sind hier keine Dateiformate erkennbar. Sie wissen also zunächst gar nicht, welches die BMP-, das JPEG- oder TIFF Version ist.

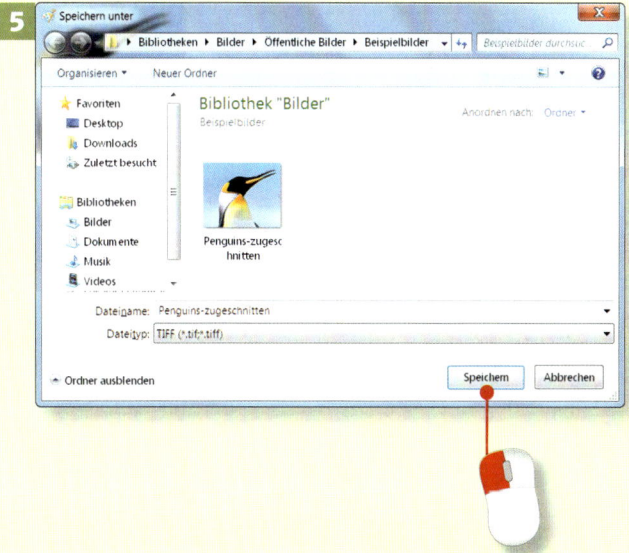

Fußleiste

Wenn Sie eine Miniatur anklicken, wird im Fuß des Fensters angezeigt, um welchen Dateityp es sich handelt. Damit Sie das nicht ständig machen müssen, sollten Sie die folgenden Schritte ausführen.

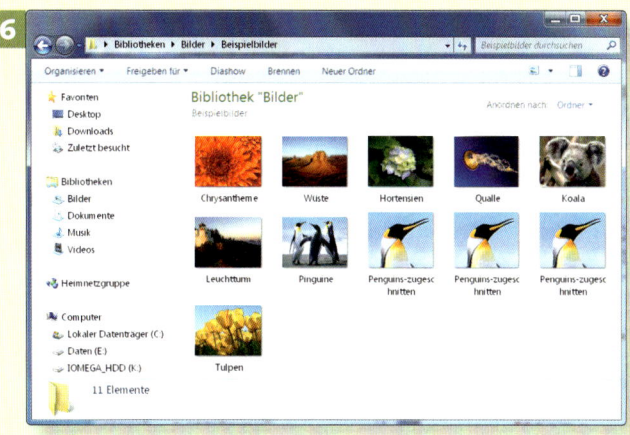

Fotos in anderen Formaten speichern (Forts.)

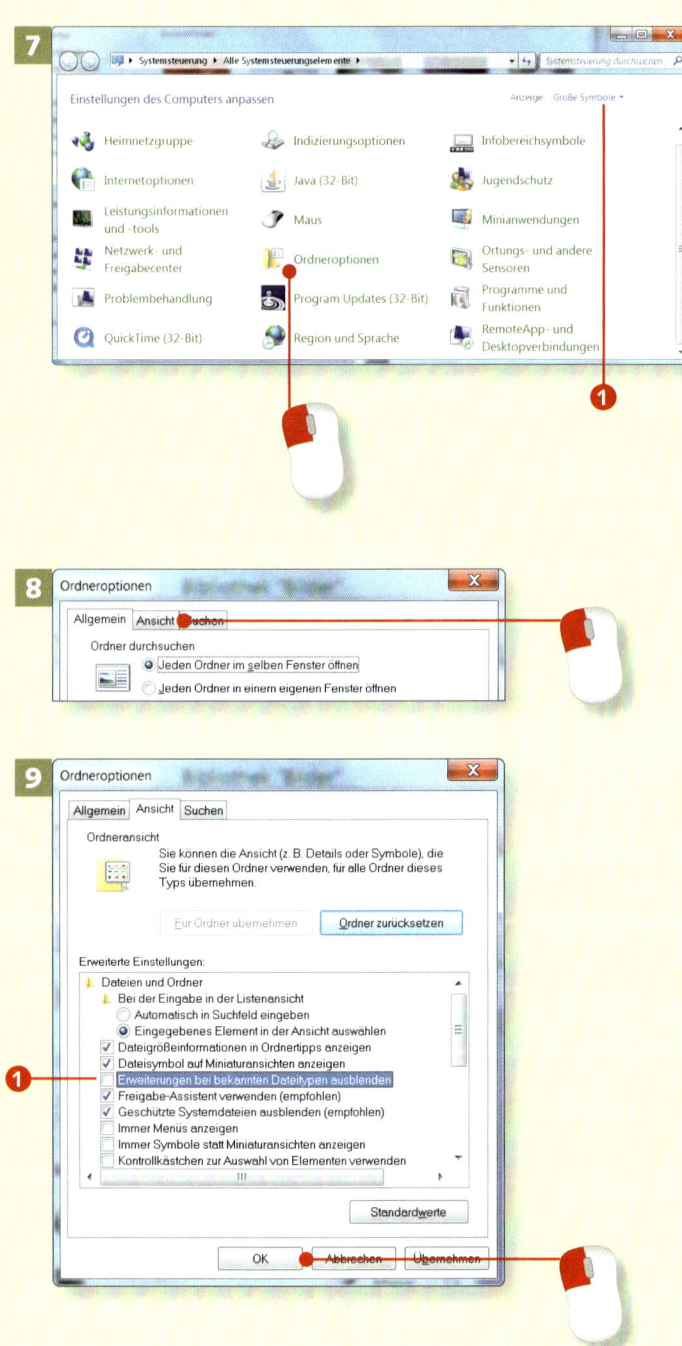

Schritt 7

Lassen Sie das Fenster offen, und gehen Sie hier auf **Start • Systemsteuerung**. In der Ansicht **Große Symbole** ❶ aktivieren Sie die **Ordneroptionen**.

Schritt 8

Im Fenster **Ordneroptionen** wechseln Sie zuallererst auf das Register **Ansicht**. In diesem Register können Sie eine ganze Menge Einstellungen vornehmen, die sich fast alle auf die Darstellung der Dateien und Ordner im Explorer auswirken.

Schritt 9

Halten Sie Ausschau nach der Zeile **Erweiterungen bei bekannten Dateitypen ausblenden** ❶. Klicken Sie die Zeile an, damit das vorangestellte Häkchen verschwindet, ehe Sie den Dialog mit OK verlassen.

Kapitel 6: Mit Fotos arbeiten

Schritt 10

Kehren Sie zurück zum Bildordner. Jetzt werden nicht einfach nur die Namen, sondern auch die Dateiendungen angezeigt, und Sie sehen auf einen Blick, was ein BMP (*.bmp*), ein TIFF (*.tif*) oder ein JPEG (*.jpg*) ist.

Schritt 11

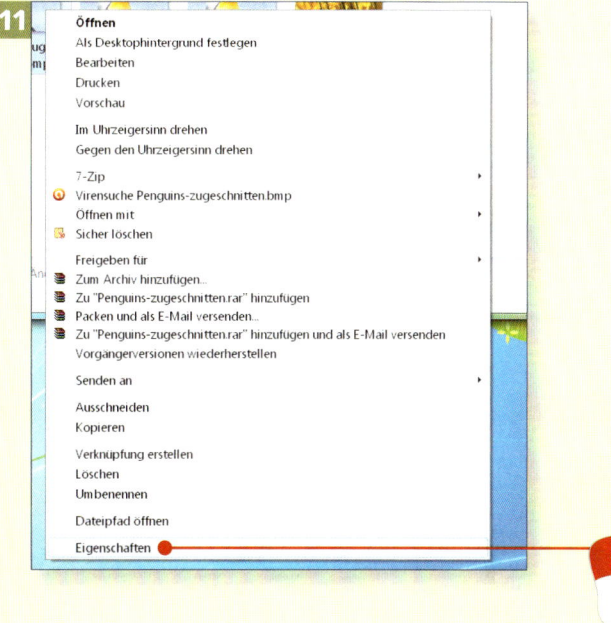

Wollen Sie die Dateigrößen einmal miteinander vergleichen? Dann wählen Sie eines der Fotos (hier: *Penguins-zugeschnitten.bmp*) mit der rechten Maustaste an und lassen Sie die **Eigenschaften** anzeigen.

Schritt 12

Die Größe des BMP liegt im Beispiel bei 171 KB, während das JPEG ca. 24,4 KB und das TIFF ca. 126 KB aufweist. Die Werte werden variieren, da sie ja von der Größe des zurechtgeschnittenen Fotos abhängen.

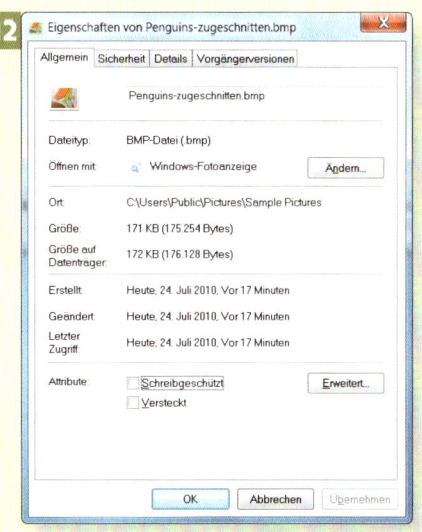

!
Dateiendungen nie entfernen
Die Dateiendungen dürfen niemals entfernt werden. Das Foto kann dann nämlich nicht mehr geöffnet und bearbeitet werden.

Bildgröße ändern

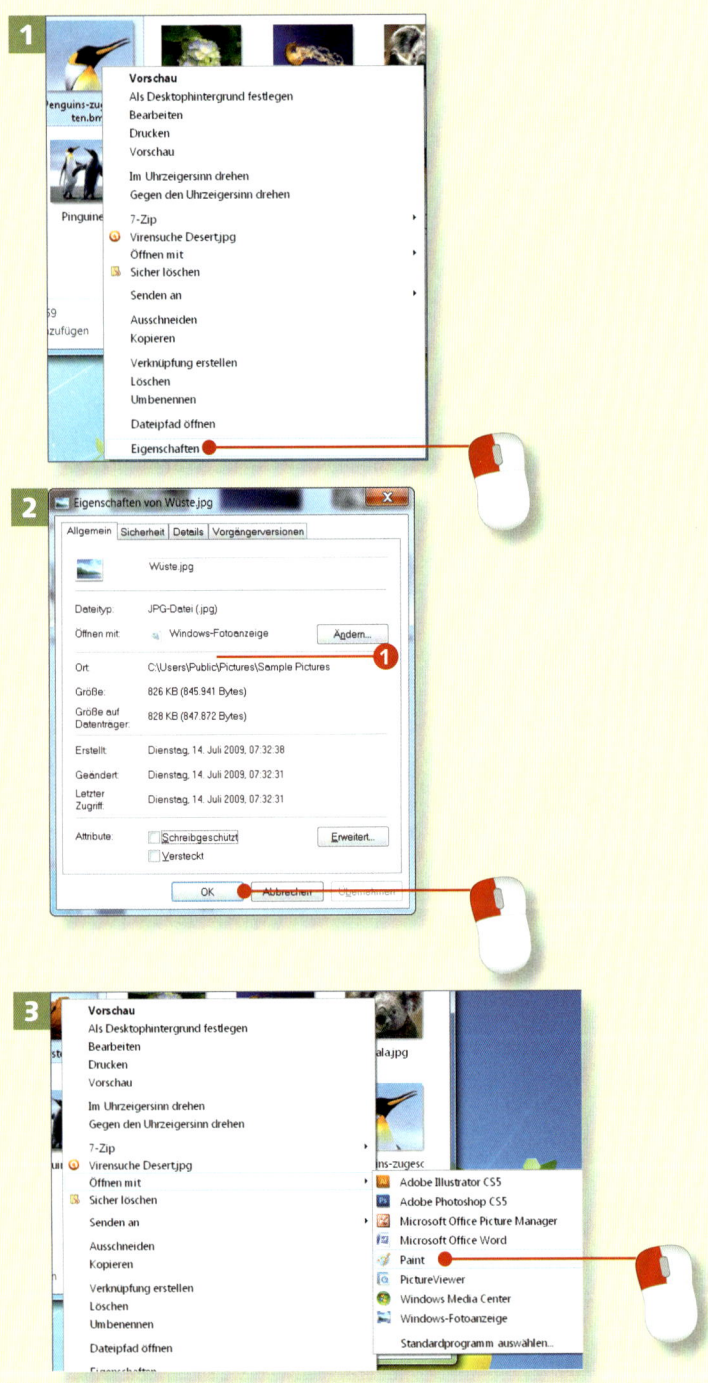

Wie Sie gesehen haben, spielt die Bildgröße eine ausschlaggebende Rolle. Deshalb ist es mitunter sinnvoll, ein Foto zu verkleinern. Besonders, wenn Sie es zur Ansicht via E-Mail versenden wollen.

Schritt 1

Setzen Sie einen Rechtsklick auf *Wüste.jpg* und lassen Sie anschließend die **Eigenschaften** anzeigen.

Schritt 2

Lesen Sie die Dateigröße ab. Beim diesem Foto sind es 826 KB, obwohl es eine JPEG-Datei ist ❶. Das ist für die Verwendung im Internet beispielsweise viel zu umfangreich. Klicken Sie auf **OK** oder **Abbrechen**.

Schritt 3

Danach setzen Sie einen erneuten Rechtsklick auf die Miniatur und entscheiden sich für **Öffnen mit • Paint**.

Kapitel 6: Mit Fotos arbeiten

Schritt 4

Ziehen Sie das Paint-Fenster an der unteren rechten Ecke etwas auseinander, damit die Namen der teilweise verdeckten Schaltflächen angezeigt werden. Danach klicken Sie auf **Größe ändern**.

Schritt 5

Da **Seitenverhältnis beibehalten** ❶ standardmäßig aktiviert ist, müssen Sie nur einen Wert (entweder die Höhe oder die Breite) verändern. Platzieren Sie einen Doppelklick in das Feld **Horizontal** und geben Sie »50« ein, gefolgt von ⏎ oder OK.

Schritt 6

Das Bild ist nun entsprechend kleiner geworden. Vergessen Sie nicht, das Foto als JPEG zu speichern und vergleichen Sie die Dateigrößen. Es ist von 826 KB auf knapp 97 KB geschrumpft.

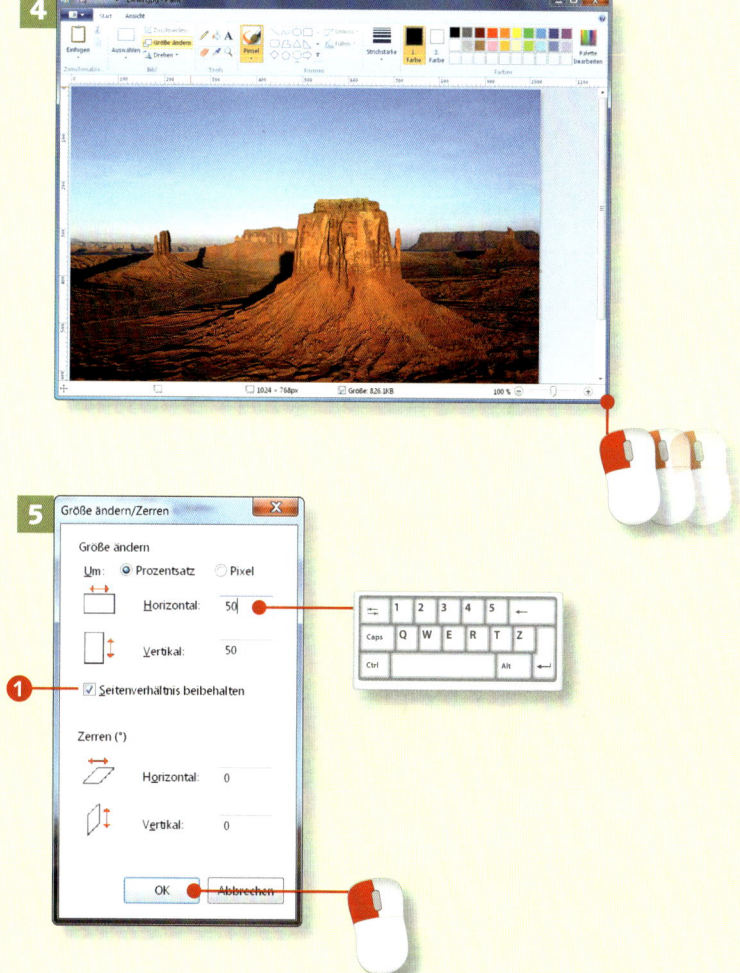

ℹ Verzerren

Wenn Sie **Seitenverhältnis beibehalten** abwählen und nur ein Maß (Breite oder Höhe) verändern, wird das Foto verzerrt.

Fotos per E-Mail versenden

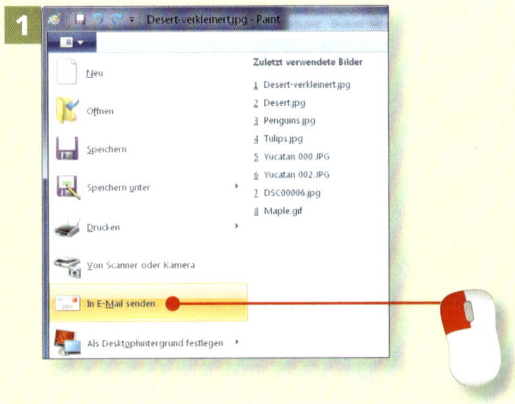

Vielleicht wollen Sie das eine oder andere Urlaubsfoto mit Freunden teilen. Dann wäre es doch eine gute Idee, das Bild direkt per E-Mail zu senden, oder?

Schritt 1

Aus Paint heraus lässt sich ein geöffnetes Foto ganz einfach weiterleiten, indem Sie das Blatt-Symbol oben links ❶ betätigen und danach **In E-Mail senden** markieren.

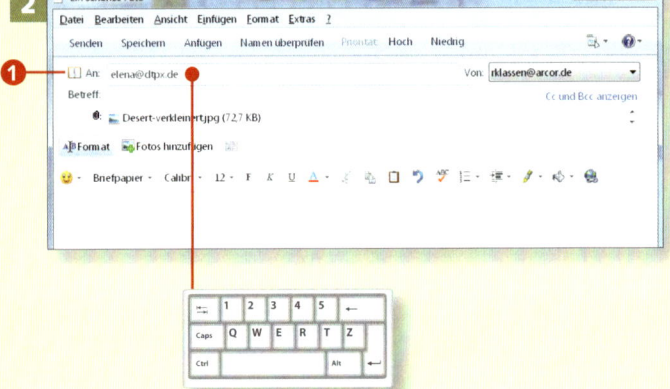

Schritt 2

Als Nächstes öffnet sich Ihr Standard-Mail-Programm (hier: Windows Live Mail). Das Bild ist bereits als Anhang eingefügt ❷, und Sie müssen nur noch die Adresse eintippen.

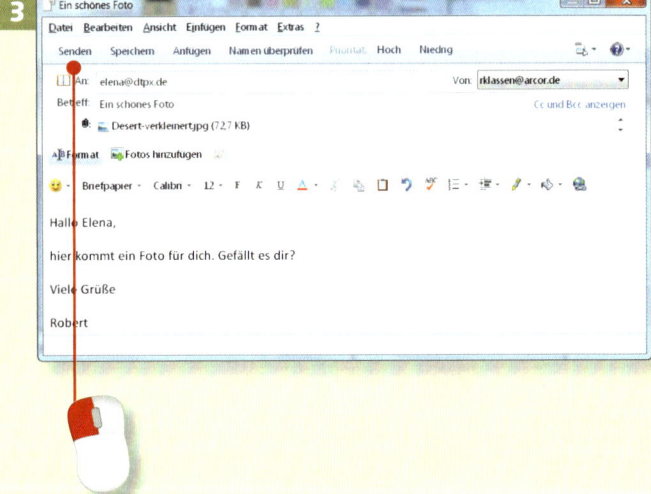

Schritt 3

Nach Eingabe der Adresse drücken Sie einmal [⇥]. Formulieren Sie einen **Betreff**, drücken Sie anschließend noch zweimal [⇥] und schreiben Sie nun den eigentlichen Mail-Text. Zuletzt betätigen Sie **Senden**.

Windows Live Mail

Mehr Informationen zum E-Mail-Programm »Windows Live Mail« finden Sie in Kapitel 9, ab Seite 226.

Kapitel 6: Mit Fotos arbeiten

Schritt 4

Natürlich lassen sich Fotos auch außerhalb von Paint versenden. Markieren Sie eine Bildminiatur direkt im Bildordner mit der rechten Maustaste. Entscheiden Sie sich für **Senden an • E-Mail-Empfänger**.

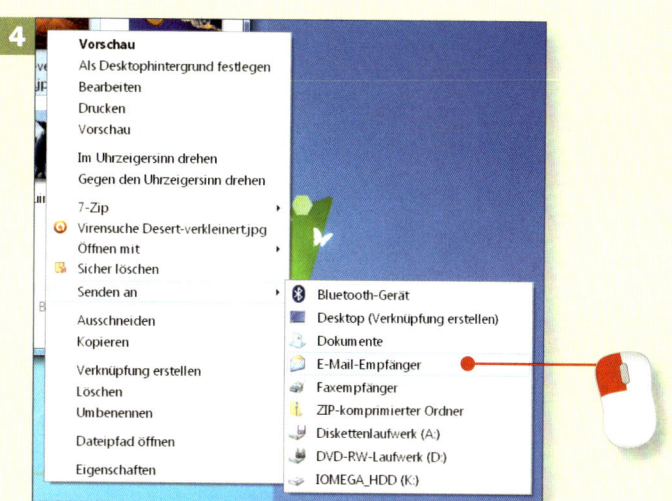

Schritt 5

Hier haben Sie sogar noch die Möglichkeit, die Bildgröße anzupassen. Klicken Sie auf das Pulldown-Menü **Bildgröße** und betätigen Sie das von Ihnen bevorzugte Maß, ehe Sie mit **Anfügen** weitergehen.

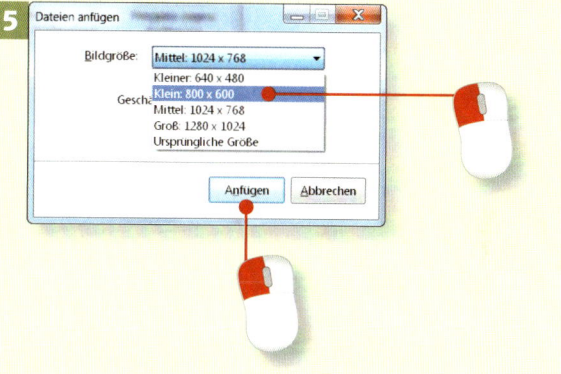

Schritt 6

Da das oberste Feld schon angewählt ist, können Sie gleich mit der Eingabe der Adresse fortfahren. Auch hier schließen Sie die Aktion mit **Senden** ab.

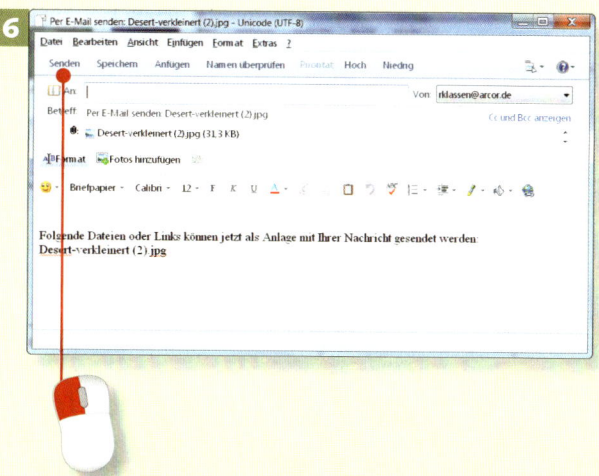

Verkleinerung und Original

Eine Verkleinerung des Bildes (Schritt 5) wirkt sich übrigens nur auf die Sendung, nicht jedoch auf das Original aus. Dieses bleibt in der ursprünglichen Größe erhalten.

Bildschirmfotos erzeugen, speichern, bearbeiten

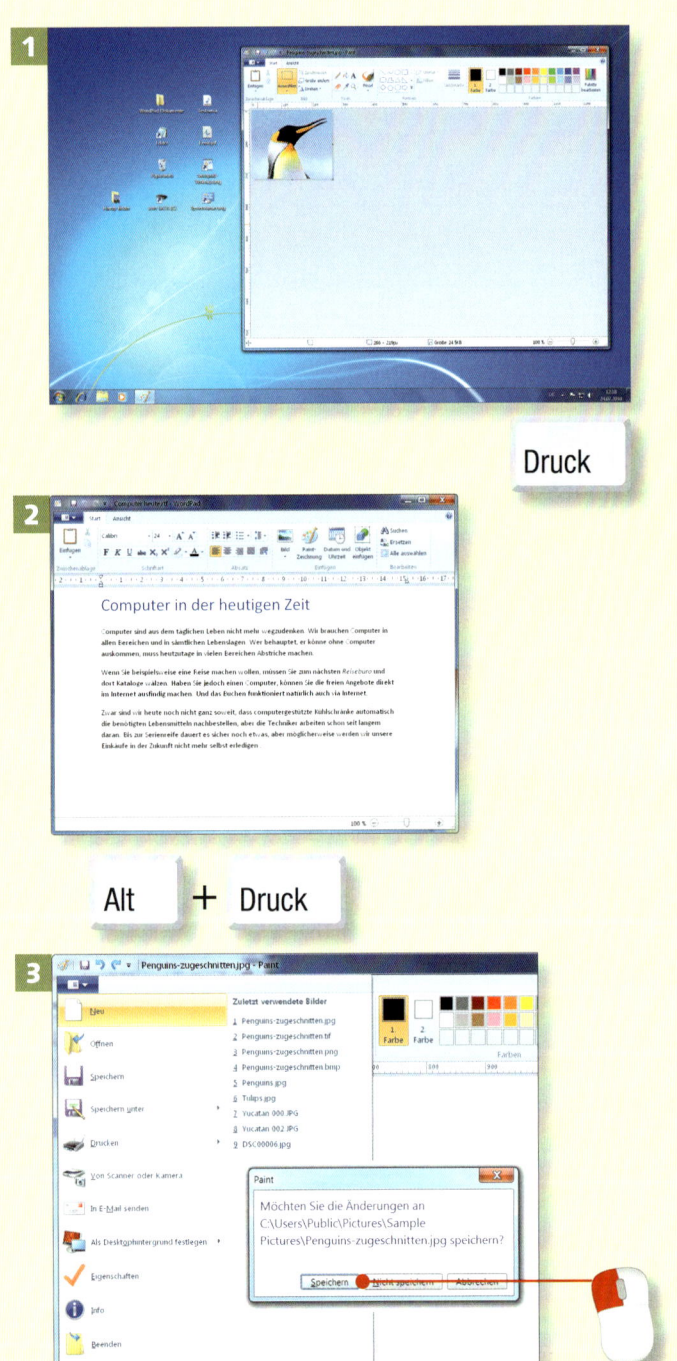

Bildschirmfotos sind, wie der Name schon sagt, Schnappschüsse dessen, was Sie auf dem Monitor sehen. Diese so genannten »Screenshots« können mithilfe einer Software, aber auch via Tastatur angefertigt werden.

Schritt 1

Betätigen Sie die Taste [Druck] auf Ihrer Tastatur. Dabei wird der komplette Bildschirm aufgenommen. Bitte wundern Sie sich nicht, dass Sie noch keinerlei Ergebnis sehen …

Schritt 2

Alternativ zu Schritt 1 lässt sich auch ein einzelnes aktives Fenster abfotografieren (hier: WordPad). Dazu muss es mittels Mausklick auf dessen Kopfleiste markiert werden. Halten Sie [Alt] gedrückt, betätigen Sie [Druck] und lassen Sie danach [Alt] wieder los.

Schritt 3

Öffnen Sie ein Programm, das Screenshots verarbeiten kann (z. B. Paint). Wenn dort bereits ein Bild geöffnet ist, betätigen Sie das Blatt-Symbol oben links, gefolgt von **Neu**. Entscheiden Sie im Folgedialog, ob Sie das geöffnete Foto speichern wollen oder nicht (**Abbrechen**).

Kapitel 6: Mit Fotos arbeiten

Schritt 4

Nun ist die Aufnahme, die Sie eingangs angefertigt haben, in der virtuellen Zwischenablage des Betriebssystems zwischengespeichert. Um das Bild sichtbar zu machen, müssen Sie auf **Einfügen** klicken oder `Strg` + `V` betätigen.

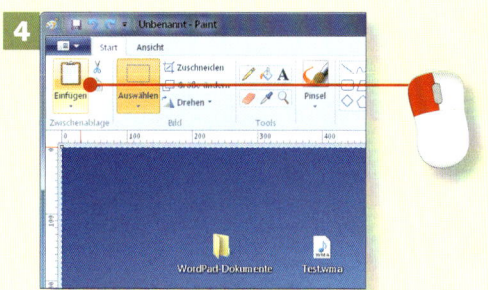

Schritt 5

Es gibt aber noch eine Alternative: In Windows 7 gibt es ein kleines, aber feines Programm, das ebenfalls Screenshots erstellen und verarbeiten kann: Das »Snipping Tool«. Es ist im Startmenü zu finden.

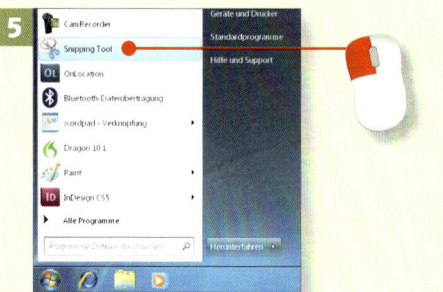

Schritt 6

Nachdem das Programm geöffnet worden ist, erscheint der gesamte Bildschirm teiltransparent abgedeckt. Ziehen Sie mit gedrückter Maustaste einen Rahmen über dem Bereich auf, den Sie fotografieren möchten. Sobald Sie loslassen, ist das Foto fertig.

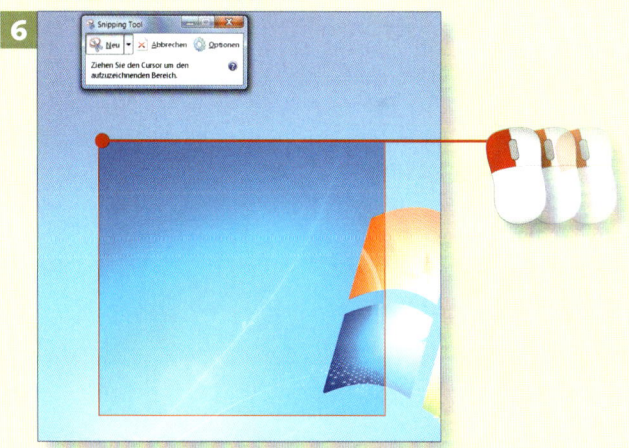

Inhalt in Zwischenablage

Nachdem Sie den Rahmen losgelassen haben, ist das Foto nicht nur im Snipping Tool zu sehen, sondern befindet sich zudem in der Zwischenablage. Sie könnten also auch direkt zu Paint oder WordPad gehen und dort auf **Einfügen** klicken.

Bildschirmfotos erzeugen, speichern, bearbeiten (Forts.)

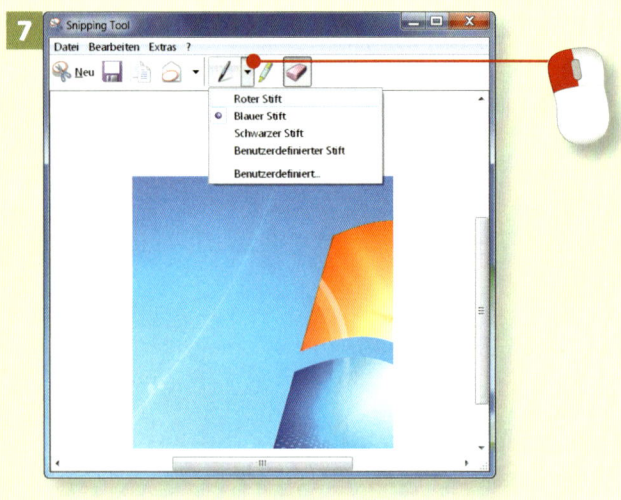

Schritt 7

Das Bearbeitungsfenster öffnet sich automatisch. Hier ist bereits ein Stift aktiviert, mit dem Sie Markierungen einzeichnen können. Wenn Sie den Stift vorab noch einstellen wollen, betätigen Sie das kleine Dreieck daneben.

Schritt 8

Jetzt können Sie auf das Foto klicken, die Maus gedrückt halten und durch Verschieben der Maus die gewünschte Markierung anbringen. Danach lassen Sie die Maustaste wieder los.

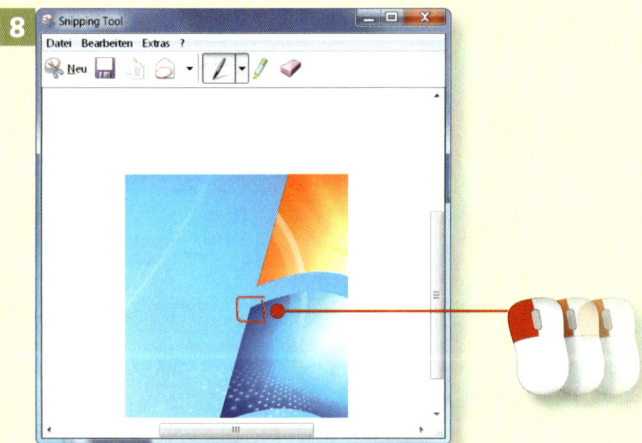

Schritt 9

Das war noch nichts, sagen Sie? Na, dann klicken Sie zunächst auf den Radiergummi und danach auf den eingezeichneten Kringel – weg ist er.

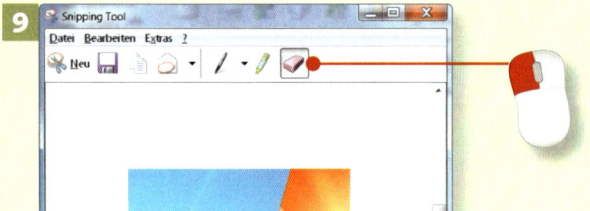

Textmarker

Wie wäre es, wenn Sie bestimmte Stellen mit einem Textmarker auszeichnen würden? Dazu klicken Sie auf den gelben Stift und fahren mit gedrückter Maustaste über den relevanten Bereich des Bildschirmfotos.

Kapitel 6: Mit Fotos arbeiten

Schritt 10

Zuletzt müssen Sie das Foto noch speichern. Gehen Sie dazu auf **Datei • Speichern unter**. Alternativ können Sie auch auf das kleine Disketten-Symbol klicken.

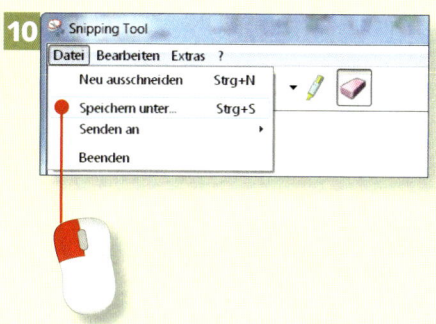

Schritt 11

Jetzt platzieren Sie einen Doppelklick in das Eingabefeld **Dateiname** und geben einen neuen Namen ein. Schließen Sie ab, indem Sie **Speichern** betätigen.

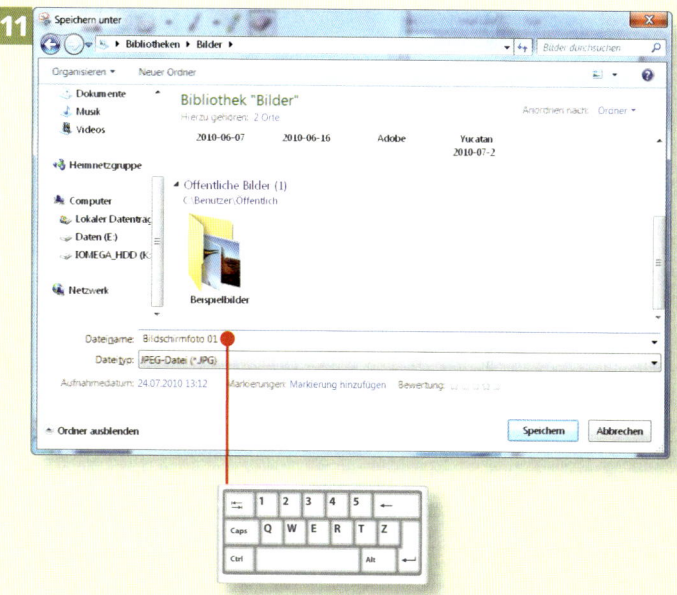

Schritt 12

Alternativ dazu können Sie auch auf den Briefumschlag klicken. Dann können Sie den Screenshot nebst eventuell nötiger Erklärungen gleich via E-Mail an den Kollegen senden, der sich mit Windows nicht so gut auskennt wie Sie.

Fotos als Desktophintergrund

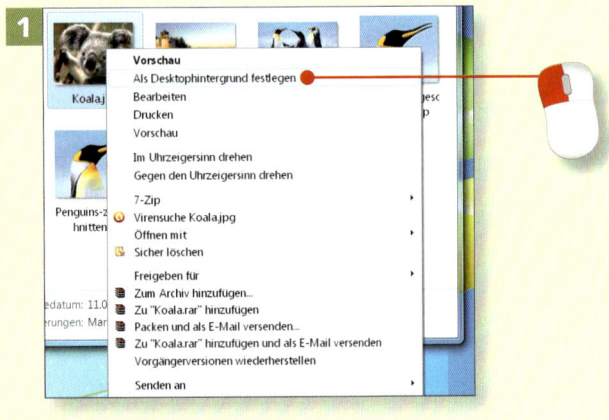

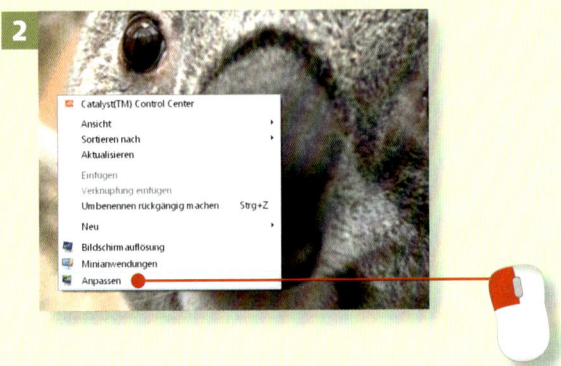

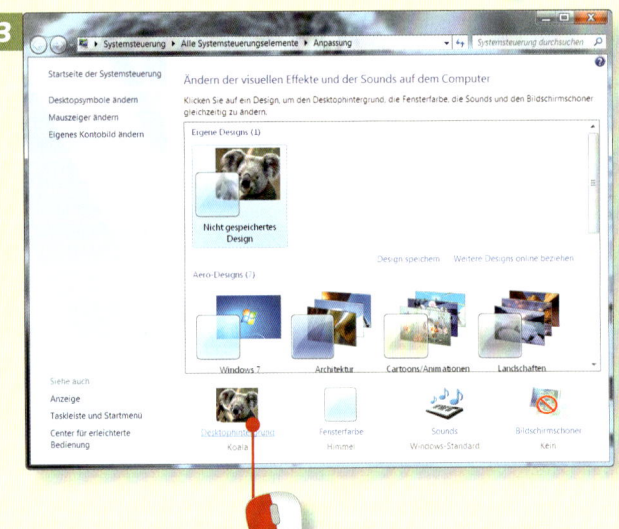

Hat es eines Ihrer Fotos vielleicht verdient, ab sofort den Desktop zu zieren? Dann können Sie im nächsten Schritt sehen, wie dies mit zwei Mausklicks funktioniert. Und wie Sie das Ganze wieder rückgängig machen, erfahren Sie auch.

Schritt 1

Klicken Sie eine Bildminiatur mit rechts an und wählen Sie im Kontextmenü **Als Desktophintergrund festlegen**. Das waren schon die beiden oben erwähnten Mausklicks.

Schritt 2

Nun können Sie das Erscheinungsbild aber noch anpassen. Dazu setzen Sie einen Rechtsklick auf den Desktop und entscheiden sich für **Anpassen**.

Schritt 3

Die Ausrichtung des Fotos lässt sich im nun erscheinenden Dialogfenster ändern, indem Sie auf **Desktophintergrund** klicken …

Kapitel 6: Mit Fotos arbeiten

Schritt 4

…und dann die Liste **Bildposition** öffnen. Dazu markieren Sie das Pulldown-Menü (standardmäßig steht dort **Gefüllt**). Stellen Sie um auf **Nebeneinader**. Das Hintergrundbild wird dadurch gekachelt.

Schritt 5

Verlassen Sie den Dialog mit Klick auf **Änderungen speichern**.

Schritt 6

Und wenn Sie doch lieber wieder den alten Hintergrund möchten, betätigen Sie die Vorlage **Windows 7** in der zweiten Zeile (Aero-Designs) und schließen das Fenster wieder.

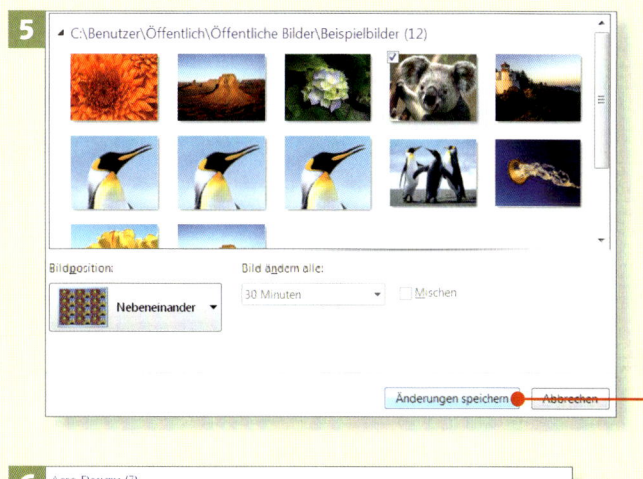

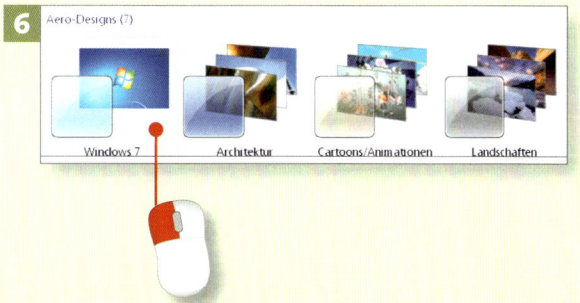

Bildpositionen

Testen Sie die verschiedenen Bildpositionen. Je nach Seitenverhältnis des Fotos sowie Ihres Monitors (z. B. 4:3 oder 16:9) kann es zu unterschiedlichen Verzerrungen kommen.

Fotos im Windows Media Center ansehen

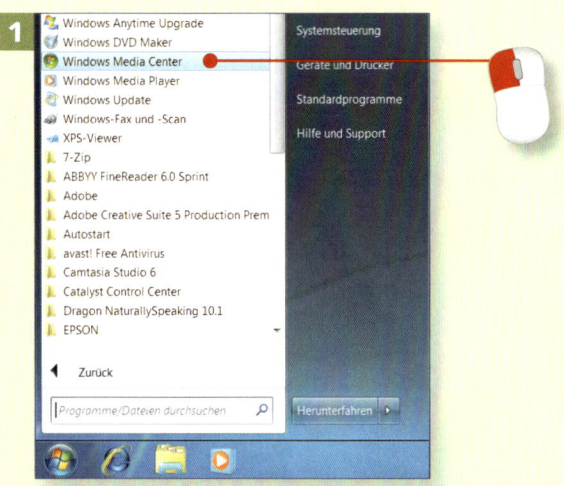

Das Windows Media Center ist eine optimierte Programm-Umgebung zur Wiedergabe von Bildern, Filmen, TV und Musik. Wir werfen einen Blick auf die Konfiguration sowie die Foto-Umgebung.

Schritt 1

Starten Sie das Programm über **Start • Alle Programme • Windows Media-Center**.

Schritt 2

Nach kurzer Zeit wird ein Willkommen-Bildschirm angezeigt, den Sie mit Klick auf **Weiter** verlassen.

Schritt 3

Um eine ausführliche Konfiguration durchzuführen, betätigen Sie **Benutzerdefiniert**. Das lässt Ihnen in den folgenden Schritten die meisten Möglichkeiten.

Zurück zur Konfiguration

Die auf den folgenden Media-Center-Seiten zu treffenden Entscheidungen können auch nachträglich noch geändert werden. Beachten Sie dazu Schritt 12 dieser Anleitung.

Kapitel 6: Mit Fotos arbeiten

Schritt 4

Klicken Sie auf **Weiter** und beantworten Sie die Frage wunschgemäß. Wenn Sie an einem Verbesserungsprogramm teilnehmen wollen, klicken Sie auf **Ja, ich möchte teilnehmen** ❶, anderenfalls auf **Nein, ich möchte nicht teilnehmen** ❷.

Schritt 5

Wenn Sie wollen, dass sich die Media-Center-Datenbank automatisch über das Internet optimiert (z. B. Coverbilder von Musik usw.), gehen Sie auf **Ja** ❸, ehe Sie erneut **Weiter** betätigen.

Schritt 6

Sollten Sie Bildschirm, Lautsprecher oder Ihre Bibliotheken noch einrichten müssen, klicken Sie auf den jeweiligen Eintrag. Am Ende betätigen Sie den Radio-Button **Fertig**, gefolgt von **Weiter**.

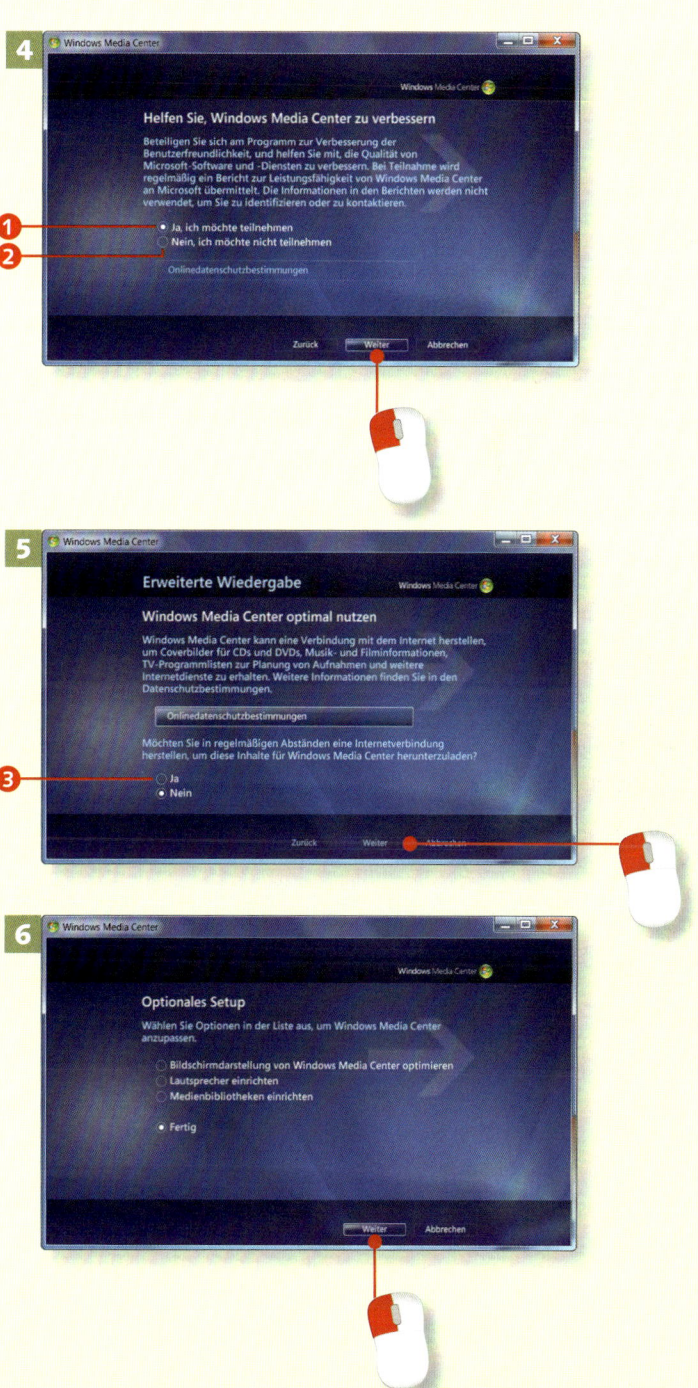

Fotos im Windows Media Center ansehen (Forts.)

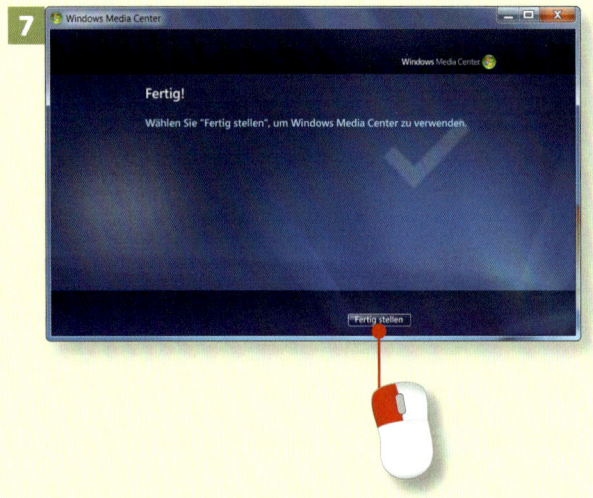

Schritt 7

Das war's schon. Setzen Sie zuletzt noch einen Klick auf **Fertig stellen** und Sie können sich erstmals in der virtuellen Welt des Windows Media Centers umsehen.

Schritt 8

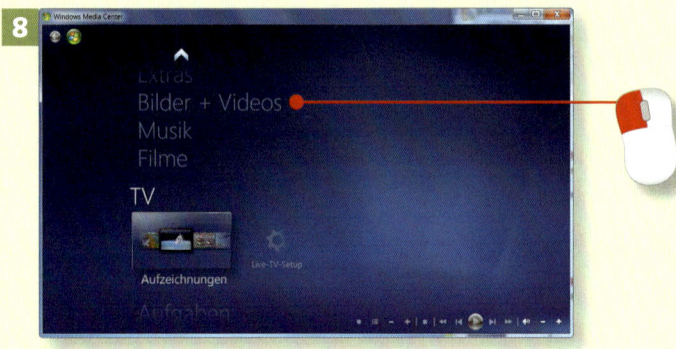

Klicken Sie jetzt auf die blauen Schriftzüge, um in den jeweiligen Bereich zu gelangen, oder mit ↑ - bzw. ↓ die einzelnen Programmpunkte anzuspringen. Wenn Sie die Maus oberhalb oder unterhalb der Schrift parken, erhalten Sie Pfeile zur Navigation.

Schritt 9

Navigieren Sie durch die Menüführung, bis Sie auf den Punkt **Bilder + Videos** kommen. Jetzt betätigen Sie ↵ oder klicken auf die Miniatur.

Home Center

Sollten Sie einen Home Center PC betreiben, kann die Oberfläche auch prima mit der zugehörigen Fernbedienung eingestellt werden.

Kapitel 6: Mit Fotos arbeiten

Schritt 10

Sie sehen nun alle Ordner, die der Bilder-Bibliothek angehören, in nebeneinander platzierten Ordnern. Diese Ordner stellen nicht nur eine Voransicht dar, sondern fungieren auch als Schaltflächen. Klicken Sie darauf (hier: Beispielbilder).

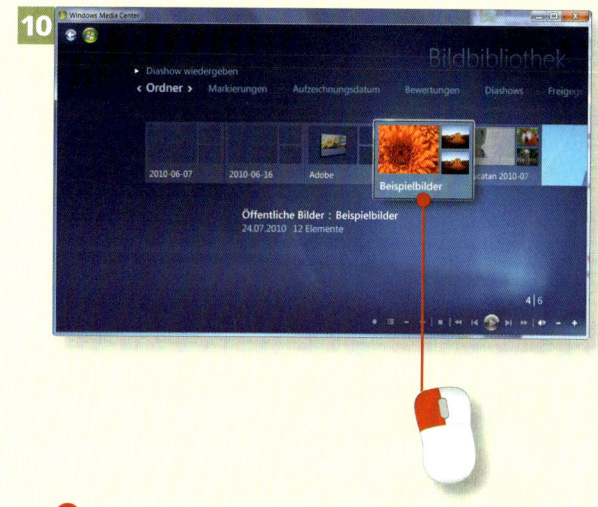

Schritt 11

Sie befinden sich nun innerhalb des Ordners, den Sie mit Klick auf den Pfeil ❶ wieder verlassen können. Einzelne Bilder lassen sich per Mausklick auf die Miniatur vergrößert betrachten, und ein Klick auf **Diashow wiedergeben** startet die Präsentation.

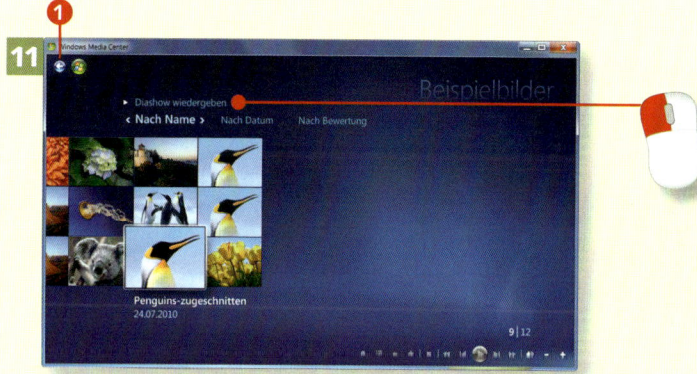

Schritt 12

Während die Diashow läuft, können Sie auch hier per Rechtsklick auf ein Foto das Untermenü hervorrufen. Hierüber gelangen Sie jederzeit wieder in die eingangs besprochenen **Einstellungen**. Stoppen Sie die Wiedergabe mit `Esc`.

Kapitel 7:
Rund um die Musik

Sie besitzen eine umfangreiche Musiksammlung? Sie möchten Musik abspielen, von CD oder auf eine CD übertragen, Wiedergabelisten erstellen… All das ist kein Problem mit Windows 7, genauer gesagt mit dem Windows Media Player, der Ihnen in diesem Kapitel vorgestellt wird.

❶ Der Windows Media Player
Ein wahrer Alleskönner ist der Windows Media Player. Das Programm wird Ihnen mit seinen wichtigsten Funktionen Bild für Bild vorgestellt.

❷ Musik von einer CD übertragen
Auch das Übertragen Ihrer Musik auf andere Geräte ist mit Windows 7 möglich. Sehen Sie hier, wie es geht.

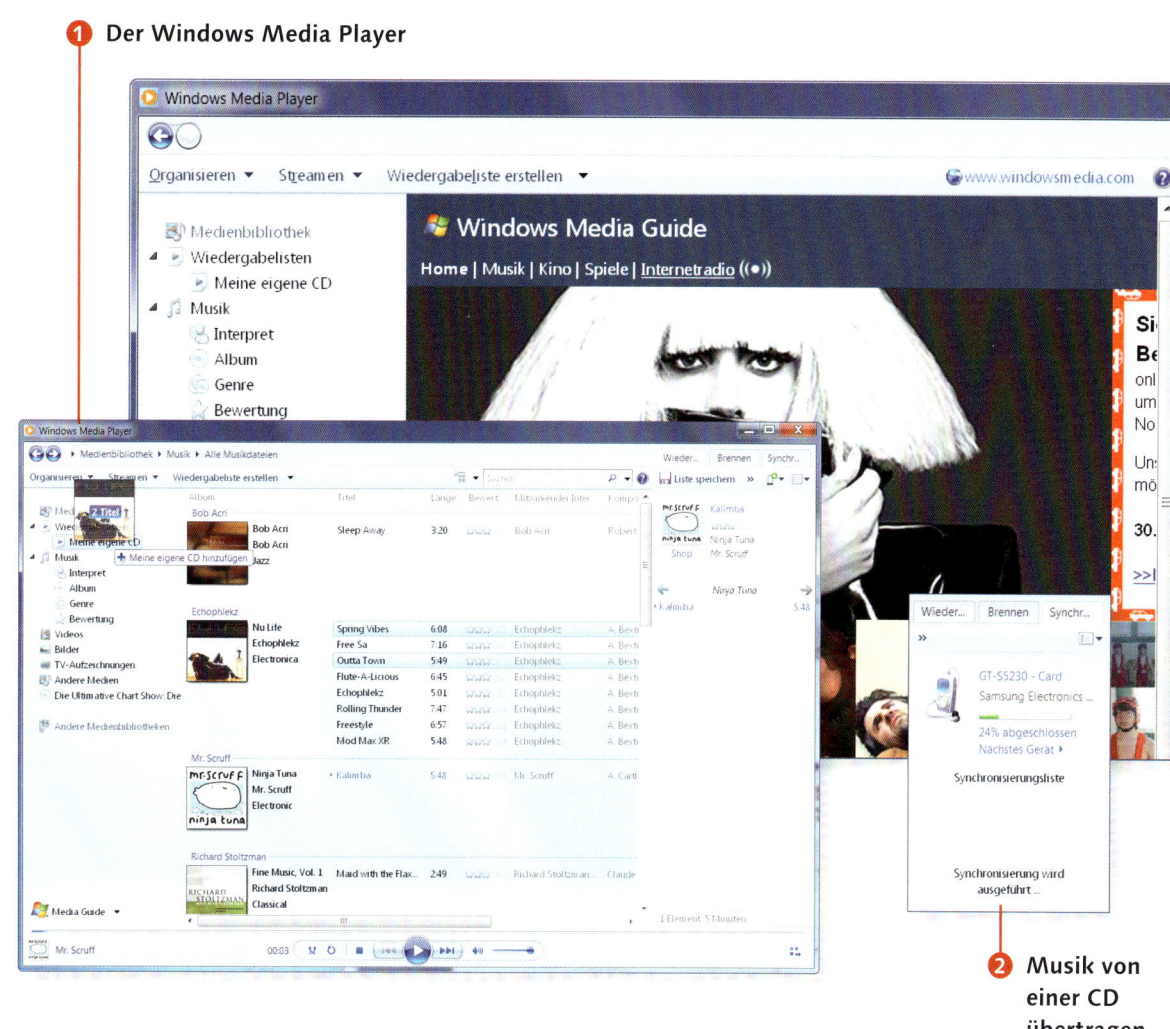

1 Der Windows Media Player

2 Musik von einer CD übertragen

Der Windows Media Player in der Übersicht

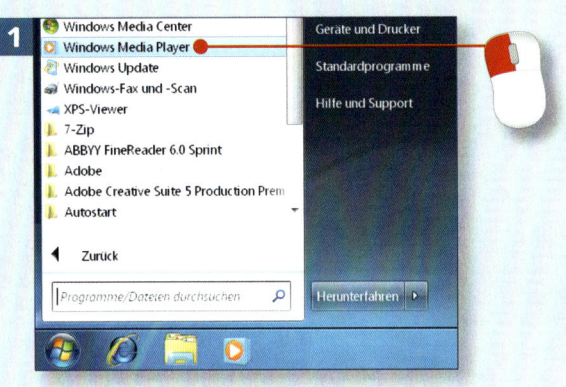

Wenn es um die Wiedergabe von Musik und die Zusammenstellung unterschiedlicher Titel geht, sind Sie mit dem Windows Media Player bestens bedient.

Schritt 1

Gehen Sie über **Start • Alle Programme** auf den **Windows Media Player**.

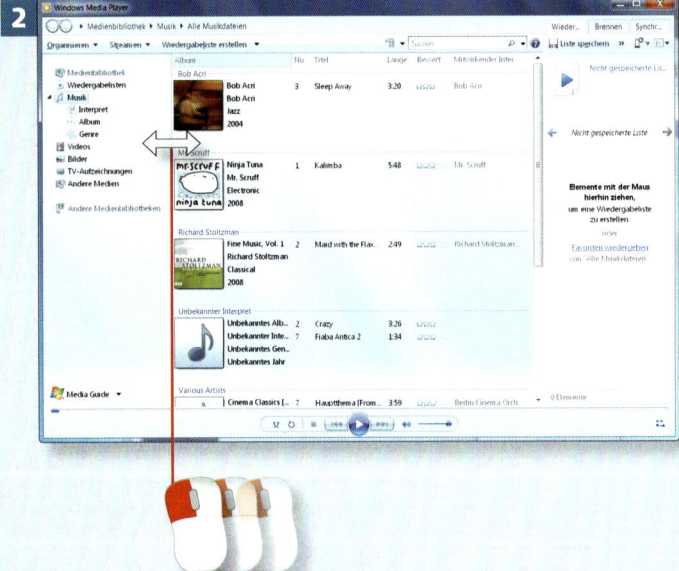

Schritt 2

Damit Sie den Inhalt der linken Spalte besser erkennen können, empfiehlt es sich, den Zwischensteg zur mittleren Spalte, das ist der Albumbereich, mit gedrückter Maustaste ein wenig nach rechts zu ziehen.

Schritt 3

Klicken Sie in der linken Spalte einmal auf **Bilder**. Sie sehen, dass hier weit mehr geht als nur die Verwaltung von Musik. Klicken Sie bitte am Schluss wieder auf **Musik**.

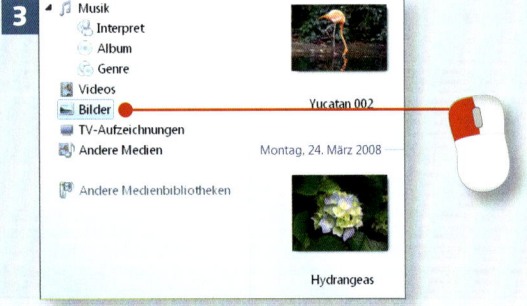

!
Fenster maximieren
Wenn Sie das Fenster maximieren, wird die linke Spalte nicht breiter. Sie müssen sie bei Bedarf manuell vergrößern (siehe Schritt 2).

Kapitel 7: Rund um die Musik

Schritt 4

Wollen Sie den Inhalt des Albumbereichs sortieren? Dann können Sie das durch Anwahl der **Musik** untergeordneten Einträge machen. Die Sortierung lässt sich zunächst einmal nach **Interpret**, **Album** oder **Genre** ❶ vornehmen.

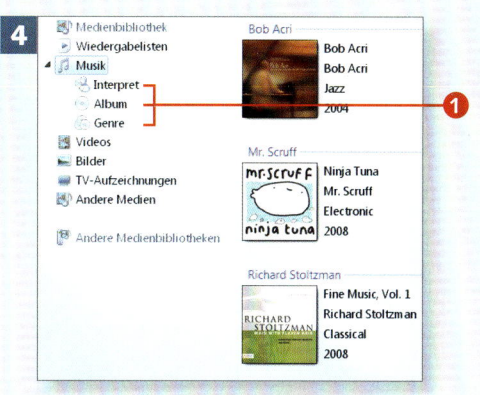

Schritt 5

Wenn Sie die Musik abspielen wollen, reicht ein Doppelklick auf den Titel, sofern Sie sich in der Musikansicht befinden. (In einer der drei Sortieransichten müssten Sie den Titel zweimal doppelklicken.)

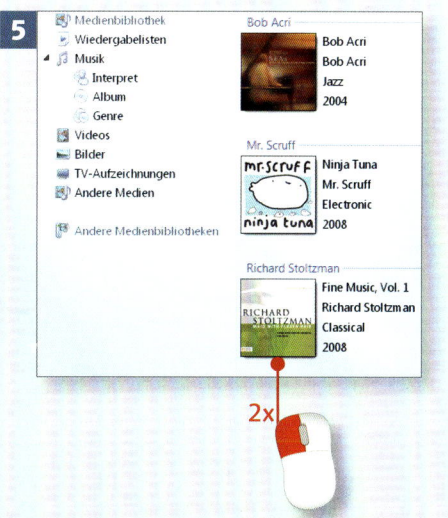

Schritt 6

Ein Titel kann auch mit dem schnellen Vor- oder Rücklauf abgespielt werden. Das ist immer dann sinnvoll, wenn Sie eine bestimmte Stelle suchen.

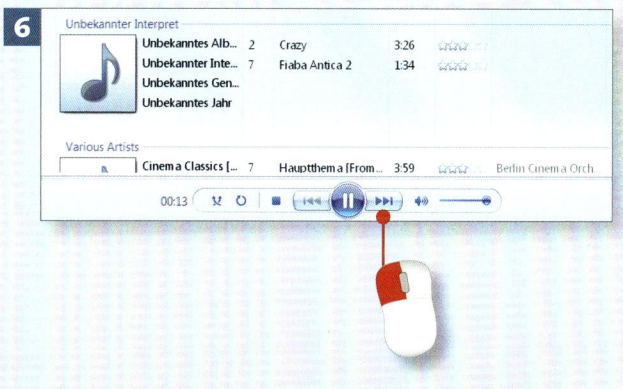

! **Beschleunigung**
Achten Sie darauf, dass der Knopf für den schnellen Vor- oder Rücklauf eine Weile gedrückt sein muss, ehe die Beschleunigung beginnt.

181

Der Windows Media Player in der Übersicht (Forts.)

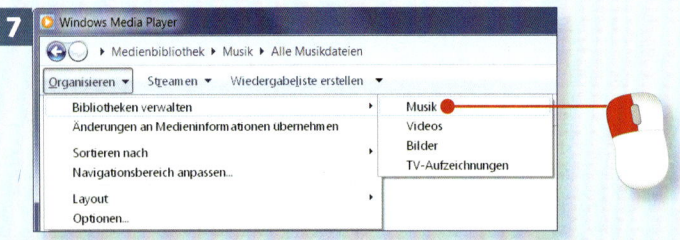

Schritt 7

Nun ist der Media Player von Haus aus noch nicht sonderlich gut bestückt. Sie sollten ihm daher verraten, wo sich auf dem Computer Ihre Musik befindet, um mehr Auswahl zu haben. Tun Sie dies über **Organisieren • Bibliotheken verwalten • Musik**.

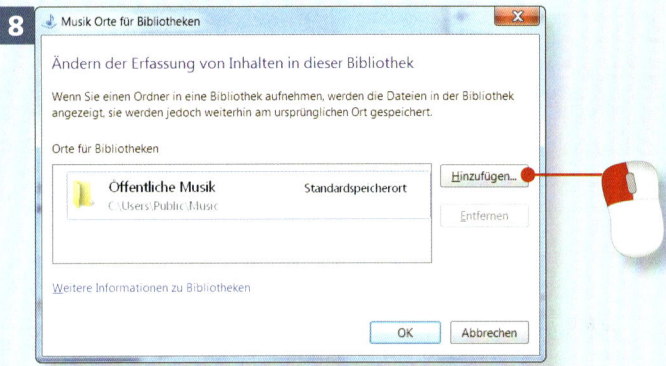

Schritt 8

Setzen Sie einen Klick auf die Schaltfläche **Hinzufügen**, um weitere Musikarchive anzubieten.

Schritt 9

Jetzt öffnet sich das Fenster **Ordner in Musik aufnehmen**. Klicken Sie sich durch, bis Sie zum gewünschten Ordner vorgedrungen sind.

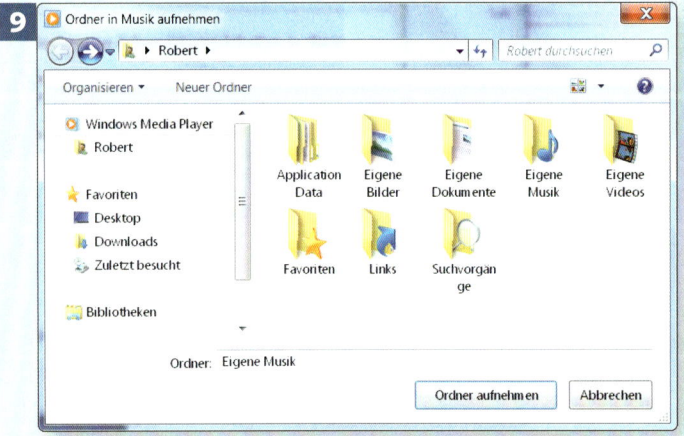

Pfad herstellen

Am einfachsten stellen Sie den Pfad zu Ihrem Musikverzeichnis her, indem Sie in der linken Spalte zunächst die Festplatte wählen und dann rechts den Ordner markieren.

Kapitel 7: Rund um die Musik

Schritt 10

Sie haben den Ordner gefunden und mit der Maus markiert? (Hier befindet sich beispielsweise »Celtic Wonder« auf **E: • Magazin • Sounds**, wie die Kopfleiste verrät.) Dann betätigen Sie **Ordner auswählen**.

Schritt 11

Damit ist der Beispielordner »Celtic Wonder« erfasst worden. Sie können gerne noch weitere Verzeichnisse hinzufügen, indem Sie die Schritte 8 bis 10 wiederholen. Am Schluss bestätigen Sie mit OK.

Schritt 12

Scrollen Sie in der Liste nach unten. Die neuen Musiktitel befinden sich jetzt im Albumbereich des Media Players.

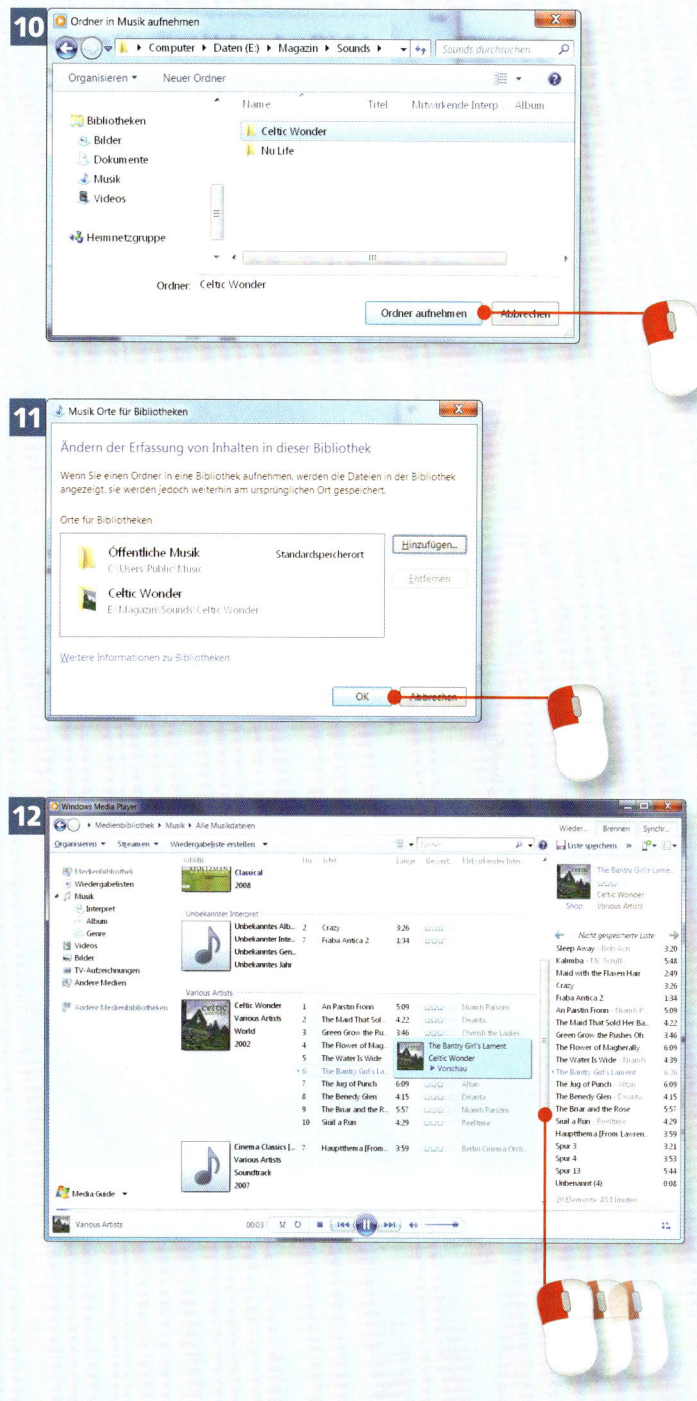

Titel abspielen

Die einzelnen Titel des neuen Verzeichnisses lassen sich wiedergeben, indem Sie einen Doppelklick auf den Titel setzen.

Windows Media Player einstellen

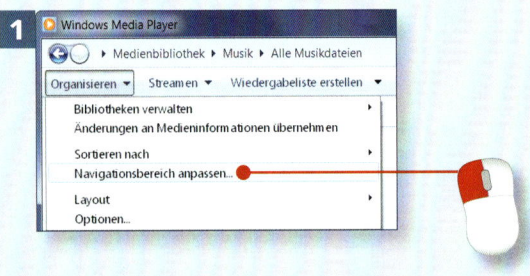

Mit dem Hinzufügen und Abspielen von Musiktiteln ist noch lange nicht Schluss. Vielmehr können Sie festlegen, was auf der Oberfläche zu sehen sein soll und wo neue Musikdateien künftig abgelegt werden.

Schritt 1

In Schritt 4 des letzten Workshops haben Sie bereits gesehen, dass Sie das Album sortieren können (nach Interpret, Album oder Genre). Wenn Sie weitere Kategorien wünschen, gehen Sie auf **Kategorien hinzufügen Organisieren • Navigationsbereich anpassen**.

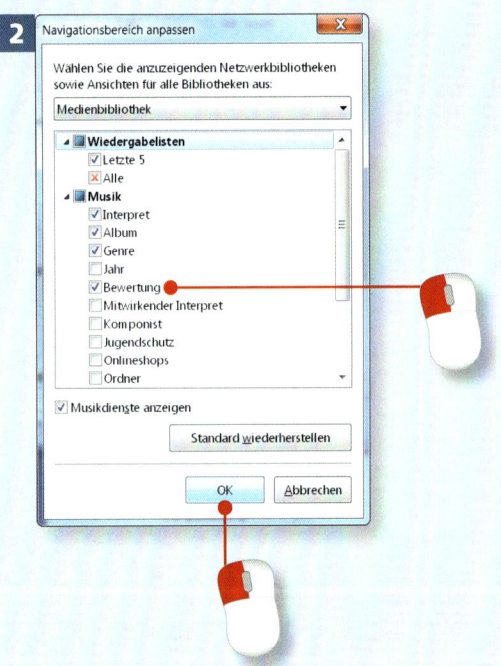

Schritt 2

Setzen Sie doch beispielsweise einmal ein Häkchen vor **Bewertung**. Das eröffnet die vierte Kategorie, nach der sich das Album nun sortieren lässt.

Schritt 3

Nach einem Klick auf **OK** wird diese Kategorie nun ebenfalls in der Gruppe **Musik** angezeigt.

Kapitel 7: Rund um die Musik

Schritt 4

Als Nächstes sollten Sie den Albumbereich in der Mitte einstellen. Klicken Sie dazu auf **Organisieren**, zeigen Sie auf **Layout** und platzieren Sie einen weiteren Mausklick auf **Spalten auswählen**.

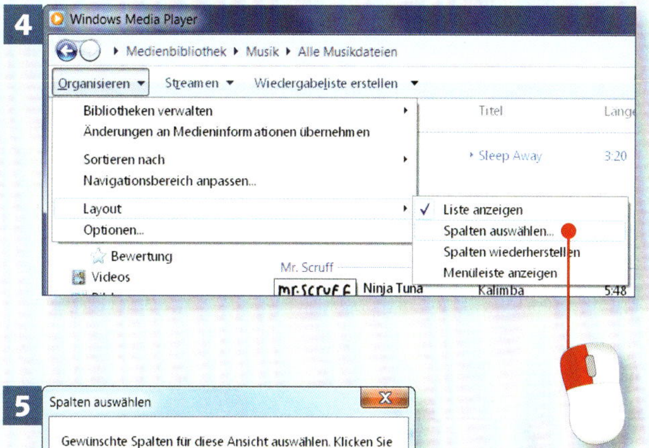

Schritt 5

Wenn Sie meinen, das Veröffentlichungsjahr ❶ sei eher uninteressant, dann deaktivieren Sie das Häkchen, indem Sie darauf klicken und bestätigen Sie mit OK. Diese Spalte wird fortan im Album nicht mehr aufgeführt.

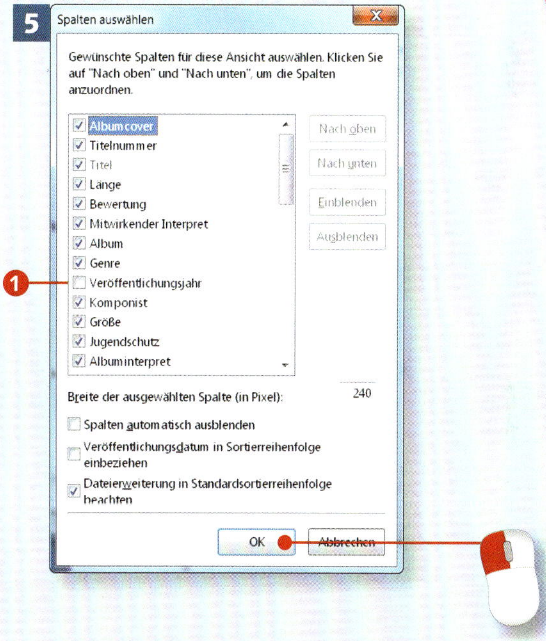

Schritt 6

Zuletzt wählen Sie noch **Organisieren • Optionen**. Hierüber lassen sich zahllose weitere Einstellungen vornehmen. Wir wollen uns einige davon ansehen.

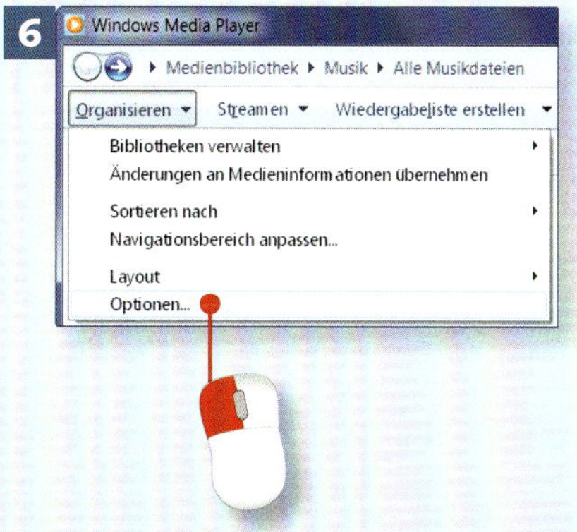

Datenschutz

Sie interessieren sich für den Datenschutz? Dann befolgen Sie zunächst Schritt 7 und gehen dann auf das Register **Datenschutz**. Über **Datenschutzbestimmungen online lesen** erhalten Sie ausführliche Informationen zu diesem Thema.

185

Windows Media Player einstellen (Forts.)

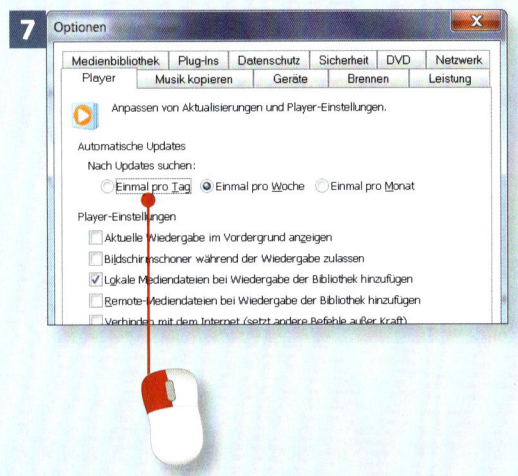

Schritt 7

Aktivieren Sie das Register **Player**. Legen Sie fest, wann der Media Player nach automatischen Updates (= Aktualisierungen) suchen soll. Wenn Sie häufig damit arbeiten, wählen Sie **Einmal pro Tag** an, ansonsten lassen Sie **Einmal pro Woche** stehen.

Schritt 8

Jetzt sollten Sie auf **Musik kopieren** gehen. Lesen Sie zunächst den voreingestellten Speicherort ab ❶. Dort würden Importe von CD (siehe übernächsten Workshop) künftig abgelegt. Wenn Sie das nicht wollen, müssen Sie auf **Ändern** klicken.

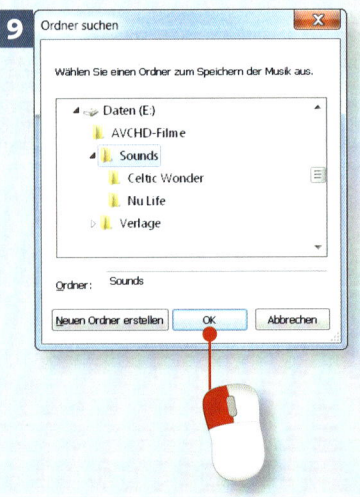

Schritt 9

Scrollen Sie im Folgedialog ein wenig nach unten. Festplatten und Ordner lassen sich durch Doppelklick öffnen. Selektieren Sie zuletzt den Ordner, der künftig für Musik von CD gewählt soll. Danach betätigen Sie mit OK.

> **! CD automatisch kopieren**
> Wenn Sie wünschen, dass eine eingelegte CD automatisch auf den PC kopiert wird (siehe Schritt 8), müssen Sie das Häkchen vor **CD automatisch kopieren** setzen.

Kapitel 7: Rund um die Musik

Schritt 10

Klicken Sie noch auf **Dateiname**. Das gibt Ihnen im nächsten Schritt die Möglichkeit, die Namen der einzelnen Musikstücke entsprechend benennen zu lassen.

Schritt 11

Standardmäßig werden nur Titelnummer und Songtitel übernommen. Wie wäre es aber zum Beispiel, wenn Sie auch noch den Interpreten hinzufügen würden? Wenn Sie wissen wollen, wie das Ganze funktioniert, sehen Sie sich das Beispiel unten an ❷.

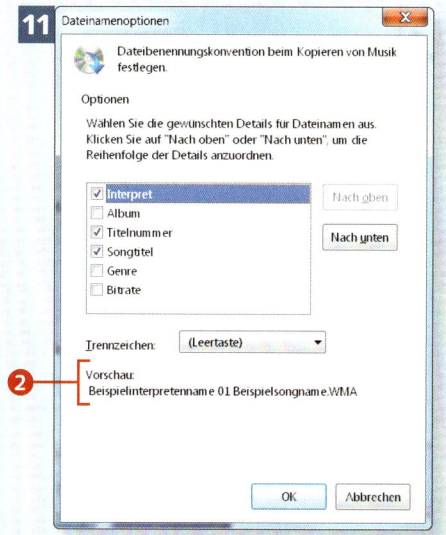

Schritt 12

Falls Sie künftig unzählige Dateien auf Ihrer Festplatte speichern wollen, können Sie das Format wechseln. MP3 ist sehr kompakt. Dieses Format ist aber leider nicht verlustfrei, weswegen ich Ihnen rate, **Windows Media Audio** zu verwenden.

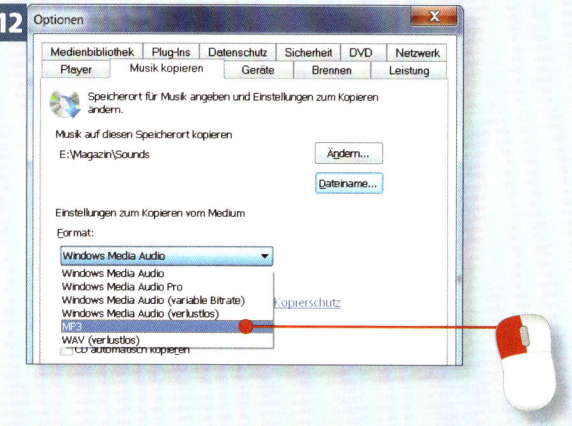

WAV

WAV ist ein qualitativ sehr hochwertiges Format, das (ebenso wie MP3) in der Regel auch an Benutzer mit Mac-Rechnern weitergegeben werden kann. Es ist allerdings ebenfalls sehr speicherintensiv.

Eine Musik-CD wiedergeben

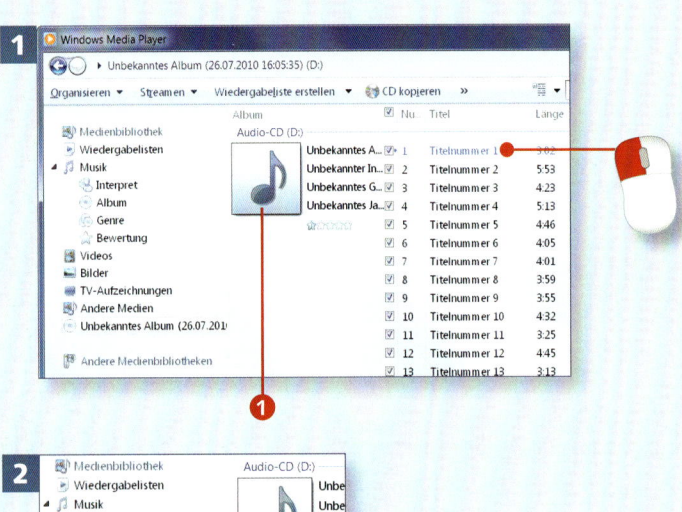

Der Windows Media Player kann wunderbar CDs wiedergeben. Sie können sogar das Internet durchsuchen lassen, um weitere Infos über die CDs zu erhalten.

Schritt 1

Legen Sie eine CD in Ihren PC ein. Kurz darauf wird das Album angezeigt ❶. Wollen Sie einen Titel abspielen, doppelklicken Sie darauf.

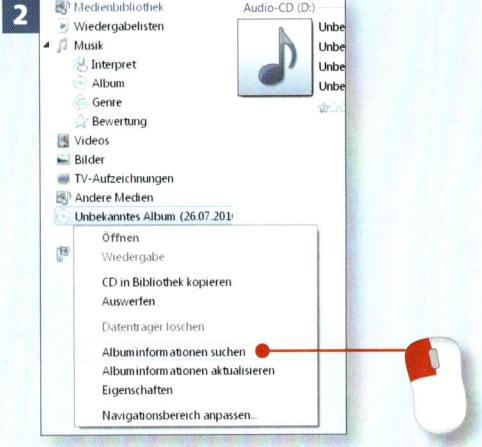

Schritt 2

Die Titel wirken kryptisch, oder? Deswegen sollten Sie das Album in der linken Spalte mit der rechten Maustaste anklicken und **Albuminformationen suchen** aktivieren.

Schritt 3

Jetzt erscheinen die ersten Suchergebnisse via Internet. Wenn Sie den richtigen Eintrag auf der rechten Seite ausfindig gemacht haben, setzen Sie einen Mausklick darauf.

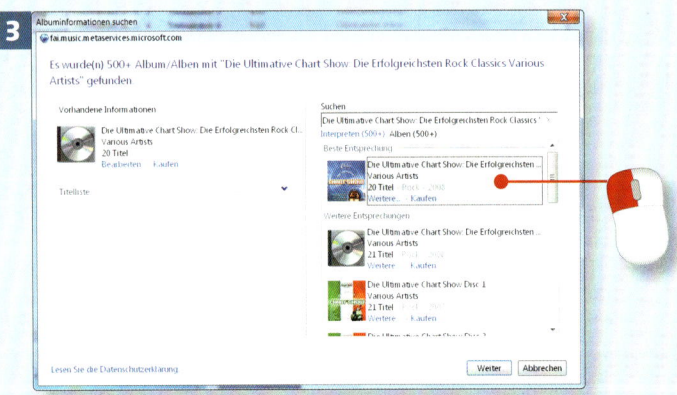

Zahlreiche Ergebnisse

Nicht selten ist die Liste lang. Scrollen Sie ganz nach unten. Eventuell dort aufgeführte blaue Ziffern sind Schaltflächen, mit denen Sie auf folgende Ergebnisseiten wechseln können.

Kapitel 7: Rund um die Musik

Schritt 4

Betätigen Sie den kleinen Pfeil auf der linken Seite ❶ und vergleichen Sie die sich öffnende Liste ❷ mit Ihrer CD. Passt sie? Dann betätigen Sie **Weiter**. Anderenfalls müssen Sie rechts weiter nach unten scrollen und einen anderen Eintrag markieren.

Schritt 5

Zuletzt betätigen Sie **Fertig stellen**. Nicht alle Alben-Cover sind so verfügbar, aber für die allermeisten werden Sie aber ein Cover finden.

Schritt 6

Werfen Sie jetzt noch einmal einen Blick auf den Albumbereich des Media Players. Die Infos wurden zwischenzeitlich automatisch aktualisiert.

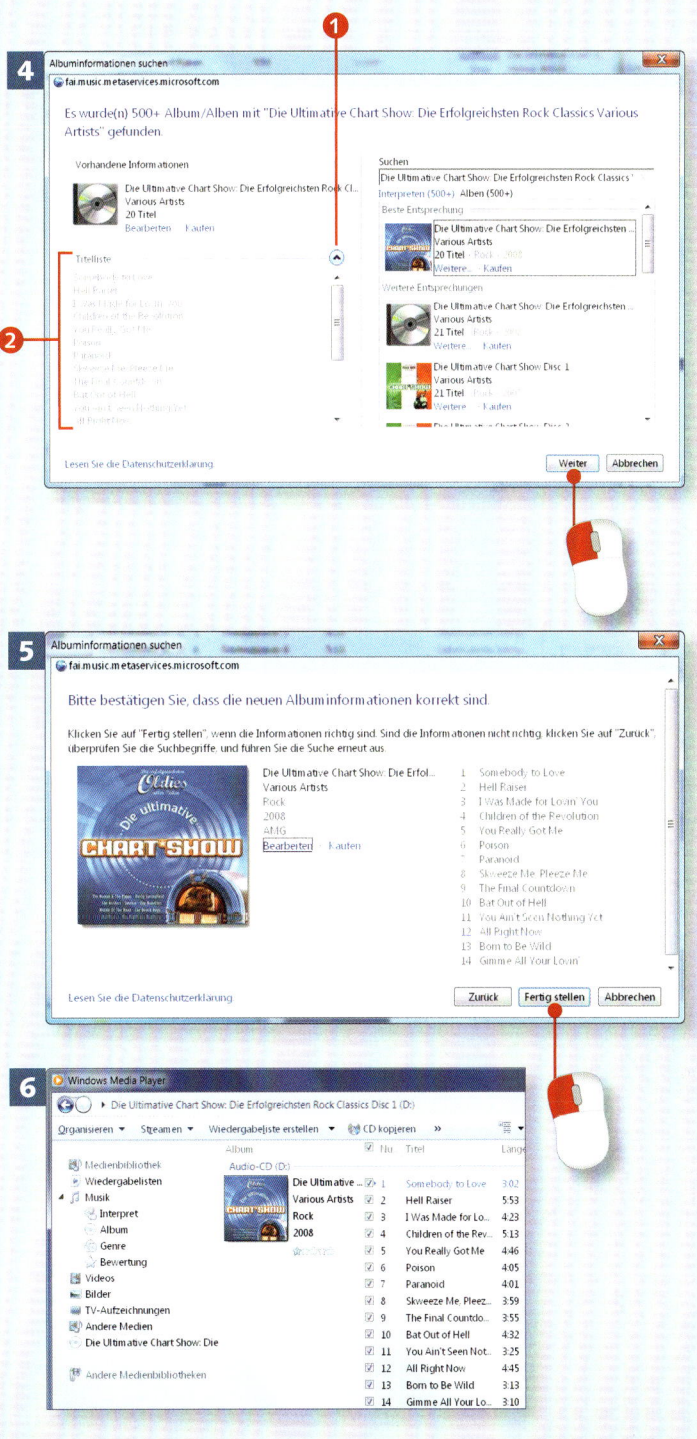

Titel manuell eingeben

Wenn Sie einen Titel per Hand eingeben wollen, klicken Sie mit der rechten Maustaste darauf, betätigen **Bearbeiten** und geben den Titel via Tastatur ein. Am Ende ⏎ nicht vergessen!

Musik von CD kopieren

Nun ist es ja wunderbar, dass Sie CDs anhören können. Meist bietet es sich aber an, den Inhalt der CD für den künftigen schnellen Zugriff auf den Rechner zu übertragen.

Schritt 1

Anhand der vorangestellten Häkchen erkennen Sie, dass zunächst alle auf der CD vorhandenen Musikstücke für den Import vorgesehen sind. Sie können jedoch alle abwählen, indem Sie die oberste Checkbox betätigen.

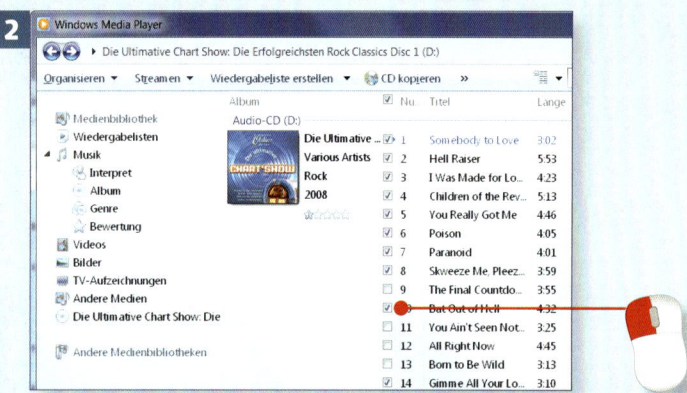

Schritt 2

Danach lassen sich einzelne Stücke mit Mausklick auf das jeweilige Häkchen wieder anwählen. So bestimmen Sie selbst, welche Parts importiert werden und welche nicht.

Schritt 3

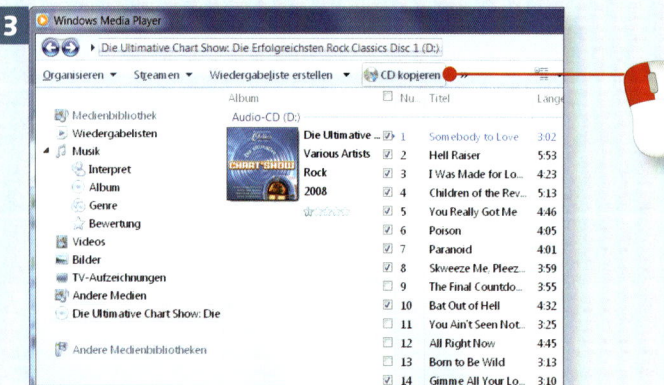

Danach gehen Sie auf **CD kopieren**. Warten Sie einen Augenblick, bis der Media Player darauf reagiert.

Speicherort

CD kopieren heißt: Die ausgewählten Stücke werden an den Speicherort übertragen, den Sie in Schritt 8 des Workshops »Windows Media Player einstellen« festgelegt hatten.

Kapitel 7: Rund um die Musik

Schritt 4

Achten Sie auf die grünen Balken ❶, die jetzt Titel für Titel in der Spalte **Kopierstatus** auftauchen. Was mit **Ausstehend** ausgewiesen ist, befindet sich noch in der Warteschlange.

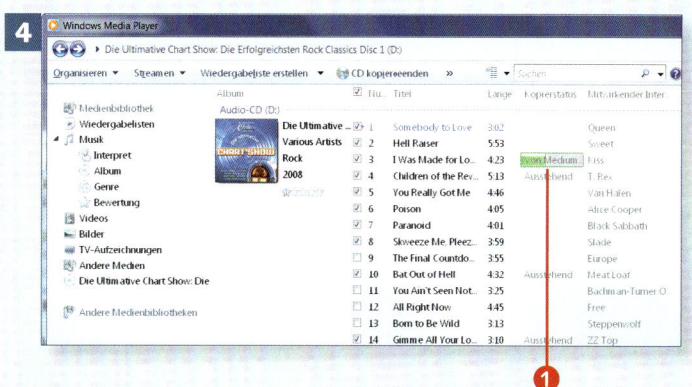

Schritt 5

Fertige Übertragungen hingegen werden als **In Medienbibliothek kopiert** ausgewiesen. Falls erforderlich, ziehen Sie den rechten Steg der Spalte mit gedrückter Maustaste noch ein wenig weiter nach rechts.

Schritt 6

Wenn Sie in der linken Spalte wieder auf **Musik** zurückgehen und im Albumbereich etwas nach unten scrollen, finden Sie dort das neu hinzugefügte Album. Spielen Sie einen Titel daraus ab, indem Sie einen Doppelklick auf die betreffende Zeile setzen.

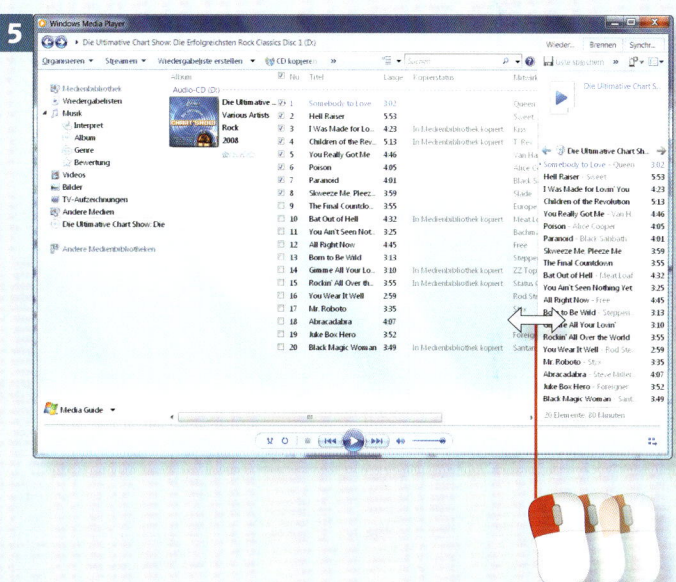

Ordner auf der Festplatte

Gehen Sie in das Verzeichnis, das die neu importierten Songs enthält. Dort gibt es nun einen Ordner mit dem Titel »Various Artists«. Darin finden Sie einen Unterordner, der die soeben importierten Stücke beinhaltet.

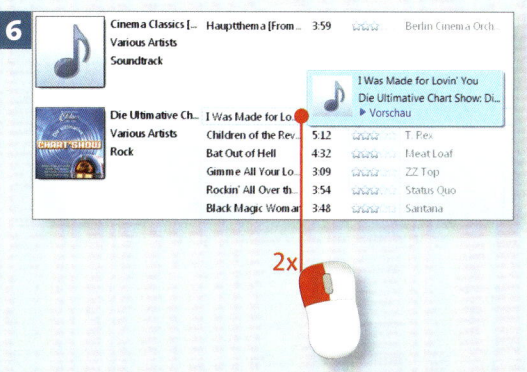

191

Wiedergabeliste erzeugen

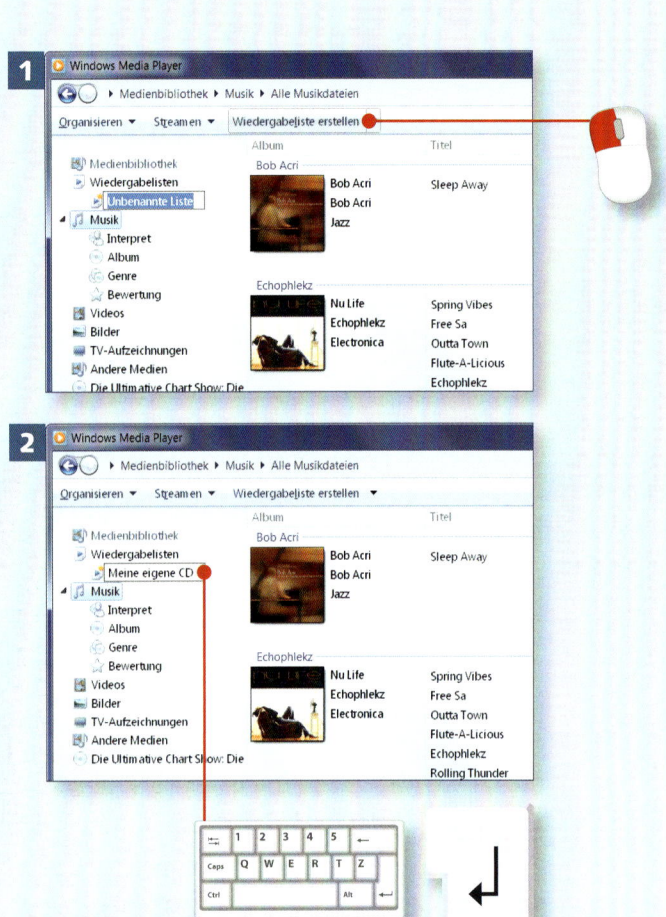

Möglicherweise wollen Sie selbst eine CD zusammenstellen und unterschiedliche Titel aus den verschiedensten Alben hinzufügen. Dazu erzeugen Sie eine Wiedergabeliste.

Schritt 1

Eine Wiedergabeliste ist gewissermaßen Ihre eigene Zusammenstellung von Stücken. Setzen Sie zunächst einen Mausklick auf **Wiedergabeliste erstellen**.

Schritt 2

Beachten Sie die linke Spalte. Dort ist jetzt **Unbenannte Liste** markiert, und Sie können gleich mit der Eingabe eines Titels beginnen. Schließen Sie mit ⏎ ab.

Schritt 3

Nun klicken Sie auf ein Stück im Albumbereich, das Sie hinzufügen wollen und ziehen es mit gedrückter Maustaste in die soeben erzeugte Wiedergabeliste. Dort angekommen, lassen Sie die Maustaste los.

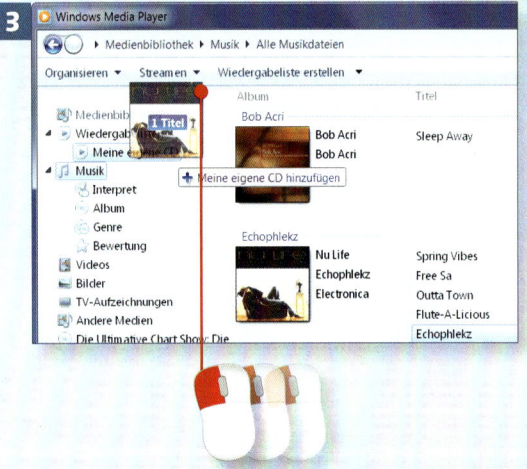

Keine Duplikate

Der Media Player legt keine Duplikate der Musikstücke an. Er stellt lediglich eine Liste zusammen, also einen Verweis auf die Originale.

Kapitel 7: Rund um die Musik

Schritt 4

Sie können auch mehrere Titel gleichzeitig markieren. Halten Sie dazu Strg gedrückt und setzen Sie Mausklicks auf die Stücke, die Sie in die Liste ziehen wollen. Wenn alle markiert sind, klicken Sie eines der Stücke abermals an, halten die Maustaste gedrückt und ziehen alle gemeinsam in die Liste.

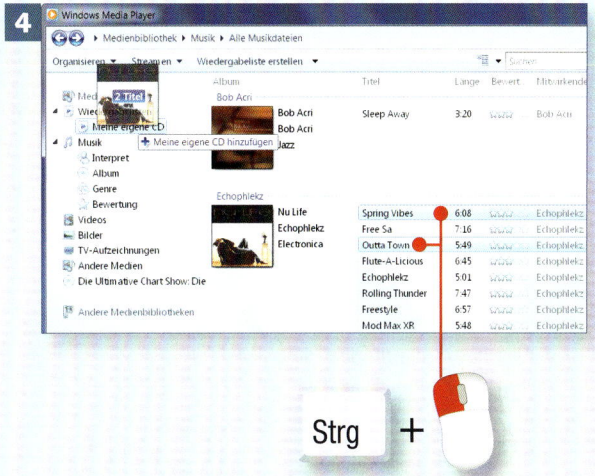

Schritt 5

Mehrere zusammenliegende Stücke markieren Sie so: Klicken Sie das erste an, halten Sie ⇧ gedrückt und klicken Sie auf das letzte. Dazwischen befindliche Stücke werden dadurch ebenfalls markiert.

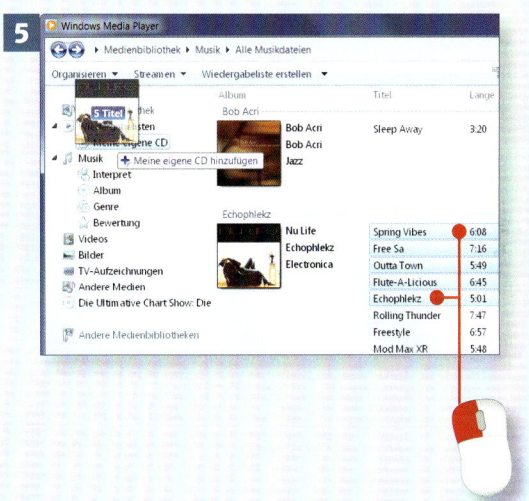

Schritt 6

Zuletzt können Sie die Stücke noch sortieren. Klicken Sie dazu die Wiedergabeliste an und ziehen Sie die Musiktitel mit gedrückter Maustaste. Dort, wo sich eine schwarze Linie zeigt, können Sie loslassen. Wie die CD dann gebrannt wird, erfahren Sie ab Seite 214.)

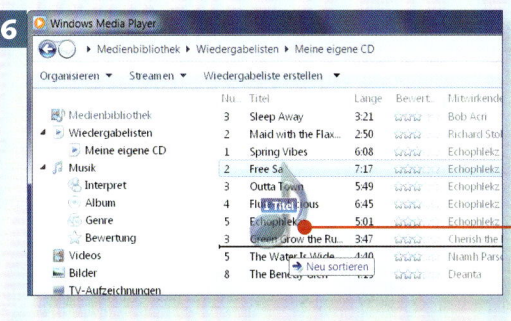

Titelreihenfolge

Im nebenstehenden Beispiel wird der Titel »Free Sa« gerade an die drittletzte Stelle der Liste gezogen.

Radio und mehr mit dem Windows Media Guide

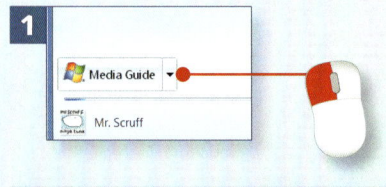

Wussten Sie schon, dass Ihr Computer auch über ein Radio verfügt? Das ist zumindest dann der Fall, wenn Sie einen Internet-Zugang haben.

Schritt 1

Lust auf Internet-Radio? Dann klicken Sie unten links auf **Media Guide**.

Schritt 2

Unterhalb der Überschrift »Windows Media Guide« (im Albumbereich) finden Sie verschiedene Begriffe, die als Schaltflächen fungieren. Betätigen Sie nun **Internetradio**.

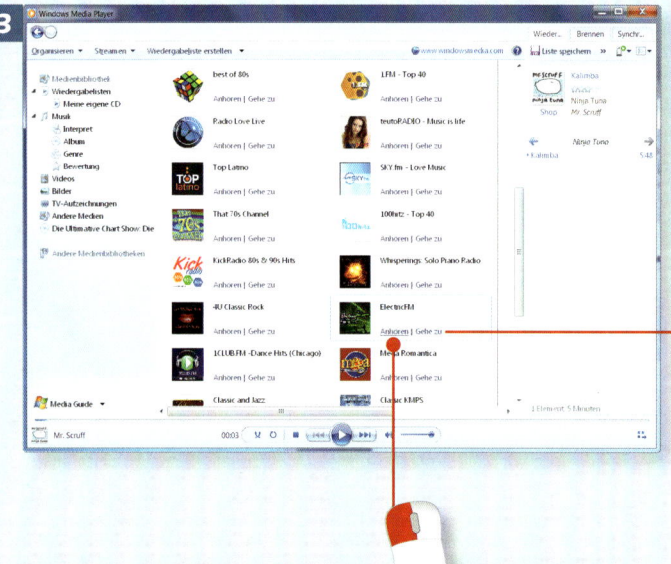

Schritt 3

Jeder der dort gelisteten Einträge stellt ein Radioprogramm dar. Scrollen Sie nach unten. Wenn Sie etwas gefunden haben, das Ihnen zusagt, betätigen Sie **Anhören**. Gehen Sie auf **Gehe zu** ❶, gelangen Sie in einem separaten Fenster zur Website des Anbieters.

> **i** **Wiedergabe beenden**
> Der Sender dudelt permanent vor sich hin. Wenn Sie das unterbinden wollen, müssen Sie den Wiedergabe/Anhalten-Knopf drücken.

Kapitel 7: Rund um die Musik

Schritt 4

Scrollen Sie noch einmal ganz nach oben. Hier gibt es die Einstellung **Radiosender suchen**. Betätigen Sie dazu die gleichnamige Textzeile.

Schritt 5

Die einzelnen Listen lassen sich mit Klick darauf öffnen. Auf diese Weise können Sie Genre, Sprache und Region vorauswählen. Fällt Ihnen noch ein Stichwort ein? Dann sollten Sie in das Eingabefeld **Search** klicken und das Stichwort eingeben.

Schritt 6

Lust auf Spiele, Kino oder weitere Musik? Dann klicken Sie auf einen der Text-Buttons gleich unterhalb der Überschrift (Windows Media Guide). Im nebenstehenden Beispiel wurde soeben die Schaltfläche **Spiele** aktiviert.

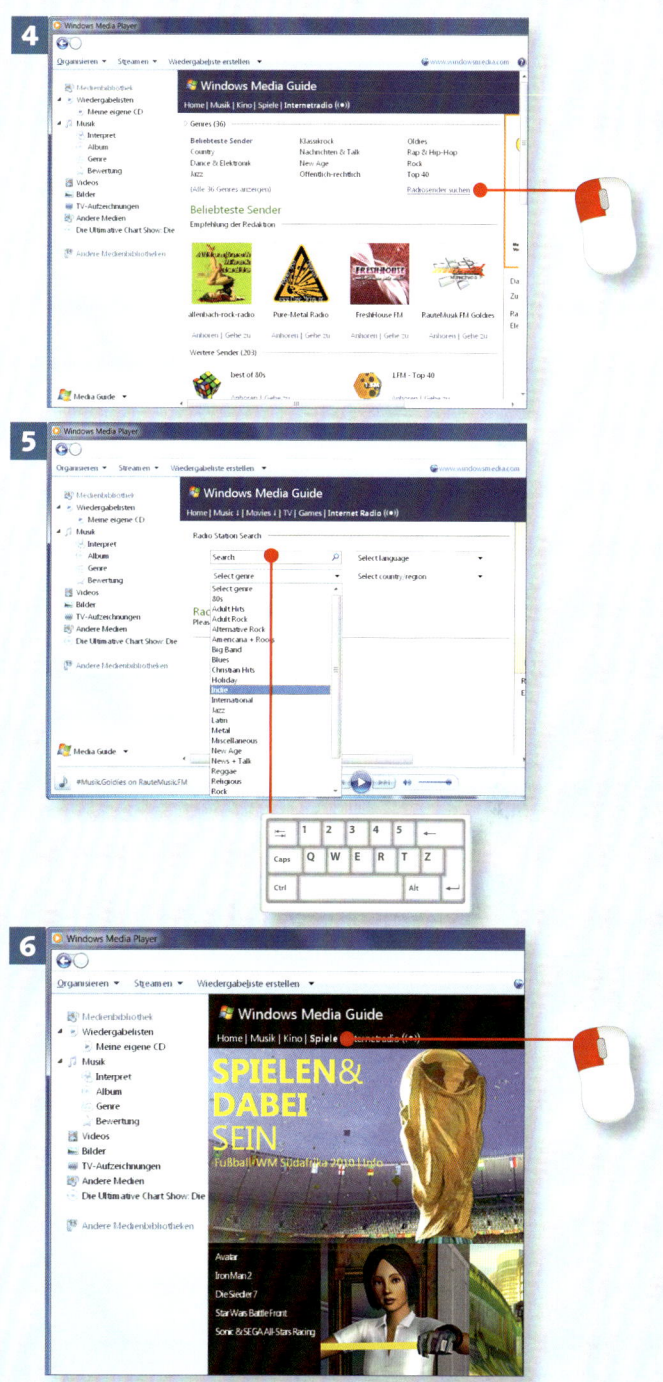

Weitere Infos

Bei den Texten unten links im Hauptfenster handelt es sich ebenfalls um Buttons, mit denen Sie zu den jeweils weiterführenden Infos gelangen.

Musik auf Geräte übertragen

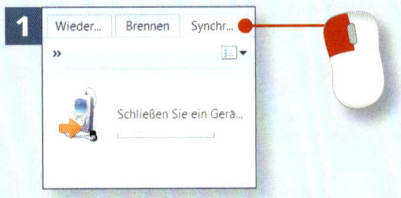

Sicherlich wollen Sie Ihre Musik nicht nur am heimischen PC, sondern auch unterwegs, z. B. auf Ihrem Handy, anhören. Kein Problem – denn der Windows Media Player ermöglicht auch das.

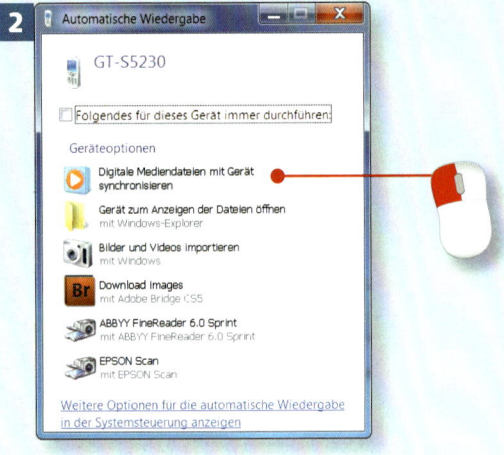

Schritt 1

Verbinden Sie das externe Gerät (z. B. Handy) mit dem PC und gehen Sie innerhalb des Windows Media Players auf das Register **Synchronisieren**.

Schritt 2

Sollte der Media Player geschlossen sein, können Sie auch **Digitale Mediendateien mit Gerät synchronisieren** anwählen, um ihn zu öffnen. Anderenfalls klicken Sie den Dialog **Automatische Wiedergabe** einfach weg.

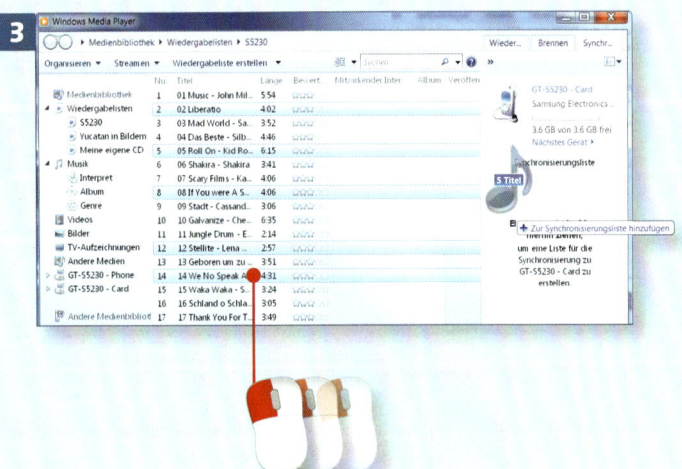

Schritt 3

Im Media Player lassen sich einzelne oder mehrere Titel per Drag & Drop in die rechte Spalte ziehen. Stellen Sie dort die Titel zusammen, die Sie auf das externe Gerät übertragen wollen.

Speicherkarte erforderlich?
Manche Handys unterstützen das Hinzufügen von Musik nur, wenn zuvor eine separat erhältliche Speicherkarte eingesetzt wurde.

Kapitel 7: Rund um die Musik

Schritt 4

Nun können Sie die Liste auf der rechten Seite nach Wunsch sortieren. Dem Fundus Ihres Media Players tut dies keinen Abbruch.

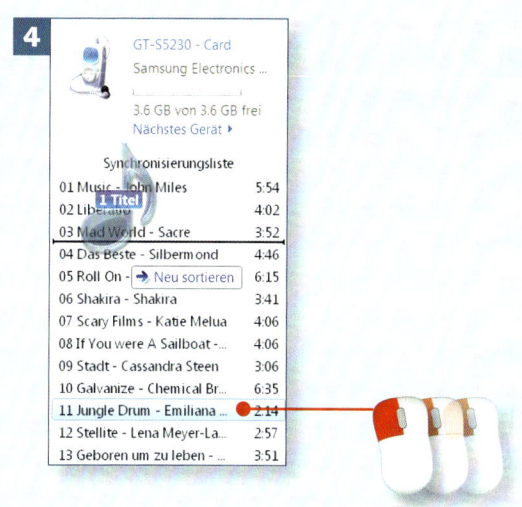

Schritt 5

Wenn die Titel sortiert sind, betätigen Sie den kleinen schwarzen Doppelpfeil und entscheiden sich im Pulldown-Menü für **Synchronisierung starten**.

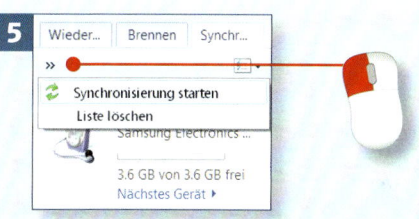

Schritt 6

Ein Fortschrittbalken verdeutlicht den Status des Transfers. Weiter unten erscheint bald darauf die Meldung, dass die Synchronisierung abgeschlossen ist. Jetzt können Sie die Verbindung zum Gerät trennen.

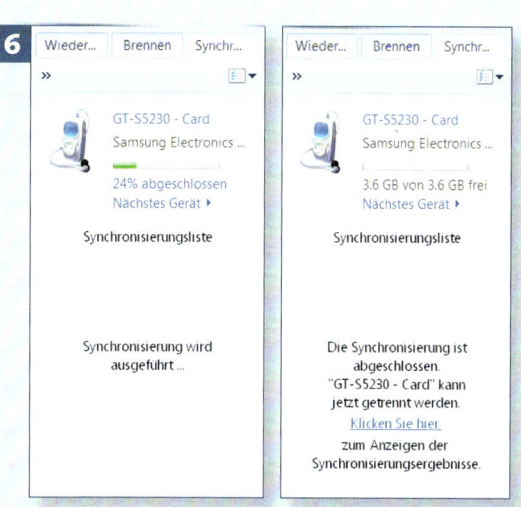

Media Player neu starten

Wenn Sie das Gerät trennen und anschließend wieder verbinden, kann der Media Player mitunter nicht darauf reagieren. In diesem Fall schließen Sie die Anwendung und öffnen sie erneut.

Kapitel 8:
Scannen, drucken, brennen

Die Fotos nur digital auf dem Rechner sehen zu können, reicht oft nicht aus. Wenn Sie einen Farbdrucker besitzen, möchten Sie Ihre Fotos auch ausdrucken. In diesem Kapitel lesen Sie nicht nur, wie das funktioniert, sondern auch, wie Sie Ihren Scanner einsetzen und Musik-CDs oder Diashows brennen.

❶ Fotos einscannen
Schritt für Schritt sehen Sie in diesem Kapitel, wie Sie Ihren Scanner einrichten und damit Fotos oder auch andere Dokumente einscannen können.

❷ Fotos drucken
Sie sind im Besitz eines Farbdruckers? Dann sehen Sie hier, wie Sie Ihre Fotos optimal auf Papier zur Geltung bringen. Das geht mit Windows 7 ganz komfortabel.

❸ Musik und Diashows auf CD brennen
Wenn Ihr Rechner nicht das perfekte Präsentationsmedium für Ihre Musik oder Diashow ist, sollten Sie eine CD brennen. Wie Sie das tun, sehen Sie in den Anleitungen in diesem Kapitel.

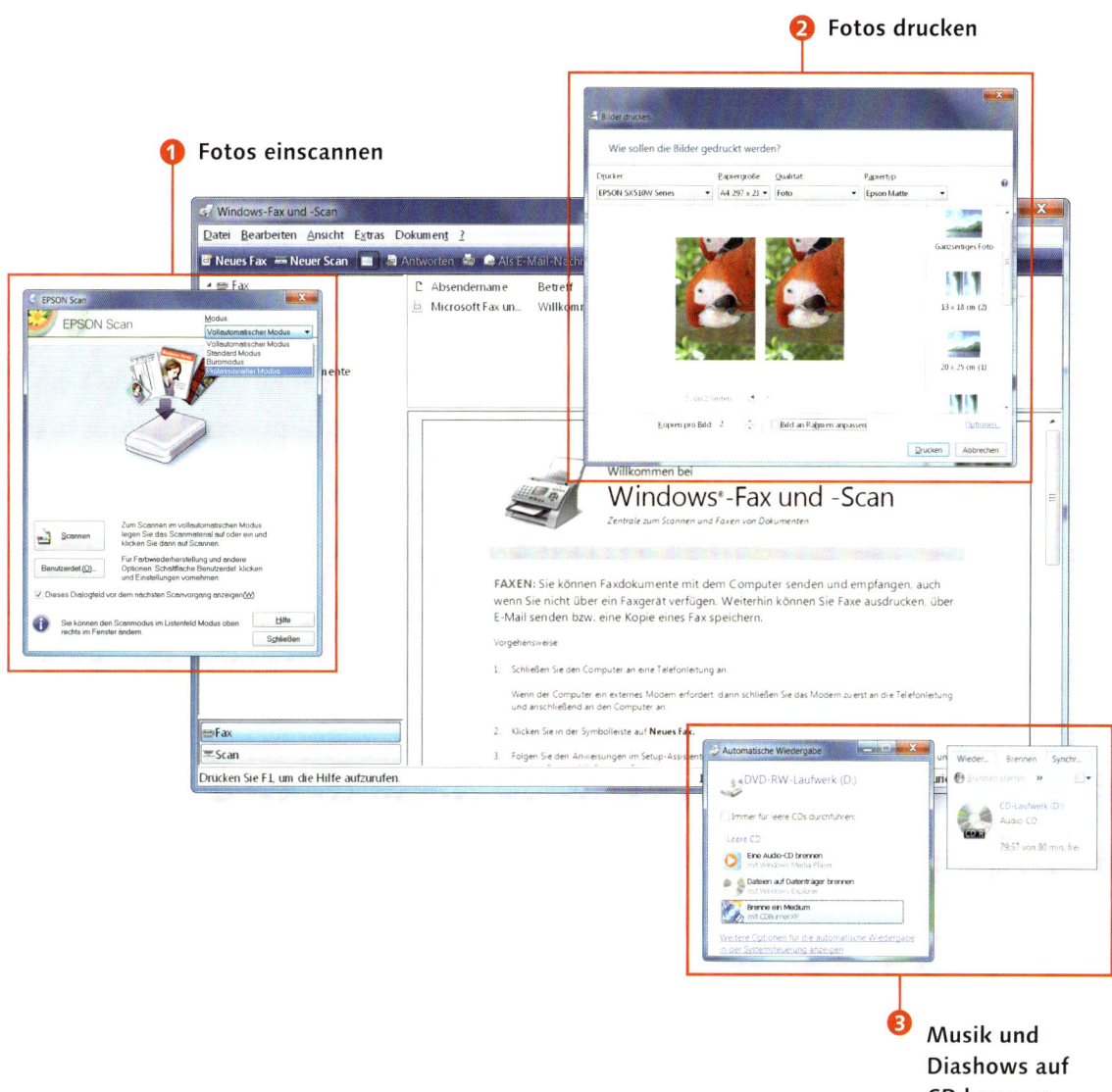

① Fotos einscannen

② Fotos drucken

③ Musik und Diashows auf CD brennen

Fotos einscannen

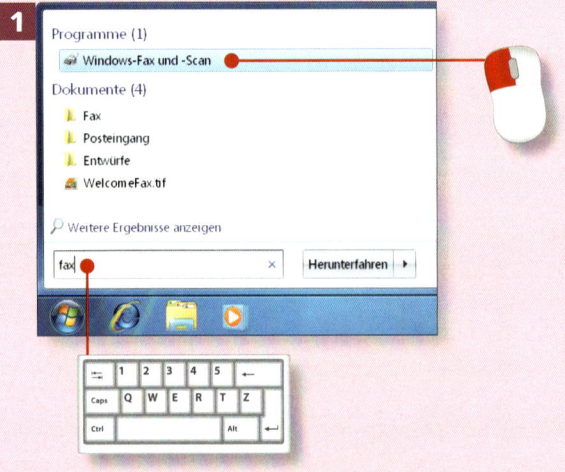

Die meisten Scanner bringen ihre eigene Software mit. Dennoch lassen sich Scanner auch mit einer Windows-internen Lösung bedienen, die keine vorherige Installation benötigen. Wie das funktioniert, zeigen die folgenden Schritte.

Schritt 1

Betätigen Sie **Start** und geben Sie »fax« oder »scan« in das Suchfeld ein. Sie werden **Windows-Fax und -Scan** finden. Starten Sie das Programm mittels Mausklick.

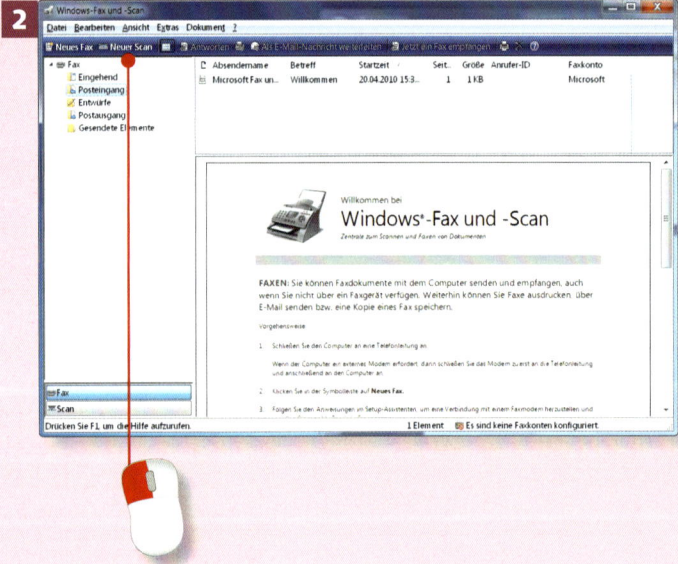

Schritt 2

Wenn Sie sich ausführlich über das Thema Fax informieren wollen, lesen Sie die Anleitung unten rechts. Wer nur scannen möchte, betätigt **Neuer Scan**.

Schritt 3

Kontrollieren Sie, ob der richtige Scanner gefunden worden ist, indem Sie zunächst einmal auf **Ändern** klicken.

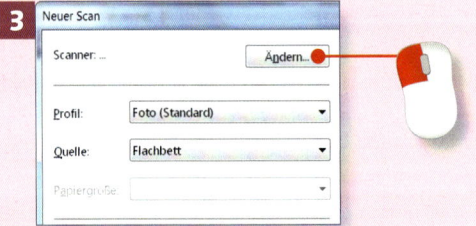

Kapitel 8: Scannen, drucken, brennen

Schritt 4

Den gefundenen Scanner müssen Sie nun noch mit einem Mausklick auswählen, bevor Sie auf **Eigenschaften** klicken.

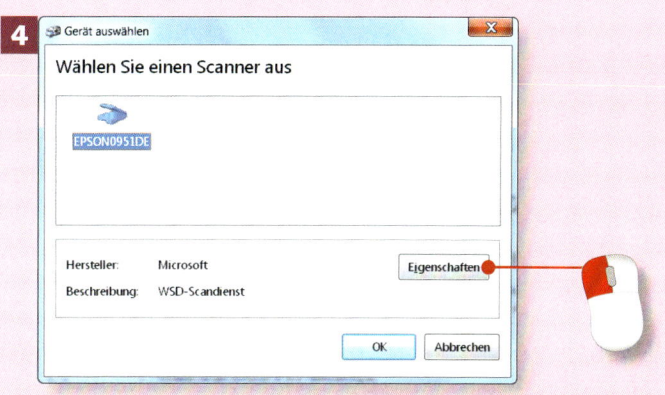

Schritt 5

Im Register **Allgemein** gibt es den Button **Scanner testen**. Wenn Sie diesen betätigen, sollten Sie die Meldung erhalten, dass das Gerät korrekt angeschlossen worden ist. Klicken Sie insgesamt dreimal auf OK, damit Sie zurück zum Dialog **Neuer Scan** gelangen.

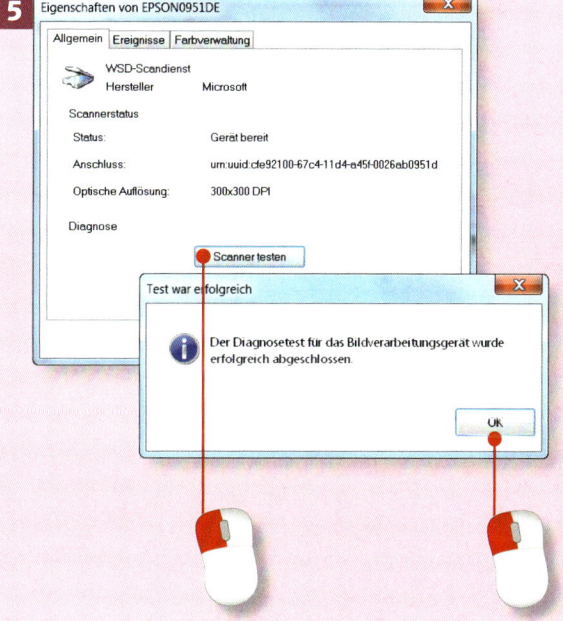

Schritt 6

Wählen Sie als Nächstes das Dateiformat aus. JPEG erzeugt kleine Dateigrößen bei guter Qualität. Das Optimum erhalten Sie, wenn Sie auf TIFF umschalten.

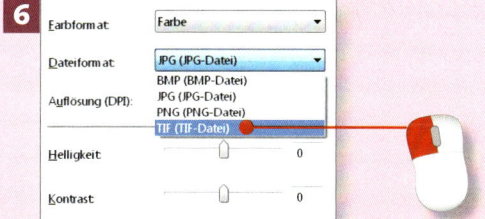

JPEG vs. TIFF

Durch Verwendung von TIFF werden die Dateien wesentlich größer als bei JPEG. Im Gegenzug erhalten Sie Bilddokumente, die verlustfrei nachbearbeitet werden können.

Fotos einscannen (Forts.)

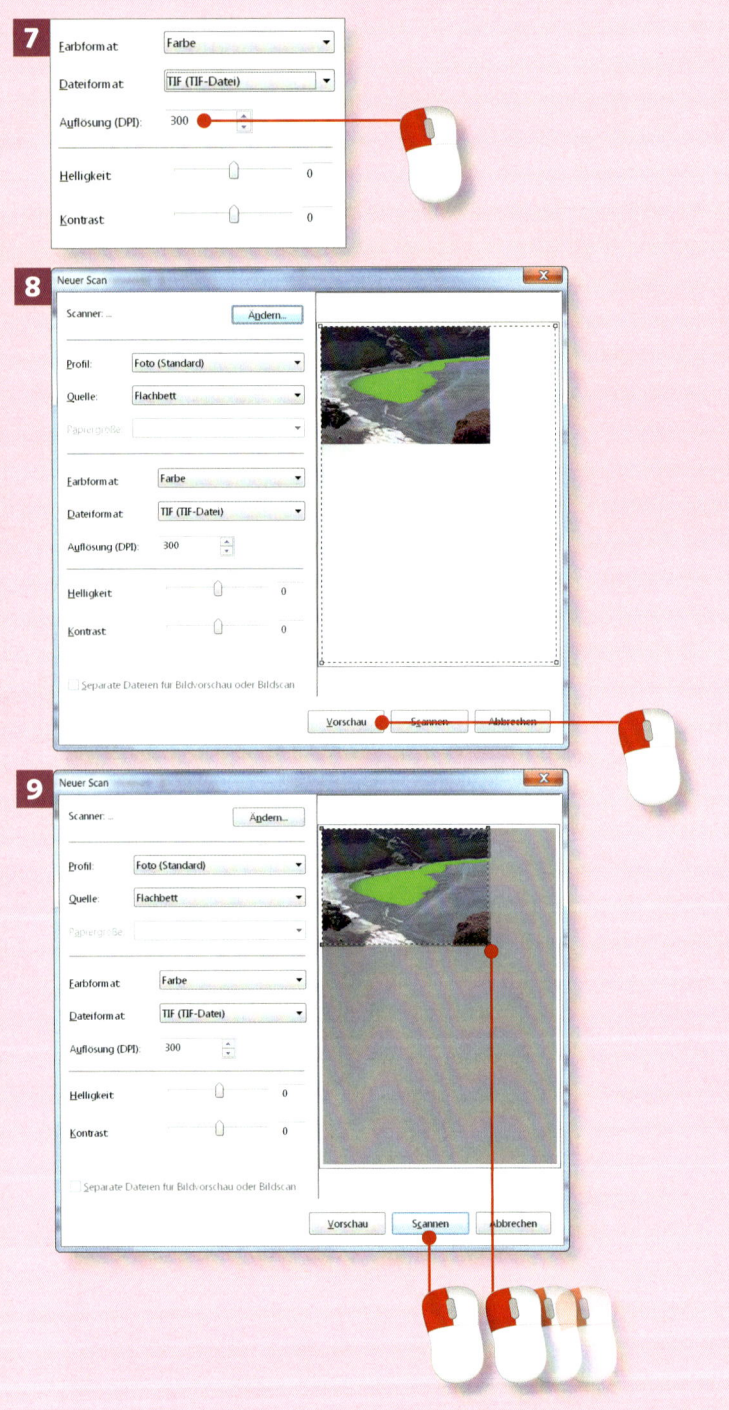

Schritt 7

Kümmern Sie sich jetzt um die Auflösung. »300« dpi (dots per inch = einzelne Scanpunkte je 2,54 cm) ist die richtige Einstellung für ein gutes Ergebnis, auch bei einem späteren Ausdruck.

Schritt 8

Erzeugen Sie zunächst eine **Vorschau**, indem Sie den gleichnamigen Button betätigen. Das Ergebnis sehen Sie auf der rechten Seite der Anwendung.

Schritt 9

Achten Sie auf den gestrichelten Rahmen. Ziehen Sie diesen in Form, indem Sie die vier Ecken mit gedrückter Maustaste verschieben. Begrenzen Sie den Rahmen auf den Bereich, der gescannt werden soll.

> **Foto beschneiden**
>
> Es wird stets das gescannt, was sich innerhalb des Rahmens befindet. Vermeiden Sie es, weiße Ränder mit in die Auswahl einzubeziehen, und ziehen Sie den Rahmen lieber ein wenig mehr auf das Foto.

Kapitel 8: Scannen, drucken, brennen

Schritt 10

Jetzt müssen Sie lediglich noch auf **Scannen** klicken. Warten Sie einen Moment, bis der Scanner seine Arbeit abgeschlossen hat.

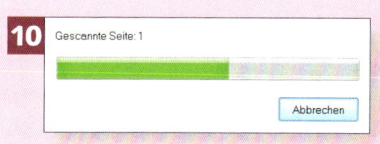

Schritt 11

Das Bild erscheint nun auf der rechten Seite der Anwendung. Wenn der untere Teil nicht zu sehen ist, müssen Sie ein wenig nach unten scrollen. Das Foto könnten Sie nun als Fax ❶ oder E-Mail ❷ weiterleiten, drucken ❸ oder auch löschen ❹.

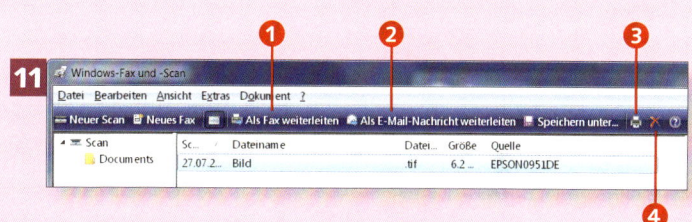

Schritt 12

Das Foto selbst ist übrigens bereits auf der Festplatte gespeichert. Sie finden es unter **Start • Dokumente**. Darin ist ein weiterer Ordner enthalten, der mit **Gescannte Dokumente** betitelt ist.

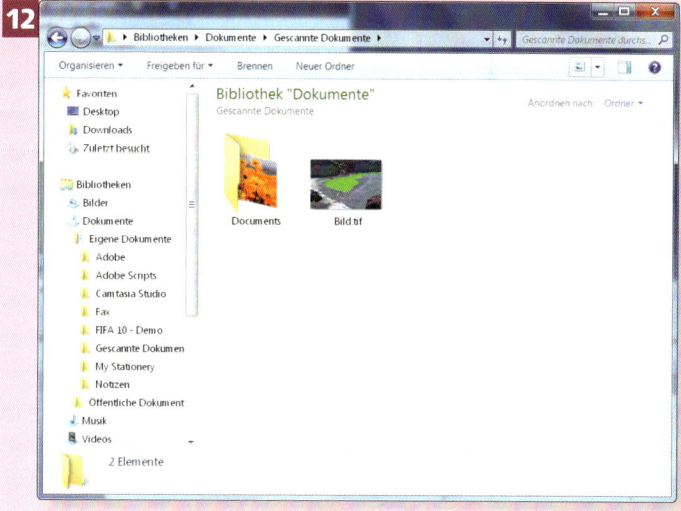

> **Foto erneut speichern**
> Wollen Sie das Foto auch noch an einem anderen Ort speichern, wählen Sie **Datei • Speichern unter**.

Mit der Scanner-Software arbeiten

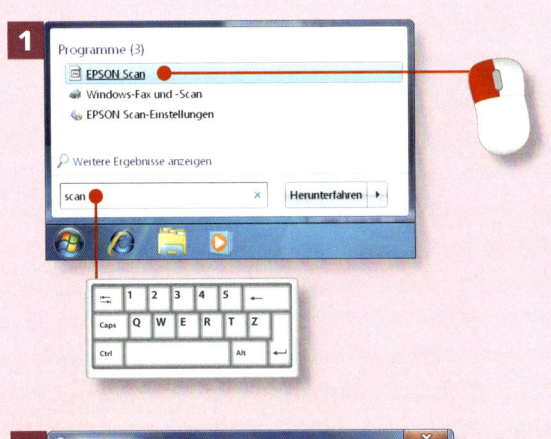

Sie wollen lieber mit der Software arbeiten, die dem Scanner beiliegt. Dann sind Sie hier genau richtig. Allerdings müssen Sie dabei einiges beachten. Wir zeigen die Vorgehensweise exemplarisch an einem Epson-Scanner. Für andere Hersteller sind die Schritte dieselben oder sehr ähnlich.

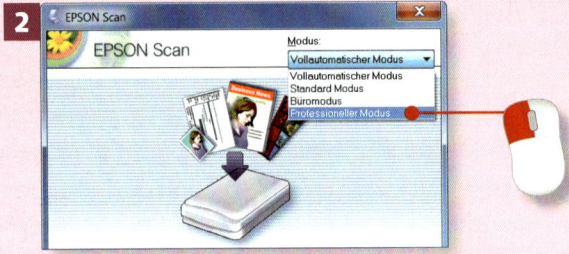

Schritt 1

Einen einzelnen Scanner finden Sie unter **Start • Geräte und Drucker**. Setzen Sie jedoch ein Multifunktionsgerät ein, wird dort lediglich der Drucker angezeigt. In diesem Fall gehen Sie auf **Start** und geben Sie »scan« ein. Betätigen Sie den entsprechenden Programm-Eintrag (hier: EPSON Scan).

Schritt 2

Bei Epson können Sie, wie bei vielen anderen Geräten auch, vom vollautomatischen in den **Professionellen Modus** wechseln.

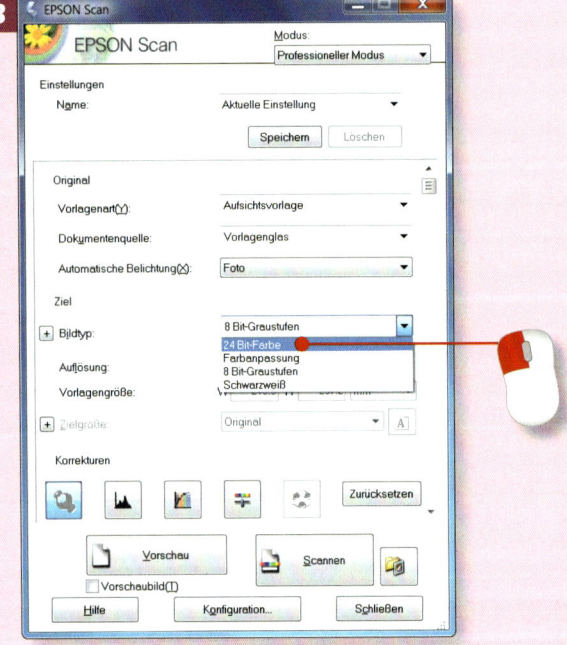

Schritt 3

Stellen Sie den **Bildtyp** auf **24-Bit-Farbe**, sofern Sie einen farbigen Scan erhalten wollen.

Kapitel 8: Scannen, drucken, brennen

Schritt 4

Geben Sie die gewünschte **Auflösung** ein (hier: 300), indem Sie einen Doppelklick auf den vorhandenen Wert setzen, und diesen dann mittels der Tastatur überschreiben.

Schritt 5

Betätigen Sie **Vorschau**. Das Ergebnis kann beim ersten Scan einen Moment auf sich warten lassen, da das Gerät zunächst betriebsberiet gemacht werden muss. Kurz darauf erhalten Sie ein Vorschaubild. Danach können Sie auf **Scannen** klicken.

Schritt 6

Zuletzt ist noch zu beantworten, wo das Ergebnis gespeichert werden soll. Das legen Sie fest, indem Sie auf **Durchsuchen** klicken und den gewünschten Ort angeben. Der Scan beginnt, nachdem Sie auf OK geklickt haben.

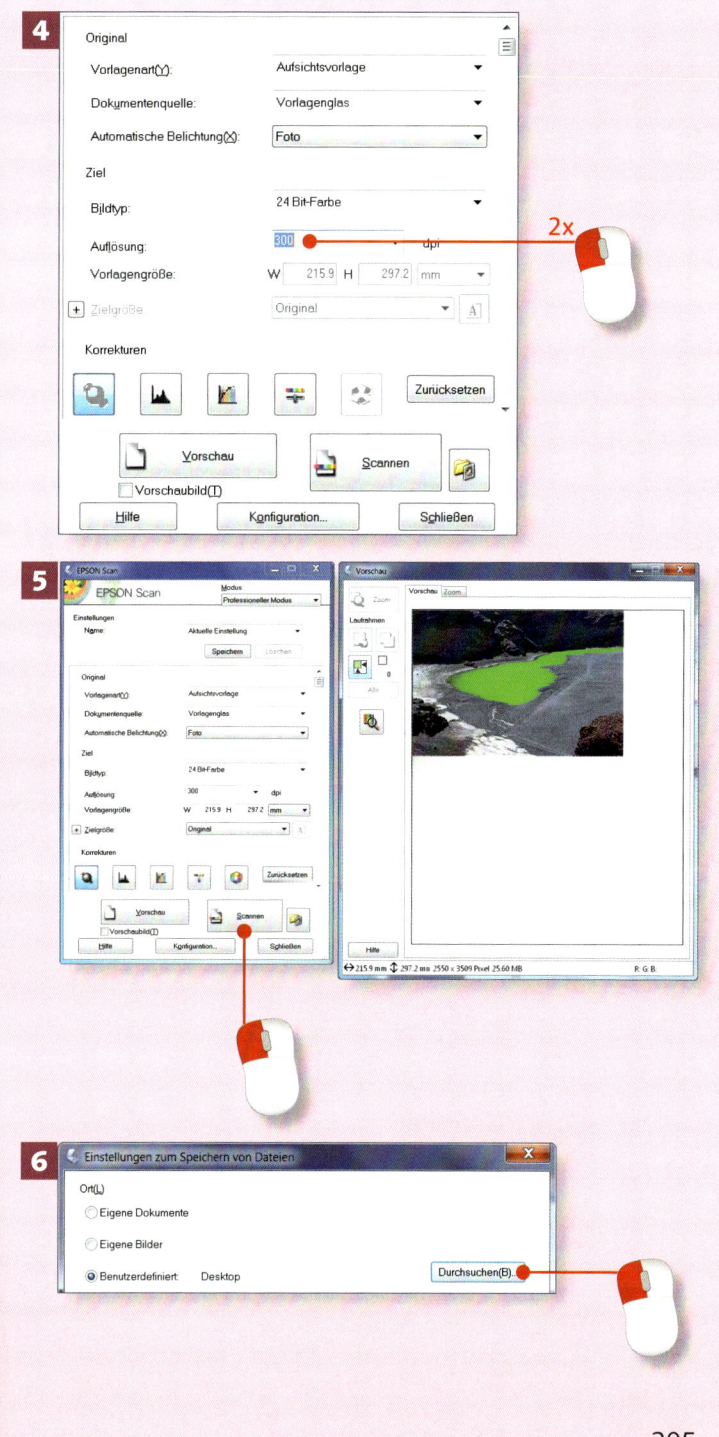

> **Schwarz-weiß**
>
> Wollen Sie ein Schwarz-Weiß-Foto scannen, benutzen Sie den Typ **8-Bit-Graustufen**. Der Eintrag **Schwarzweiß** ist nur für Strichzeichnungen gedacht.

Fotos drucken

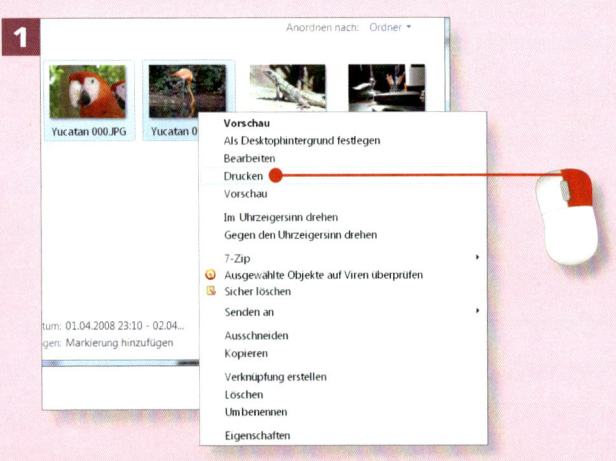

Bildbearbeitungsprogramme wie Photoshop Elements, GIMP oder Photo Impact bringen eigene Druckdialoge mit. Wenn Sie jedoch einfach ein Bild ohne viel Schnickschnack zu Papier bringen wollen, reichen die Druckfunktionen von Windows 7 dafür völlig aus.

Schritt 1

Markieren Sie ein oder mehrere Fotos (mehrere mit Strg oder ⇧). Danach führen Sie einen rechten Mausklick auf einem der markierten Bilder aus und betätigen **Drucken**.

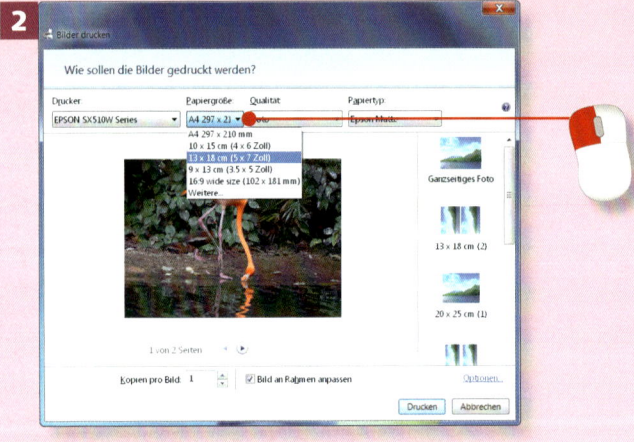

Schritt 2

Als Nächstes könnten Sie auf ein anderes Format umschalten, falls Sie z. B. Fotokarten einsetzen möchten. Wer DIN-A4-Papier verwendet (210 mm x 297 mm), lässt den obersten Eintrag hingegen aktiv.

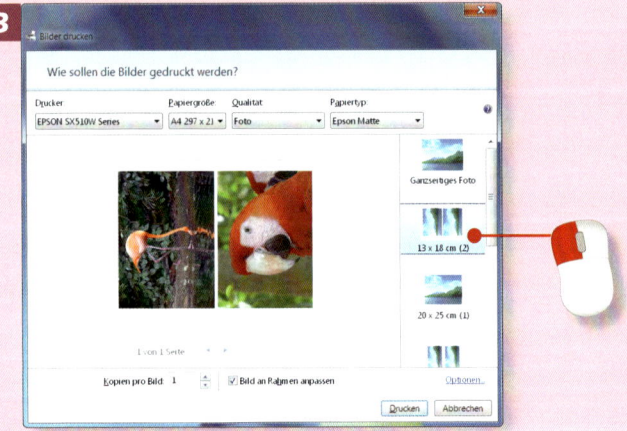

Schritt 3

Bei DIN-A4-Papier haben Sie die Möglichkeit, mehrere Fotos auf einem Blatt auszugeben. Dazu müssen Sie auf der rechten Seite z. B. auf **13 x 18 cm (2)** klicken.

Kapitel 8: Scannen, drucken, brennen

Schritt 4

Jetzt sollten Sie noch den **Papiertyp** einstellen. Wählen Sie eine Bezeichnung, die dem von Ihnen eingesetzten Papier am ehesten entspricht.

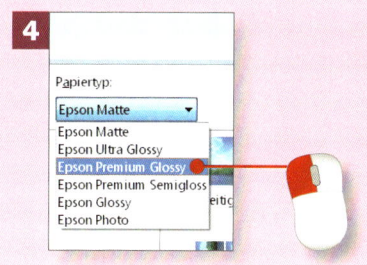

Schritt 5

Im Fuß der Anwendung legen Sie noch fest, wie viele Kopien pro Bild erzeugt werden sollen. Mit der Pfeiltaste unterhalb der Vorschau springen Sie zur nächsten Seite.

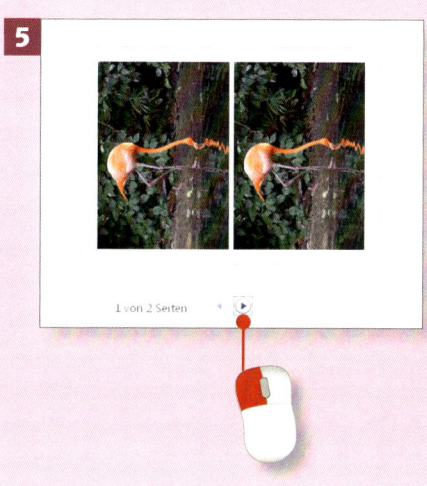

Schritt 6

Die Option **Bild an Rahmen anpassen** sorgt dafür, dass der zur Verfügung stehende Platz optimal ausgenutzt wird. Dabei werden die Bilder allerdings beschnitten. Zur Verdeutlichung schalten Sie das Häkchen mehrfach ein und wieder aus.

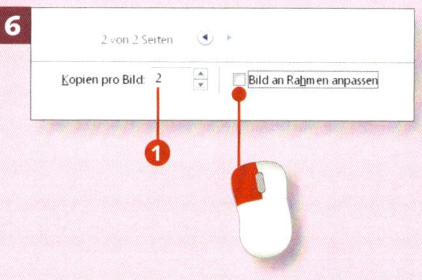

Wahl der Vorgabe
Die im Auswahlfeld rechts ❶ stehende Ziffer (im Beispiel 2) gibt Aufschluss darüber, wie viele Fotos auf jedem Blatt platziert werden.

Fotos drucken (Forts.)

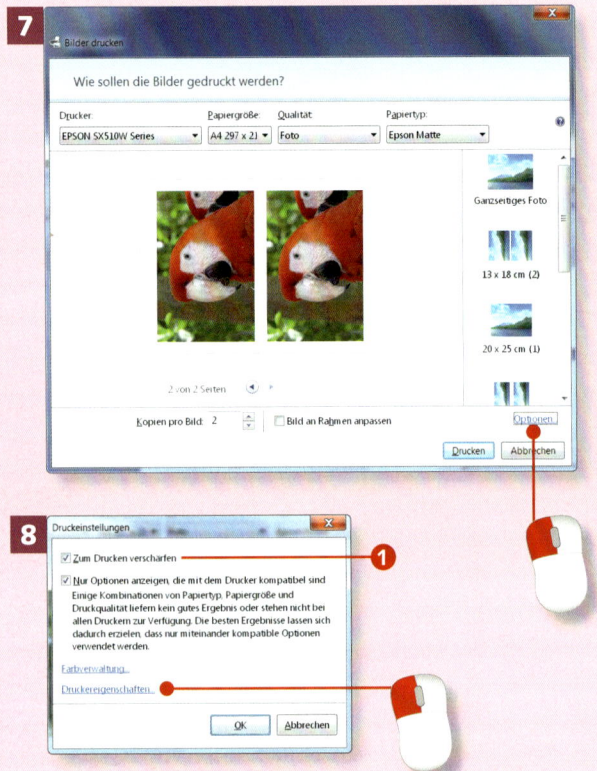

Schritt 7

Gehen Sie zuletzt noch unten rechts auf **Optionen**.

Schritt 8

Setzen Sie einen Klick auf **Druckereigenschaften**. In diesem Dialogfeld haben Sie noch weitere Einstellmöglichkeiten (siehe auch den Kasten unten). Diese belassen Sie einfach wie sie sind und fahren in den Druckereigenschaften fort.

Schritt 9

Hier lassen sich noch individuelle Einstellungen direkt im Drucker-Menü vornehmen. Die Dialoge unterscheiden sich je nach Hersteller (hier: Epson).

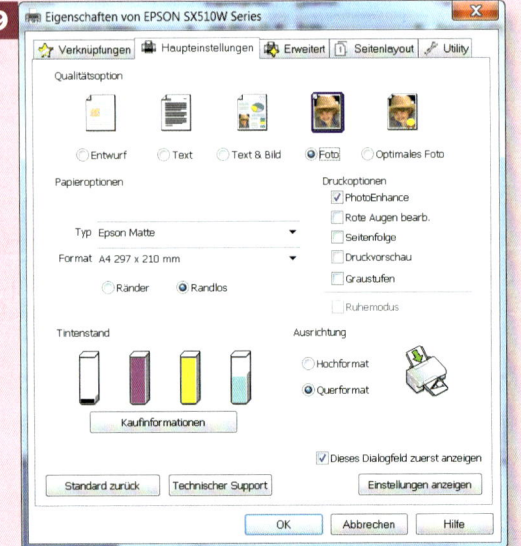

Fotos schärfen

Wenn Sie nach einem Ausdruck feststellen, dass die Fotos etwas unscharf sind, sorgen Sie dafür, dass **Zum Drucken verschärfen** ❶ aktiv ist.

Kapitel 8: Scannen, drucken, brennen

Schritt 10

Das war's. Jetzt müssen Sie nichts weiter tun, als auf **Drucken** zu klicken.

Schritt 11

Sie benötigen Kontaktabzüge eines Ordners? Dann gehen Sie in einen Bildordner und drücken Sie [Strg] + [A]. Dadurch werden alle darin enthaltenen Fotos ausgewählt. Jetzt markieren Sie eines der Bilder mit der rechten Maustaste, gefolgt von **Drucken** ❷.

Schritt 12

Scrollen Sie in der rechten Spalte ganz nach unten und markieren Sie **Kontaktabzug**. Unter ❸ lässt sich jetzt noch ablesen, wie viele Seiten gedruckt werden, um alle Miniaturen zu Papier zu bringen. Zuletzt klicken Sie abermals auf **Drucken**.

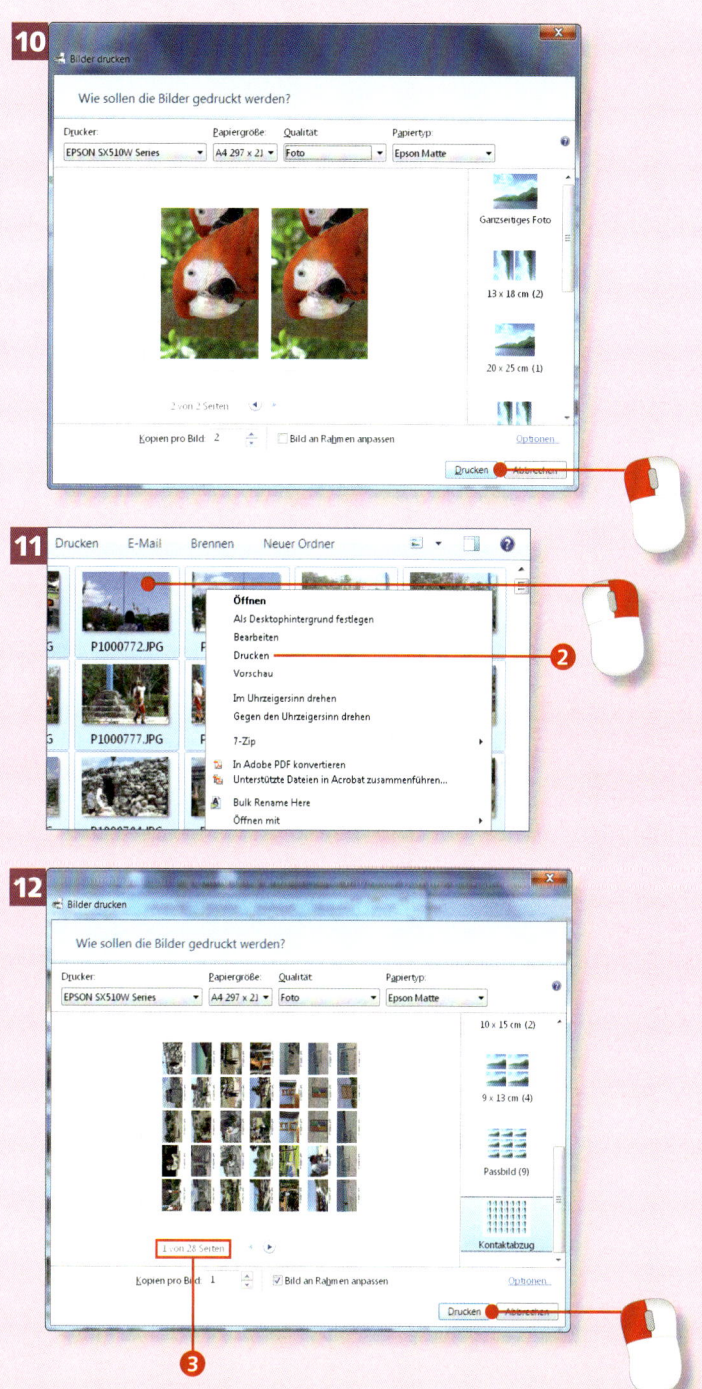

Schnell eine CD oder DVD brennen

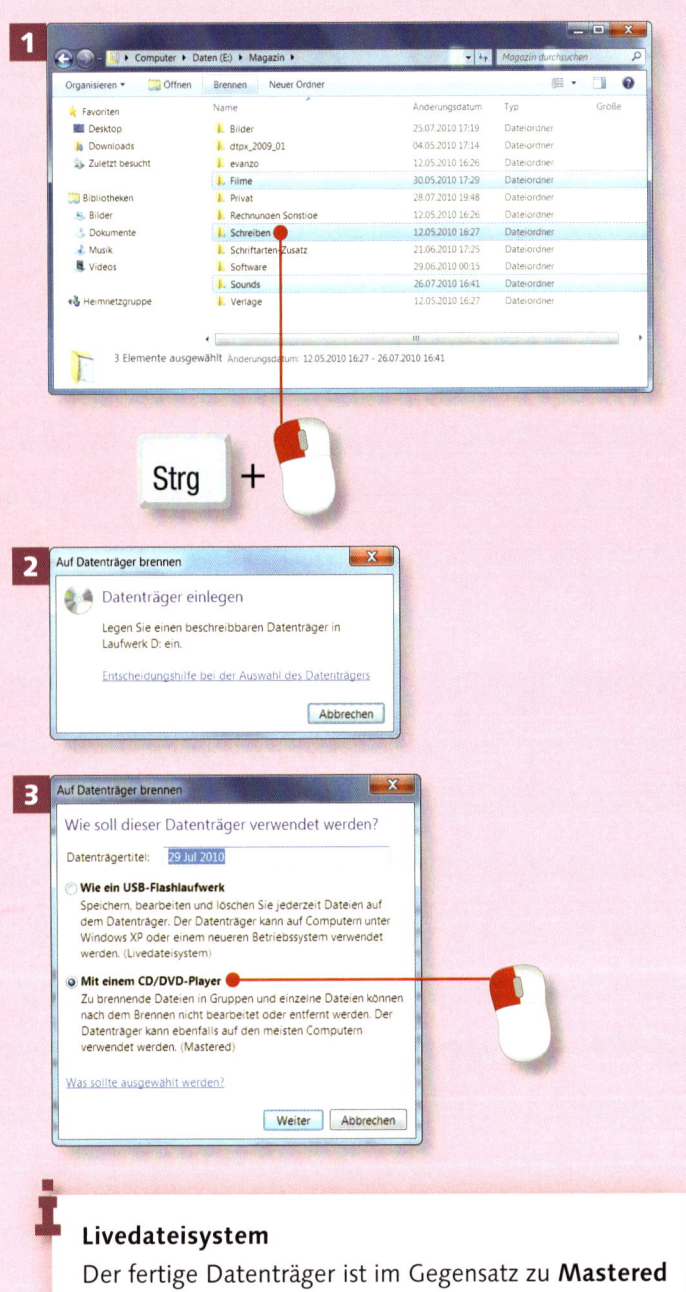

Falls Sie größere Datenmengen sichern oder weitergeben wollen, empfiehlt sich die Produktion einer CD oder DVD. Wie das geht, lesen Sie in diesem Abschnitt.

Schritt 1

Markieren Sie die Dateien oder Ordner, die auf den Datenträger gebracht werden sollen (mehrere markieren Sie, während Sie `Strg` gedrückt halten). Danach klicken Sie oben in der Leiste auf **Brennen**.

Schritt 2

Sofern Sie noch keine CD oder DVD eingelegt haben, werden Sie jetzt dazu aufgefordert. Der Dialog erlischt automatisch, nachdem Sie das Fach des Brenners geschlossen haben.

Schritt 3

Nun haben Sie die Entscheidung zu treffen, ob Sie **Livedateisystem** oder **Mastered** brennen wollen. Letzteres ist nicht zuletzt in Sachen Weitergabe am vielseitigsten. Aktivieren Sie daher **Mit einem CD/DVD-Player**, ehe Sie auf **Weiter** gehen.

> **Livedateisystem**
> Der fertige Datenträger ist im Gegensatz zu **Mastered** weiter beschreibbar. Allerdings ist dieser dann nicht mit allen Betriebssystemen kompatibel.

Kapitel 8: Scannen, drucken, brennen

Schritt 4

Nun werden die Dateien zum Brennen vorbereitet, was durch einen Fortschrittbalken symbolisiert wird. Sollte sich der Hinweis **Eigenschaftenverlust** zeigen, aktivieren Sie die Checkbox **Vorgang für alle aktuellen Elemente durchführen**, ehe Sie auf **Ja** gehen.

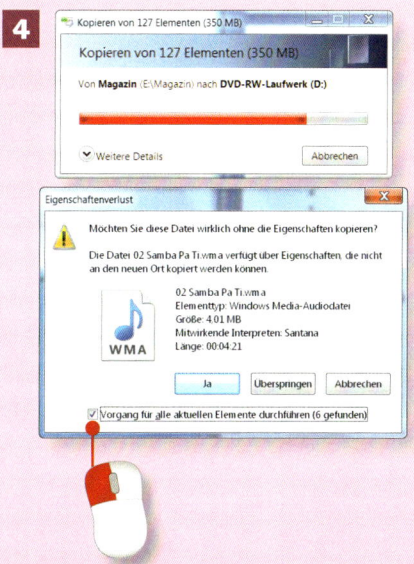

Schritt 5

Eine Sprechblase am unteren rechten Rand der Taskleiste soll verdeutlichen, dass Daten vorhanden sind, die gebrannt werden müssen. Klicken Sie ihn einfach weg, indem Sie das Kreuz rechts oben anwählen.

Schritt 6

Nun sollten Sie den freien Speicherplatz ermitteln, der von Haus aus auf dem eingelegten Datenträger zur Verfügung steht. Dazu gehen Sie auf **Start • Computer** und zeigen auf den Brenner. Es erscheint ein Textfeld, in dem Sie den freien Speicher ablesen können.

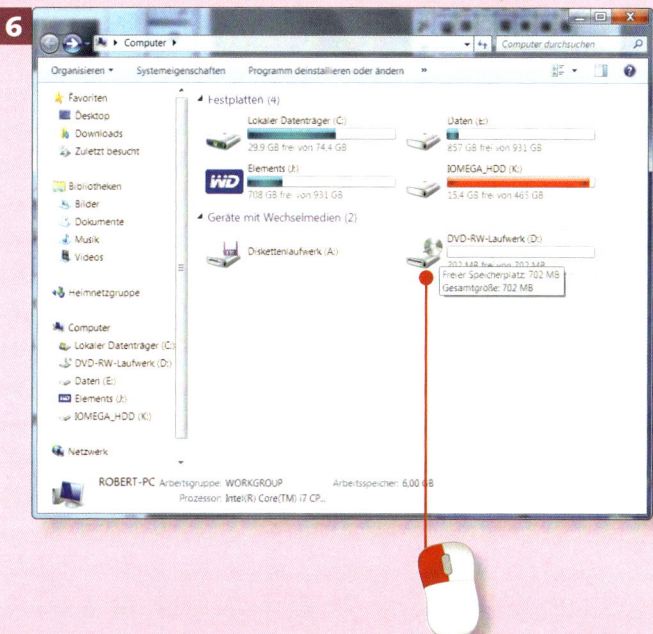

Schnell eine CD oder DVD brennen (Forts.)

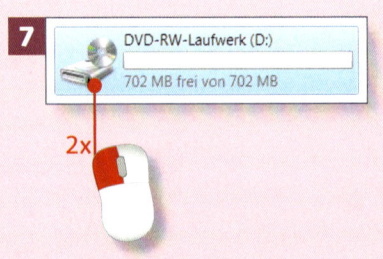

Schritt 7

Selbst an dieser Stelle des Prozesses können noch weitere Dateien hinzugefügt werden, indem Sie Schritt 1 wiederholen. Zum Schluss setzen Sie einen Doppelklick auf das Laufwerk. Hier ist das DVD-RW-Laufwerk dem Buchstaben D zugeordnet.

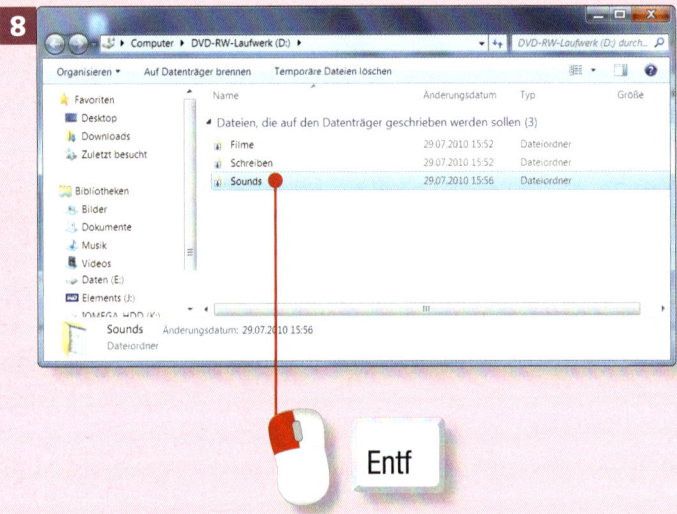

Schritt 8

Sollten Sie feststellen, dass einige Dateien doch nicht benötigt werden, lassen sich diese ebenfalls jetzt noch markieren und mit Druck auf ⌜Entf⌝ aus der Liste entfernen.

Schritt 9

Betätigen Sie jetzt **Auf Datenträger brennen**, um zum letzten Dialog vor dem Start des Brennvorgangs zu gelangen.

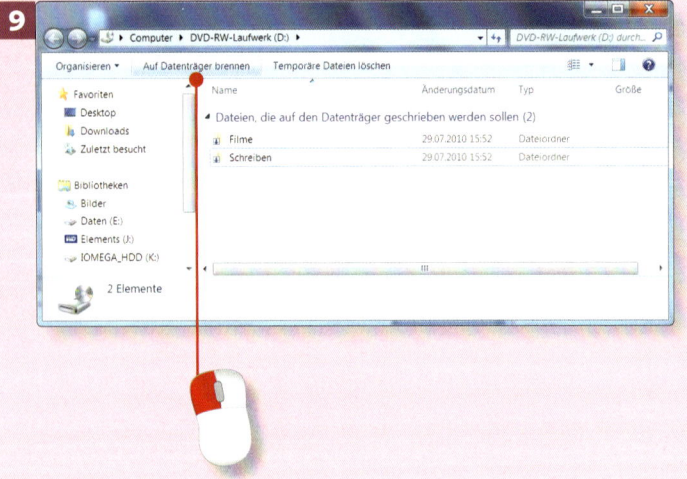

Dopplungen

Sollten Sie Dateien entfernen (Schritt 8), landen diese im Papierkorb. Die Originale auf der Festplatte bleiben hingegen unangetastet.

Kapitel 8: Scannen, drucken, brennen

Schritt 10

Hier sollten Sie noch einen Titel eingeben, ehe Sie den Brenner mit **Weiter** in Bewegung versetzen. So erkennen Sie später schneller, welche Inhalte auf der DVD vorhanden sind.

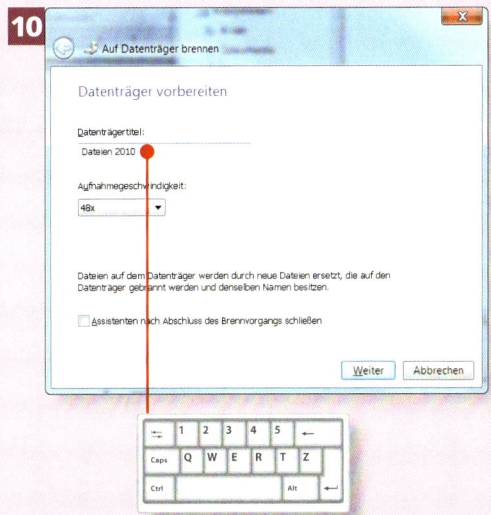

Schritt 11

Beachten Sie, dass die zum Brennen ausgesuchten Dateien permanent erhalten bleiben, sofern Sie keine DVD oder CD brennen. Wenn Sie nicht brennen, drücken Sie auf **Temporäre Dateien löschen** und bestätigen die Kontrollabfrage mit **Ja**.

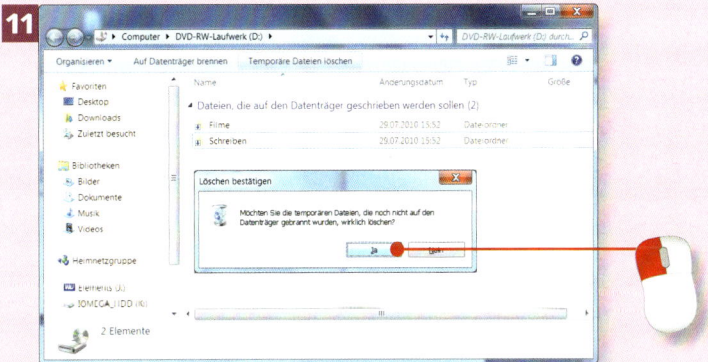

Schritt 12

Hier noch eine alternative Möglichkeit, wenn es darum geht, Dateien zum Brennen hinzuzufügen: Ordnen Sie beide Fenster nebeneinander an (Brenner und Ordner) und ziehen Sie alle Dateien per Drag & Drop in den Brennordner.

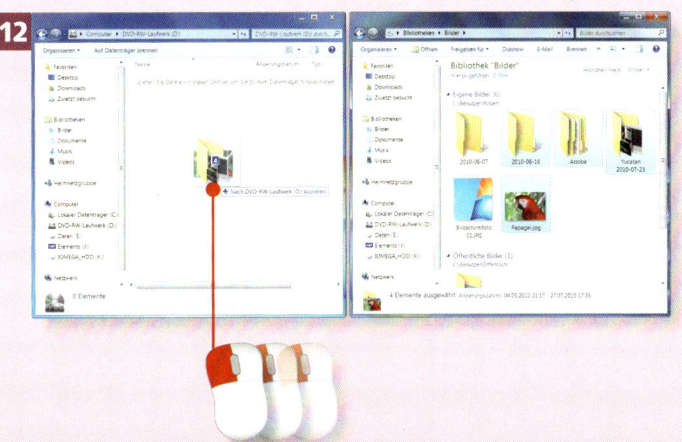

Eine Musik-CD brennen

Sie möchten eine Musik-CD mit Ihren Lieblingsstücken produzieren? Dann können Sie sowohl Wiedergabelisten (siehe Kapitel 7, ab Seite 192) als auch den Bestand Ihres Albums verwenden.

Schritt 1

Öffnen Sie den Windows Media Player (**Start** • **Alle Programme** • **Windows Media Player**).

Schritt 2

Legen Sie eine beschreibbare CD in den Brenner ein und gehen Sie auf der rechten Seite der Programmoberfläche auf die Registerkarte **Brennen**. Solange die CD noch nicht analysiert ist, ist ein orangefarbener Pfeil ❶ zu sehen.

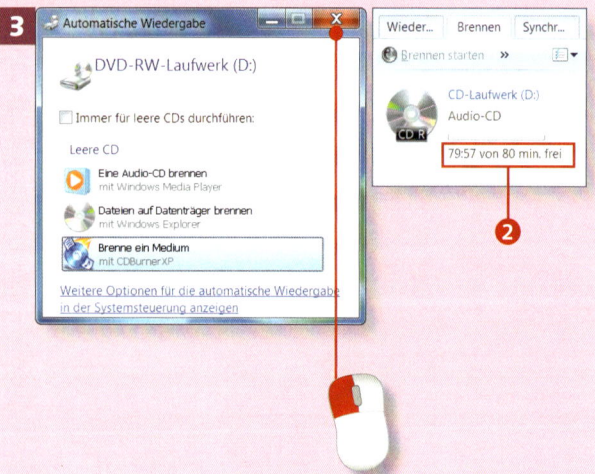

Schritt 3

Den automatisch erscheinenden Dialog sollten Sie schließen. Er wird nicht benötigt. Lesen Sie stattdessen ab, wie viel Musik auf die CD passt ❷.

> **Automatische Wiedergabe**
>
> Das Fenster erscheint immer dann, wenn Sie einen Datenträger einlegen. Da Sie allerdings beabsichtigen, mit dem Media Player zu arbeiten, wird der Dialog nicht benötigt.

Kapitel 8: Scannen, drucken, brennen

Schritt 4

Setzen Sie einen Mausklick auf das Wort **Brennliste**. Danach lässt sich die CD via Tastatur benennen. Schließen Sie die Eingabe mit ⏎ ab.

Schritt 5

Klicken Sie auf das Listen-Steuerelement. Im Kontext ist **Audio-CD** standardmäßig aktiviert. Das ist wichtig, da Sie ansonsten eine Daten-CD erstellen würden. Und die wäre nur auf einem PC abspielbar, nicht jedoch auf einem Stand Alone-Player.

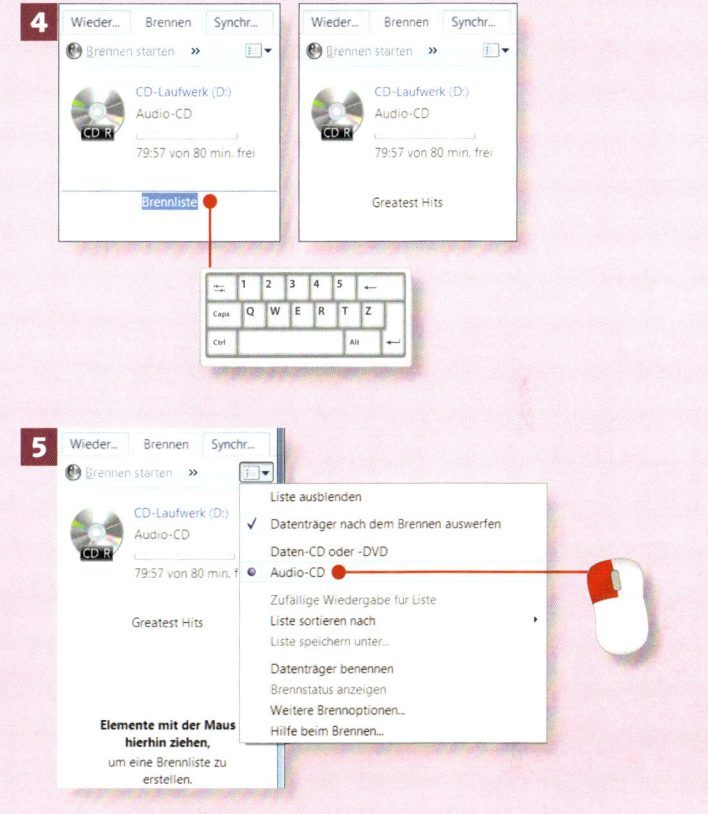

Schritt 6

Sie können der CD eine Wiedergabeliste hinzufügen, indem Sie die Liste von der linken Spalte aus nach rechts ziehen und unterhalb des CD-Titels fallen lassen. Die Audio-CD enthält dann später alle Titel aus dieser Wiedergabeliste.

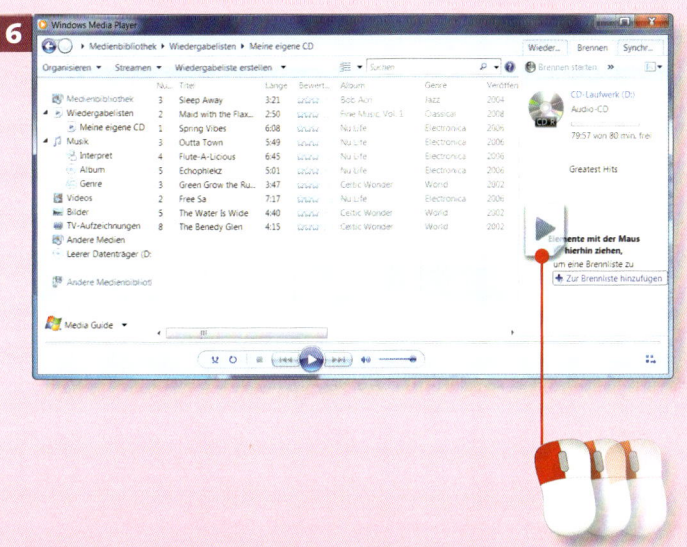

Eine Musik-CD brennen (Forts.)

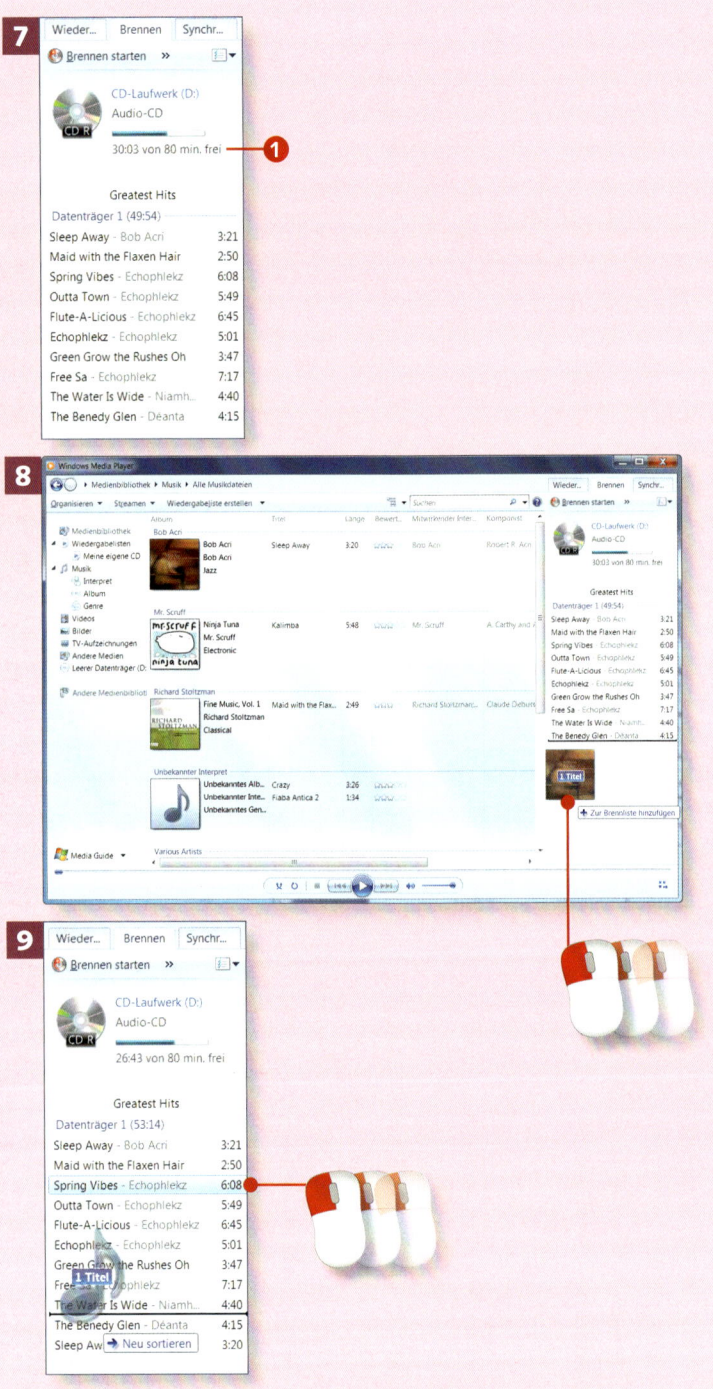

Schritt 7

Nach einer solchen Aktion sollten Sie ablesen, wie viel Platz auf der CD noch frei ist ❶. In meinem Beispiel sind noch 30 Minuten und drei Sekunden auf der CD frei. Das ist an sich kein großes Problem, aber warum sollten Sie den Platz verschwenden?

Schritt 8

Sie können weitere Titel hinzufügen, indem Sie in der linken Spalte auf **Musik** gehen und die gewünschten Titel vom Album aus in die rechte Spalte ziehen.

Schritt 9

Auch das Sortieren ist jederzeit noch möglich. Erledigen Sie das per Drag & Drop. (Hier wird beispielsweise der Titel »Spring Vibes« an die drittletzte Position verschoben.)

Kapitel 8: Scannen, drucken, brennen

Schritt 10

Am Schluss klicken Sie lediglich noch auf **Brennen starten**.

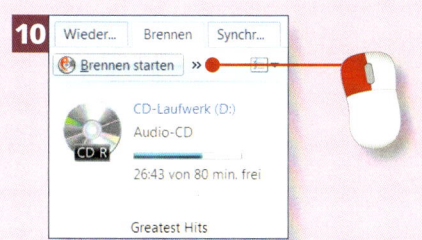

Schritt 11

Sollte das von Ihnen eingesetzte Laufwerk ein unterbrechungsfreies Brennen nicht unterstützen, erhalten Sie eine entsprechende Meldung, die Sie mit **Ja** bestätigen müssen.

Schritt 12

Der Brennvorgang wird durch einen grünen Fortschrittbalken repräsentiert. Wenn die CD fertig ist, wird sie automatisch ausgeworfen.

Lückenloses Brennen

Normalerweise werden zwischen zwei Musikstücken Pausen von jeweils zwei Sekunden eingefügt. Wenn Wie die Option **Lückenloses Brennen** aktivieren, werden diese Pausen unterbunden und die Tracks nahtlos aneinandergereiht.

Eine Diashow mit dem Windows Media Center brennen

Das Windows Media Center erlaubt das Brennen einer Diashow mit Musik. Allerdings ist die Menüführung mitunter ein wenig verwirrend. Hier zeigen wir, wie Sie sich zurechtfinden.

Schritt 1

Starten Sie die Software über **Start • Alle Programme • Windows Media Center**. Im Anschluss daran betätigen Sie **Bilder + Video** und wechseln in die **Bildbibliothek**.

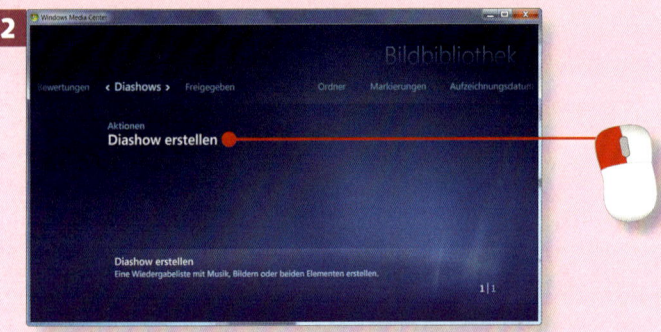

Schritt 2

Im Bereich **Aktionen** betätigen Sie die Zeile **Diashow erstellen**.

Schritt 3

Nun sollten Sie der anzulegenden Diashow einen Namen verpassen, ehe Sie auf **Weiter** klicken.

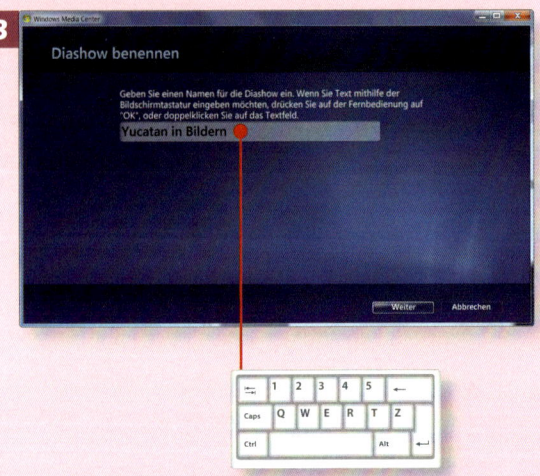

Mehrere Diashows

Prinzipiell können Sie im Media Center mehrere Diashows anlegen und verwalten. Deswegen ist es sinnvoll, die Diashow aussagekräftig zu benennen.

Kapitel 8: Scannen, drucken, brennen

Schritt 4

Nun müssen Sie nach Mediendateien suchen. Aktivieren Sie zunächst den Radio-Button **Bildbibliothek** und klicken Sie die Schaltfläche **Weiter** an.

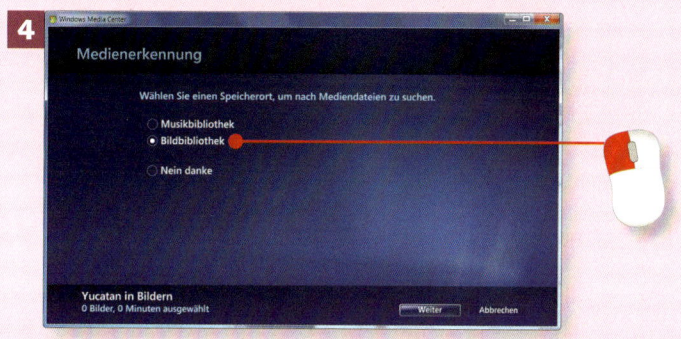

Schritt 5

Suchen Sie ein Verzeichnis aus, das Sie für Ihre Diashow verwenden sollen. Hier habe ich das Verzeichnis »Beispielbilder« gewählt.

Schritt 6

Markieren Sie alle gewünschten Fotos. Diese werden daraufhin jeweils mit einem Häkchen ausgezeichnet. Haben Sie aus Versehen ein Bild angeklickt, das eigentlich gar nicht Teil der Diashow sein soll, können Sie es genauso einfach wieder aus der Auswahl herausnehmen. Danach betätigen Sie abermals **Weiter**.

Eine Diashow mit dem Windows Media Center brennen (Forts.)

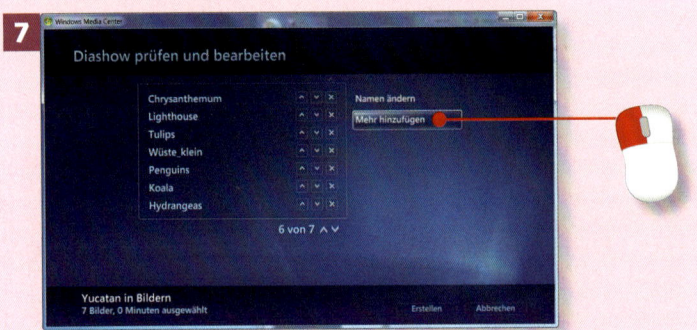

Schritt 7

Die Reihenfolge der Bilder kann mit den Pfeilen der ersten und zweiten Spalte verändert werden. Zum Entfernen eines Fotos betätigen Sie das Kreuz. Am Ende gehen Sie auf **Mehr hinzufügen**, sofern noch andere Fotos oder Sounds folgen sollen.

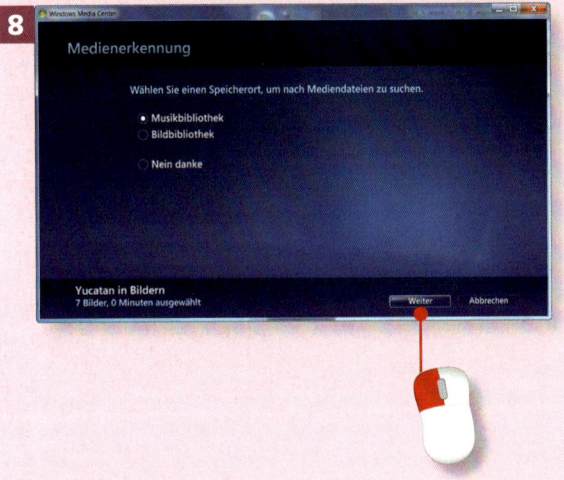

Schritt 8

Aktivieren Sie den Button **Musikbibliothek**, gefolgt von **Weiter**.

Schritt 9

Am besten ist es, wenn Sie auf den Menüpunkt **Musiktitel** klicken. Dann nämlich lassen sich einzelne Tracks per Mausklick anhaken. Danach müssen Sie den Dialog mit **Weiter** verlassen.

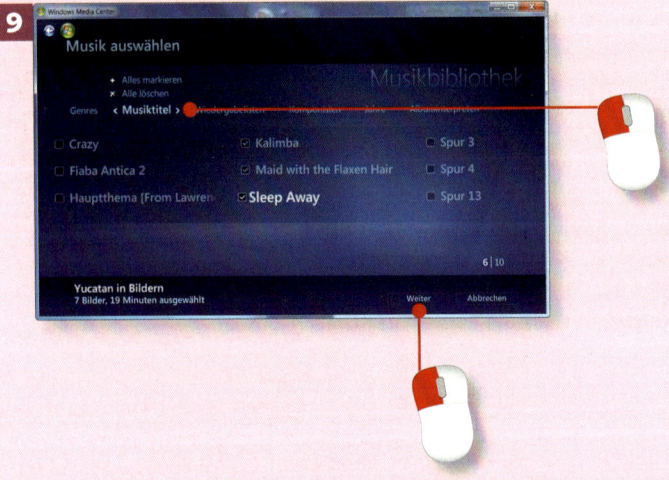

++

Anzeigevarianten

Sie können sich statt der Musiktitel auch z. B. Komponisten oder Genres anzeigen lassen, wenn Sie denken, dass Sie dadurch die Titel eher finden.

Kapitel 8: Scannen, drucken, brennen

Schritt 10

Zuletzt müssen Sie auf **Erstellen** klicken. Damit ist die Diashow angelegt.

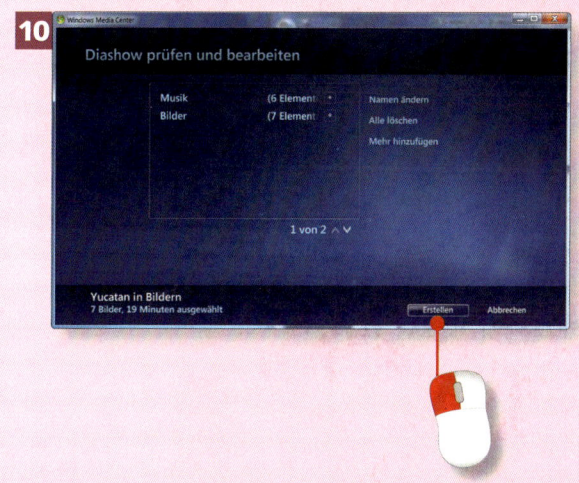

Schritt 11

Sie gelangen jetzt zurück zum Ausgangspunkt, an dem Sie auf die soeben angelegte Diashow klicken sollten (hier: »Yucatan in Bildern«), um sie zu überprüfen.

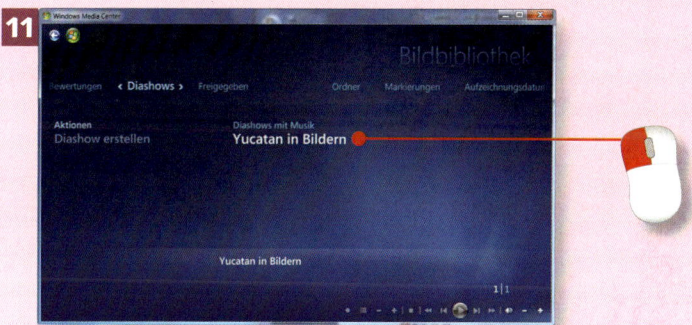

Schritt 12

Im folgenden Dialog klicken Sie auf die Zeile **Diashow wiedergeben**. Überprüfen Sie, ob alles so ist, wie Sie sich das vorgestellt hatten. Falls Sie noch Änderungen an der Diashow vornehmen wollen, betätigen Sie die Windows-Schaltfläche oben links, klicken mit der rechten Maustaste auf die zu ändernde Diashow und wählen **Bearbeiten**.

Eine Diashow mit dem Windows Media Center brennen (Forts.)

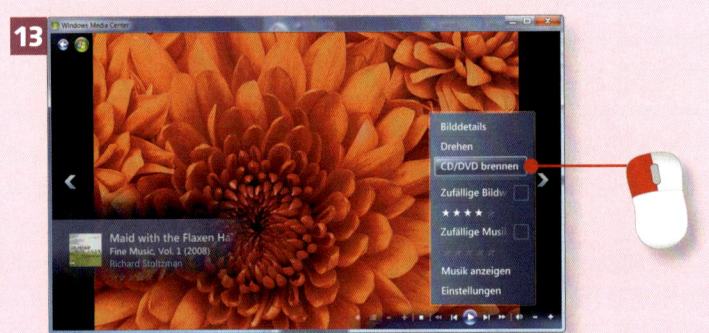

Schritt 13

Legen Sie einen DVD-Datenträger ein, setzen Sie einen Rechtsklick auf die Diashow und wählen Sie den Eintrag **CD/DVD brennen**.

Schritt 14

Zum Brennen der DVD muss die Wiedergabe unterbrochen werden. Willigen Sie per Klick auf **Ja** ein.

Schritt 15

Nun haben Sie erneut die Möglichkeit, eine **Daten-DVD** oder eine **DVD-Diashow** zu erstellen. Wählen Sie Letzteres an, damit die Diashow auch in einem DVD-Player wiedergegeben werden kann, und betätigen Sie **Weiter**.

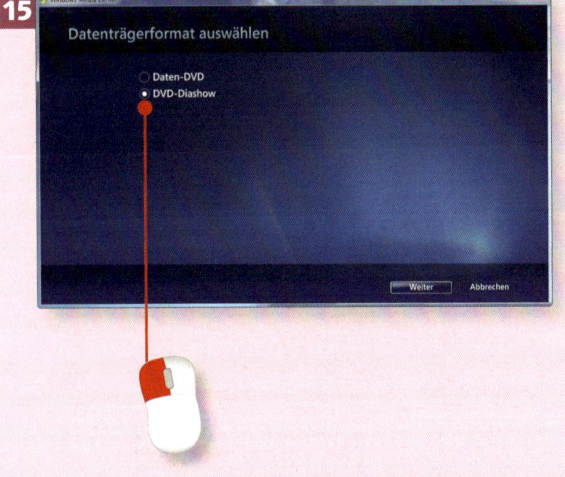

!
CD brennen
Sie können statt einer DVD auch einen leeren CD-Datenträger einlegen. Dann können Sie allerdings lediglich eine Daten-CD brennen – keine Diashow.

Kapitel 8: Scannen, drucken, brennen

Schritt 16

Vergeben Sie einen Namen für die DVD und gehen Sie danach auf **Weiter**.

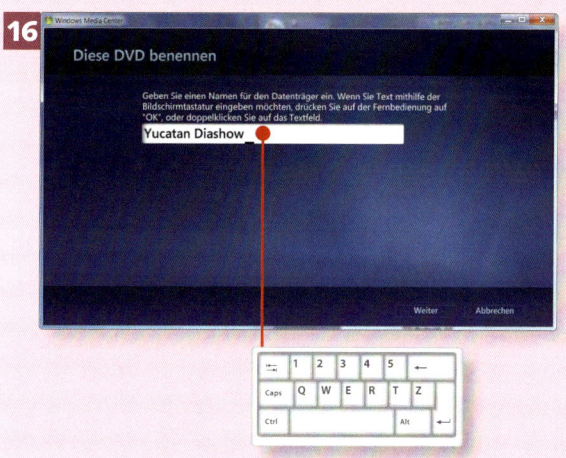

Schritt 17

Zuletzt könnten Sie die Liste noch einmal überprüfen und buchstäblich »in letzter Sekunde« noch Änderungen vornehmen (siehe Schritt 7).

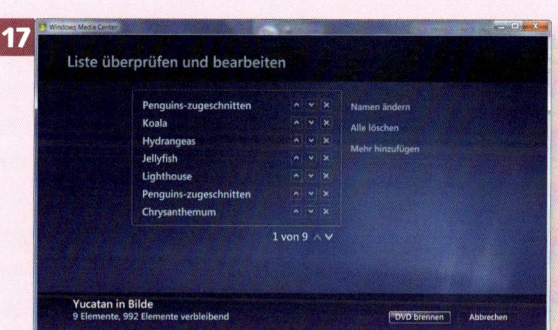

Schritt 18

Zuletzt starten Sie den Brennvorgang, indem Sie **DVD brennen** betätigen.

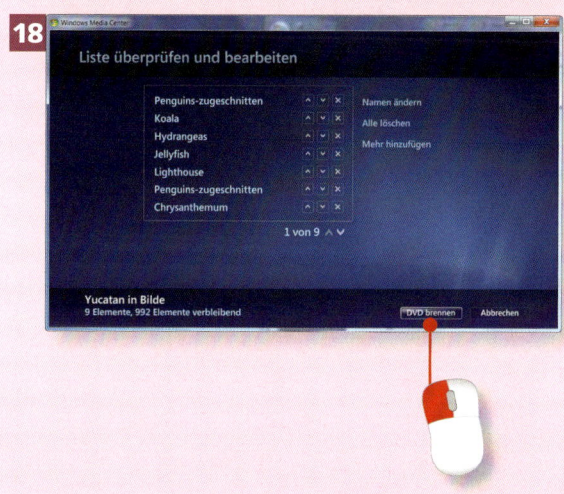

Eine Diashow brennen mit DVD Maker

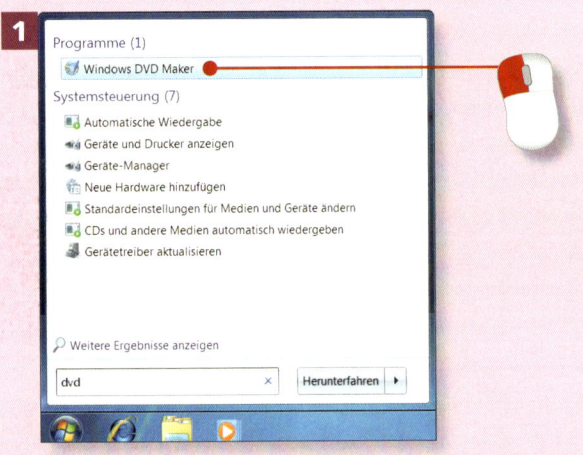

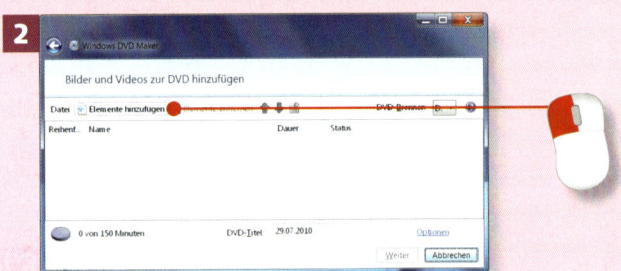

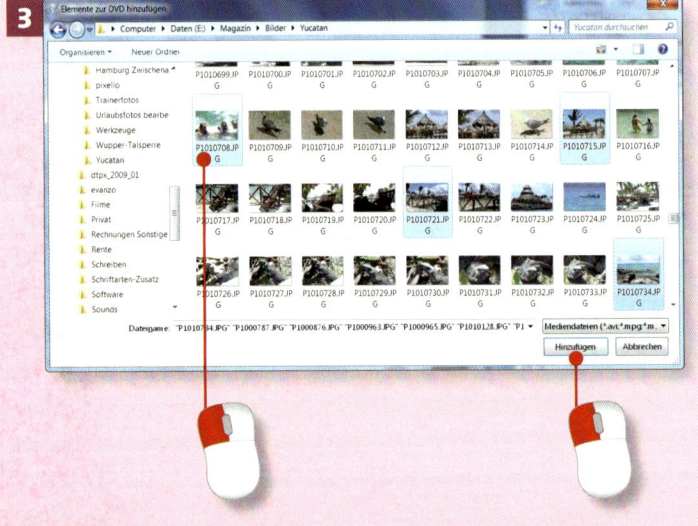

Mit der Diashow im Media Center ist das so eine Sache: Die Vorgehensweise ist gewöhnungsbedürftig. Wer es einfacher und übersichtlicher mag, der kann auch den DVD Maker benutzen. Damit zaubern Sie garantiert tolle Ergebnisse auf den Bildschirm. Hier ein Appetithäppchen dazu …

Schritt 1

Klicken Sie auf Start und geben Sie »dvd« in das Eingabefeld ein. Aktivieren Sie den **Windows DVD Maker**.

Schritt 2

Klicken Sie auf die Schaltfläche **Elemente hinzufügen**, um die Diashow mit Leben zu füllen.

Schritt 3

Die gewünschten Bilder müssen nun markiert werden (Strg oder ⇧ gedrückt halten, damit Sie mehrere Fotos aussuchen können). Zum Schluss gehen Sie auf **Hinzufügen**.

> **Mehrfach hinzufügen**
>
> Wollen Sie noch weitere Verzeichnisse durchsuchen? Dann können Sie erneut auf **Elemente hinzufügen** gehen und zusätzlich noch Bilder eines anderen Ordners hinzufügen.

Kapitel 8: Scannen, drucken, brennen

Schritt 4

Gehen Sie jetzt noch einmal auf **Elemente hinzufügen**. Wiederholen Sie Schritt 3, wobei Sie diesmal Sounddateien markieren, ehe Sie auf **Hinzufügen** klicken.

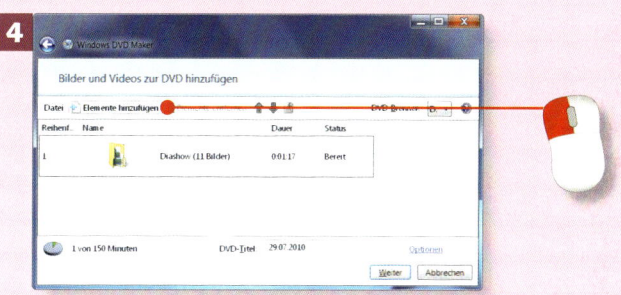

Schritt 5

Sie erhalten anschließend eine Meldung, die Sie mit OK bestätigen müssen. Durch das aktivierte Häkchen vor **Nicht mehr anzeigen** ❶ bleibt der Dialog in Zukunft aus.

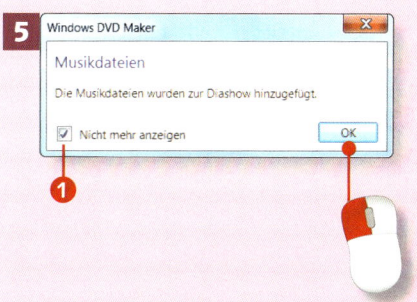

Schritt 6

In der rechten Spalte können Sie noch einen Menüstil festlegen, indem Sie die gewünschte Vorschau-Miniatur anklicken (hier: Videowand). Zuletzt betätigen Sie **Brennen**.

> **Weitere Änderungen vornehmen**
> Beachten Sie die Schaltflächen **Menütext** und **Menü anpassen**, mit denen Sie weitere Einstellungen vornehmen können. Zur Änderung der Bildreihenfolge setzen Sie einen Doppelklick auf den Ordner (Schritt 4) und ziehen die Bilder per Drag & Drop an die gewünschte Position.

Kapitel 9:
E-Mails einrichten, empfangen, versenden

Wie leicht und nützlich ist es doch, per E-Mail in Kontakt zu bleiben. Windows 7 lässt sich sehr einfach um ein Programm erweitern, mit dem Sie E-Mails schreiben und empfangen können: Windows Live Mail.

❶ E-Mails schreiben, senden und löschen
Wie Sie Windows Live Mail installieren und damit dann Ihre E-Mails schreiben, senden und verwalten können, erfahren Sie in diesem Kapitel.

❷ Kontakte digital verwalten
Ein digitales Adressbuch bringt so manche Vorteile mit sich. Wenn Sie sich diese Vorteile auch zu Nutze machen wollen, folgen Sie den Anleitungen in diesem Kapitel Schritt für Schritt.

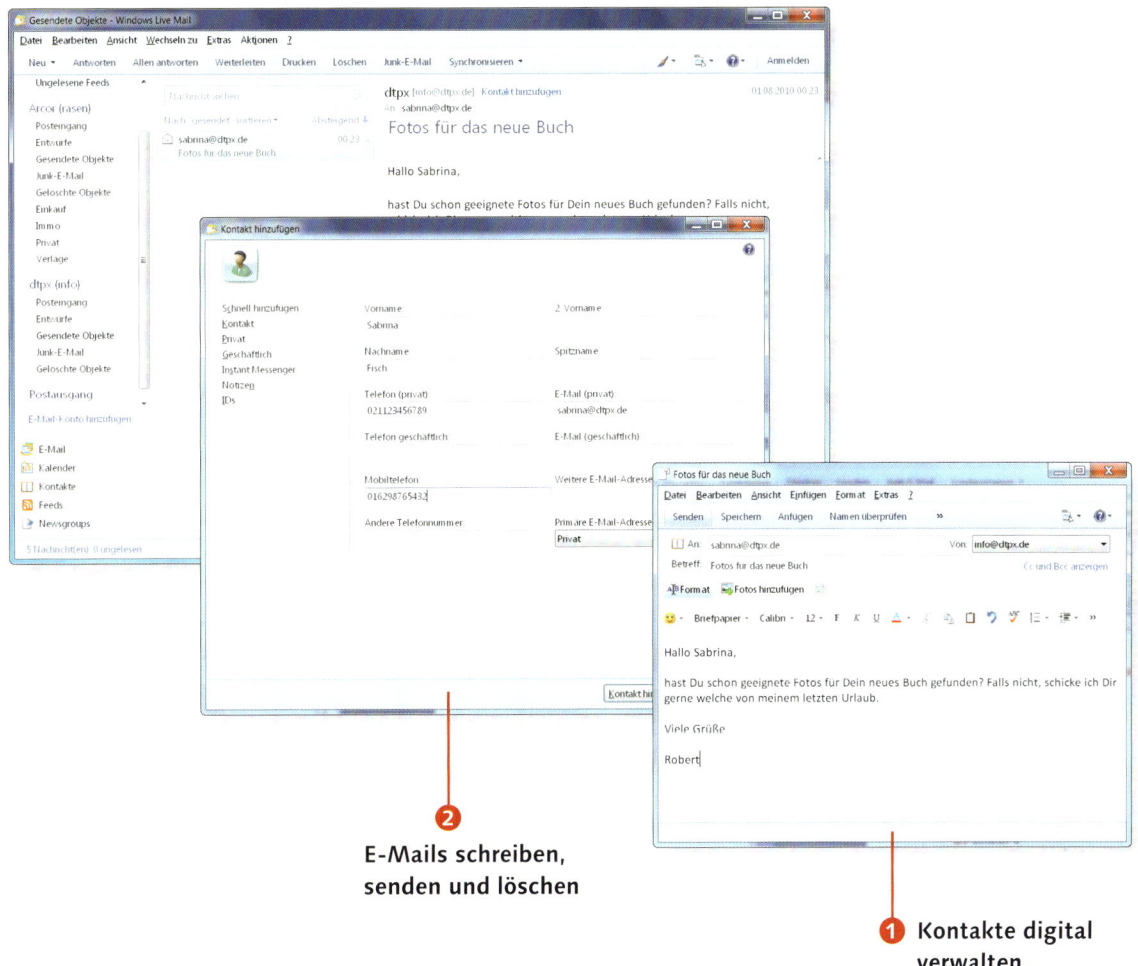

② E-Mails schreiben, senden und löschen

① Kontakte digital verwalten

Windows Live Mail herunterladen und installieren

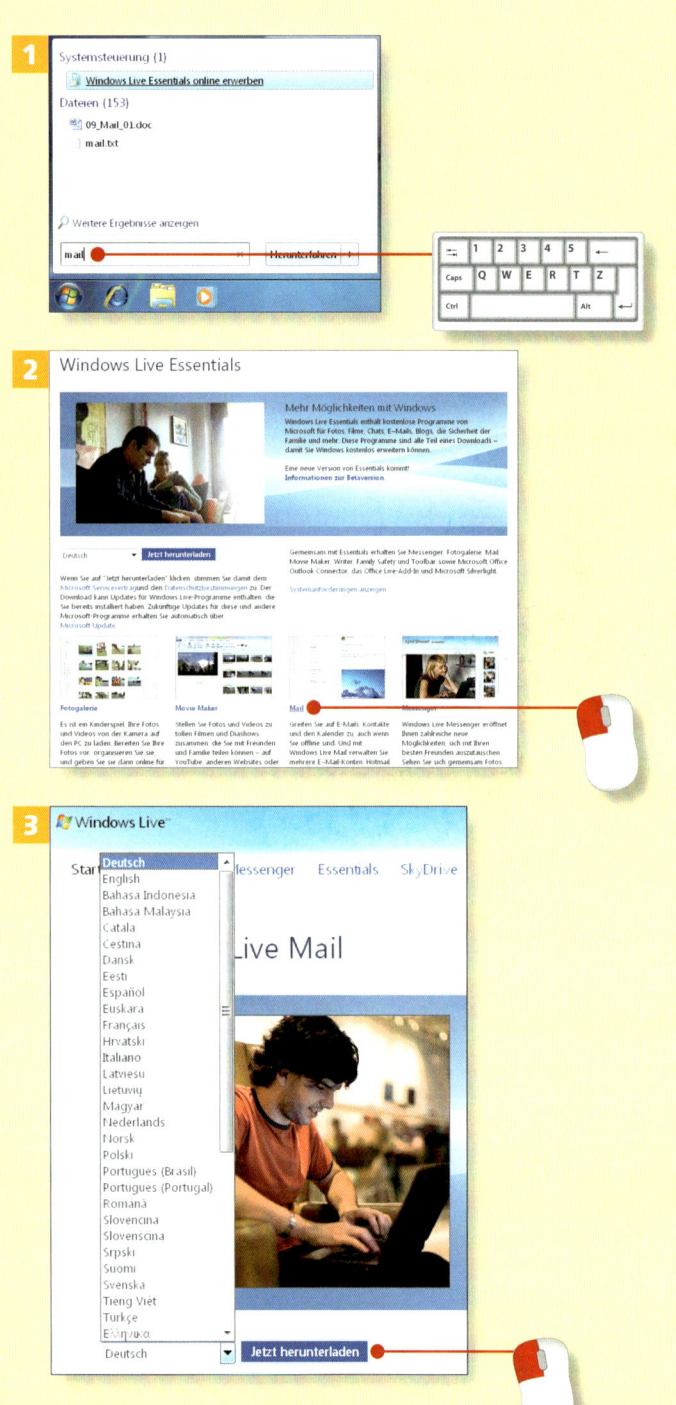

Leider bringt Windows 7 von Haus aus kein E-Mail-Programm mit. Sie können Ihr Betriebssystem allerdings mit wenigen Handgriffen erweitern, sodass Sie auch unter Windows 7 ein Programm zum Senden und Empfangen von E-Mails zur Verfügung haben.

Schritt 1

Betätigen Sie **Start** in der Taskleiste und tippen Sie »mail« in das Suchfeld ein. Danach klicken Sie auf den Eintrag **Windows Live Essentials online erwerben**.

Schritt 2

Sie können direkt auf **Jetzt installieren** klicken. Wenn Sie jedoch zunächst weitere Infos über »Live Mail« einholen wollen, gehen Sie auf der Seite etwas nach unten, bis Sie **Mail** entdecken. Klicken Sie auf die Überschrift.

Schritt 3

Im linken Pulldown-Menü können Sie nun eine Sprachversion wählen. Danach betätigen Sie die Schaltfläche **Jetzt herunterladen**.

Kapitel 9: E-Mails einrichten, empfangen, versenden

Schritt 4

Jetzt erkundigt sich Windows 7, ob Sie das Programm ausführen oder speichern wollen. Gehen Sie auf **Speichern**. Den Browser (Internet Explorer) können Sie wieder schließen.

Schritt 5

Betätigen Sie das Explorer-Symbol in der Taskleiste. In der linken Spalte markieren Sie **Downloads**. Dort werden standardmäßig heruntergeladene Dateien abgelegt.

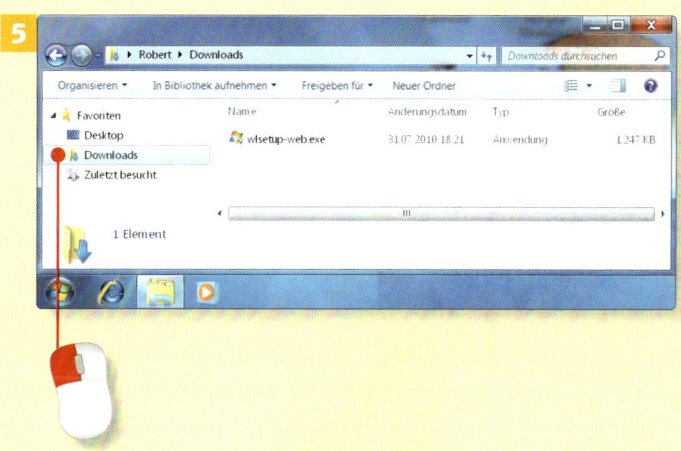

Schritt 6

Setzen Sie einen Doppelklick auf die heruntergeladene Datei. Die darauf folgende Kontrollabfrage müssen Sie mit **Ja** bestätigen. Durch die Kontrollabfrage wird sichergestellt, dass »Sie« und niemand anderes das Betriebssystem mit der Aufgabe betraut hat, eine Programminstallation durchzuführen.

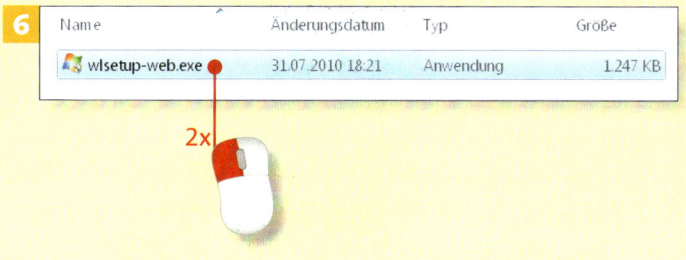

Live Mail
Windows Live Mail ist eine Zusatz-Software, die Sie als Benutzer von Windows 7 kostenlos verwenden können.

Windows Live Mail herunterladen und installieren (Forts.)

Schritt 7

Gedulden Sie sich einen Moment. Ihr PC wird zur Installation vorbereitet. Das nächste Fenster wird im Anschluss daran ohne Ihr Einwirken bereitgestellt.

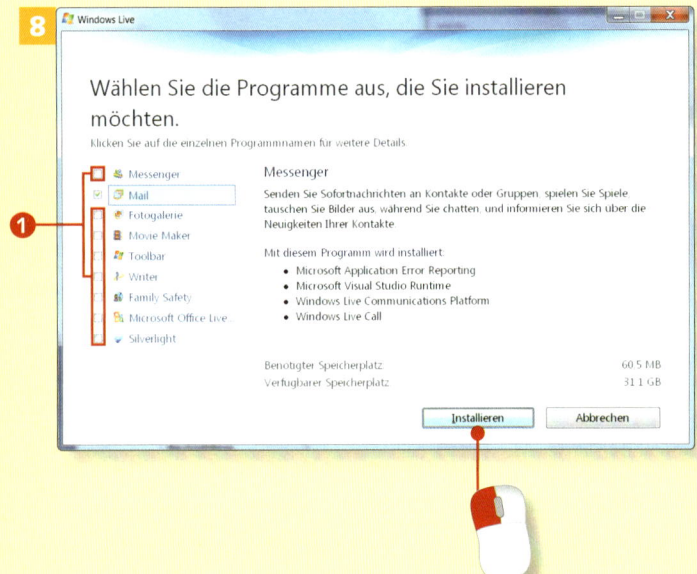

Schritt 8

Wenn Sie jetzt nur **Mail** installieren wollen, deaktivieren Sie alle anderen Häkchen ❶ und betätigen Sie den Button **Installieren**.

Schritt 9

Dieser Arbeitsgang dauert auch auf schnellen Rechnern seine Zeit. Brechen Sie den Vorgang nicht ab. Das Abbrechen kann ungute Konsequenzen haben. Üben Sie sich also besser in Geduld. Den Fortschritt der Installation können Sie am Ladebalken ablesen.

!
Weitere Live-Software
Sie können die anderen Programme jederzeit nachträglich noch installieren, indem Sie die vorangegangenen Schritte erneut in Anwendung bringen.

Kapitel 9: E-Mails einrichten, empfangen, versenden

Schritt 10

Windows Live versucht nun, die Konfigurationen durchzuführen. Verweigern Sie dies, indem Sie alle Checkboxen ❶ abwählen und anschließend auf **Weiter** klicken.

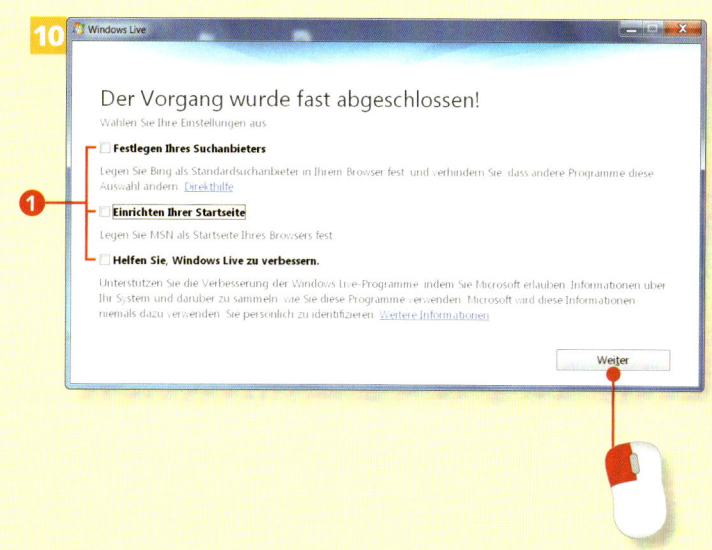

Schritt 11

Das Live-Programm heißt Sie nun willkommen. Klicken Sie dann auf **Schließen**.

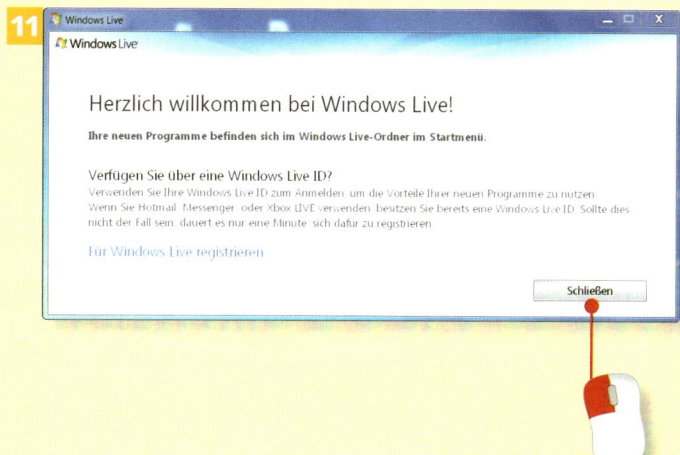

Windows Live Mail konfigurieren

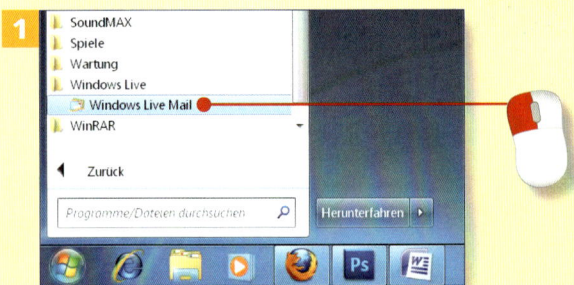

Generell lässt Ihnen das Live-Programm von Windows 7 die Wahl zwischen »Hotmail« und »Live Mail«. Wir entscheiden uns hier für Letzteres, da es insgesamt mehr Möglichkeiten bietet.

Schritt 1

Öffnen Sie Windows Live Mail, indem Sie über **Start • Alle Programme** in den Ordner **Windows Live** gehen. Klicken Sie auf den Eintrag **Windows Live Mail**.

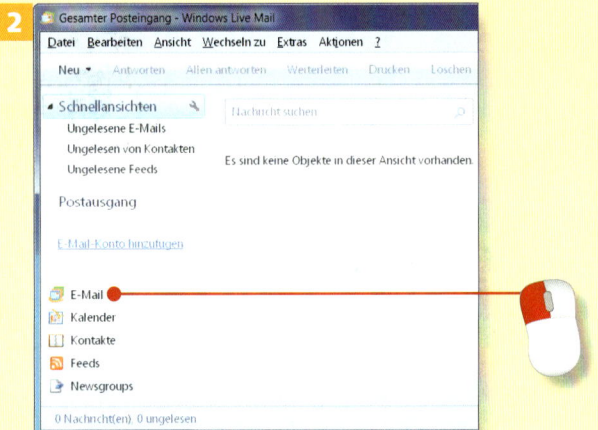

Schritt 2

Betätigen Sie die Zeile **E-Mail-Konto hinzufügen**.

Schritt 3

Geben Sie Ihre E-Mail-Adresse ein, drücken Sie zweimal ⇆ und tragen Sie Ihr Kennwort ein, das Sie zum Abrufen der Mails benötigen. Zuletzt drücken Sie wieder zweimal ⇆ und tragen den Namen ein, den Ihre Mail-Empfänger künftig lesen sollen. Zuletzt betätigen Sie **Weiter**.

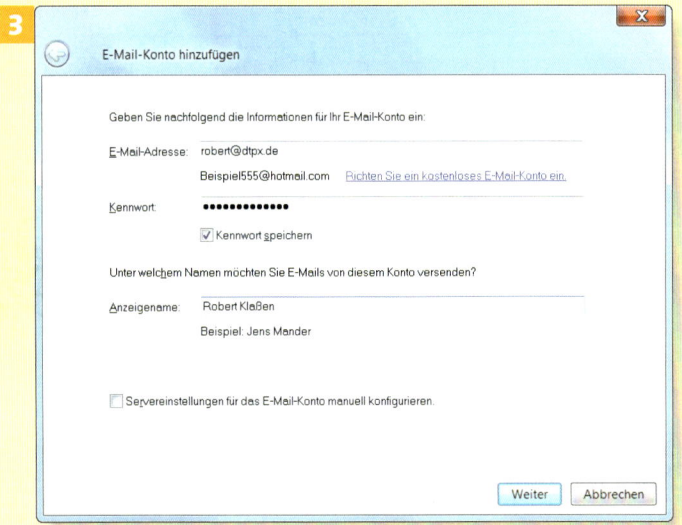

Kennwort speichern

Das Kennwort sollten Sie unbedingt speichern. Tun Sie das nicht, müssen Sie es künftig bei jedem Abruf Ihrer E-Mails erneut eingeben.

Kapitel 9: E-Mails einrichten, empfangen, versenden

Schritt 4

Nun müssen Sie die Daten eintragen, die Sie von Ihrem Provider erhalten haben. Der **Posteingangsserver** ❶ hat häufig die Schreibweise: »pop3.[Provider].de«, z. B. »pop3.gmx.de«, während der **Postausgangsserver** ❷ nicht selten mit »mail.[Provider].de« betitelt ist. Im Zweifelsfall suchen Sie auf der Website Ihres Providers nach den richtigen Eingaben. Betätigen Sie am Ende auch hier mit **Weiter**.

Schritt 5

Wenn das Konto, das Sie gerade einrichten, Ihr Hauptkonto werden soll, aktivieren Sie **Dieses Konto als Standard-E-Mail-Konto festlegen** ❸. Danach ist nichts weiter zu tun, als auf **Fertig stellen** zu klicken.

Schritt 6

Sie können jetzt weitere Konten hinzufügen, indem Sie abermals auf **E-Mail-Konten hinzufügen** gehen. Und so löschen Sie Konten: Klicken Sie mit der rechten Maustaste auf die blaue Überschrift des Kontos, und betätigen Sie **Konto entfernen**.

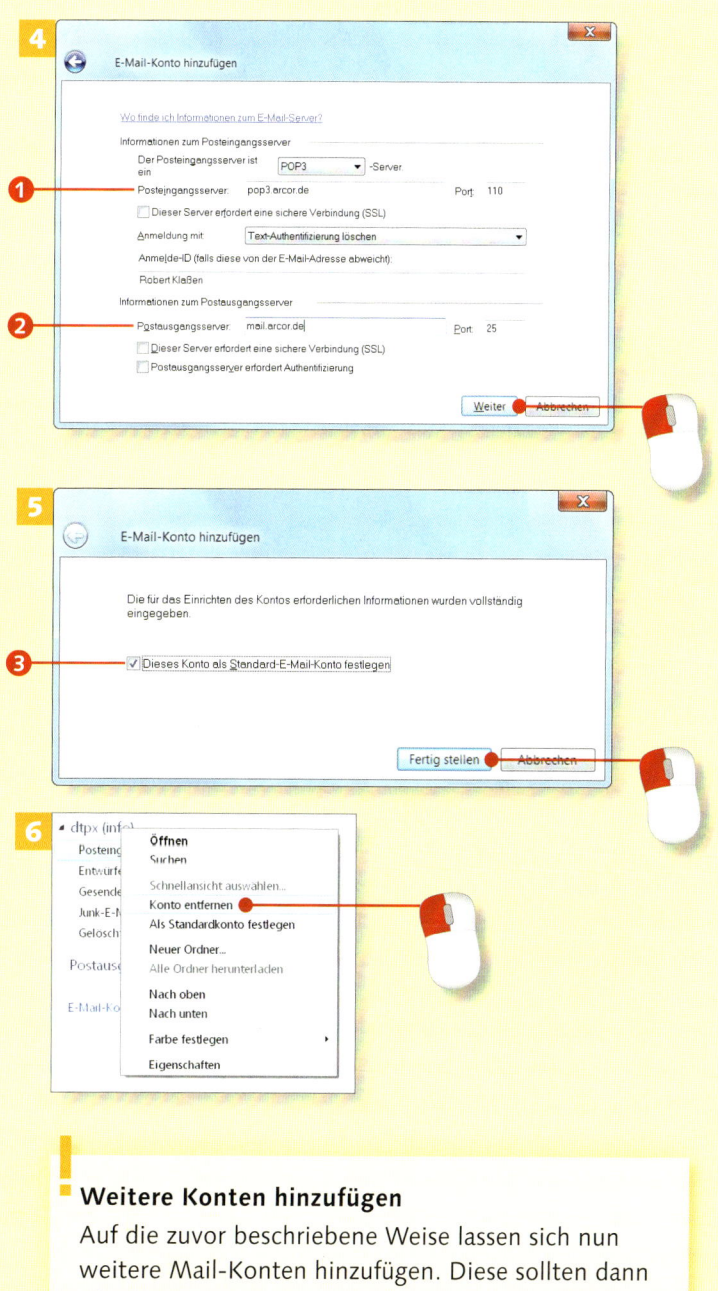

!
Weitere Konten hinzufügen
Auf die zuvor beschriebene Weise lassen sich nun weitere Mail-Konten hinzufügen. Diese sollten dann allerdings nicht mehr als Standard-E-Mail-Konten festgelegt werden (siehe Schritt 5).

Windows Live Mail konfigurieren (Forts.)

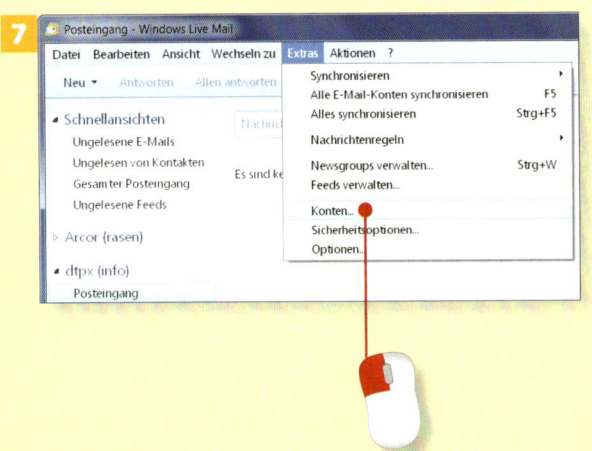

Schritt 7

Wann immer Sie Änderungen an einem Konto vornehmen wollen (z. B. Änderung des Passwortes oder des Namens), gehen Sie über **Extras • Konten**. Dort werden dann alle Konten angezeigt und Sie können auswählen, an welchem Konto Sie Änderungen vornehmen möchten.

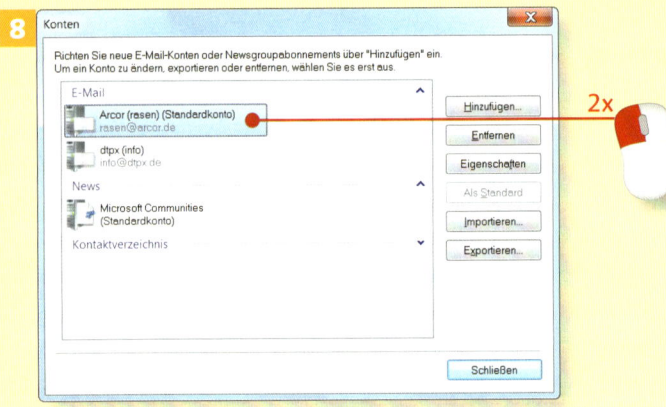

Schritt 8

Im folgenden Dialog setzen Sie einen Doppelklick auf das Konto, das es zu bearbeiten gilt. (Hier ist es das Standardkonto Arcor.)

Schritt 9

Nehmen Sie nun weitere Einstellungen vor, indem Sie **Extras • Optionen** anklicken. Es öffnet sich ein Dialogfenster mit mehreren Registerkarten. Keine Sorge, die meisten Einstellungen dort müssen Sie nicht anpassen.

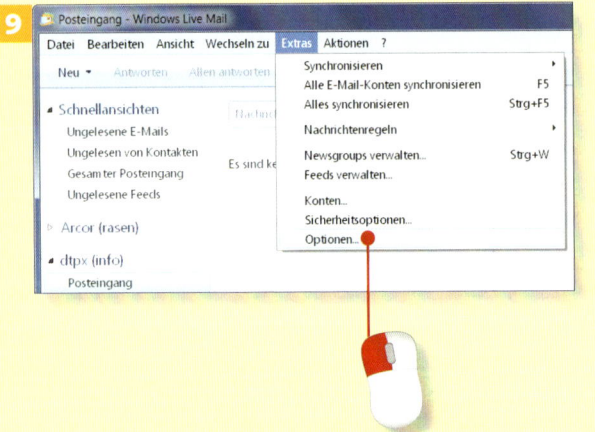

Kapitel 9: E-Mails einrichten, empfangen, versenden

Schritt 10

Auf der Registerkarte **Allgemein** legen Sie fest, in welchen Abständen Live Mail automatisch den Eingangsserver nach neuen Nachrichten durchsuchen soll. Benutzen Sie dazu die Dreieck-Buttons neben der Minuten-Anzeige.

Schritt 11

Zuletzt noch eine sehr wichtige Einstellung: Live Mail löscht nämlich empfangene E-Mails nicht automatisch von Ihrem Mail-Server (siehe Kasten). Wiederholen Sie daher zunächst die Schritte 7 und 8, ehe Sie Schritt 12 folgen lassen.

Schritt 12

Danach gehen Sie in den Eigenschaften eines jeden Kontos auf das Register **Erweitert** und deaktivieren die Funktion **Kopie aller Nachrichten auf dem Server belassen**, ehe Sie mit OK bestätigen.

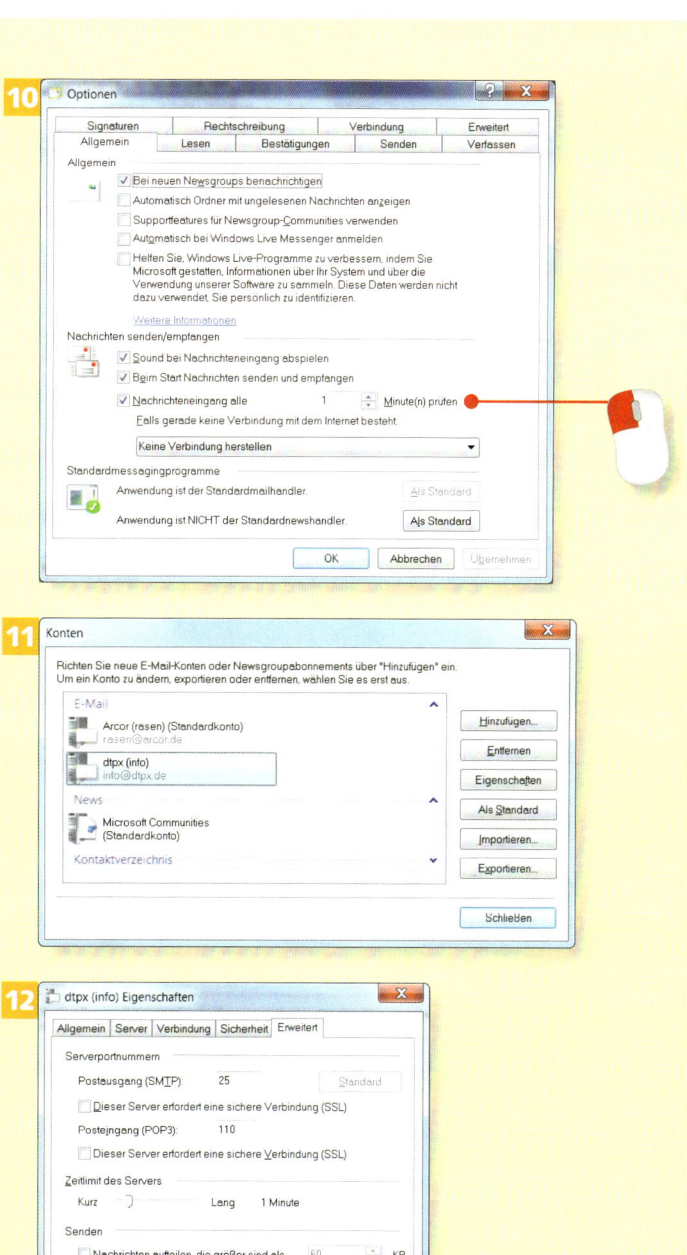

!
Mails manuell löschen

Wenn Sie die Funktion aktiviert lassen, sollten Sie die Mails auf Ihrem Server ab und zu manuell löschen. Ansonsten wird irgendwann das Limit erreicht sein, und es können keine weiteren Mails mehr empfangen werden.

235

E-Mails schreiben, senden, löschen

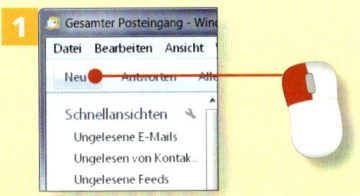

Nachdem Sie Windows Live Mail nun installiert und konfiguriert haben, können Sie sich jetzt mit der Praxis beschäftigen.

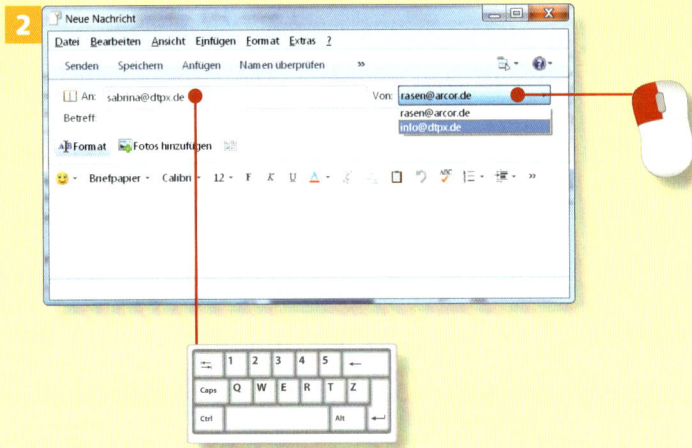

Schritt 1

Klicken Sie auf **Neu** oder drücken Sie [Strg] + [N], um eine neue E-Mail zu verfassen.

Schritt 2

Tragen Sie die E-Mail-Adresse des Empfängers ein. Wenn Sie mehrere Konten eingerichtet haben, können Sie über das nebenstehende Listenfeld zudem noch entscheiden, wer als Absender der E-Mail ausgewiesen werden soll.

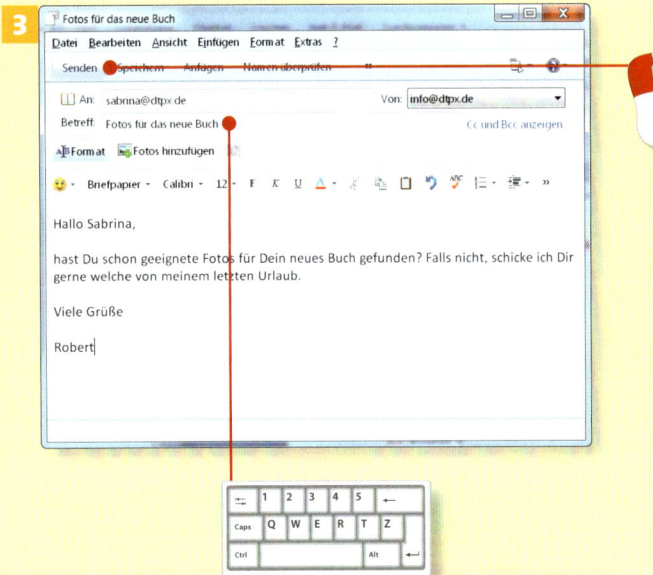

Schritt 3

Klicken Sie in das Betreff-Feld und machen Sie eine entsprechende Eingabe, gefolgt von [↹]. Jetzt können Sie den eigentlichen Text der E-Mail verfassen, ehe Sie auf **Senden** gehen.

Kein Betreff erforderlich
Sie sollten, »müssen« aber keinen Betreff angeben. Allerdings weist Live Mail beim Klick auf **Senden** auf diesen Missstand mit einer Hinweistafel hin.

Kapitel 9: E-Mails einrichten, empfangen, versenden

Schritt 4

Verschickte E-Mails werden grundsätzlich in Ihrem Live Mail gespeichert. Sie finden das gute Stück, wenn Sie die Zeile **Gesendete Objekte** des angegebenen Absenders betätigen.

Schritt 5

Zum Löschen markieren Sie die E-Mail in der Fenstermitte und drücken `Entf`. Genauso löschen Sie auch eingegangene E-Mails. Also zuerst die Nachricht markieren und dann `Entf` drücken.

Schritt 6

Trotz Löschung sind die Mails noch immer vorhanden. Gehen Sie daher in **Gelöschte Objekte** des jeweiligen Kontos, markieren Sie die endgültig zu löschende E-Mail und drücken Sie `Entf`. Die Kontrollabfrage beantworten Sie mit **Ja**.

Alle gelöschten E-Mails dauerhaft entfernen

Nun ist es recht mühsam jede E-Mail einzeln zu löschen. Daher können Sie zunächst auch nur »eine« markieren und anschließend `Strg` + `A`, gefolgt von `Entf` drücken.

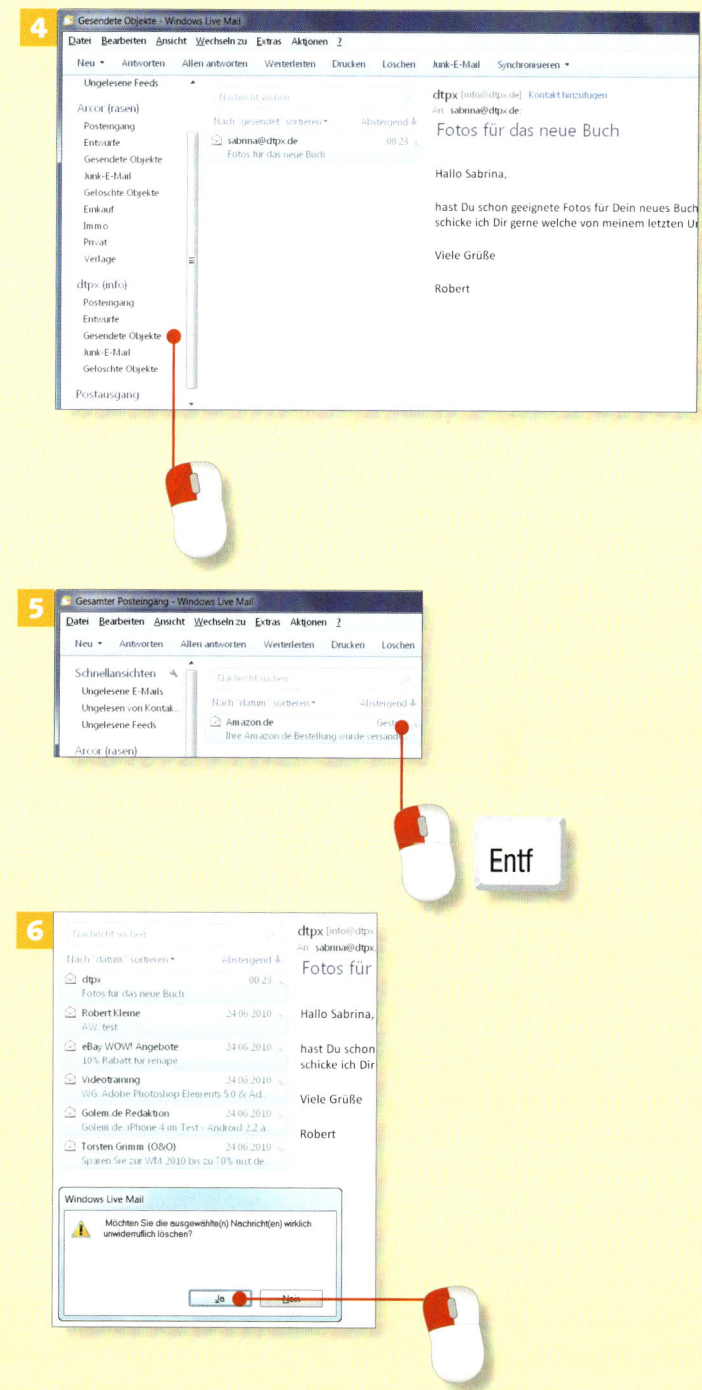

Kontakte speichern und verwalten

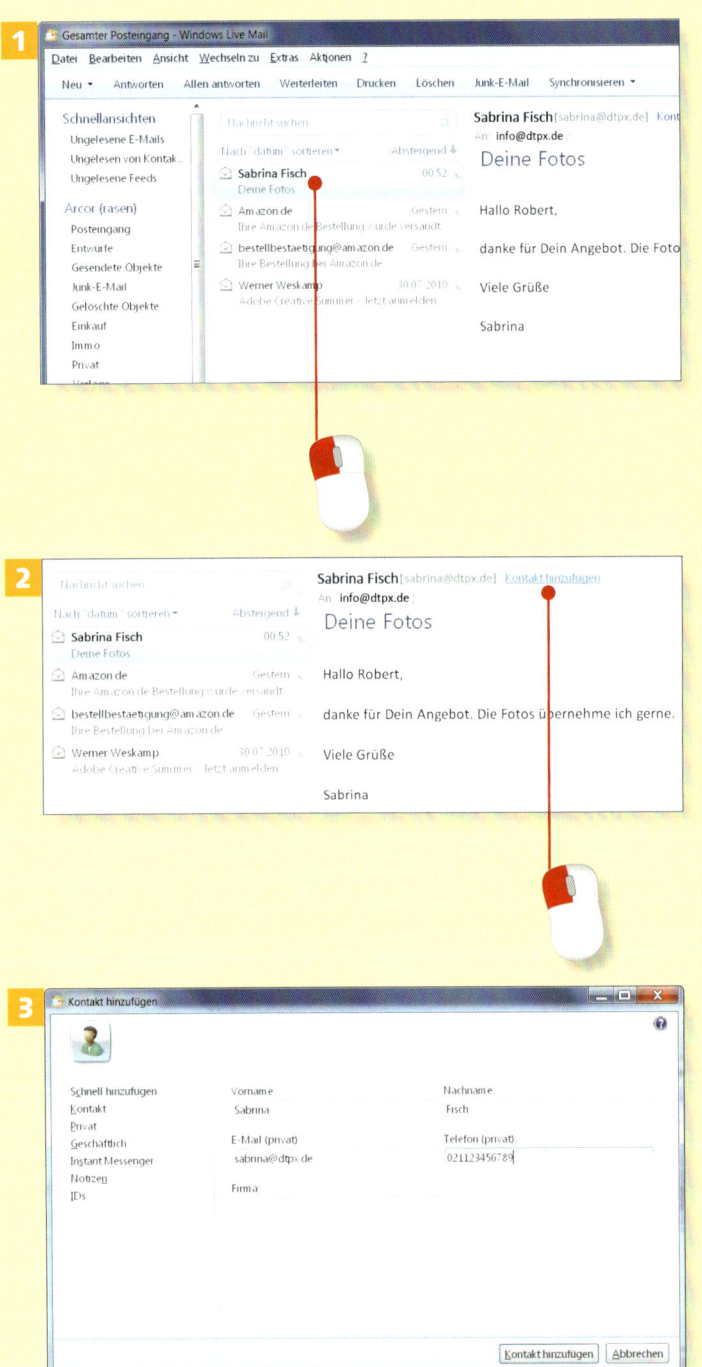

Sie haben überhaupt keine Lust, häufig verwendete E-Mail-Adressen immer wieder aufs Neue einzutippen? Das ist nur verständlich. Deswegen sollten Sie Kontakte anlegen.

Schritt 1

Markieren Sie auf der linken Seite den **Posteingang**, der die betreffende Mail enthält, hier im Beispiel ist es »dtpx (info)«. Danach markieren Sie die Mail in der Mitte des Fensters.

Schritt 2

Widmen Sie sich der rechten Seite und klicken Sie auf **Kontakt hinzufügen**, oben neben der E-Mail-Adresse.

Schritt 3

Vervollständigen Sie die Eingabefelder, wobei das Ausfüllen natürlich optional ist. Was Sie für unwichtig halten, lassen Sie einfach weg.

Kapitel 9: E-Mails einrichten, empfangen, versenden

Schritt 4

Auf der linken Seite des Fensters dürfen Sie auch gern einen anderen Bereich wählen (hier: **Kontakt**). Dann nämlich lassen sich ausführlichere Infos festlegen. Am Ende geht es auf **Kontakt hinzufügen**.

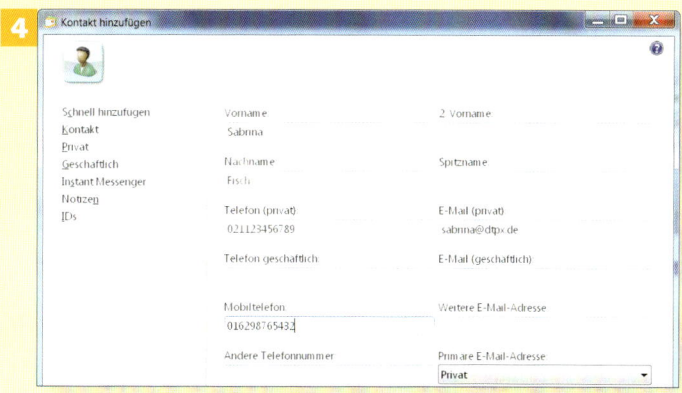

Schritt 5

Wenn Sie gespeicherte Kontakte nachbearbeiten wollen, müssen Sie zunächst unten links auf **Kontakte** gehen.

Schritt 6

Einzelne Kontakte lassen sich per Doppelklick nachbearbeiten bzw. mit einem Rechtsklick, gefolgt von **Löschen,** entfernen

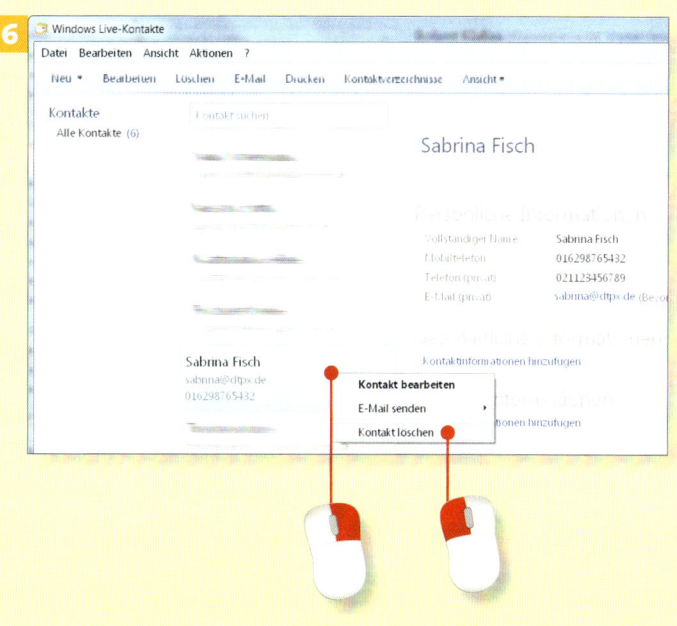

!
Kontaktadressen nutzen

Wenn Sie wissen wollen, wie sich Kontaktadressen ganz schnell einsetzen lassen, beachten Sie Schritt 1 des Abschnitts »Tipps und Tricks zu Live Mail« auf Seite 242.

Fotos per E-Mail senden

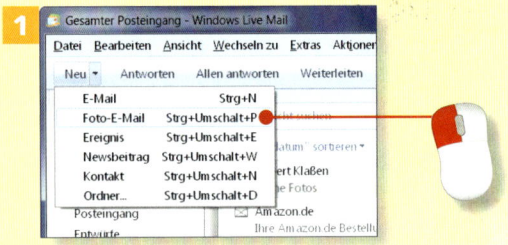

Dass sich Fotos per E-Mail versenden lassen, haben Sie bereits ab Seite 166, erfahren. Hier wenden wir uns dem Thema noch einmal zu, allerdings geht es diesmal eher um die Gestaltungsmöglichkeiten.

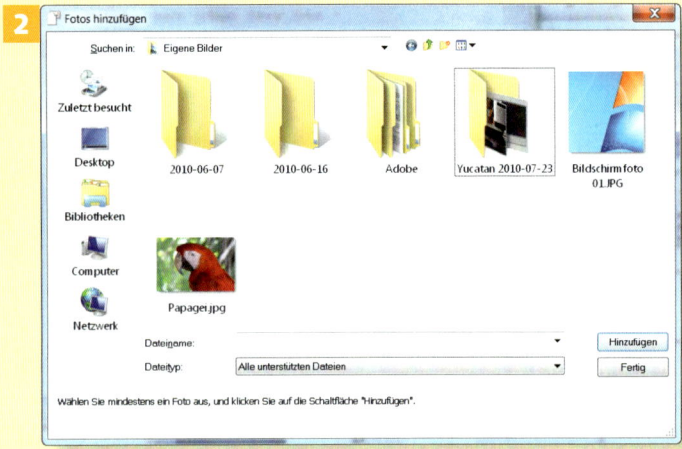

Schritt 1

Betätigen Sie das kleine Dreieck neben **Neu** und entscheiden Sie sich für den Listeneintrag **Foto E-Mail**. Alternativ drücken Sie die Tastenkombination [Strg] + [⇧] + [P].

Schritt 2

Daraufhin öffnen sich zwei Fenster. Mithilfe des obersten, **Fotos hinzufügen**, können Sie zunächst zu den gewünschten Ordnern navigieren.

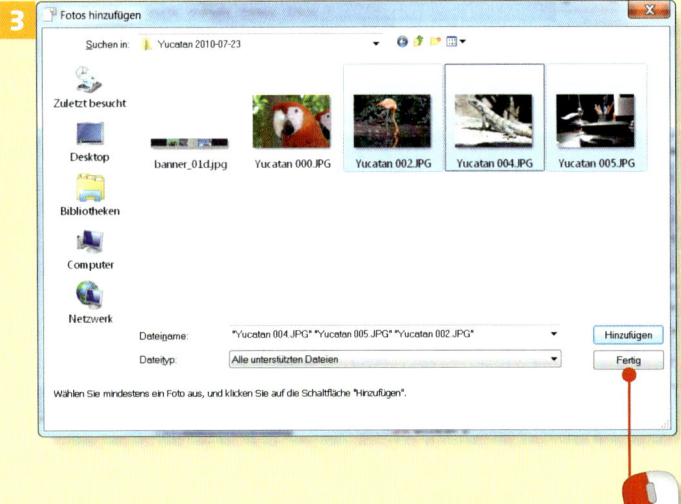

Schritt 3

Sie können jetzt ein oder mehrere Fotos markieren und auf **Fertig** klicken. Dadurch wird der Dialog geschlossen.

Weitere Fotos hinzufügen
Betätigen Sie nicht **Fertig,** sondern **Hinzufügen**, bleibt der Dialog geöffnet, und Sie können noch weitere Bilder, z. B. aus anderen Ordnern, hinzufügen.

Kapitel 9: E-Mails einrichten, empfangen, versenden

Schritt 4

Tragen Sie jetzt die E-Mail-Adresse sowie einen Betreff ein und klicken Sie anschließend auf **Layout**.

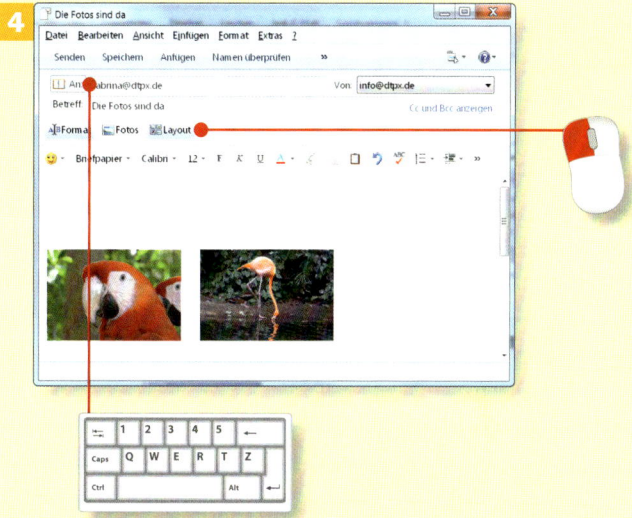

Schritt 5

Oberhalb der Bilder finden Sie die Layout-Buttons. Wählen Sie einen davon aus (hier: **Groß, Text rechts**). Danach setzen Sie einen Mausklick auf **Klicken Sie hier, um Text hinzuzufügen**. Das ermöglicht das Verfassen eines Hinweises zum Bild.

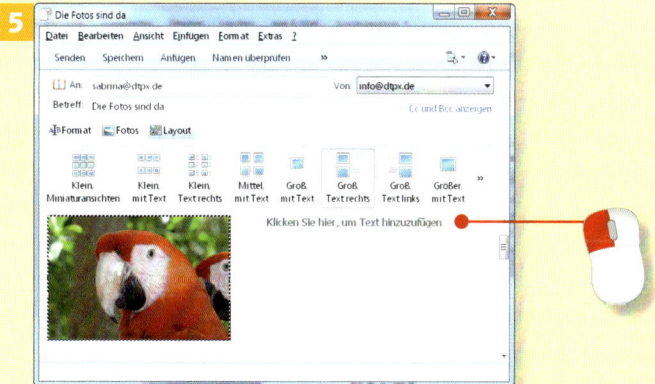

Schritt 6

Scrollen Sie nach unten, und fügen Sie weitere Texte für die anderen Fotos hinzu. Am Schluss müssen Sie lediglich noch auf **Senden** gehen.

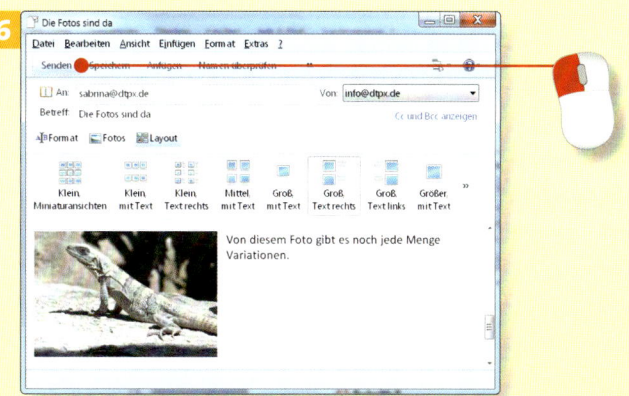

Maximum beachten

Verschicken Sie nicht zu viele Fotos auf einmal. Die meisten E-Mail-Dienste können nur bis zu 10 MB empfangen, andere sogar nur maximal 5 MB.

Tipps und Tricks zu Live Mail

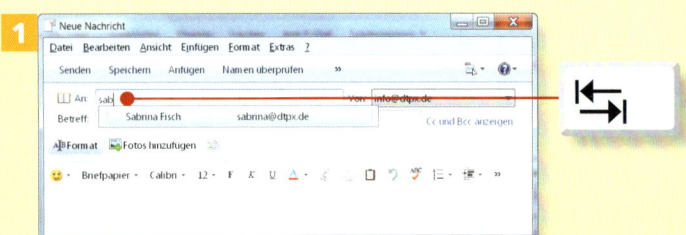

Nachdem Sie erfahren haben, wie Live Mail im täglichen Umgang bedient werden kann, hier noch ein paar Tipps und Tricks.

Schritt 1

Live Mail versucht, gespeicherte Adressen während der Eingabe zu vervollständigen. Meist reicht es, wenn Sie den Anfang des Vor- oder Nachnamens eintragen. Wenn die Mail den richtigen Kontakt gefunden hat, drücken Sie lediglich ⇆, um den Rest zu übernehmen.

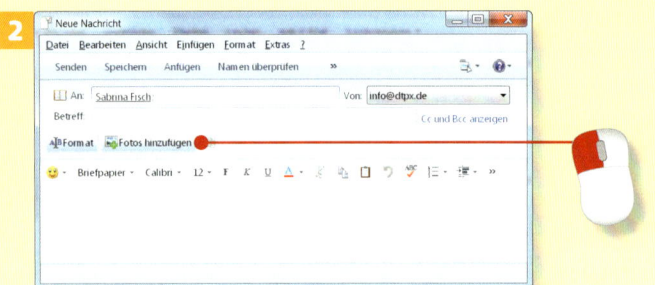

Schritt 2

Selbstverständlich lassen sich Fotos auch in eine herkömmliche E-Mails integrieren. Sie müssen nicht extra eine Foto-Mail erzeugen. Betätigen Sie stattdessen **Fotos hinzufügen**.

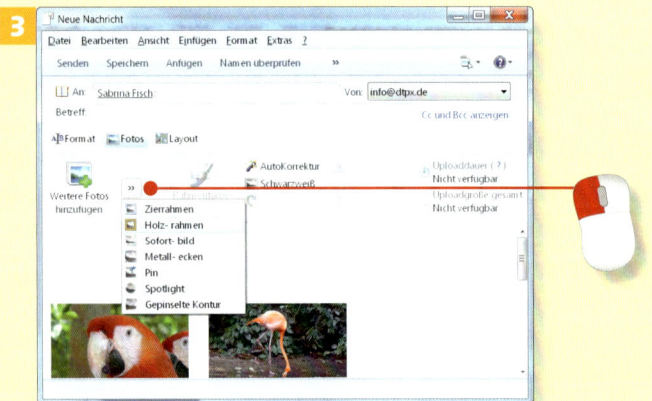

Schritt 3

Wie wäre es einmal mit schönen Bildrahmen? Klicken Sie auf die Doppelpfeil-Schaltfläche neben **Weitere Fotos hinzufügen** (wenn das E-Mail-Fenster groß genug aufgezogen wurde, finden Sie hier Bildrahmen) und markieren Sie den Rahmen, den Sie zuweisen wollen.

Nur Namen eingeben
Wenn Sie gespeicherte Kontakte verwenden wollen, können Sie anstelle der E-Mail-Adresse auch den Vor- oder Nachnamen eingeben.

Kapitel 9: E-Mails einrichten, empfangen, versenden

Schritt 4

Wenn Sie plötzlich feststellen, dass das eine oder andere Foto vielleicht ein wenig zu blass, zu hell oder zu dunkel ist, können Sie das nun noch korrigieren, indem Sie auf **AutoKorrektur** klicken.

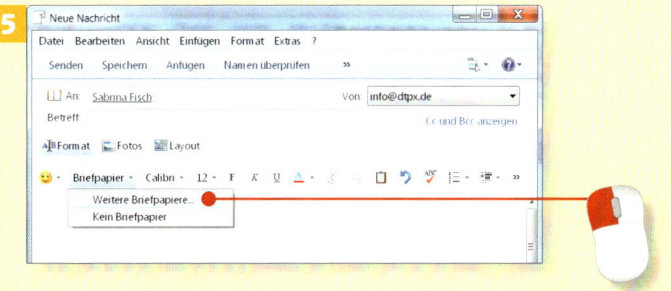

Schritt 5

Wechseln Sie noch einmal auf **Format**, können Sie sogar den Hintergrund der E-Mail noch ausgestalten. Gehen Sie dazu auf **Briefpapier • Weitere Briefpapiere**.

Schritt 6

Suchen Sie in der Liste nach einem geeigneten Briefpapier. Durch Markierung des Eintrags wird auf der rechten Seite des Fensters eine Vorschau präsentiert – hier ist es »Drawing.html«. Bestätigen Sie mit OK.

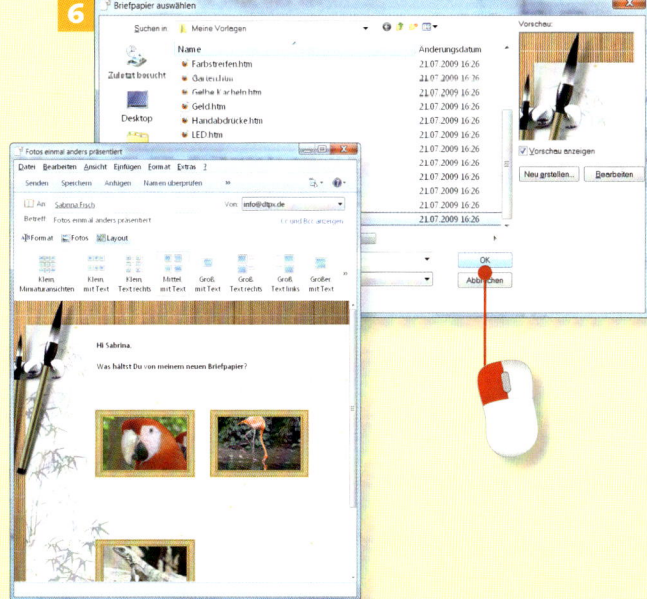

AutoKorrektur

Bei Verwendung der AutoKorrektur wird das Foto analysiert und automatisch in Sachen Helligkeit und Farbe optimiert.

Eine E-Mail-Signatur erstellen

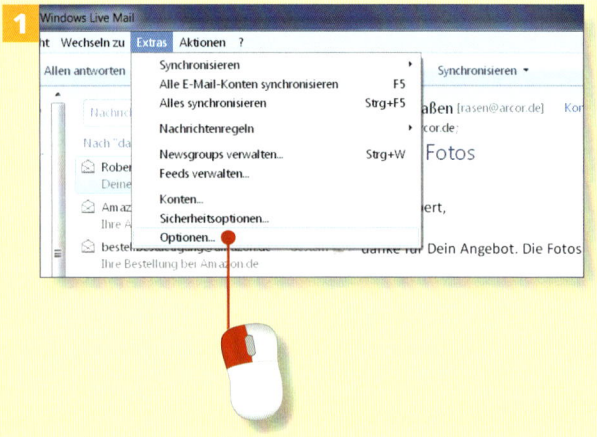

Sicher verspüren Sie überhaupt keine Lust, persönliche Informationen wie Name, Anschrift, Telefon usw. bei jeder E-Mail von Hand einzutragen. Müssen Sie auch nicht – denn für so etwas gibt es Signaturen.

Schritt 1

Klicken Sie in der Menüleiste der Anwendung auf **Extras** und entscheiden Sie sich dort für **Optionen**.

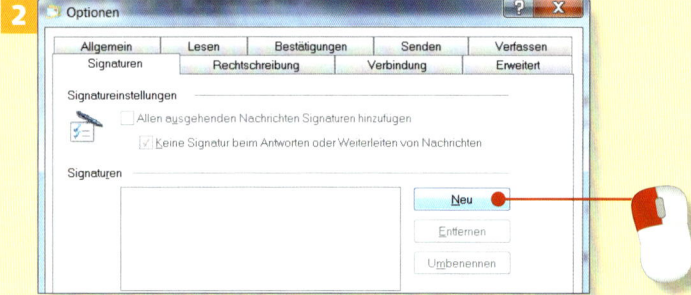

Schritt 2

Aktivieren Sie das Register **Signaturen** und betätigen Sie den Button **Neu**.

Schritt 3

Wenn Sie mögen, konnen Sie die Bezeichnung der Signatur über die Taste **Umbenennen** noch mit einem anderen Namen benennen. Tragen Sie danach im Bereich **Signatur bearbeiten** den Text ein, den Sie als Signatur verwenden wollen.

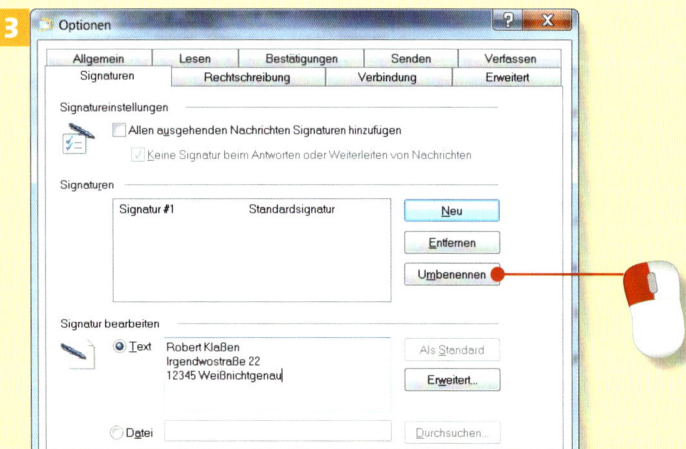

> **Datei verwenden**
>
> Grundsätzlich können Sie auch den Radio-Button **Datei** aktivieren und eine zuvor erstellte Textdatei (mit der Dateiendung: .txt) bzw. ein HTML-Dokument als Signatur einbetten.

Kapitel 9: E-Mails einrichten, empfangen, versenden

Schritt 4

Nachdem der Signatur-Text verfasst worden ist, sollten Sie noch auf **Erweitert** klicken.

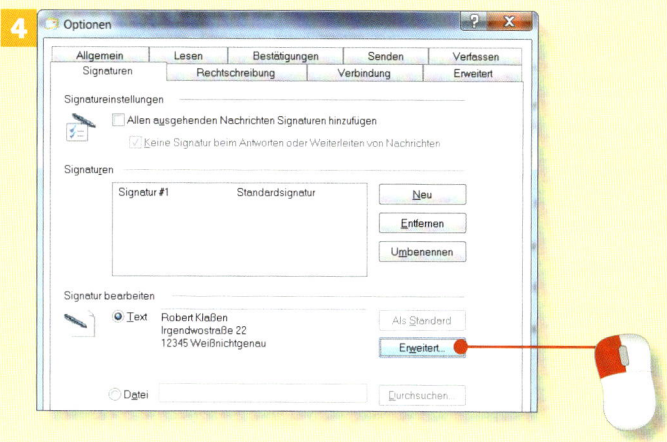

Schritt 5

Haken Sie das Konto oder die Konten an, die künftig diese Signatur verwenden sollen. Zuletzt betätigen Sie den OK-Button.

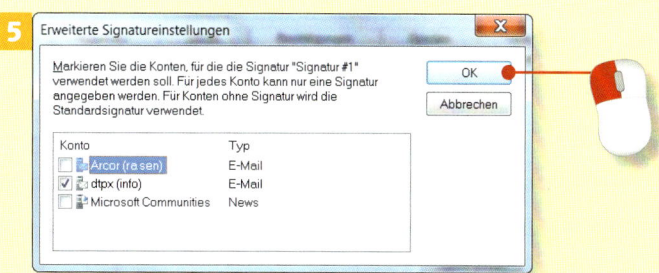

Schritt 6

Bevor Sie auch den Dialog **Optionen** mit einem Klick auf OK verlassen, müssen Sie noch die Checkbox **Allen ausgehenden Nachrichten Signaturen hinzufügen** anhaken. Künftig wird am Ende Ihrer E-Mails automatisch die Signatur auftauchen.

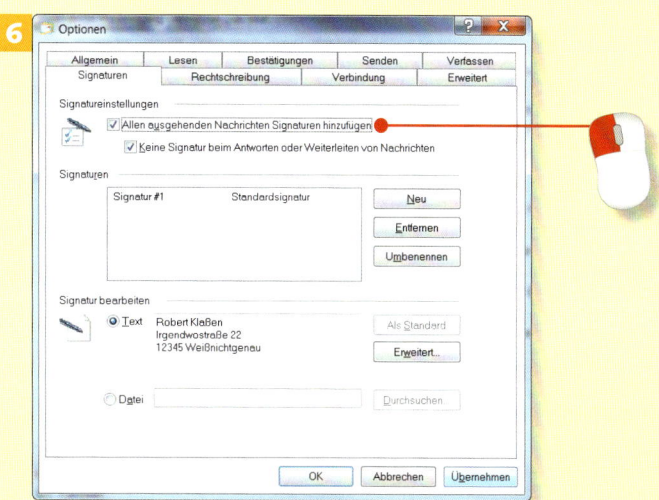

Kapitel 10:
Im Internet surfen

Das Internet eröffnet Ihnen zahlreiche Möglichkeiten. Was Sie tun müssen, um Ihre Verbindung einzurichten und im Internet zu surfen, aber auch, was Sie beachten sollten und wie Sie geschickt nach Inhalten suchen, sehen Sie in diesem Kapitel.

❶ Die Internetverbindung einrichten
Windows 7 hilft Ihnen bei der Einrichtung Ihrer Internetverbindung. Und unsere Anleitung zeigt Ihnen, wie Sie in wenigen Schritten eine Verbindung einrichten können, damit Ihnen der Weg ins Internet offen steht.

❷ Surfen und Suchen im Internet
Bei der Suche, dem Speichern von nützlichen Adressen, dem Drucken von Websites oder dem Hinzufügen von Erweiterungen für Ihren Browser helfen Ihnen die Anleitungen in diesem Kapitel.

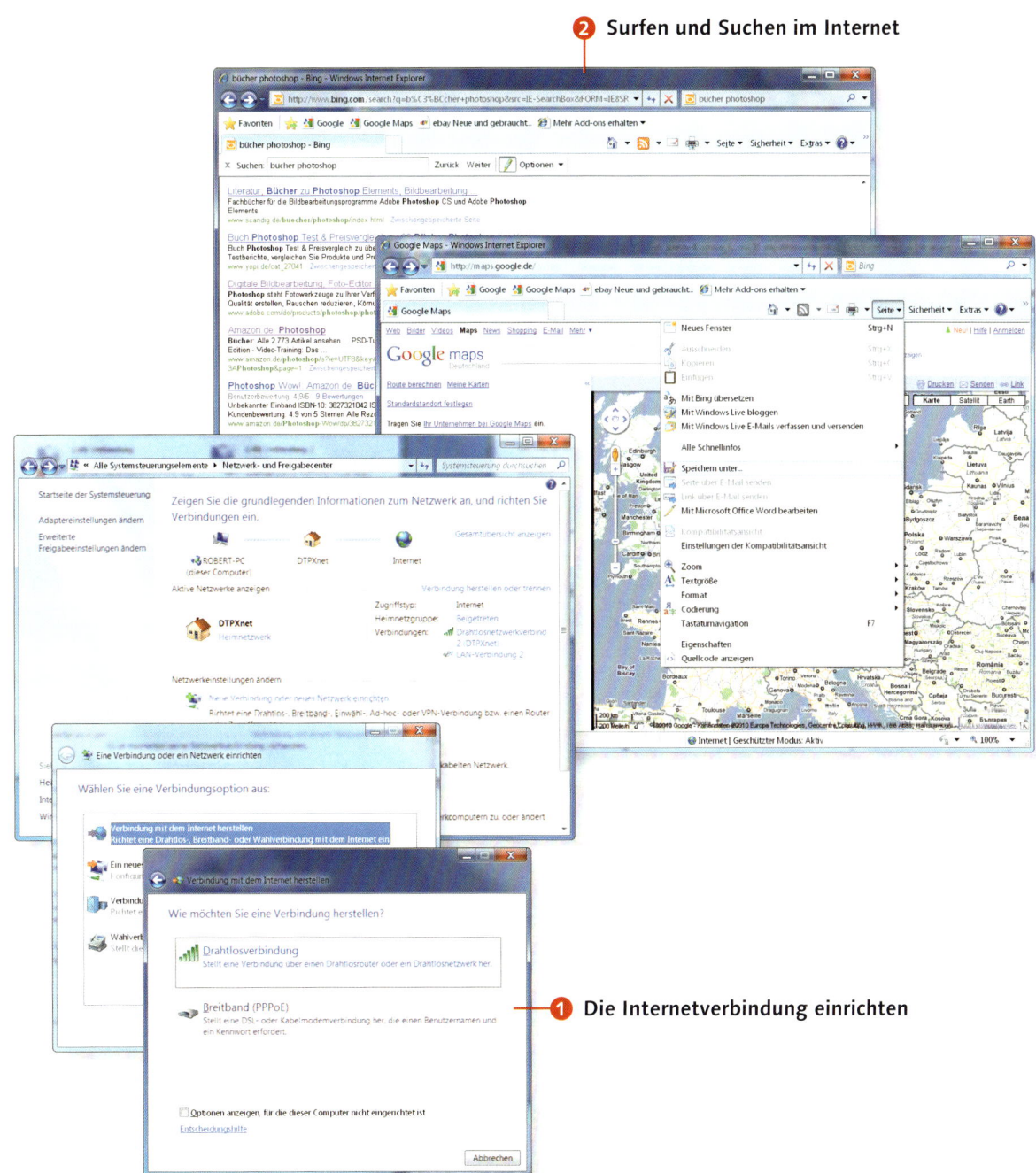

2 Surfen und Suchen im Internet

1 Die Internetverbindung einrichten

Eine Internet-Verbindung einrichten

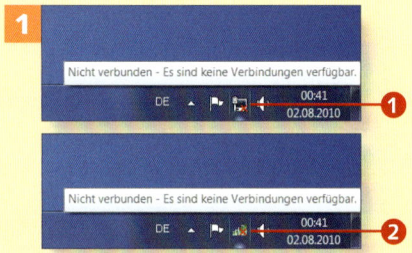

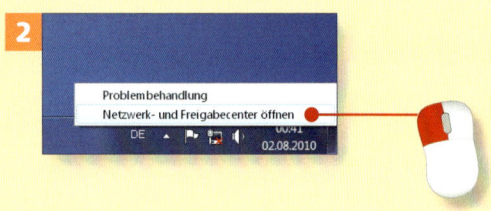

Damit Sie im Internet surfen können, müssen Sie Ihrem Computer zunächst den Zugang ermöglichen. Dabei haben Sie die Wahl, ob Sie die Verbindung via WLAN, also kabellos, oder LAN, kabelgebunden, herstellen wollen.

Schritt 1

Zeigen Sie auf das unten rechts in der Taskleiste befindliche Verbindungssymbol. Wenn es mit einem roten Kreuz versehen ist, besteht derzeit noch keine Internetverbindung, (Symbol oben ❶ = LAN, unten ❷ = WLAN).

Schritt 2

Klicken Sie mit rechts auf das Symbol und entscheiden sie sich für **Netzwerk- und Freigabecenter öffnen**. Sollten Sie kein Symbol sehen, können Sie auch über **Start • Systemsteuerung • Netzwerk- und Freigabecenter** gehen.

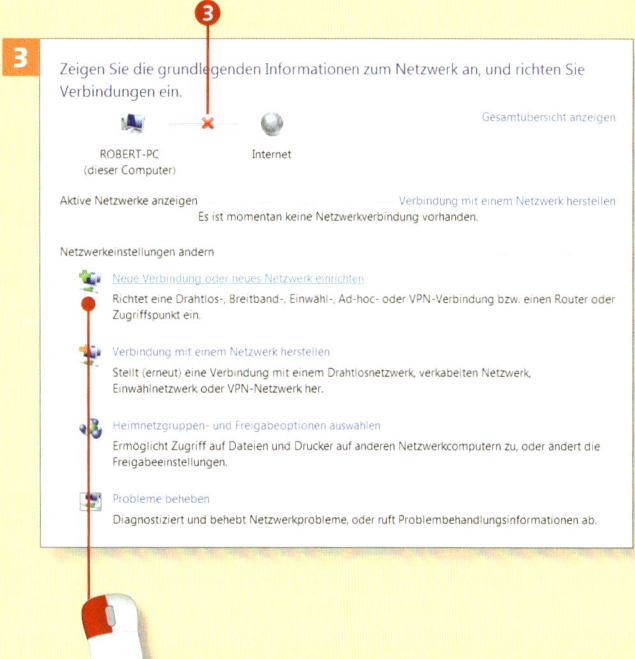

Schritt 3

Falls sich oben in der Grafik – zwischen PC und Weltkugel – ein Kreuz ❸ zeigt, betätigen Sie die Zeile **Neue Verbindung oder neues Netzwerk einrichten**.

Kapitel 10: Im Internet surfen

Schritt 4

Im folgenden Dialogfenster entscheiden Sie sich per Mausklick für **Verbindung mit dem Internet herstellen** ❹ und klicken auf **Weiter**.

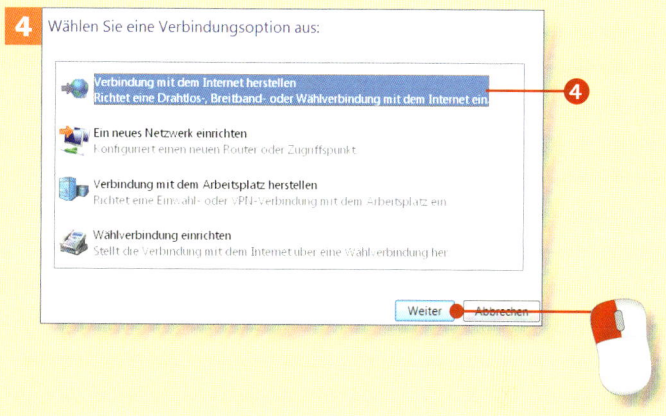

Schritt 5

Klicken Sie auf **Drahtlosverbindung**. Wenn Sie ein Kabelmodem verwenden, entscheiden Sie sich für den unteren Eintrag ❺.

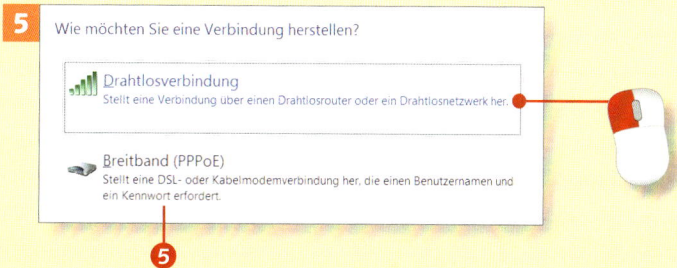

Schritt 6

Kurz darauf sollte die Verbindung zwischen PC und Weltkugel hergestellt sein und das Kreuz ist verschwunden. Schließen Sie danach sämtliche Fenster.

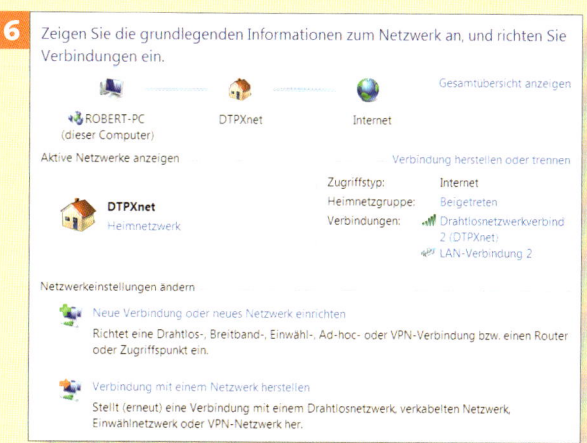

Anleitung Ihres Providers

Vermutlich haben Sie von Ihrem Provider zusätzlich zu Ihrem Router oder Modem eine Anleitung erhalten. Sehen Sie nach, ob dort besondere Anweisungen zur Einrichtung der Internetverbindung gegeben werden.

Eine Internet-Verbindung einrichten (Forts.)

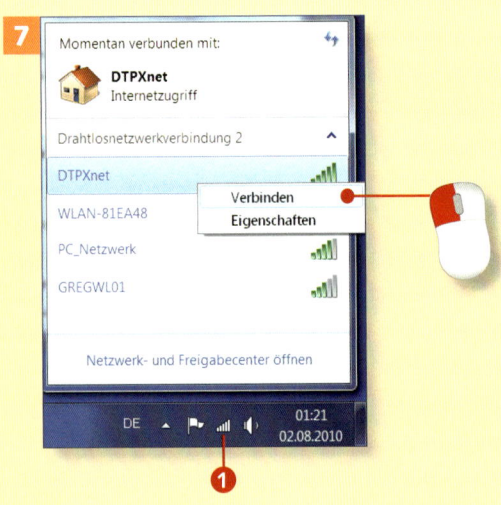

Schritt 7

Klicken Sie auf das Internet-Symbol in der Taskleiste ❶. Suchen Sie Ihr Netz, klicken Sie mit rechts darauf und entscheiden Sie sich für **Verbinden**. Danach müssen Sie die Daten eingeben, die Sie von Ihrem Internet-Provider erhalten haben. Bisweilen finden Sie auch wichtige Daten, wie das Passwort des Routers oder Modems, auf dem Gerät selbst.

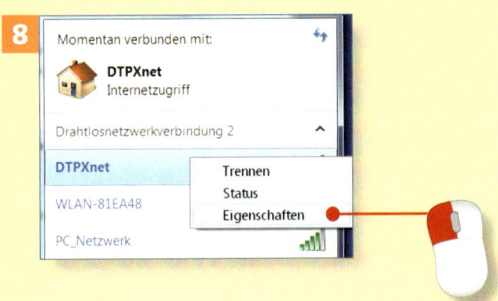

Schritt 8

Jetzt gilt es, eine Verschlüsselungsmethode zu erstellen. Wiederholen Sie Schritt 7, wobei Sie diesmal allerdings auf **Eigenschaften** gehen.

Schritt 9

Auf der Registerkarte **Verbinden** sorgen Sie vorab dafür, dass **Automatisch verbinden, wenn dieses Netzwerk in Reichweite ist** mit einem Häkchen versehen ist.

Kapitel 10: Im Internet surfen

Schritt 10

Aktivieren Sie anschließend das Register **Sicherheit** und öffnen Sie das oberste Pulldown-Menü (**Sicherheitstyp**). Um einen zeitgemäßen Schutz einzurichten, sollten Sie mindestens eine WPA2-Verschlüsselung aktivieren.

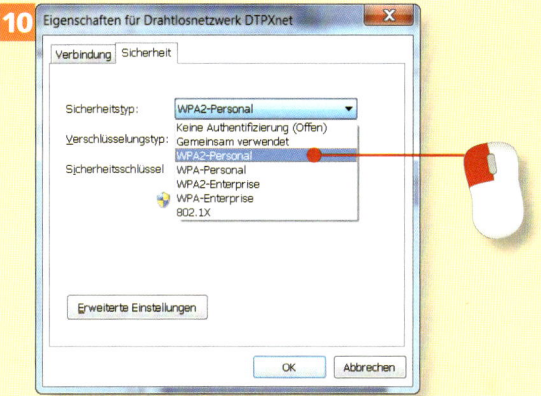

Schritt 11

Tragen Sie im dritten Feld noch den Sicherheitsschlüssel ein. Bei Netzwerken ist das die so genannte »Passphrase«. Bestätigen Sie mit OK.

Schritt 12

Wenn Sie jetzt noch einmal in das **Netzwerk- und Freigabecenter** gehen (siehe Schritt 2), können Sic dort überprüfen, ob eine Verbindung hergestellt worden ist (oben = WLAN, unten = LAN).

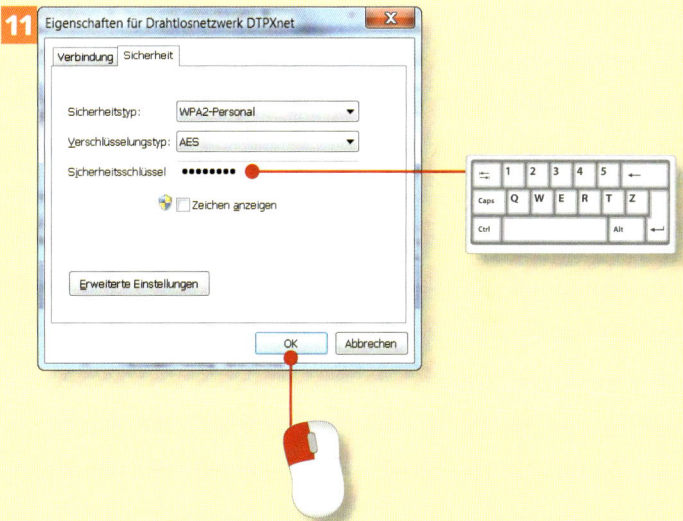

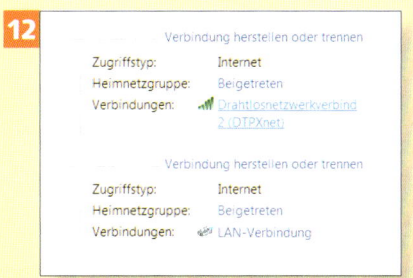

251

Internet Explorer konfigurieren

Der Internet Explorer ist der Standard-Browser Ihres Betriebssystems. Einen solchen Browser benötigen Sie, um komfortabel ins Internet zu gelangen. Allerdings sollten Sie gleich zu Beginn einige Einstellungen festlegen. Welche, lesen Sie hier.

Schritt 1

Zunächst einmal sollten Sie prüfen, ob der Internet-Zugang wie gewohnt funktioniert. Klicken Sie dazu in der Fußleiste der Anwendung auf das Symbol **Internet Explorer**. Der Explorer sollte sich öffnen und einen Inhalt präsentieren.

Schritt 2

Gehen Sie oben rechts auf **Extras**, gefolgt von **Internetoptionen**.

Schritt 3

Legen Sie fest, ob die von Ihnen besuchten Webseiten auch nach Schließen des Internet Explorers in einer Liste gespeichert werden sollen. Wenn Sie das nicht wünschen, aktivieren Sie die Checkbox **Browserverlauf beim Beenden löschen**.

Kapitel 10: Im Internet surfen

Schritt 4

Gehen Sie auf das Register **Sicherheit**. Über den vertikalen Schieber lässt sich jetzt der Grad der Sicherheitsabstufung festlegen, von **Mittel** bis **Hoch**.

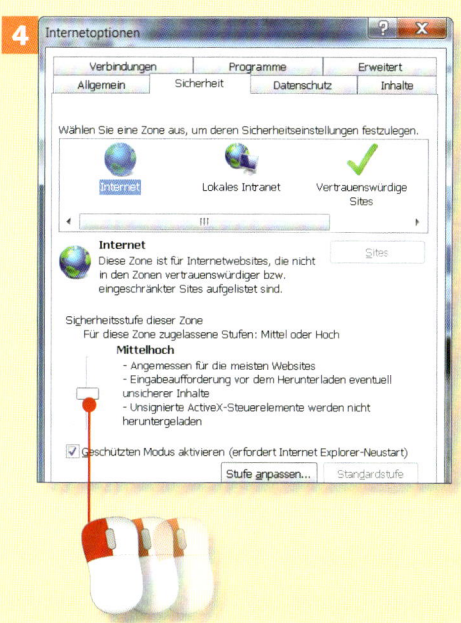

Schritt 5

Im Register **Datenschutz** veranlassen Sie am besten, dass die meisten unliebsamen Werbefenster deaktiviert bleiben, indem Sie das Häkchen vor **Popupblocker einschalten** setzen.

Schritt 6

Nun sollten Sie noch auf **Inhalte** wechseln und dort auf **Jugendschutz** klicken, sofern Minderjährige ebenfalls diesen Computer benutzen.

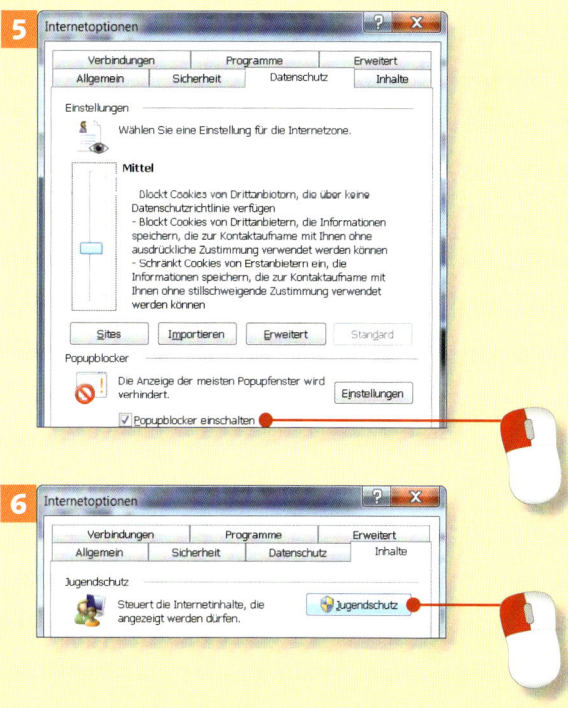

> **Schreibweise für Webseiten**
>
> Eine Webseitenadresse beginnt mit der Angabe des Internetprotokolls »http://«, gefolgt von »www.«, dem Namen sowie dem Kürzel der Länderkennung (z. B. ».de«).

Internet Explorer konfigurieren (Forts.)

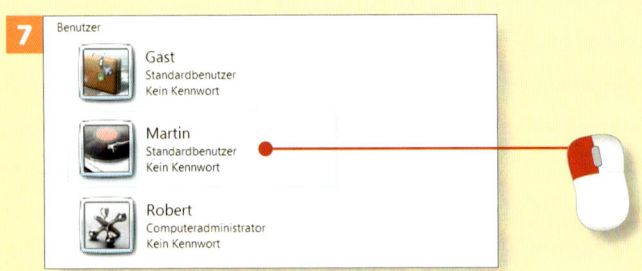

Schritt 7

Klicken Sie auf den Benutzer, für den Sie als Administrator den Jugendschutz aktivieren wollen. In meinem Beispiel ist es **Martin**.

Schritt 8

Standardmäßig ist der Jugendschutz inaktiv. Deswegen müssen Sie zunächst den Radio-Button **Ein – Einstellungen erzwingen** aktivieren. Diese Einstellungen sind nützlich und notwendig. Sie sollten darauf achten, wenn schützenswerte Personen den Rechner nutzen.

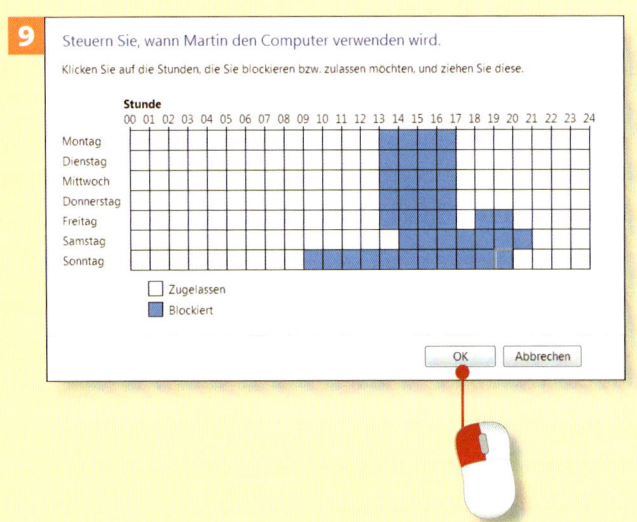

Schritt 9

Sie können jetzt individuelle Regeln für **Zeitlimits**, **Spiele** oder **Programme** erstellen, indem Sie die jeweilige Zeile anklicken. Im Beispiel wurden die Zeitlimits aktiviert. Markieren Sie mit Mausklicks die Zeiten, in denen Martin surfen darf und bestätigen Sie anschließend mit OK.

Kapitel 10: Im Internet surfen

Schritt 10

Jetzt wird Martins Konto mit dem Hinweis »Jugendschutz aktiviert« ❶ ausgewiesen. Das Fenster dürfen Sie nun wieder schließen.

Schritt 11

Im Bereich **Inhaltsratgeber** können Sie zudem noch auf Aktivieren gehen. Das ermöglicht es Ihnen, individuelle Regeln für bestimmte Web-Inhalte aufzustellen.

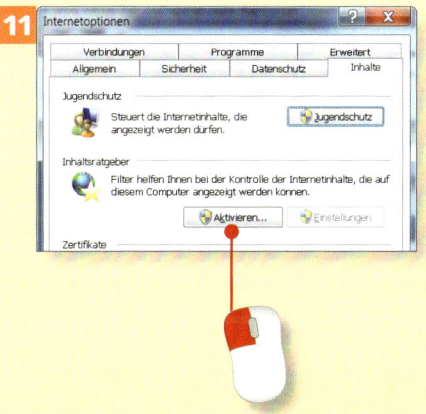

Schritt 12

Aktivieren Sie beispielsweise die Zeile **Darstellung von Tabakkonsum**, können Sie den unten befindlichen Regler auf die gewünschte Position ziehen. Kein (links) bedeutet: Sicher! Entsprechende Inhalte werden nicht angezeigt. Bestätigen Sie mit OK.

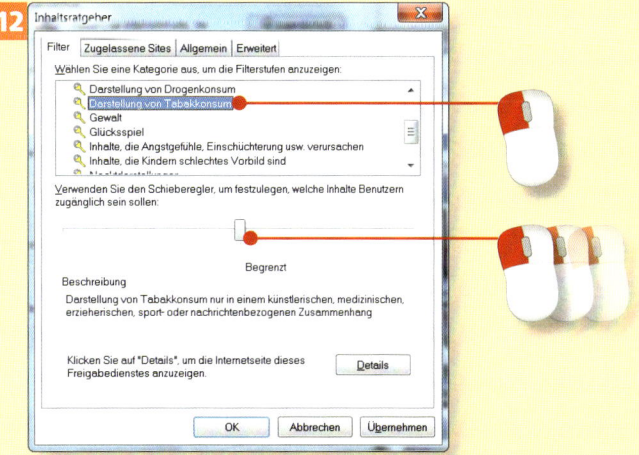

255

Webseiten besuchen

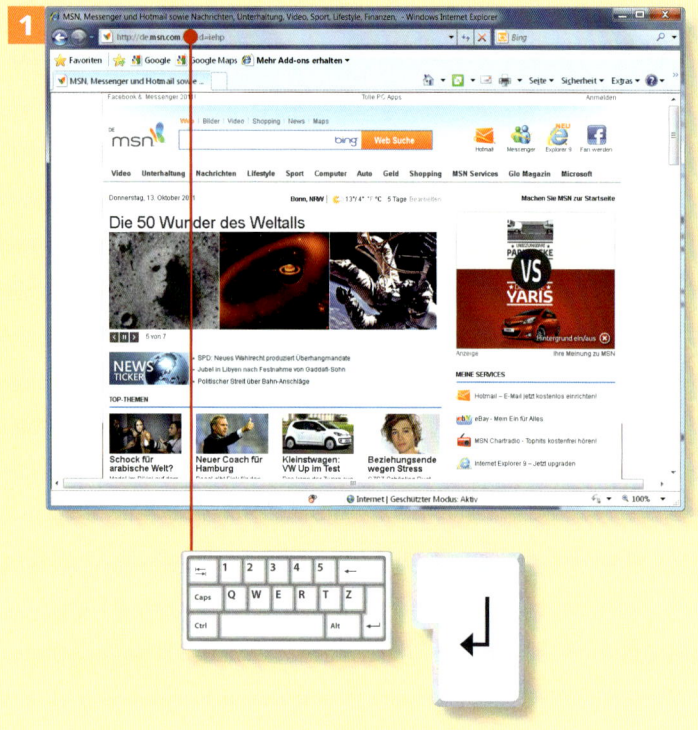

Im Internet »surfen« ist nichts anderes als verschiedene Webseiten zu besuchen Wenn Sie einmal auf etwas Interessantes gestoßen sind, können Sie diese Webseite auch speichern.

Schritt 1

Setzen Sie einen Mausklick in das obere Eingabefeld und tippen Sie die gewünschte Adresse ein. So sieht eine korrekte Adressangabe aus: »http://www.msn.com« oder auch »www.galileodesign.de«. Nach der Eingabe betätigen Sie ⏎ .

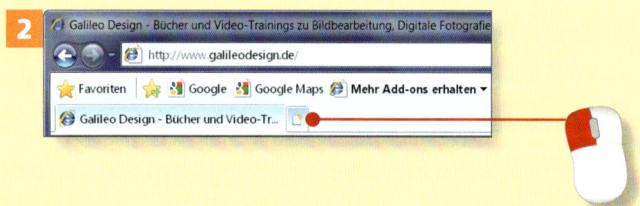

Schritt 2

Wenn Sie die nächste Adresse eingeben und ⏎ drücken, ist die vorangegangene verschwunden. Sie können jedoch vorab ein neues Register eröffnen. Dazu klicken Sie auf das kleine Blatt-Symbol rechts neben dem vorhandenen Register. Strg + T funktioniert übrigens auch.

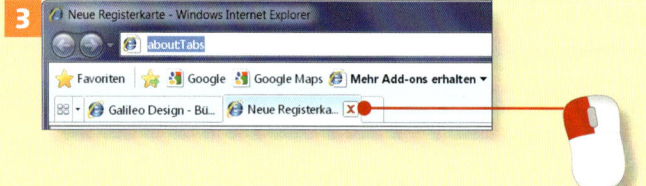

Schritt 3

Da das Eingabefeld für die Adressen bereits aktiv ist, dürfen Sie direkt mit der Eingabe beginnen. Schließen Sie geöffnete Registerkarten durch Klick auf das Kreuz oder mit Hilfe von Strg + W .

Kapitel 10: Im Internet surfen

Schritt 4

Wenn Sie die Seite aktivieren möchten, die sich in einem anderen Register befindet, müssen Sie lediglich auf diesen Reiter klicken.

Schritt 5

Mit Hilfe des nach links weisendem Pfeils oben im Browser lässt sich eine Seite zurück springen (alternativ: [Alt] + [←]). Klicken Sie den Button rechts daneben an, oder betätigen Sie [Alt] + [→], um wieder eine Seite nach vorne zu springen.

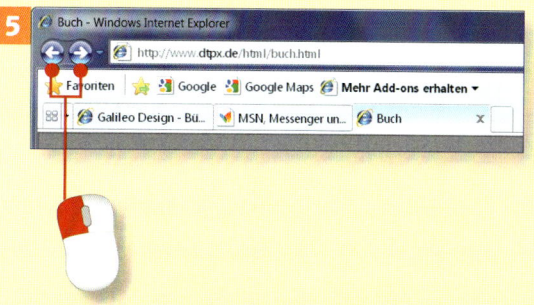

Schritt 6

Lassen Sie Miniaturen aller geöffneten Register anzeigen, indem Sie auf die Schaltfläche **Schnellregisterkarten** klicken oder [Strg] + [Q] betätigen. Daraufhin müssen Sie lediglich noch die gewünschte Seitenminiatur anklicken.

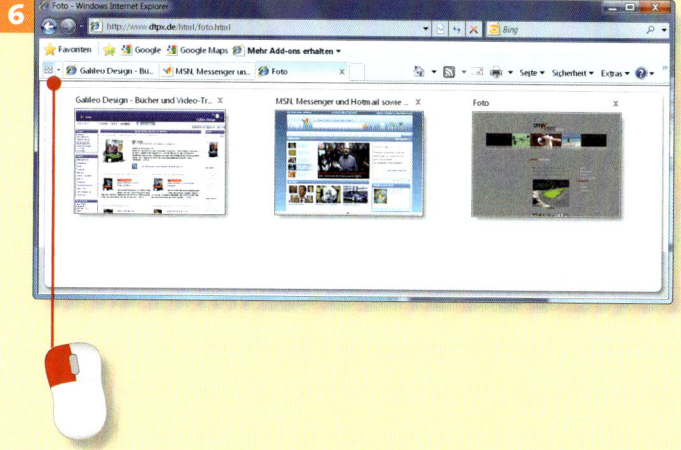

Startseite festlegen

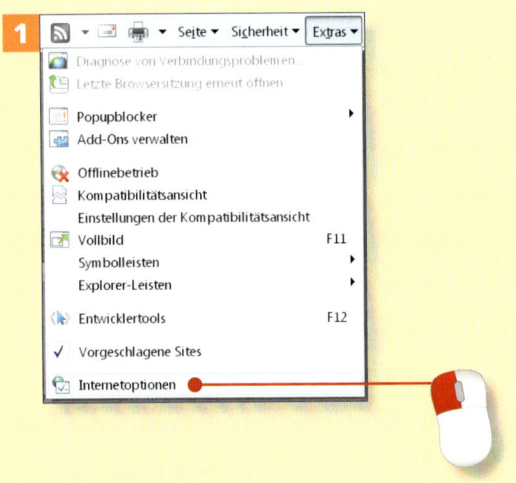

Soll Ihre Lieblingsseite immer dann erscheinen, wenn Sie den Internet Explorer öffnen? Da Sie die Startseite häufig sehen werden, hat es Vorteile, sie Ihren Wünschen gemäß anzupassen. Dafür wenden Sie die folgenden Schritte an.

Schritt 1

Gehen Sie auf **Extras • Internetoptionen**.

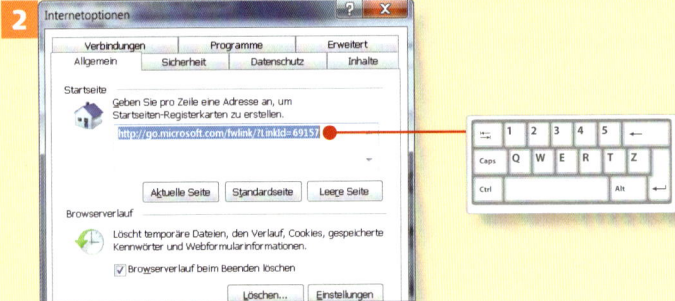

Schritt 2

Da das Eingabefeld ganz oben bereits blau markiert ist, können Sie die gewünschte Adresse sogleich eintippen.

Schritt 3

Alternativ haben Sie auch die Möglichkeit, vorab die Seite aufzurufen, die Sie als Startseite verwenden wollen, und erst danach die **Internetoptionen** zu aktivieren (siehe Schritt 1). Klicken Sie jetzt auf **Aktuelle Seite**.

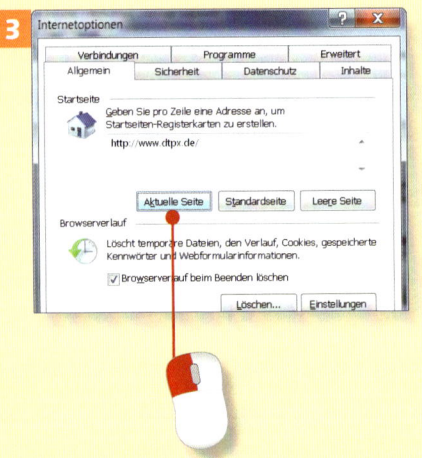

Kapitel 10: Im Internet surfen

Schritt 4

Wenn Sie auf **Standardseite** klicken, kehren Sie gewissermaßen zurück zur Werkseinstellung. Hier wird nämlich eine Seite von *go.microsoft.com* angeboten.

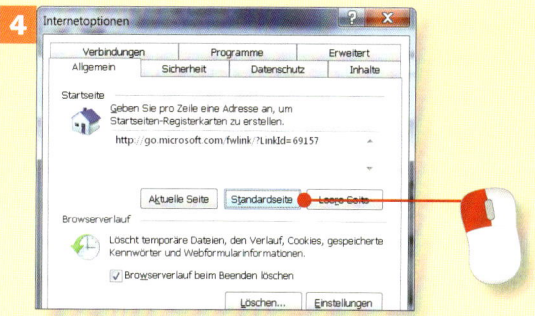

Schritt 5

Die letzte Möglichkeit: Beim Öffnen des Internet Explorers soll überhaupt keine Seite erscheinen. Wenn Sie das wünschen, betätigen Sie **Leere Seite**, ehe Sie mit OK bestätigen.

Schritt 6

Noch ein Tipp für alle, die eine Seite entdecken und fortan wissen: Das ist ab sofort meine neue Startseite! Klicken Sie auf das Dreieck neben dem Häuschen und wählen Sie **Startseite hinzufügen oder ändern**. Im Folge-Dialog wählen Sie den obersten Radio-Button an.

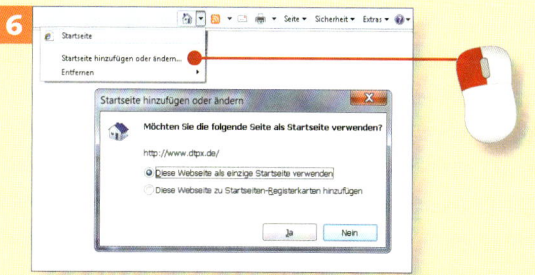

Schnell zur Startseite

Wenn Sie von irgendeiner Webseite aus ruck zuck zur Startseite wechseln wollen, betätigen Sie den Button mit dem Häuschen.

Favoriten speichern

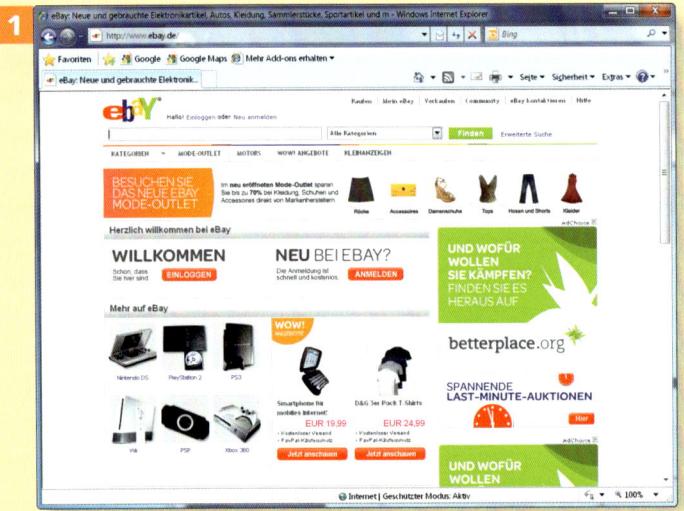

Wenn Sie Webseiten immer wieder besuchen, sollten Sie diese als Favoriten speichern. Das erspart Ihnen die permanente Neueingabe der Web-Adresse.

Schritt 1

Besuchen Sie die Seite, die Sie als Favorit speichern wollen (hier: www.ebay.de).

Schritt 2

Betätigen Sie den Stern mit Pfeil (**Zu Favoritenliste hinzufügen**) innerhalb der Favoritenleiste.

Schritt 3

Fortan wird diese Internet-Adresse als Button in der Favoritenleiste auftauchen. Wenn Sie die Seite abermals besuchen wollen, reicht ein Klick darauf.

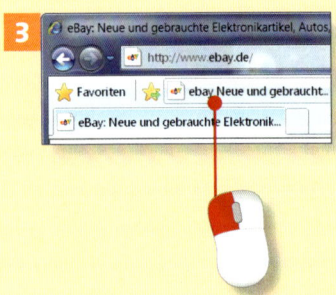

Bezeichnung ändern

Mitunter sind die Bezeichnungen der Webseiten abenteuerlich lang und unübersichtlich. Wollen Sie der Seite einen eigenen Namen verpassen, führen Sie einen Rechtsklick darauf aus und wählen **Umbenennen**.

Kapitel 10: Im Internet surfen

Schritt 4

Nun hat diese Leiste zunächst überhaupt kein System. Deswegen sollten Sie sich die Mühe machen, die Einträge zu sortieren. Das machen Sie, indem Sie auf den Button klicken, die Maus gedrückt halten und das Objekt nach Wunsch verschieben. Lassen Sie die Maustaste zwischen zwei bestehenden Buttons oder am Ende der Zeile los.

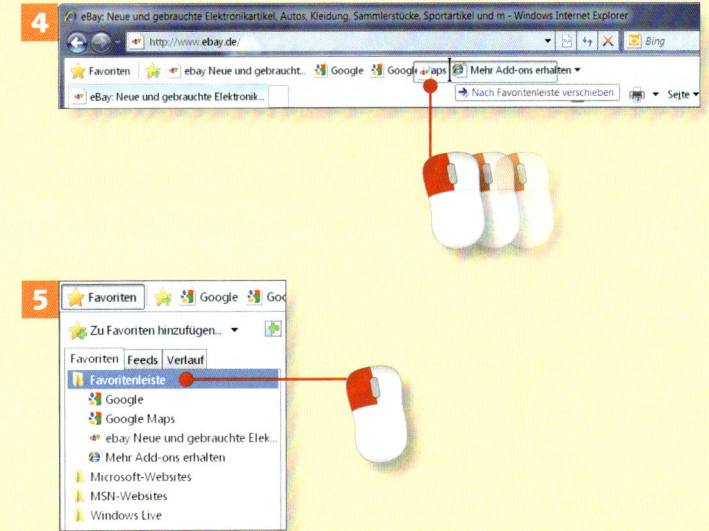

Schritt 5

Alle Favoriten sehen Sie, wenn Sie zunächst auf **Favoriten** und danach auf **Favoritenleiste** klicken. Auch hier kann per Drag & Drop sortiert werden.

Schritt 6

Hier oder in der Favoritenleiste ist es zudem möglich, einen Eintrag mit rechts anzuklicken und diesen zu löschen, wenn er nicht mehr benötigt wird.

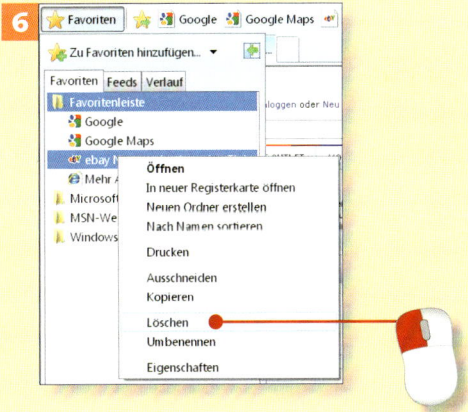

Register Verlauf

Wenn Sie darauf klicken, erhalten Sie die Möglichkeit, auf bereits besuchte Seiten zuzugreifen. Klicken Sie auf **Heute**, werden alle besuchten Seiten des Tages angezeigt. Entsprechend wirkt auch die kleine Dreieck-Schaltfläche im Adressfeld des Browsers.

Suche im Internet

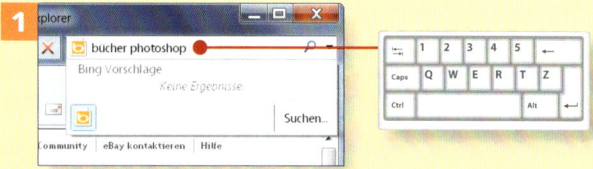

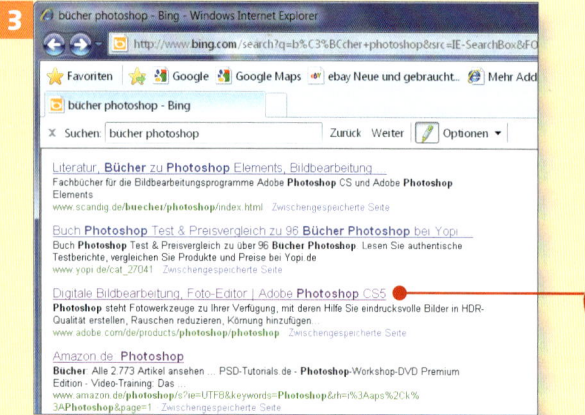

Seiten besuchen ist das eine; Seiten finden das andere. Wenn Sie noch nicht genau wissen, wo die Reise hingehen soll, lassen Sie sich doch vom Microsoft-Suchdienst »Bing« helfen.

Schritt 1

Klicken Sie oben rechts in das Eingabefeld und verfassen Sie einen oder mehrere Suchbegriffe (hier: »bücher« und »photoshop«). Die Klein-Großschreibung dürfen Sie missachten. Drücken Sie am Schluss ⏎.

Schritt 2

Die Ergebnisse werden sogleich angezeigt. Die blauen Zeilen sind so genannte Links ❶, die grünen die dazugehörigen Web-Adressen.

Schritt 3

Klicken Sie auf eine blaue Überschrift, um die Webseite zu besuchen. Mit der Pfeil-Schaltfläche oben links kommen Sie danach wieder zurück zum Suchergebnis. Besuchte Seiten sind dann in Lila eingefärbt.

Anzahl der Suchergebnisse

Wenn Sie wissen wollen, wie viele Seiten Bing gefunden hat (siehe Bild 2), beachten Sie die Angabe unter ❷.

Kapitel 10: Im Internet surfen

Schritt 4

Sollten Sie nicht nach Webseiten sondern beispielsweise nach Bildern suchen, können Sie der Suchmaschine das mitteilen. Betätigen Sie dazu **Bilder**.

Schritt 5

Die Ansicht der gefundenen Bildergebnisse lässt sich optimieren, indem Sie auf einen der Buttons auf der rechten Seite klicken. Mit den ersten drei Schaltflächen (❶, ❷, ❸) können Sie zwischen niedrigem, mittlerem oder großem Zoom unterscheiden, während der vierte ❹ Bilddetails wie Titel, Größe und Web-Adresse offenbart.

Schritt 6

Starten Sie eine neue Suche, indem Sie einen Dreifach-Klick in das Eingabefeld setzen und die neuen Begriffe eintippen. Am Ende betätigen Sie ⏎.

> **Websuche aktivieren**
> Soll die folgende Suche nicht in Bildern, sondern ganz allgemein im Web stattfinden, ist das Register **Web** anzuwählen.

263

Webseiten drucken und herunterladen

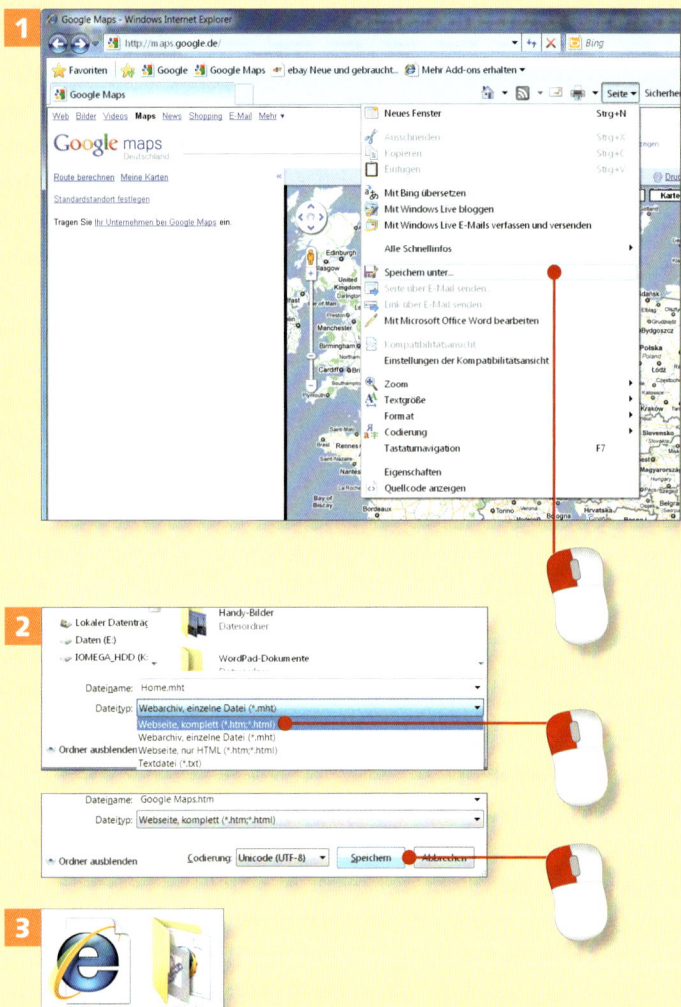

Webseiten sind ja wirklich nützlich. Doch was ist, wenn Sie eine solche Seite einmal zu Papier bringen wollen (z. B. weil Ihnen ein Kaufangebot besonders gut gefällt)? Dann sollten Sie in der Lage sein, die unterschiedlichen Druckoptionen einzusetzen.

Schritt 1

Zunächst einmal ist es möglich, einzelne Webseiten auf Ihren Computer zu übertragen. Dazu wählen Sie zunächst **Seite • Speichern unter**.

Schritt 2

Standardmäßig wird der Dateityp **Webarchiv, einzelne Datei** angeboten. Das ist jedoch kein Garant dafür, dass die Seite später auch korrekt dargestellt wird. Besser ist, auf **Webseite, komplett** umzustellen und anschließend auf **Speichern** zu klicken.

Schritt 3

Am Speicherort befinden sich jetzt zwei Dateien: zum einen die HTM- oder HTML-Datei (= Webseite), die Sie mit einem Doppelklick öffnen können; zum anderen einen Ordner mit den auf der Seite verwendeten Bildern.

> **! Urheber- und Verwertungsrecht**
>
> Beachten Sie unbedingt die Rechtshinweise sowie das Impressum der Anbieter! Nicht selten sind Downloads untersagt. Außerdem sollten Sie sich hüten, Elemente aus einer fremden Webseite für sich zu nutzen, weil das gegen geltendes Recht verstößt und empfindliche Strafen nach sich ziehen kann!

Kapitel 10: Im Internet surfen

Schritt 4

Eine Webseite kann auch direkt zu Papier gebracht werden. Betätigen Sie dazu das Druckersymbol, oder drücken Sie [Strg] + [P]. Da das Ergebnis jedoch nicht immer die gewünschten Ergebnisse bringt, empfehle ich Ihnen die folgenden Schritte.

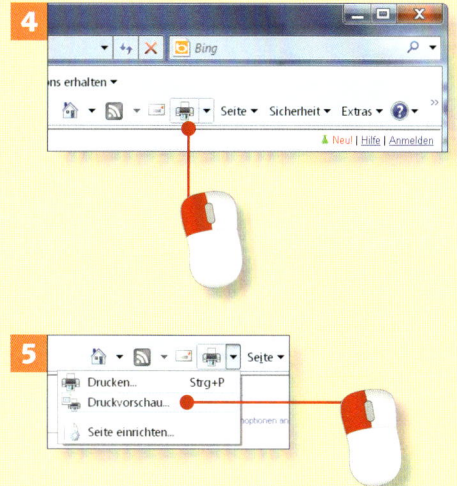

Schritt 5

Klicken Sie nicht auf das Drucker-Symbol sondern auf die Dreieck-Schaltfläche daneben. Danach wählen Sie den Listeneintrag **Druckvorschau** aus.

Schritt 6

Bei dieser Vorgehensweise lässt sich unten zunächst ablesen, wie viele Seiten überhaupt gedruckt würden. Vielleicht passt die Webseite ja gar nicht auf ein Blatt. Lassen Sie über das Pulldown-Menü mehrere Seiten anzeigen, um entscheiden zu können, welche Seite benötigt wird.

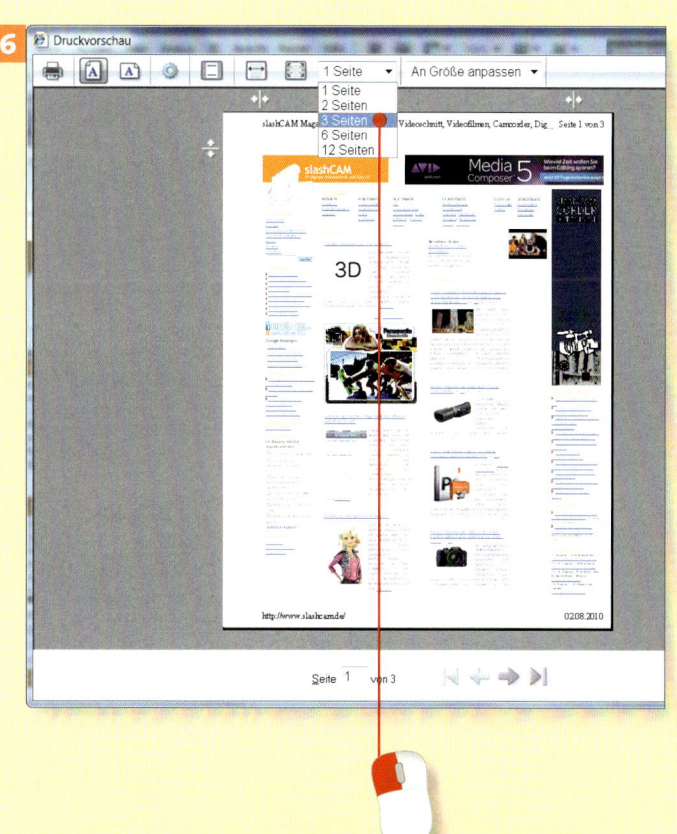

Webseiten drucken und herunterladen (Forts.)

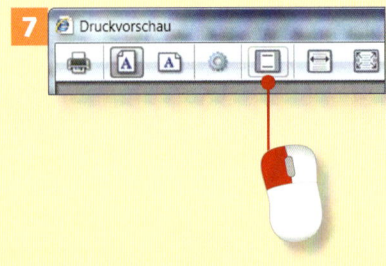

Schritt 7

Bevor es an den Druck geht, betätigen Sie **Kopf und Fußzeilen ein- oder ausschalten**. Damit erreichen Sie, dass Web-Adressen, Links usw., die sich am oberen und unteren Bildrand befinden, ausgeblendet werden, so Sie das wünschen. Alternativ drücken Sie Alt + K.

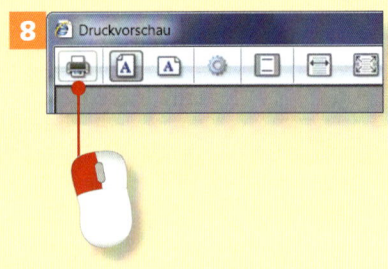

Schritt 8

Zuletzt betätigen Sie das Drucker-Symbol oben links (**Dokument drucken**) oder drücken Alt + D.

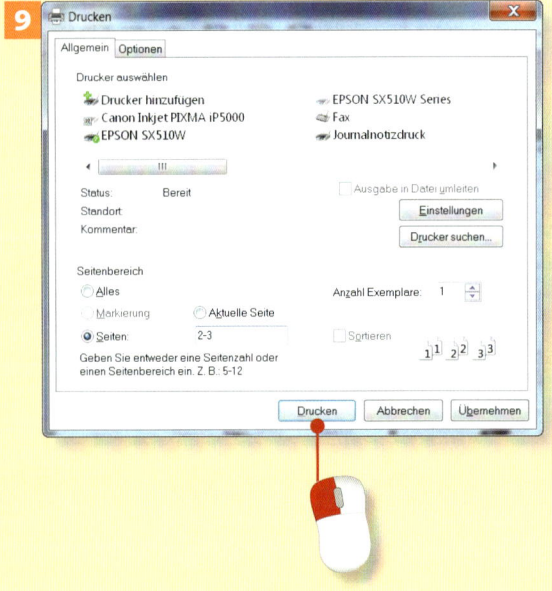

Schritt 9

Nun wird der Druckdialog angezeigt. Beachten Sie das Eingabefeld neben dem Radio-Button **Seiten**. Dort können Sie hineinklicken und so festlegen, dass beispielsweise nur Seite 2 gedruckt werden soll oder (wie hier) die Seiten 2 bis 3. Schicken Sie den Auftrag mit **Drucken** ab.

> **Auto-Aktivierung**
> Sobald Sie einen Wert in das Eingabefeld eintragen, wird der Radio-Button **Seiten** automatisch aktiviert und konsequenterweise **Alles** deaktiviert. Darum müssen Sie sich also nicht selbst kümmern.

Kapitel 10: Im Internet surfen

Schritt 10

Mitunter ist es so, dass erst später gedruckt werden soll. Vielleicht wollen Sie die Seite auch lediglich als virtuelles Blatt behalten. In diesem Fall betätigen Sie [Strg] + [P], oder klicken auf die Dreieck-Schaltfläche neben dem Drucker, gefolgt von **Drucken**.

Schritt 11

Scrollen Sie in der Liste nach rechts, bis Sie an den **Microsoft XPS Document Writer** kommen. Diesen aktivieren Sie und betätigen anschließend **Drucken**.

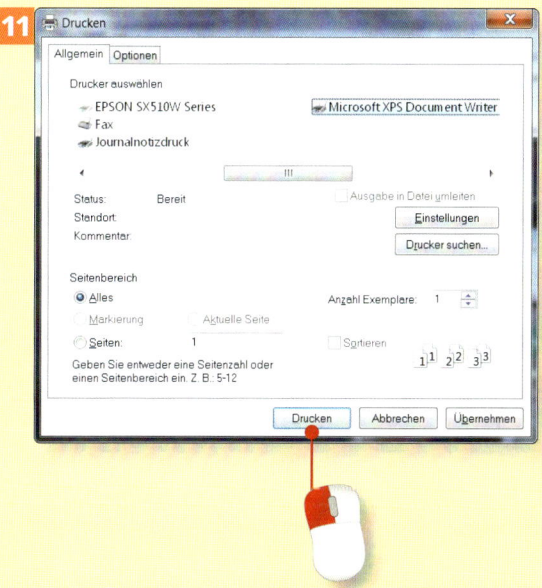

Schritt 12

Nachdem Sie im Folgedialog Namen und Speicherort vergeben haben, finden Sie die Datei mit der Endung ».xps« auf Ihrem Rechner. Öffnen Sie diese doch einmal per Doppelklick.

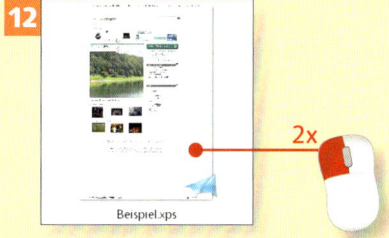

Add-ons installieren

Damit das Internet-Surfen auch Spaß macht, sollten Sie noch einige wichtige Helferlein installieren. Diese vereinfachen den täglichen Umgang mit dem Internet Explorer.

Schritt 1

Lassen Sie uns mit dem Flash Player von Adobe beginnen, den Sie immer dann benötigen, wenn Sie Seiten besuchen, die Flash-Elemente beinhalten. Besuchen Sie daher *www.adobe.com/de*.

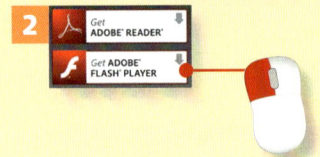

Schritt 2

Hier finden Sie unter anderem die kostenlosen Programme »Adobe Flash Player« oder den »Adobe Reader«, der zur Anzeige von PDF-Dokumenten verwendet wird.

Schritt 3

Falls Sie die Google-Toolbar nicht im Internet Explorer wünschen (und lieber weiter mit Bing arbeiten), deaktivieren Sie das Häkchen. Betätigen Sie **Softwarelizenzvereinbarungen** und lesen Sie diese aufmerksam durch. Zuletzt klicken Sie auf **Zustimmen und jetzt installieren**.

PDF
PDF (= **P**ortable **D**ocument **F**ormat) ist ein Plattform-unabhängiges Dokumentformat, das eine einheitliche Seitenbeschreibung auf unterschiedlichsten Plattformen und Betriebssystemen ermöglicht.

Kapitel 10: Im Internet surfen

Schritt 4

Folgen Sie den weiteren Anleitungen auf der Adobe-Webseite, die sehr anschaulich formuliert sind.

Schritt 5

Über **Extras • Add-Ons verwalten** lassen sich installierte und aktive Hilfsprogramme (die so genannten Add-Ons) in einer Übersicht anzeigen.

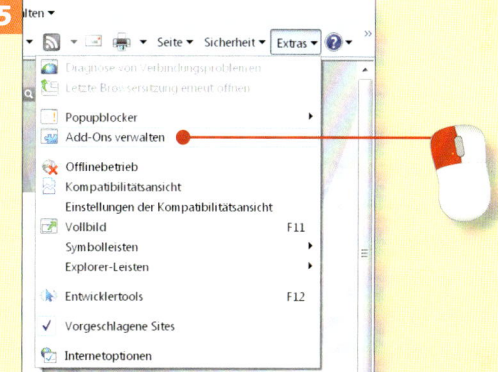

Schritt 6

Wenn auf der linken Seite **Symbolleisten und Erweiterungen** eingeschaltet ist, werden die Add-Ons in der Zusammenstellung angezeigt. Zum Deaktivieren eines Add-Ons markieren Sie die Zeile und gehen auf **Deaktivieren**.

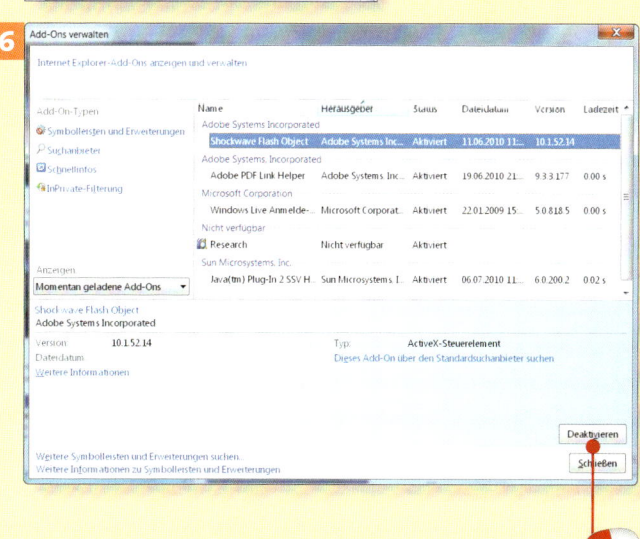

Java
Viele aktive Webseiten benötigen Java. Verfahren Sie daher entsprechend mit diesem Add-On, das Sie auf *www.java.com* kostenlos herunterladen können.

Kapitel 11:
Alles unter einem Dach – Netzwerke

Möchten Sie Ihren Rechner mit anderen Rechnern verbinden und ein Netzwerk einrichten oder ihn in einem bestehenden Netzwerk hinzufügen? Die folgenden Seiten helfen Ihnen dabei.

❶ Rechner vernetzen
Um zwei oder sogar mehrere Rechner miteinander zu verbinden, so dass Sie Daten zwischen diesen Rechnern tauschen können, sind ein paar Schritte und Einstellungen notwendig. Sie sehen hier, wie es geht. Schritt für Schritt.

❷ Ordner, Rechte und Benutzer
Das digitale Leben im Netzwerk will organisiert sein. Manche Inhalte sollten nur bestimmten Personen zugänglich sein, andere wiederum allen Personen im Netzwerk. Wie Sie für Ordnung sorgen, zeigen die Anleitungen in diesem Kapitel.

❶ Rechner vernetzen

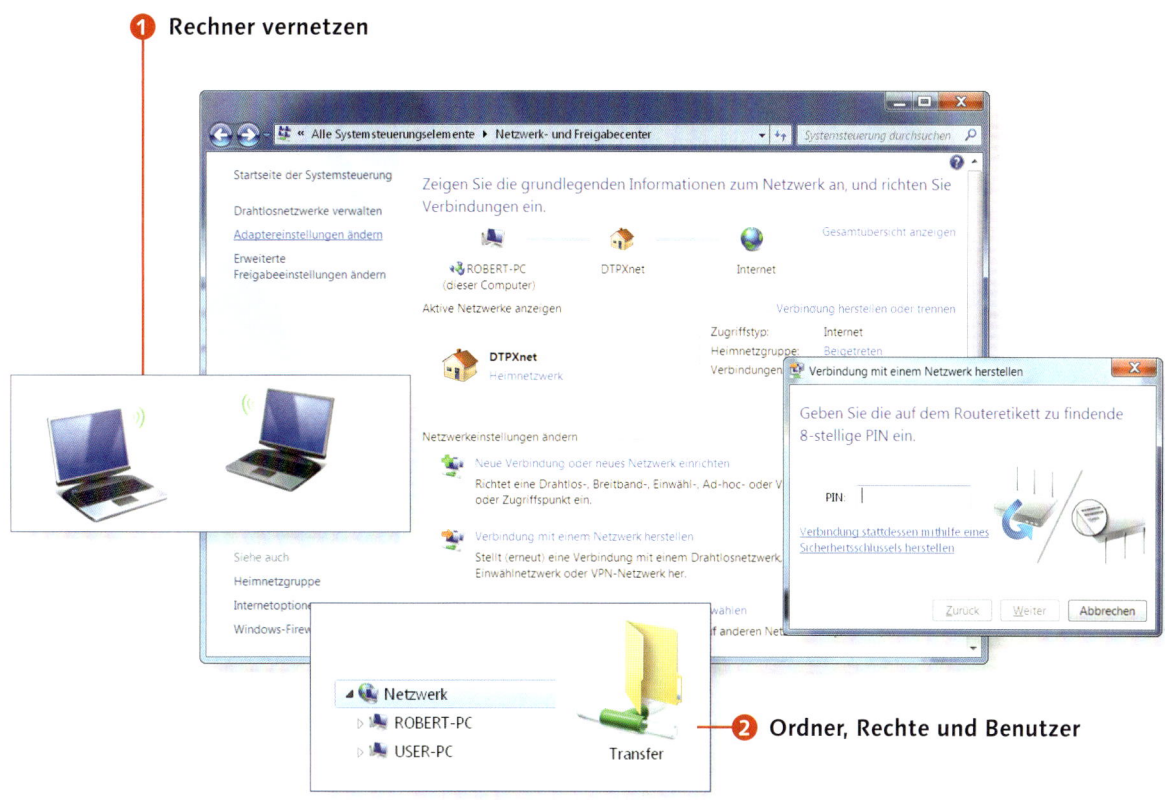

❷ Ordner, Rechte und Benutzer

Netzwerk-Grundlagen kennenlernen

Das Thema »Netzwerk« mag dem Neueinsteiger zunächst einmal wie ein Buch mit sieben Siegeln erscheinen. So kompliziert ist es aber gar nicht. Sie werden sehen.

Schritt 1

Netzwerke werden immer dann eingesetzt, wenn mehrere Computer zwecks Datenaustausch oder gemeinsamer Internet-Nutzung miteinander verbunden werden sollen. Der Zusammenschluss der PCs kann zum Beispiel eine Heimnetzgruppe sein.

Schritt 2

Neben dem Modem eines Internet-Betreibers benötigen Sie noch einen sogenannten Router. Das gilt zumindest dann, wenn Sie von den verschiedenen PCs aus ins Internet wollen.

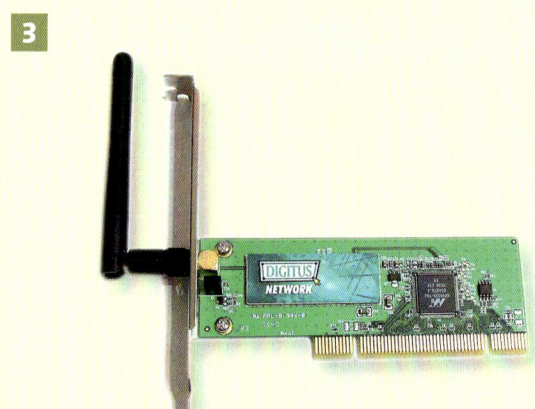

Schritt 3

Wenn Sie eine Drahtlosverbindung zum Router herstellen wollen, benötigt jeder Rechner eine WLAN-Karte. Eine herkömmliche Netzwerkkarte (Ethernet) reicht, um die PCs über Kabel mit dem Router zu verbinden.

LAN-Verbindung
Die Verbindung eines kabelgebundenen Netzwerks erfolgt über spezielle Netzwerkkabel. Jeder Computer belegt dabei einen Eingang des Routers.

Kapitel 11: Alles unter einem Dach – Netzwerke

Schritt 4

Neben einzelnen Computern können auch weitere Geräte (Peripherie) vernetzt werden. So ist es z. B. denkbar, einen Netzwerkdrucker zu installieren, den jeder PC nutzen kann.

Schritt 5

Eine Alternative bilden sogenannte Ad-hoc-Netzwerke. Hier stellen Computer temporär – also nur vorübergehend – eine Drahtlosverbindung her, um Daten gemeinsam zu nutzen, oder untereinander auszutauschen.

Schritt 6

So könnte ein klassisches Netzwerk aufgebaut sein: Drei Computer werden an einem Router (hier: das Haus-Symbol) zusammengeführt und nutzen die dort vorliegende Verbindung zum Internet (Weltkugel).

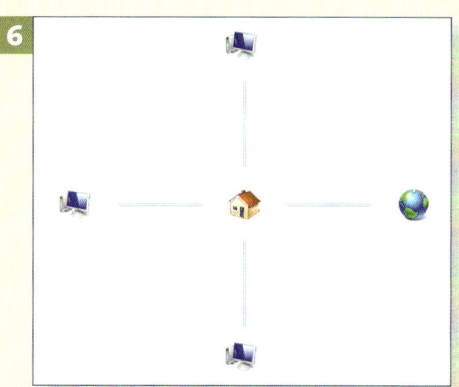

Computer für die Netzwerkeinrichtung vorbereiten

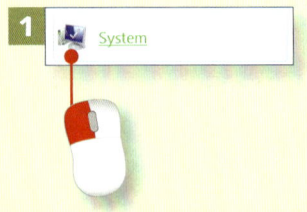

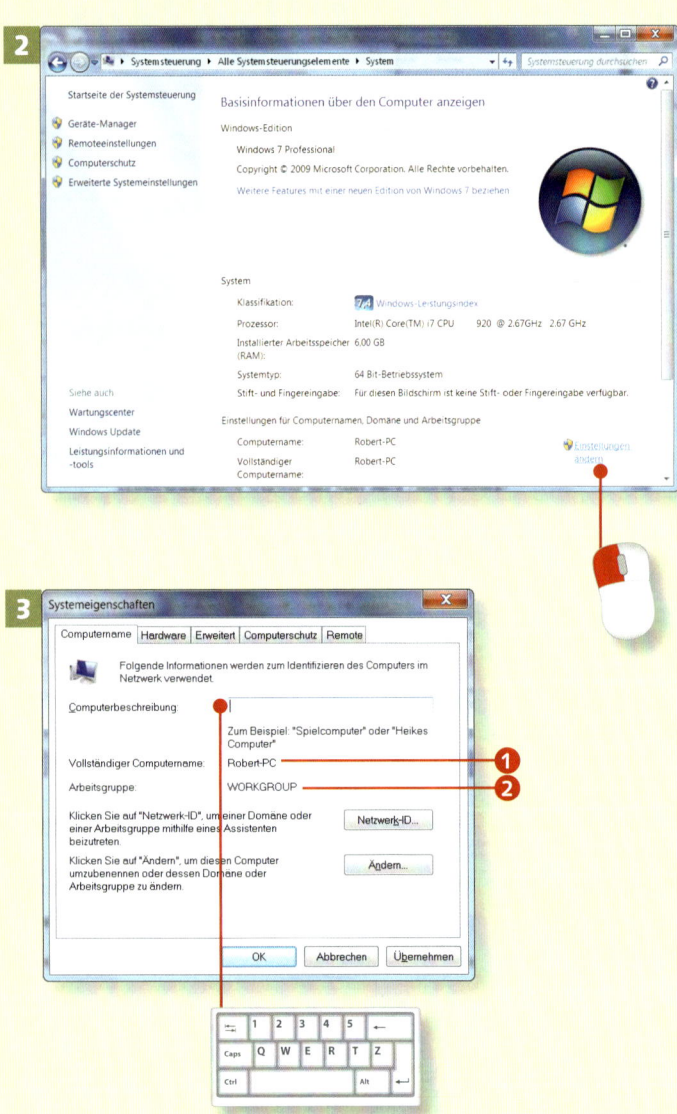

Zunächst muss das Netzwerk mit einem eindeutigen Namen versehen werden. Außerdem ist es sinnvoll, teilnehmende PCs logisch zu benennen.

Schritt 1

Die Schritte dieses Abschnitts müssen Sie an jedem Computer durchführen, der mit dem Netzwerk verbunden werden soll: Gehen Sie über **Start • Systemsteuerung** auf **System**.

Schritt 2

Im folgenden Dialog, in dem Sie im Übrigen die Leistungsfähigkeit Ihres Computers begutachten können, entscheiden Sie sich für **Einstellungen ändern**.

Schritt 3

Danach können Sie eine Computerbeschreibung eingeben und den Namen des Computers ❶ sowie der Arbeitsgruppe ❷ ablesen. Standardmäßig ist das die »WORKGROUP«.

> **Windows-Leistungsindex**
> Dieser Index verdeutlicht, wie leistungsfähig das schwächste Glied Ihres PCs in Bezug auf Prozessor, Arbeitsspeicher, Grafik oder Festplatte ist. Maximum ist 8.0.

Kapitel 11: Alles unter einem Dach – Netzwerke

Schritt 4

Wenn Sie daran etwas ändern wollen, betätigen Sie **Ändern**, anderenfalls verlassen Sie den Dialog mit OK und fahren mit Schritt 6 fort.

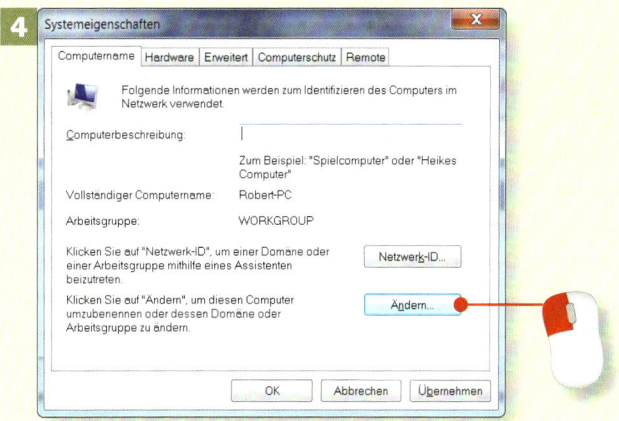

Schritt 5

Benennen Sie den Computer. Achten Sie darauf, dass jeder der Netzwerk-Computer einen eigenen Namen bekommt. Auch den Namen der Arbeitsgruppe können Sie gern umbenennen. Dieser muss aber dann auf allen Computern gleich lauten.

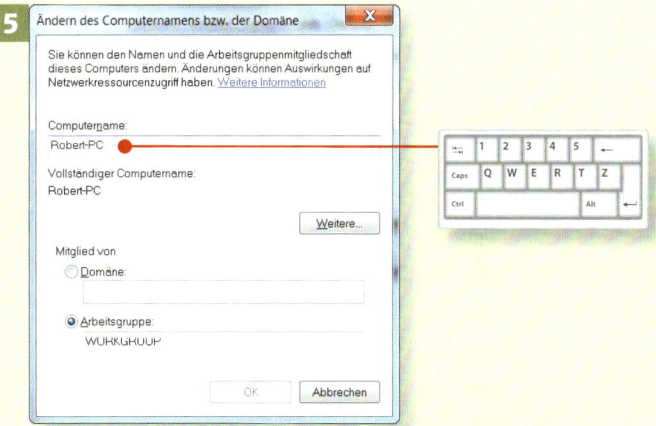

Schritt 6

Zuletzt müssen Sie den PC neu starten, damit die Änderungen übernommen werden.

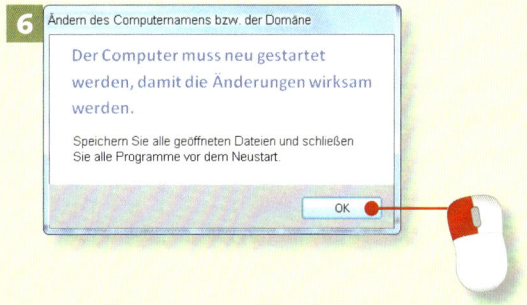

Arbeitsgruppennamen

Sie können die Bezeichnung »WORKGROUP« behalten. Sollten andere Netzwerke in Reichweite sein, die den gleichen Namen tragen, jedoch nicht zu Ihrer Netzwerkgruppe gehören, ist das nicht weiter dramatisch.

Den Netzwerk-Router konfigurieren

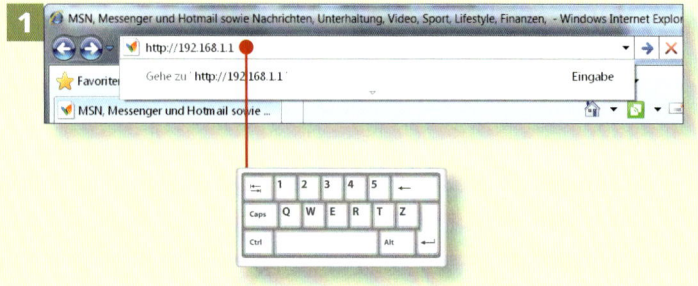

An dieser Stelle wollen wir Windows 7 kurz den Rücken kehren. Zwar lässt sich ein Netzwerk auch allein mithilfe des Betriebssystems konfigurieren, jedoch wollen viele Anwender so manche Einstellung im Router vornehmen.

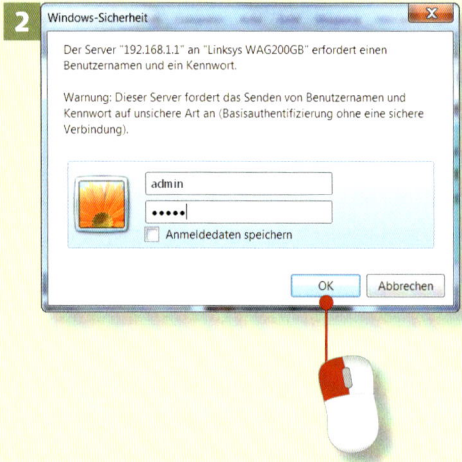

Schritt 1

Der Router lässt sich von einem angeschlossenen Rechner aus konfigurieren. Dazu öffnen Sie den Internet Explorer und geben eine Adresse ein, die Sie dem Handbuch des Routers entnehmen. Diese könnte z. B. *http://192.168.1.1* oder *http://192.168.0.1* lauten.

Schritt 2

Betätigen Sie ⏎ und geben Sie die Zugangsdaten ein, die ebenfalls dem Handbuch des Routers zu entnehmen sind. Nicht selten lauten sowohl Name als auch Passwort werkseitig »admin«. Schließen Sie die Eingabe mit **OK** ab.

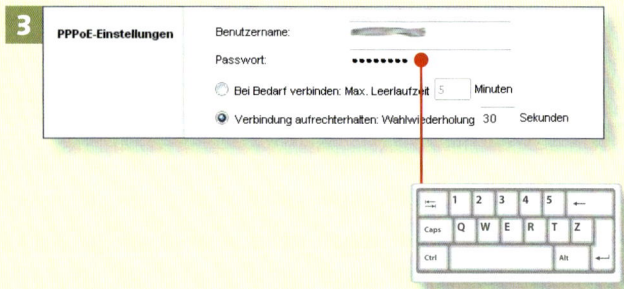

Schritt 3

Falls Sie noch keinen Internet-Zugang haben, halten Sie nach einer entsprechenden Eingabemaske Ausschau (z. B. PPPoE-Einstellungen) und tragen Sie dort Name und Passwort des Internet-Providers ein.

PPPoE

PPPoE ist ein Netzwerkprotokoll, das mit einer Ethernet-Verbindung (Netzwerkkabel) zwischen Router und Empfangsgerät des Providers hergestellt wird.

Kapitel 11: Alles unter einem Dach – Netzwerke

Schritt 4

Im Bereich »Verwaltung« sollten Sie, sofern Sie WLAN nutzen, jetzt unbedingt Namen und Gateway-Passwort ändern. Wenn es nämlich jemandem gelingt, sich mit Ihrem Standard-Passwort »admin« Zugang zum Internet zu verschaffen, tragen Sie laut geltender Rechtsprechung eine Mitschuld, wenn dieser sich beispielsweise illegal Musik herunterlädt.

Schritt 5

Im Bereich der Wireless-Sicherheit vergeben Sie eine Passphrase bzw. ein Kennwort, das jeder spätere Teilnehmer des Netzwerks einmalig eingeben muss. Sorgen Sie außerdem dafür, dass die Verschlüsselung dem WPA2-Standard entspricht.

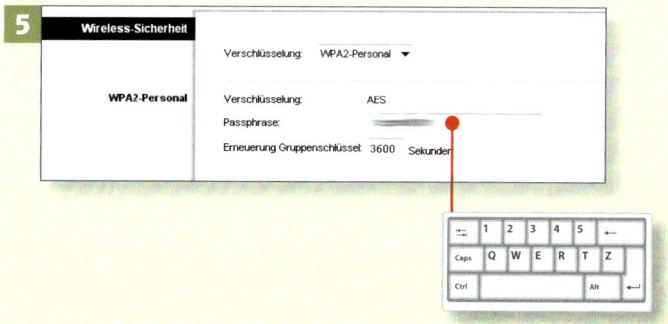

Schritt 6

Speichern Sie die Einstellungen und loggen Sie sich aus.

Mit dem Netzwerk verbinden

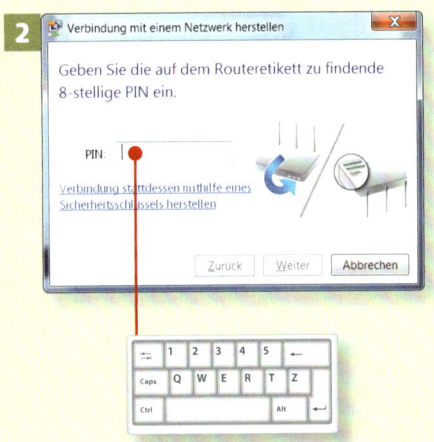

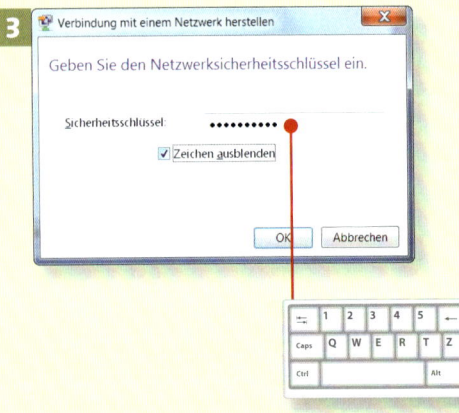

Nun geht es darum, eine Verbindung mit dem ersten Computer herzustellen. Befolgen Sie die Schritte, sofern die Verbindung sich nicht automatisch realisiert hat.

Schritt 1

Klicken Sie auf das Verbindungssymbol unten rechts in der Taskleiste. Daraufhin werden alle in Ihrer Nähe befindlichen Drahtlos-Netzwerke angezeigt (auch das Ihrer Nachbarn). Wählen Sie mit der rechten Maustaste Ihres aus und klicken Sie auf **Verbinden**.

Schritt 2

Sie werden nun entweder direkt nach der Eingabe der Passphrase gefragt oder müssen den Pin eingeben, der auf Ihrem Router vermerkt ist (nicht alle Router unterstützen das). Im Zweifelsfall klicken Sie auf **Verbindung stattdessen mithilfe eines Sicherheitsschlüssels herstellen**.

Schritt 3

Tragen Sie den im Router vergebenen Sicherheitsschlüssel ein (Passphrase), ehe Sie die Eingabe mit OK beenden.

Kapitel 11: Alles unter einem Dach – Netzwerke

Schritt 4

Kontrollieren Sie die Verbindung, indem Sie abermals auf das Verbindungssymbol in der Taskleiste klicken. Ihr Netzwerk sollte jetzt als **Verbunden** ❶ ausgezeichnet sein.

Schritt 5

Damit Sie das Passwort nun nicht jedes Mal neu eingeben müssen, klicken Sie noch einmal mit der rechten Maustaste auf die Verbindung und entscheiden sich für **Eigenschaften**.

Schritt 6

Klicken Sie auf das Register **Verbindung** und aktivieren Sie das Häkchen vor **Automatisch verbinden, wenn dieses Netzwerk in Reichweite ist**. Verfahren Sie auf allen weiteren Computern ebenfalls entsprechend dieser Anleitung.

Netzwerkschlüssel

Beachten Sie, dass jeder, der den Netzwerkschlüssel kennt und sich in Reichweite Ihres Drahtlos-Netzwerkes befindet, eine Verbindung herstellen könnte. Lassen Sie bei der Vergabe des Schlüssels deshalb Fantasie walten.

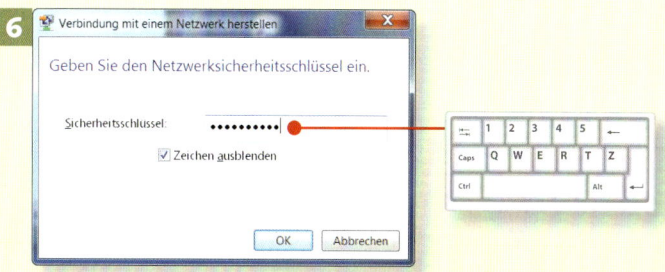

279

Netzwerk konfigurieren

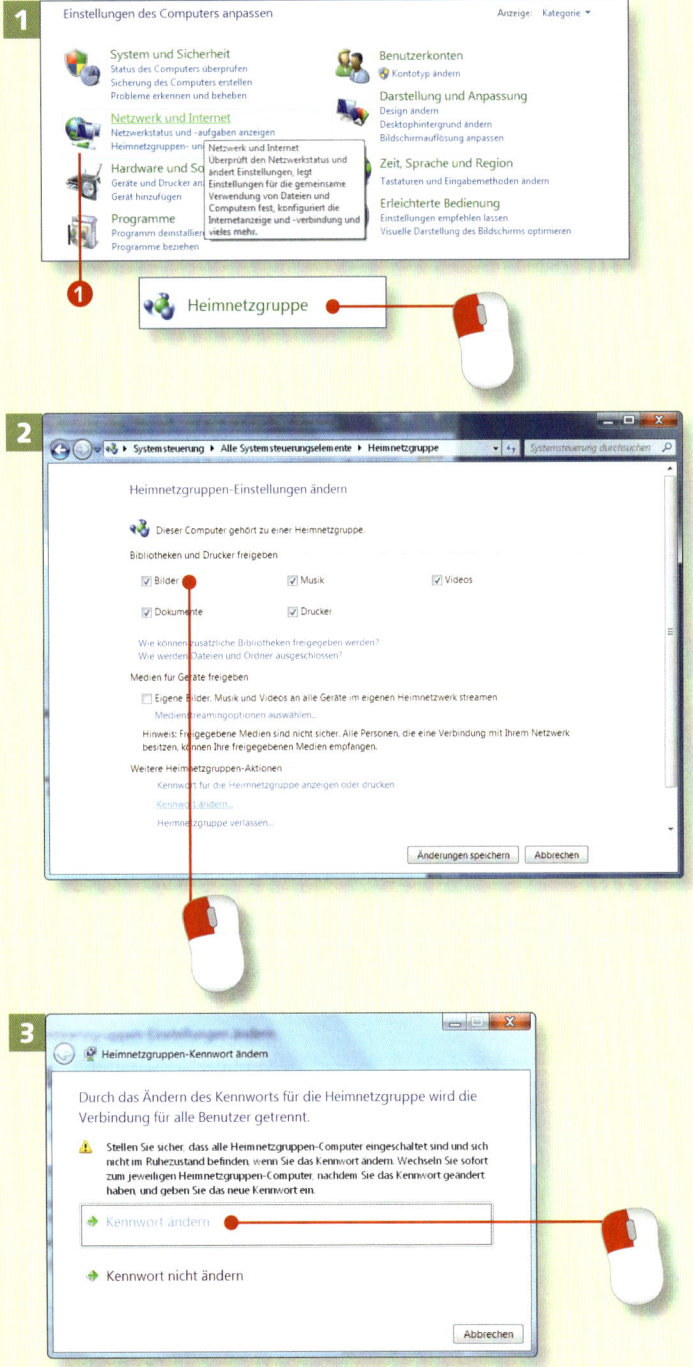

Nun kann jedes Netzwerk individuell konfiguriert werden. Sie allein bestimmen, wer worauf zugreifen darf. Am Ende sollten Sie noch kontrollieren, ob Ihr PC bereits im Netzwerk aufgeführt wird.

Schritt 1

Gehen Sie zunächst über **Start • Systemsteuerung • Heimnetzgruppe**. Wenn die Systemsteuerung in der Kategorie-Ansicht angezeigt wird, klicken Sie auf **Netzwerk- und Internet** ❶ und anschließend auf **Heimnetzgruppe**.

Schritt 2

Legen Sie mithilfe der Checkboxen fest, welche Bibliotheken und/oder Drucker im Netzwerk freigegeben werden sollen. Wenn Sie jetzt das Kennwort noch ändern oder anpassen wollen, klicken Sie auf **Kennwort ändern**.

Schritt 3

Betätigen Sie auch im nächsten Fenster **Kennwort ändern**.

!
Kennwort optional
Die Kennwort-Schritte dieses Workshops sind im Übrigen optional.

Kapitel 11: Alles unter einem Dach – Netzwerke

Schritt 4

Das angebotene Kennwort müssen Sie nicht zwingend übernehmen. Wenn Sie ein anderes verfassen wollen: nur zu! Es muss mindestens aus acht Zeichen bestehen und darf keine Leerzeichen enthalten. Tippen Sie Ihre Kombination in das Eingabefeld und betätigen Sie **Weiter**.

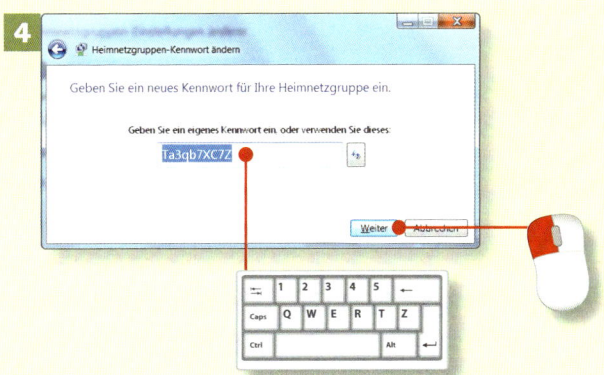

Schritt 5

Zuletzt wird Ihnen das geänderte Kennwort angezeigt. Am besten, Sie klicken noch auf **Kennwort und Anweisungen drucken**, ehe Sie den Dialog mit **Fertig stellen** verlassen.

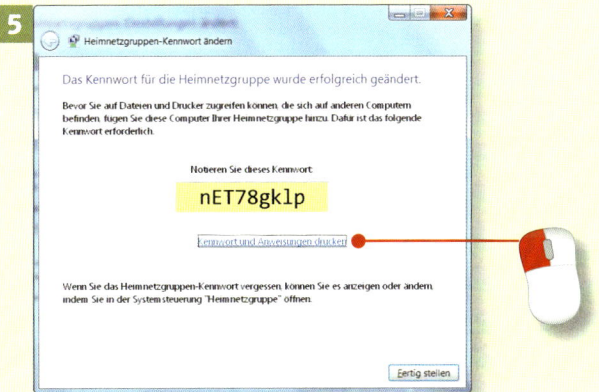

Schritt 6

Schauen Sie im Explorer nach (Explorer-Button in der Taskleiste), ob Ihr PC in der linken Spalte unterhalb des Eintrags **Netzwerk** auftaucht (hier: ROBERT-PC).

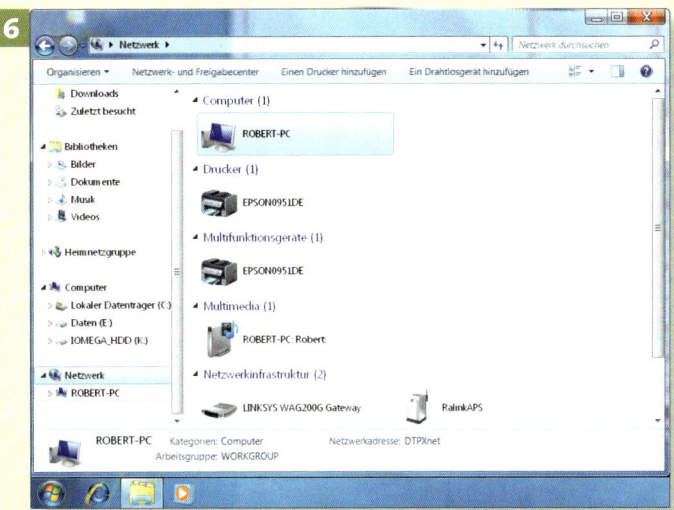

Weitere Computer hinzufügen

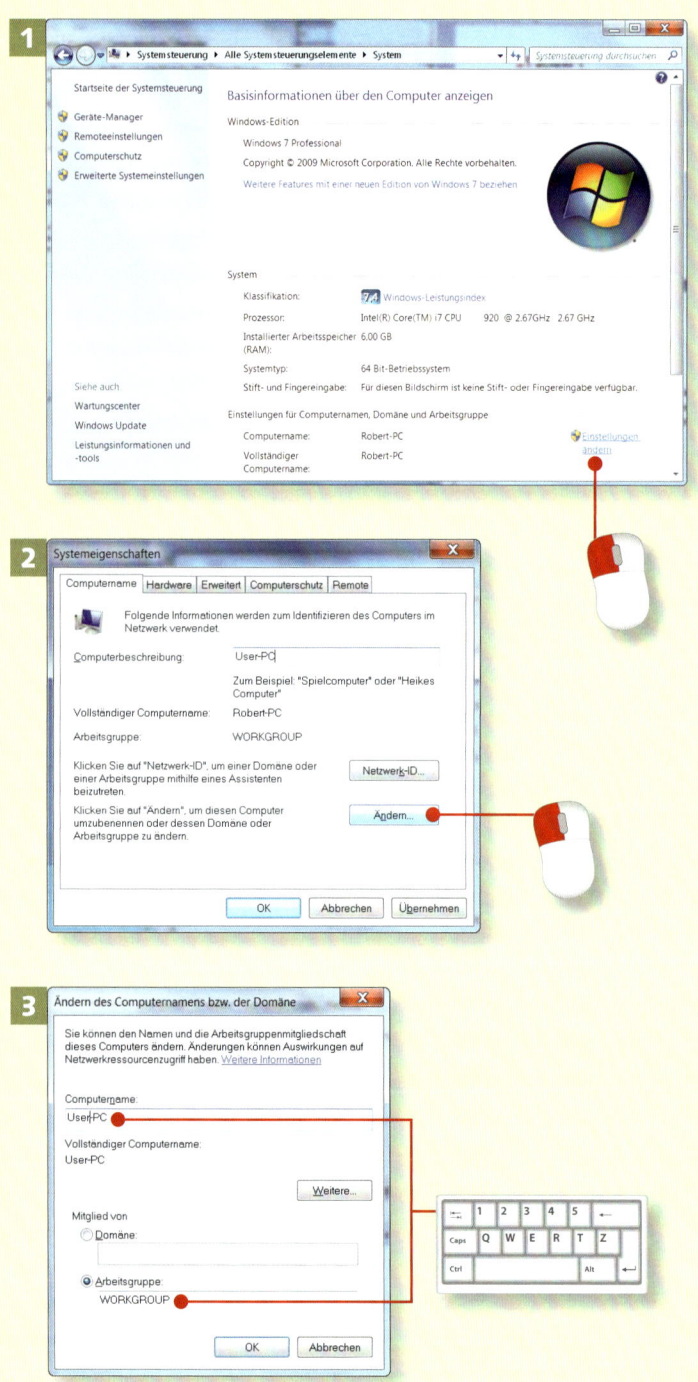

Als Nächstes gilt es, die weiteren Computer in die Heimnetzgruppe zu integrieren. Die folgenden Schritte müssen Sie also an jedem einzelnen Computer der Heimnetzgruppe ausführen.

Schritt 1

Gehen Sie über **Start • Systemsteuerung • System**. Betätigen Sie unten rechts in der Ecke **Einstellungen ändern**.

Schritt 2

Geben Sie, wenn Sie mögen, auch hier eine Computerbeschreibung ab und klicken Sie anschließend auf **Ändern**.

Schritt 3

Sorgen Sie dafür, dass die Arbeitsgruppe den gleichen Namen trägt wie die Gruppe, der Sie sich anschließen wollen (WORKGROUP) und bestätigen Sie mit OK.

Kapitel 11: Alles unter einem Dach – Netzwerke

Schritt 4

Verbinden Sie sich, wie im Workshop »Mit dem Netzwerk verbinden« beschrieben, mit dem Heimnetzwerk.

Schritt 5

Sollte der zweite Rechner mit einem älteren Betriebssystem ausgestattet sein (z. B. Windows Vista), müssen Sie nach dem Klick auf das Netzwerksymbol in der Taskleiste auf **Verbindung mit einem Netzwerk herstellen** klicken.

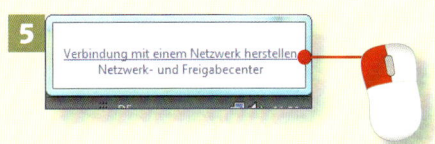

Schritt 6

Wenn Sie jetzt abermals in den Explorer gehen (siehe Schritt 6 des vorangegangenen Workshops), sollten Sie den zweiten PC auf dem ersten bereits sehen können (❶ und ❷) – und umgekehrt.

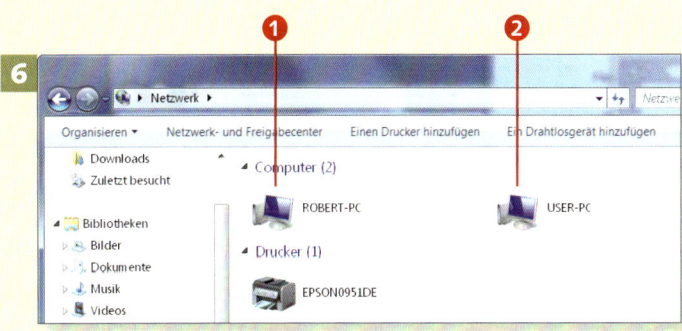

Keine Computer sichtbar?

Sollten Sie keine Computer sehen können, kann es daran liegen, dass Sie ein **Öffentliches Netzwerk** erstellt haben. Befolgen Sie in diesem Fall die Schritte des übernächsten Workshops, wobei Sie dann auf **Heimnetzwerk** umstellen.

Ordner freigeben und Rechte vergeben

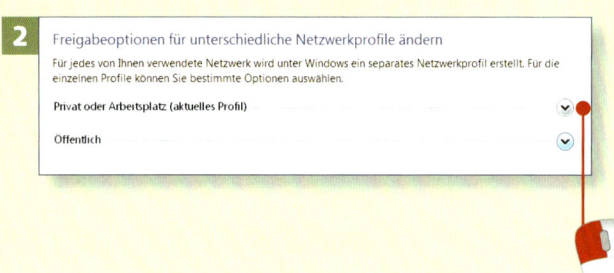

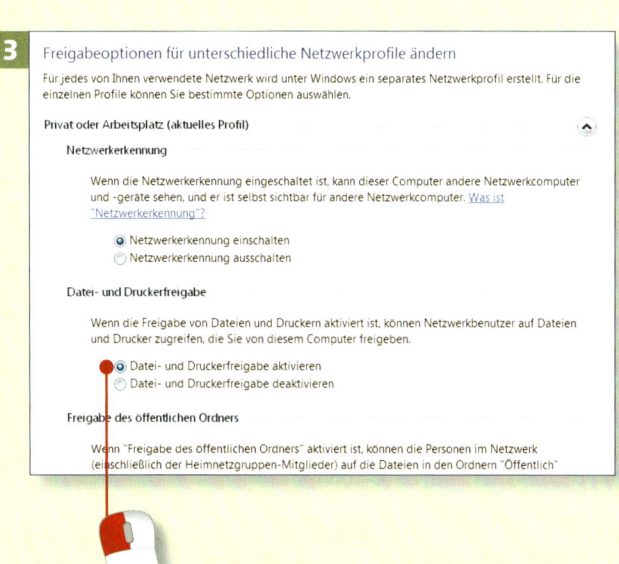

Mittlerweile ist eine Verbindung zwischen den PCs zustande gekommen. Jetzt können Sie noch Ordner einrichten, mit denen der Transfer zwischen den Rechnern bewerkstelligt wird.

Schritt 1

Der erste Schritt ist wieder einmal: **Start • Systemsteuerung • Netzwerk- und Freigabecenter**. Scrollen Sie nach unten, bis Sie **Erweiterte Freigabeeinstellungen ändern** sehen können. Setzen Sie einen Mausklick darauf.

Schritt 2

Sollten die Listen (wie in nebenstehender Abbildung) geschlossen sein, öffnen Sie zunächst die Rubrik **Privat oder Arbeitsplatz (aktuelles Profil)**, indem Sie auf die kleine Kreisschaltfläche rechts klicken.

Schritt 3

Gehen Sie bis zu dem Punkt **Datei- und Druckerfreigabe** und sorgen Sie dafür, dass der Radio-Button **Datei- und Druckerfreigabe aktivieren** eingeschaltet ist.

Kapitel 11: Alles unter einem Dach – Netzwerke

Schritt 4

Wenn Sie nicht wollen, dass Benutzer anderer Rechner auf die öffentlichen Ordner (Dokumente, Bilder, Filme, Musik) Ihres Rechners zugreifen können, aktivieren Sie **Freigabe des öffentlichen Ordners deaktivieren**. Zuletzt betätigen Sie **Änderungen speichern**.

Schritt 5

Jetzt sollten Sie einen Ordner freigeben, damit andere im Netzwerk darauf zugreifen können. Und das geht so: Klicken Sie den betreffenden Ordner mit der rechten Maustaste an und zeigen Sie auf **Freigeben für**. Klicken Sie auf **Heimnetzgruppe (Lesen/Schreiben)**, sofern anderen Netzwerkteilnehmern beides erlaubt sein soll.

Schritt 6

Auf anderen Rechnern ist der freigegebene Ordner nun im Bereich: **Netzwerk** des Explorers zu sehen. Dort kann er mit einem Doppelklick geöffnet werden. Legen Sie die Dateien hinein, transferieren Sie Inhalte auf Ihren Rechner und öffnen oder bearbeiten Sie die Dokumente.

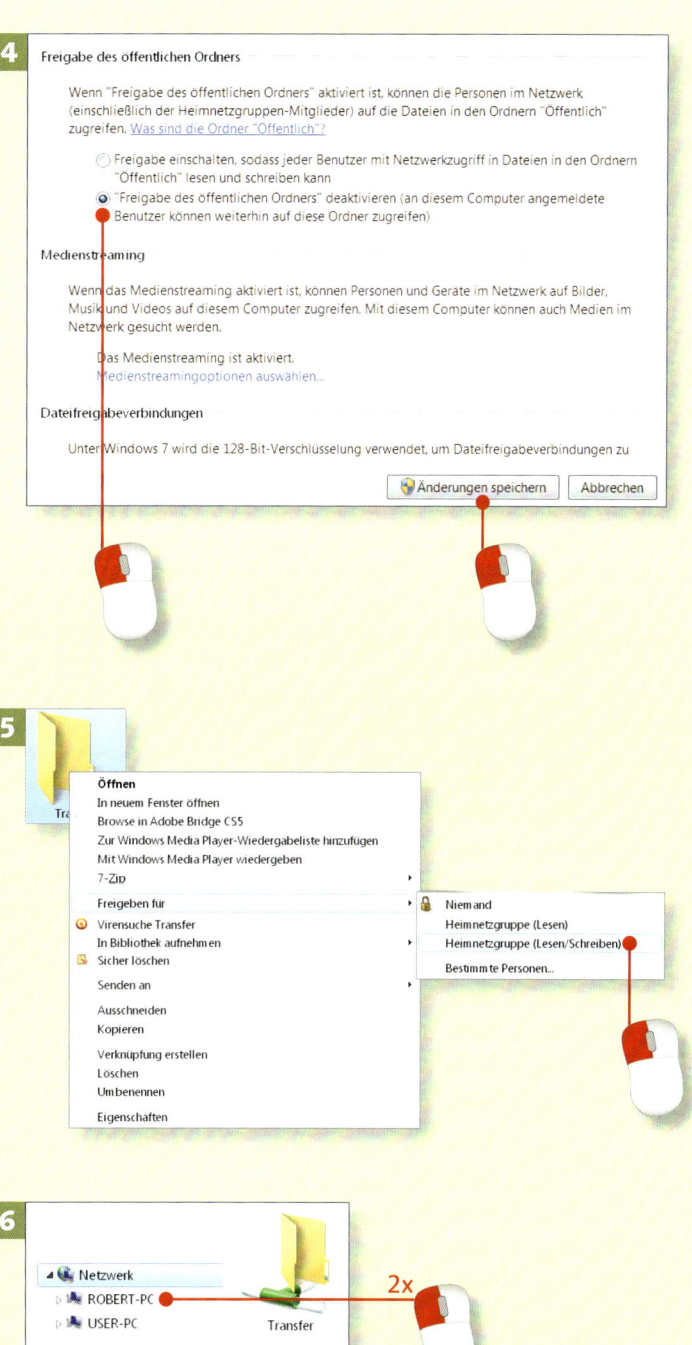

Arbeitsplatz- und öffentliches Netzwerk

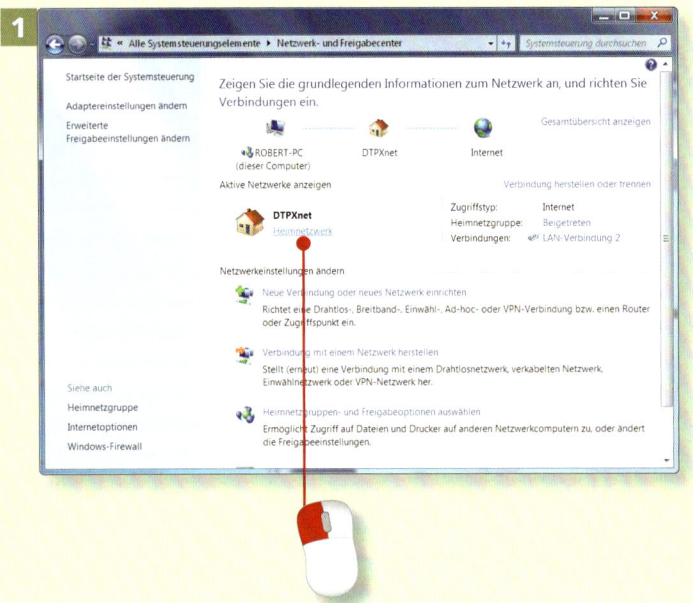

Ein Heimnetzwerk ist immer dann zu empfehlen, wenn Sie die Personen im Netzwerk kennen und ihnen vertrauen. Mitunter ist das aber nicht gewährleistet, z. B. am Arbeitsplatz oder an öffentlichen Orten. Dann sollten Sie den »Netzwerk-Ort« umstellen.

Schritt 1

Gehen Sie zunächst wieder den Weg über **Start • Systemsteuerung • Netzwerk- und Freigabecenter**. Im Bereich **Aktive Netzwerke anzeigen klicken Sie** auf **Heimnetzwerk**.

Schritt 2

Das Heimnetzwerk ist empfehlenswert, wenn die automatische Netzwerkerkennung eingeschaltet und alle Computer sichtbar sein sollen.

Schritt 3

Das Arbeitsplatznetzwerk unterscheidet sich dadurch vom Heimnetzwerk, dass die Teilnehmer keiner Gruppe beitreten können. Die Netzwerkerkennung ist dennoch aktiv.

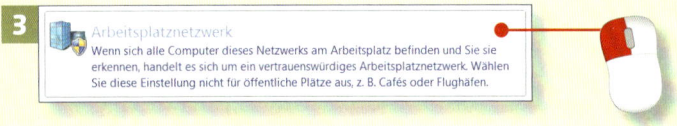

Netzwerkerkennung

Bei aktiver Netzwerkerkennung können angeschlossene Computer jeden anderen Computer im gleichen Netzwerk erkennen.

Kapitel 11: Alles unter einem Dach – Netzwerke

Schritt 4

Ein öffentliches Netzwerk sollten Sie immer dann verwenden, wenn andere, fremde Computer in der Nähe sind (z. B. Flughafen, Café). Die Netzwerkerkennung ist aus Sicherheitsgründen deaktiviert. Benutzen Sie diese Einstellung, wenn Sie keinen Router einsetzen.

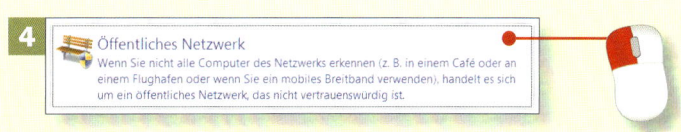

Schritt 5

Wenn Sie das bestehende Netzwerk per Mausklick beispielsweise in ein öffentliches verwandelt haben, ändert sich der Dialog entsprechend. Klicken Sie auf **Schließen** oder auf **Einstellungen im Netzwerk- und Freigabecenter anzeigen**.

Schritt 6

Das Netzwerk ist somit ein öffentliches Netzwerk geworden. Teilnehmende Computer sind für Außenstehende nicht mehr zu sehen.

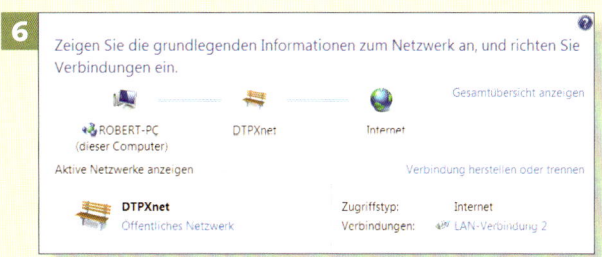

Schutz durch Router

Bitte bedenken Sie, dass zeitgemäße Router mit einer wirksamen Firewall ausgestattet sind, die im Allgemeinen jeglichen Zugriff von außen verhindern.

Remote-Netzwerk erstellen

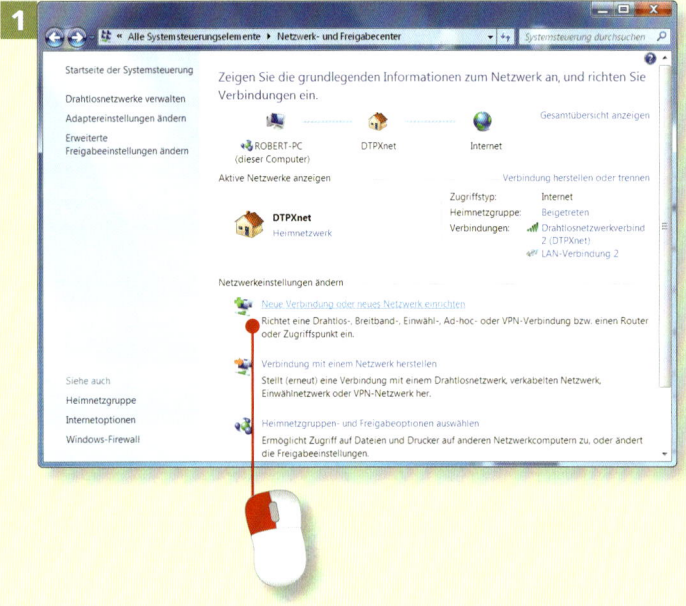

Ein Remote-Netzwerk besteht immer dann, wenn Sie über eine Distanz Verbindungen mit einem Netzwerk aufnehmen wollen. So ist es durchaus denkbar, sich mit dem Netzwerk Ihres Unternehmens zu verbinden – es sei denn, Sie haben gerade Urlaub...

Schritt 1

Innerhalb des Netzwerk- und Freigabecenters betätigen Sie zunächst **Neue Verbindung oder neues Netzwerk einrichten**.

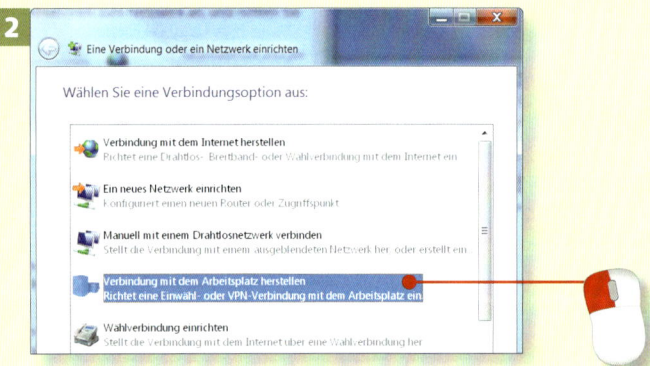

Schritt 2

Entscheiden Sie sich im Dialogfenster für **Verbindung mit dem Arbeitsplatz herstellen** und betätigen Sie anschließend **Weiter**.

Schritt 3

Direkt wählen bedeutet, dass Sie die Einwahl in das Netzwerk via Telefonverbindung vornehmen wollen. Beim Kontakt über Internetverbindung klicken Sie den obersten Eintrag an.

Zugangsdaten

Für eine derartige Verbindung werden ebenfalls Zugangsdaten benötigt (siehe Schritte 4 und 5). Wenden Sie sich dazu an den Administrator Ihres Unternehmens.

Kapitel 11: Alles unter einem Dach – Netzwerke

Schritt 4

Tragen Sie nun die IP-Adresse des Unternehmens sowie den Namen des Netzes ein und betätigen Sie **Weiter**. Wenn Sie nicht gleich verbunden werden wollen, aktivieren Sie **Jetzt nicht verbinden, nur für spätere Verwendung einrichten**.

Schritt 5

Auf der Folgeseite geben Sie noch Ihren persönlichen Benutzernamen sowie das Kennwort ein und gehen auf **Erstellen**.

Schritt 6

Wenn Sie auf **Verbindung jetzt herstellen** gehen, wird automatisch Kontakt zum Netzwerk aufgenommen. Wollen Sie sich hingegen erst zu einem späteren Zeitpunkt einwählen, machen Sie das über einen Klick auf das Netzwerk-Symbol in der Taskleiste, gefolgt von der Anwahl des entsprechenden Eintrags.

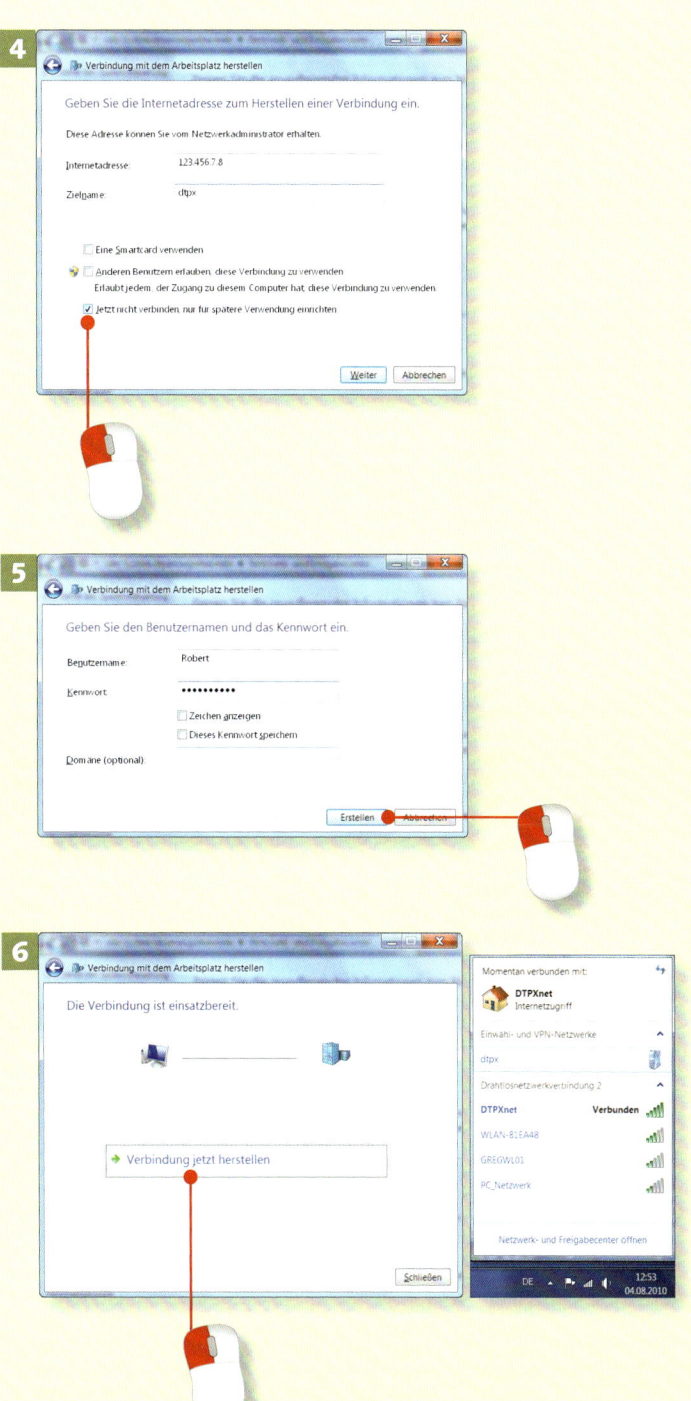

Ein Netzwerk deaktivieren oder löschen

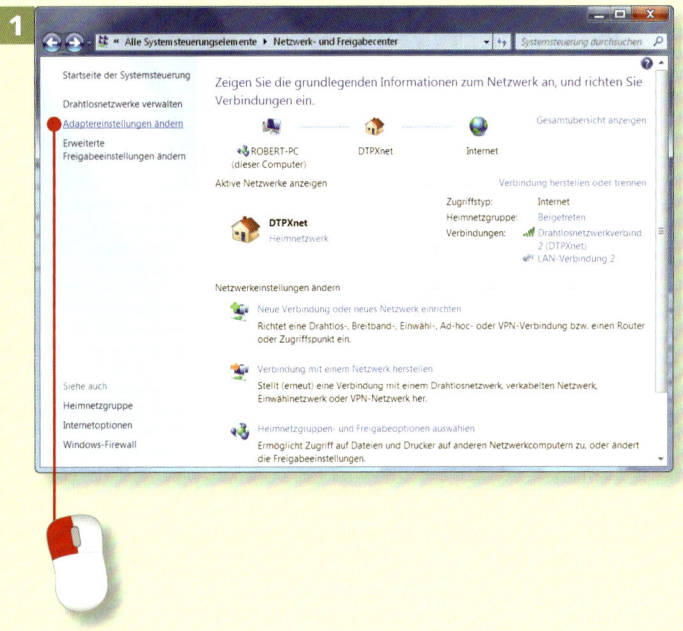

Sie können mehrere Netzwerke auf Ihrem Rechner betreiben. Schalten Sie das Netzwerk ein, das Sie gerade benötigen. Darüber hinaus ist anzuraten, nicht mehr benötigte Netzwerke komplett zu entfernen.

Schritt 1

Klicken Sie abermals auf **Start • Systemsteuerung • Netzwerk- und Freigabecenter**. Aktivieren Sie **Adaptereinstellungen ändern**.

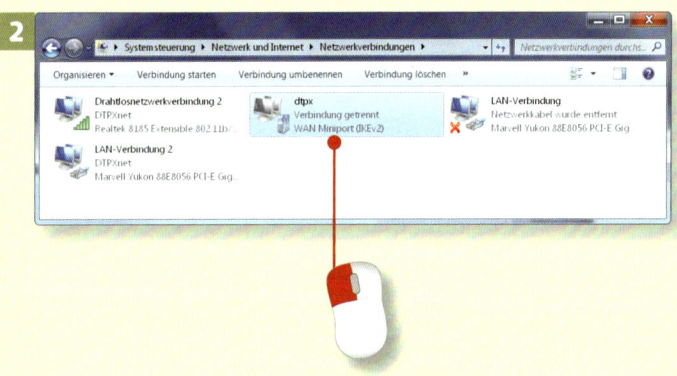

Schritt 2

Hier finden Sie eine Übersicht aller Verbindungen, wobei es keine Rolle spielt, ob diese per Netzwerkkabel oder drahtlos funktionieren. Suchen Sie das Netzwerk, das Sie aktivieren, deaktivieren oder entfernen wollen.

Schritt 3

Um Einstellungen am Netzwerk zu ändern, klicken Sie mit der rechten Maustaste darauf und wählen **Eigenschaften**.

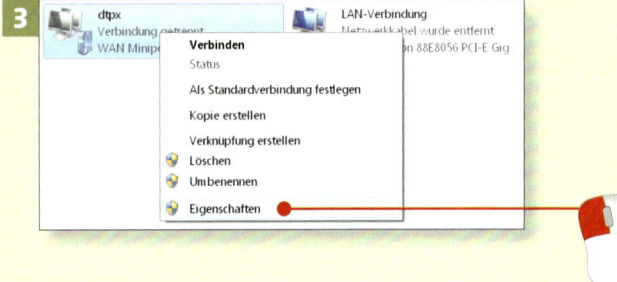

Kapitel 11: Alles unter einem Dach – Netzwerke

Schritt 4

Hier lässt sich z. B. die IP-Adresse ändern. Bestätigen Sie danach mit OK. Wenn Sie nichts ändern, wählen Sie **Abbrechen**.

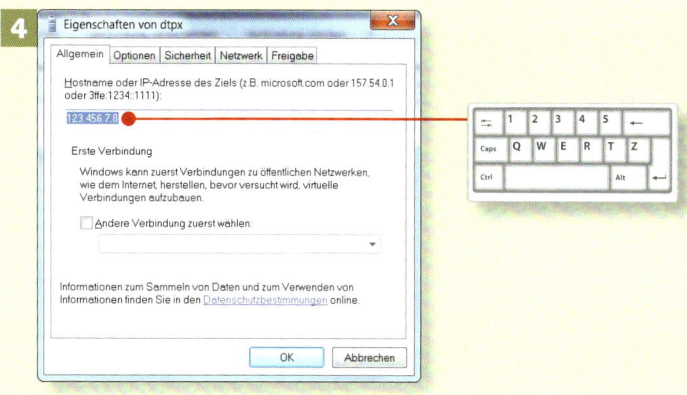

Schritt 5

Um ein Netzwerk dauerhaft zu entfernen, klicken Sie mit rechts darauf und wählen **Löschen** aus dem Kontextmenü.

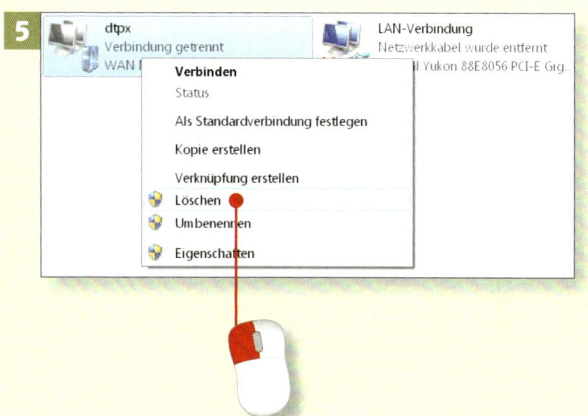

Schritt 6

Zuletzt müssen Sie noch eine Kontrollabfrage über sich ergehen lassen.

Netzwerk aktivieren
Inaktive Netzwerke werden mithilfe des Kontextmenü-Eintrags **Verbindung herstellen/trennen** eingeschaltet.

Ein Ad-hoc-Netzwerk einrichten

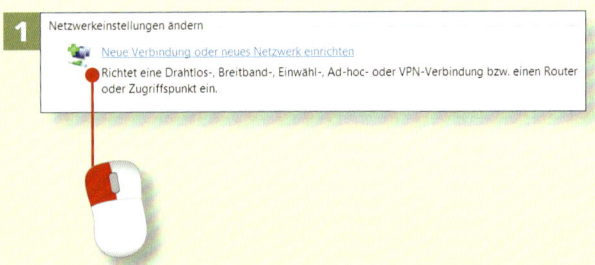

Wenn Sie mit einer anderen Person schnell einmal Daten von Notebook zu Notebook verschieben wollen, ist es nicht erforderlich, dafür extra ein reguläres Netzwerk ins Leben zu rufen. Einfacher geht's »ad-hoc«.

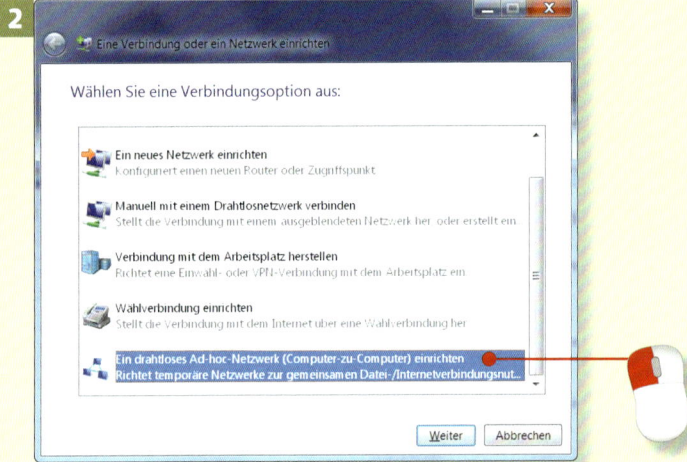

Schritt 1

Der erste Schritt führt auch hier über **Start • Systemsteuerung • Netzwerk- und Freigabecenter**. Klicken Sie auf **Neue Verbindung oder neues Netzwerk einrichten**.

Schritt 2

Jetzt müssen Sie eventuell ein wenig nach unten scrollen, denn der Eintrag **Ein drahtloses Ad-hoc-Netzwerk (computer-zu-Computer) einrichten** ist nicht auf den ersten Blick zu sehen. Markieren Sie die Zeile, gefolgt von **Weiter**.

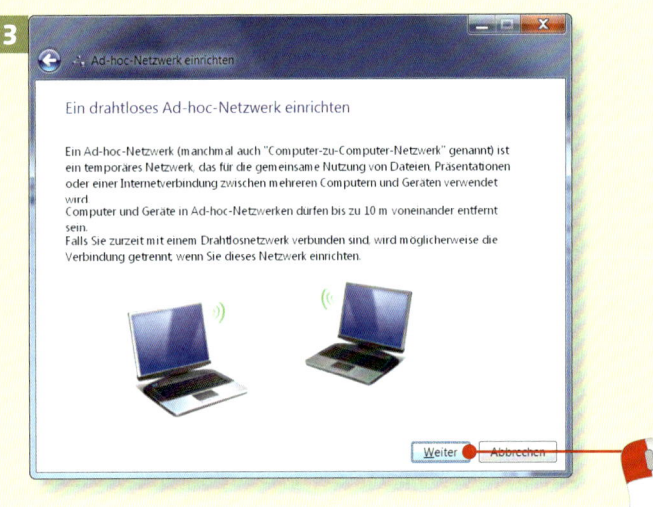

Schritt 3

Beachten Sie die Infos auf der folgenden Seite und klicken Sie anschließend auf **Weiter**.

Kapitel 11: Alles unter einem Dach – Netzwerke

Schritt 4

Geben Sie auf beiden Rechnern den gleichen Netzwerknamen und Sicherheitsschlüssel ein, ehe Sie abermals **Weiter** betätigen.

Schritt 5

Damit ist das Netzwerk einsatzbereit. Wenn Sie den Internet-Zugang gemeinsam nutzen wollen, aktivieren Sie den entsprechenden Eintrag. Beenden Sie die Aktion, indem Sie auf **Schließen** gehen.

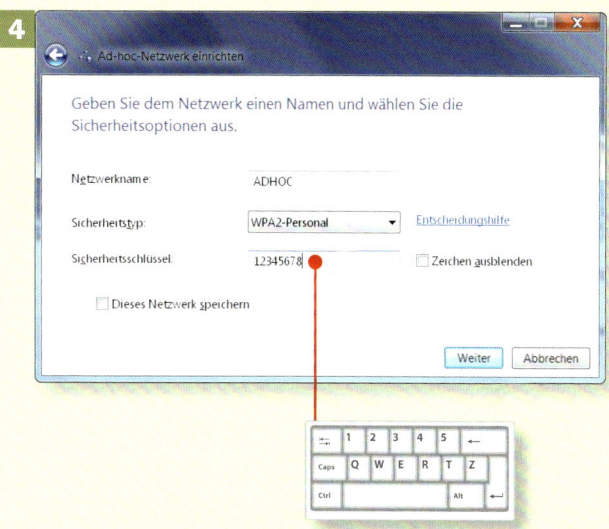

Netzwerk speichern

Wenn Sie dieses Netzwerk öfter einsetzen werden, sollten Sie in Schritt 4 **Dieses Netzwerk speichern** aktivieren.

Kapitel 12: Sicherheit

Windows 7 sollte gepflegt werden, vor allem, wenn es längere Zeit benutzt wird. Nur so läuft das System auch über längere Zeit reibungslos. Und da es immer wieder passieren kann, dass etwas Unvorhergesehenes geschieht, ist es wichtig, dass Sie Sicherungen vornehmen, um Ihre Daten im Falle des Falles wiederherstellen zu können.

❶ Eine Sicherung des Systems erstellen

Die Sicherung des Systems bietet Windows 7 an, damit Sie, sollte einmal etwas schiefgehen, immer wieder auf einen sicheren Zustand zurückgreifen können. Wie Sie diese Möglichkeit nutzen, zeigen Ihnen die folgenden Anleitungen.

❷ Windows auf den neuesten Stand bringen

Sehr wichtig sind die sogenannten Updates, automatische Neuerungen, die Microsoft zur Verfügung stellt, damit Sie Windows immer auf dem neuesten Stand halten. Sehen Sie hier, wie Sie das tun.

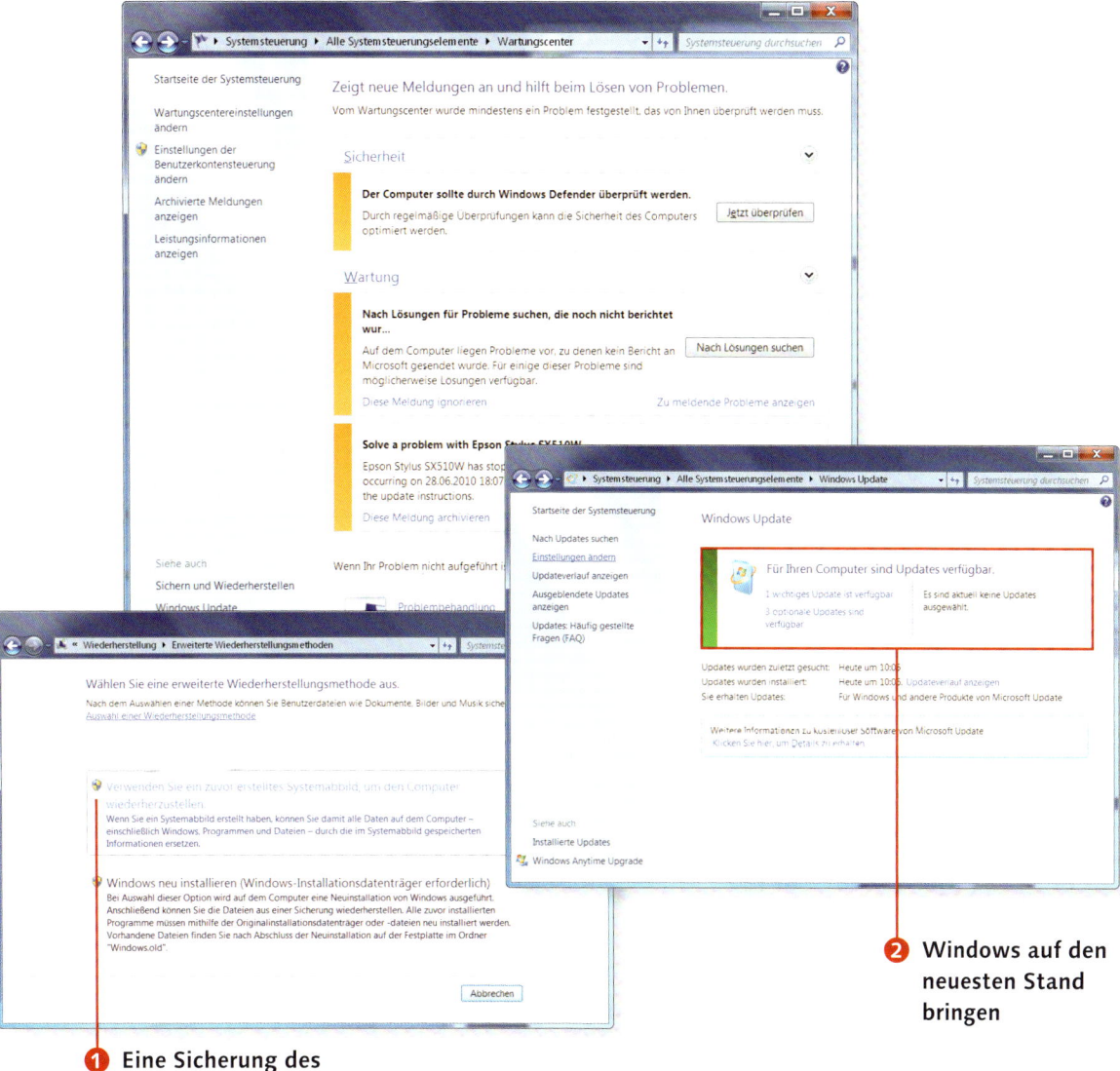

❶ Eine Sicherung des Systems erstellen

❷ Windows auf den neuesten Stand bringen

Das System warten

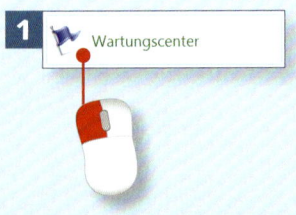

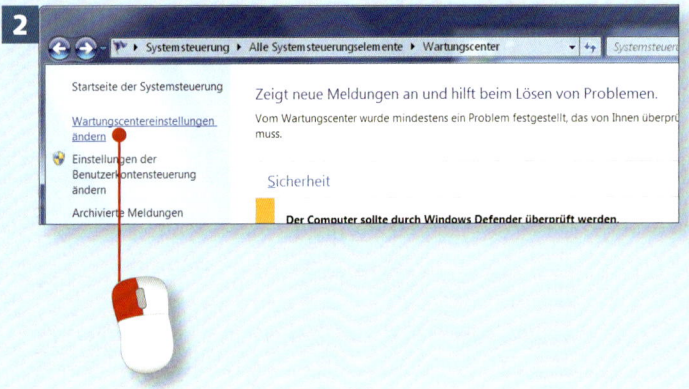

Störungen oder Beeinträchtigungen des Systems werden im Wartungscenter festgehalten. Hier haben Sie die Möglichkeit, etwas gegen solche Probleme zu unternehmen.

Schritt 1

Öffnen Sie das **Wartungscenter** (**Start • Systemsteuerung**).

Schritt 2

Nun sehen Sie, welche Probleme derzeit auf Ihrem PC vorliegen. (Dazu in Schritt 4 mehr.) Zunächst sollten Sie auf **Wartungseinstellungen ändern** gehen.

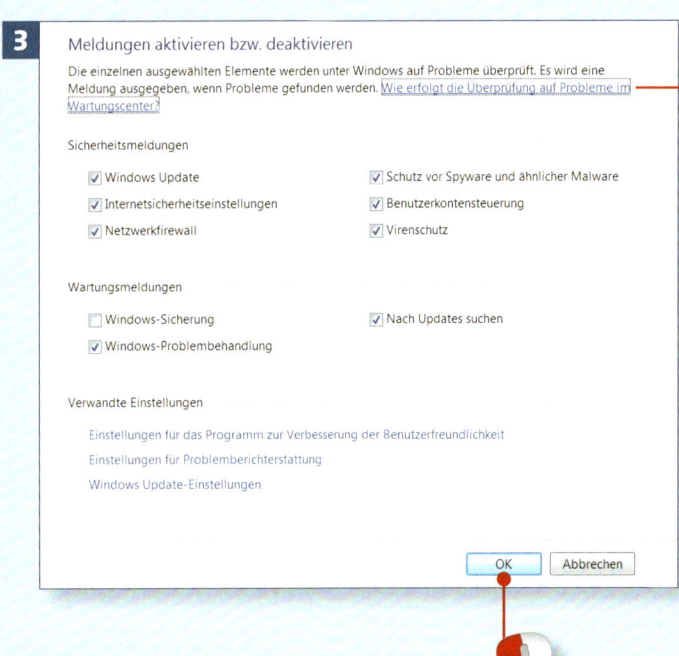

Schritt 3

Jetzt lässt sich das Wartungscenter konfigurieren. Stellen Sie ein, was überhaupt protokolliert werden soll, und bestätigen Sie anschließend mit OK.

Art der Überprüfungen

Wenn Sie mehr über die Vorgehensweisen in Bezug auf Wartung in Erfahrung bringen wollen, klicken Sie einmal auf **Wie erfolgt die Prüfung auf Probleme im Wartungscenter?**

Kapitel 12: Sicherheit

Schritt 4

Beeinträchtigungen können über die Taste neben der Problembeschreibung behoben werden. Hier liegt z. B. ein Problem mit dem Druckertreiber vor, weshalb in diesem Fall auch **Meldungsdetails anzeigen** markiert werden sollte.

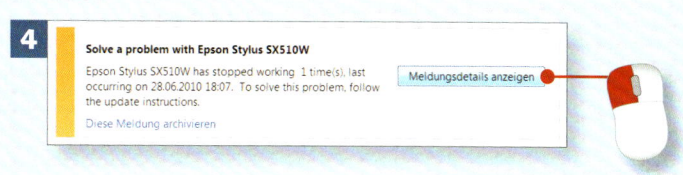

Schritt 5

Nun kann es einen Moment dauern, bis Windows 7 eine Lösung anbietet. Befolgen Sie die Anleitung. Je nach Problem kann es vorkommen, wie hier im Beispiel, dass die Anleitung in Englisch erscheint.

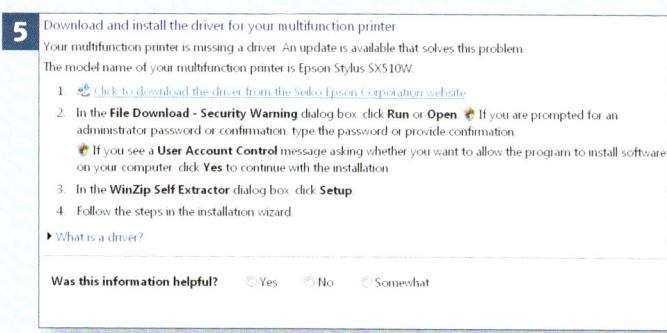

Schritt 6

Im Falle eines Treiber-Updates erscheint in Windows 7 eine Sicherheitswarnung. Bei vertrauenswürdigen Herstellern können Sie hingegen auf **Ausführen** klicken.

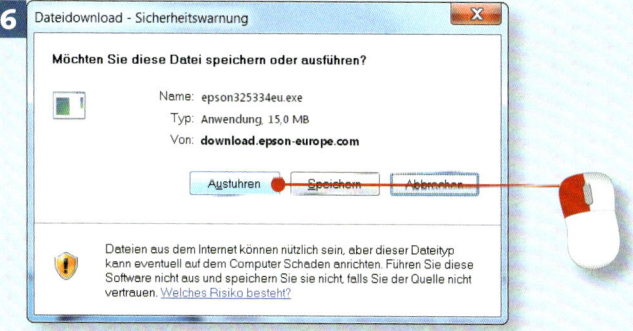

Meldung editiert
Nachdem Sie ein derartiges Problem behoben haben, wird die Meldung automatisch aus dem Wartungscenter entfernt.

Ein System-Backup erstellen

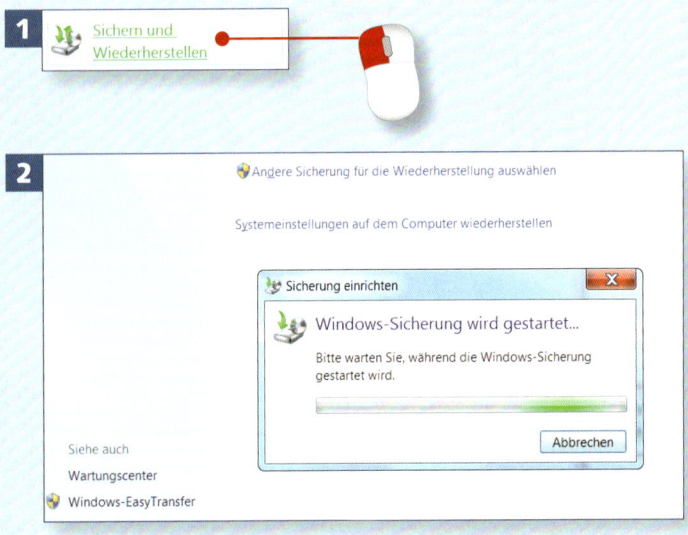

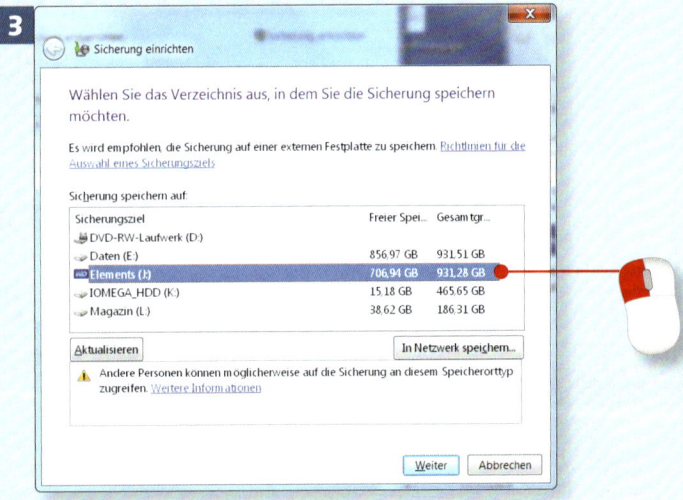

Damit Sie bei Systemproblemen auf ein Abbild Ihres Rechners zurückgreifen können, empfiehlt es sich, eine Kopie von Windows, den Programmen, Systemeinstellungen und Dateien anzufertigen. »System-Backup« lautet in diesem Fall das Zauberwort.

Schritt 1

Bitte beachten Sie die Hinweise im Kasten auf dieser Seite, ehe Sie beginnen! Danach gehen Sie über die **Systemsteuerung** auf **Sichern und Wiederherstellen**.

Schritt 2

Bevor Sie die Sicherung einrichten können, müssen Sie sich einen Moment gedulden. Sobald der Dialog verschwunden ist, können Sie fortfahren.

Schritt 3

Wählen Sie per Mausklick ein Speichermedium aus. Bei Anwahl einer externen Festplatte gibt Windows einen Hinweis aus, dass andere möglicherweise darauf zugreifen könnten. Bei rechnerinternen Festplatten bleibt diese Meldung aus.

Festplatten-Dateisystem

Die Zielfestplatte muss ebenso wie die Systemfestplatte im Dateisystem NTFS formatiert sein, damit sich diese zur Backup-Erstellung unter Windows 7 verwenden lässt. Weitere Hinweise dazu finden Sie ab Seite 338.

Kapitel 12: Sicherheit

Schritt 4

Im nächsten Dialog lassen Sie entweder Windows entscheiden, welche Daten gesichert werden sollen (oberster Button), oder klicken Sie auf **Auswahl durch Benutzer**, ehe Sie auf **Weiter** gehen.

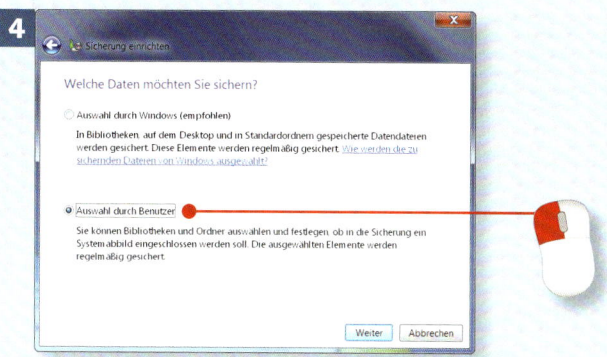

Schritt 5

Jetzt können Sie all jene Checkboxen aktivieren, deren Dateien und Computerinhalte bei der Sicherung berücksichtigt werden sollen.

Schritt 6

Damit die Sicherung künftig ganz automatisch vonstattengehen kann, sollten Sie auf **Zeitplan ändern** klicken. Die einzige Checkbox ❶ dort muss dazu aktiviert sein. Bestätigen Sie mit OK und klicken Sie zuletzt auf **Einstellungen speichern und Sicherung ausführen**.

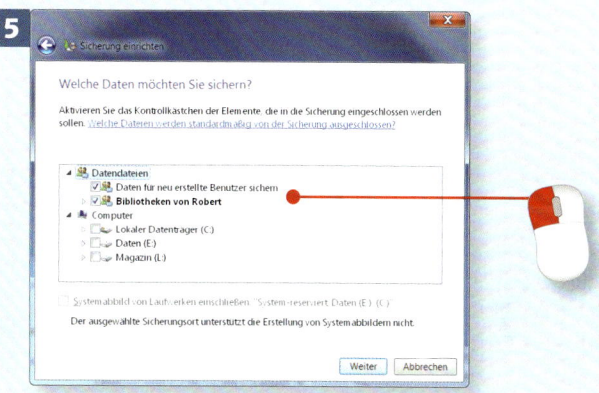

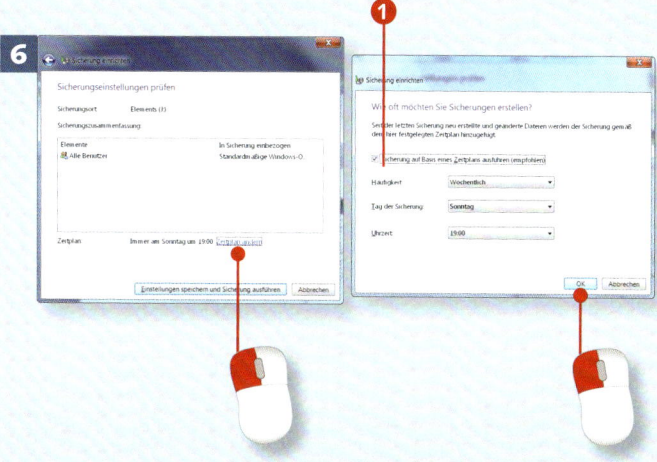

> **Zeitraum wählen**
> Mit den weiteren Steuerelementen des Dialogs **Sicherung einrichten** lassen sich Intervall und Zeitpunkt der automatischen Backup-Erstellung bestimmen.

299

Windows wiederherstellen

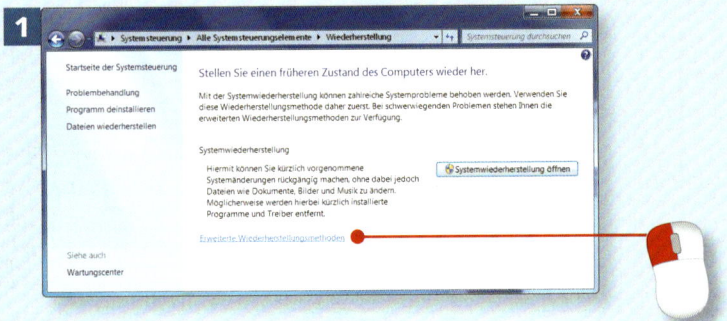

Die einfache Wiederherstellung des Systems ist immer dann angezeigt, wenn der Computer noch funktioniert, aber sehr langsam geworden ist, oder wenn das System nicht mehr einwandfrei arbeitet.

Schritt 1

Auch hier gehen Sie zunächst in die **Systemsteuerung**. Dort betätigen Sie **Wiederherstellung**. Klicken Sie danach auf **Erweiterte Wiederherstellungsmethoden**.

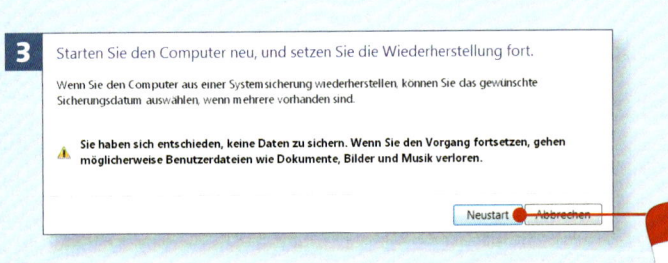

Schritt 2

In den meisten Fällen reicht es, wenn Sie den oberen Eintrag aktivieren. Der untere Eintrag ❶ benötigt zur Wiederherstellung den Original-Windows-Datenträger.

Schritt 3

Sollten Sie noch kein Abbild erstellt haben, werden Sie jetzt darauf hingewiesen. In diesem Fall brechen Sie den Vorgang ab und erstellen ein Backup (siehe vorangegangener Workshop). Anderenfalls betätigen Sie **Neustart**.

Zuvor erstelltes Systemabbild

Voraussetzung für diese Art der Wiederherstellung ist, dass zuvor bereits ein Systemabbild erstellt worden ist, auf das der PC jetzt auch zugreifen kann.

Reparaturdatenträger erstellen

Wenn gar nichts mehr geht, müssen Sie das System mit einem sogenannten Systemdatenträger starten. Auf einen solchen Datenträger sollten Sie »im Fall des Falles« zurückgreifen können.

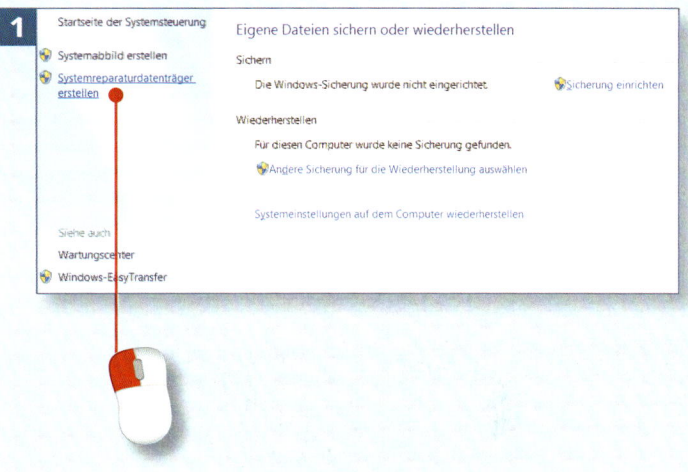

Schritt 1

Zur Erzeugung eines »Notfall-Datenträgers« gehen Sie über **Systemsteuerung • Sichern und Wiederherstellen**. Setzen Sie einen Mausklick auf **Systemreparaturdatenträger erstellen**.

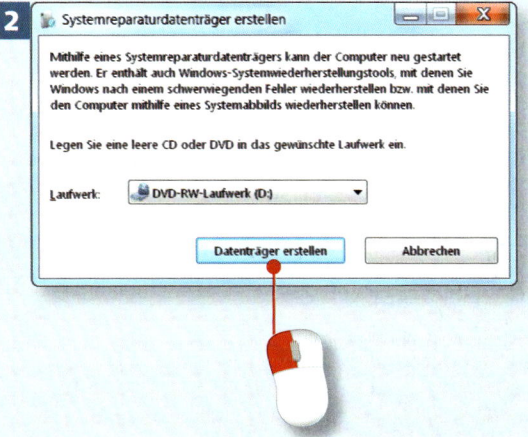

Schritt 2

Legen Sie eine CD (bevorzugt!) oder eine DVD ein und betätigen Sie **Datenträger erstellen**.

Schritt 3

Das Ganze geht recht flott vonstatten. Folgen Sie dem Rat, den Datenträger aussagekräftig zu betiteln.

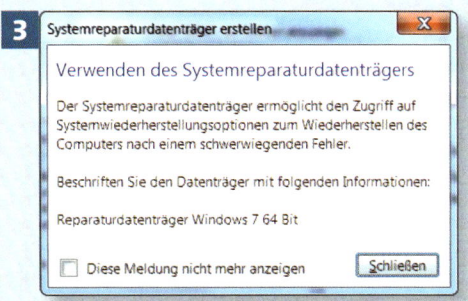

Inhalt des Datenträgers
Bei der Produktion eines derartigen Datenträgers werden unter anderem wichtige Systemeinstellungen und Treiber abgesichert.

Windows Updates

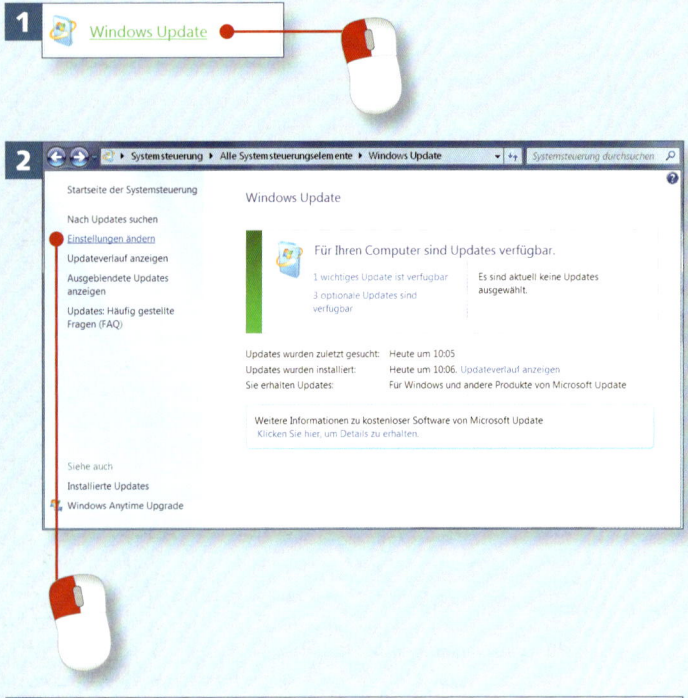

Halten Sie Ihr System auf dem Laufenden! Dazu zählen vor allem die zahlreichen Aktualisierungen, die Microsoft zur Verfügung stellt – die sogenannten »Updates«.

Schritt 1

In der Symbolansicht der **Systemsteuerung** finden Sie den Schalter **Windows Update**.

Schritt 2

Klicken Sie im Folgedialog zunächst auf **Einstellungen ändern**.

Schritt 3

Die Funktion **Updates automatisch installieren** wird aus gutem Grund empfohlen. Dann nämlich müssen Sie sich um nichts mehr kümmern; Windows 7 hält sich selbstständig auf dem neuesten Stand.

Updateverlauf
Nach dem Hochfahren des Rechners werden die Aktualisierungen auf den PC geladen. Die Installation geschieht beim Herunterfahren des Rechners. Dadurch wird Ihr Arbeitszyklus nicht durch Updates »ausgebremst«.

Kapitel 12: Sicherheit

Schritt 4

Die Zeitoptionen stehen nur dann zur Verfügung, wenn Sie sich für automatische Aktualisierungen entschieden haben. Sie sollten das System ruhig täglich nach Updates suchen lassen.

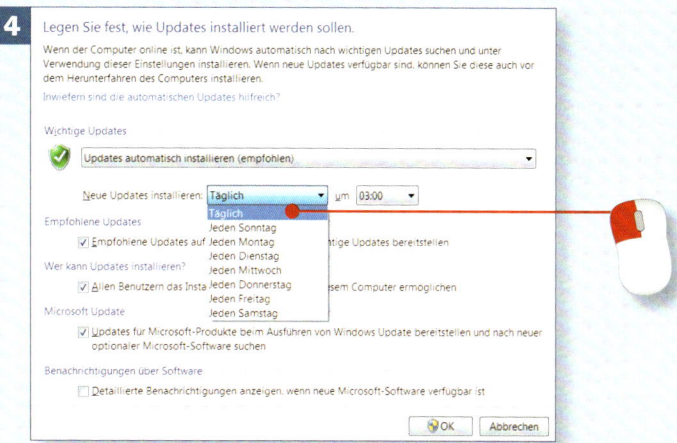

Schritt 5

Sie können auch eine sofortige Aktualisierung herbeiführen, indem Sie auf **Nach Updates suchen** klicken. Nach kurzer Zeit geht es selbstständig zurück zum Dialog **Windows Update**.

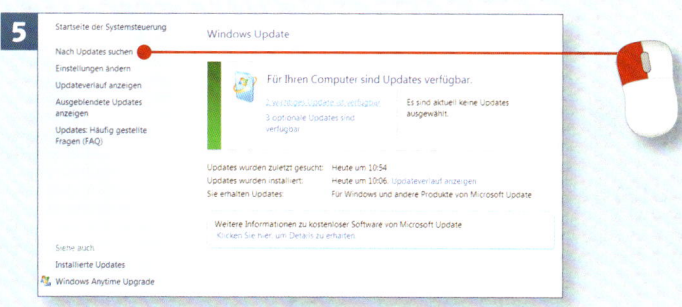

Schritt 6

Einzelne Updates können auch angehakt und manuell installiert werden – oder Sie haken (wie nebenstehend) die **Optionalen Updates** an, die ausgeführt werden sollen.

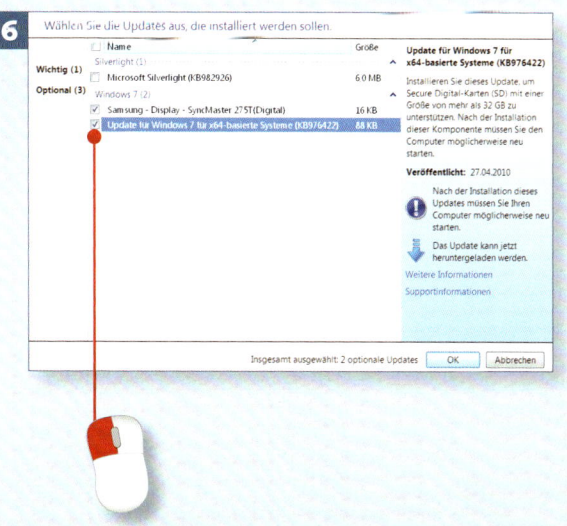

303

Windows Firewall

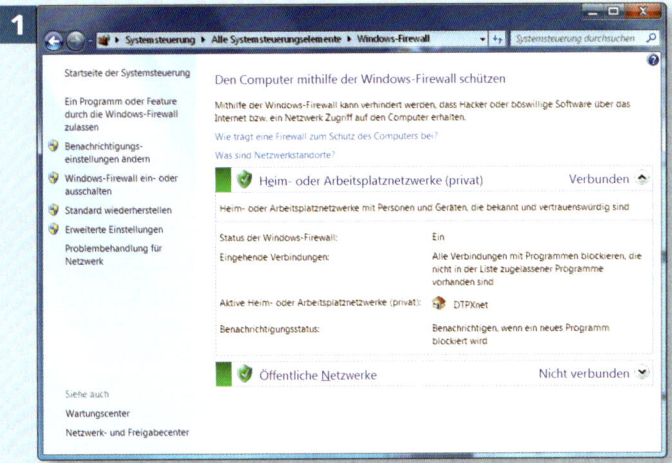

Eine Firewall ist eine Barriere, die Ihren Computer umgibt und Sie vor unliebsamen Angriffen von außen schützt. Ebenso wird verhindert, dass Daten Ihren Rechner verlassen. Hier erfahren Sie, wie Sie die nötigen Einstellungen an der Firewall vornehmen.

Schritt 1

Platzieren Sie einen Mausklick auf **Windows Firewall** innerhalb der **Systemsteuerung.**

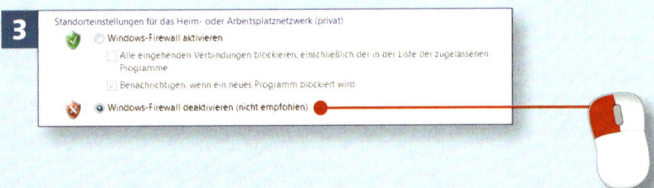

Schritt 2

Falls Sie die Firewall einmal deaktivieren müssen (vereinzelte Software-Applikationen verlangen das), gehen Sie über **Windows Firewall ein- oder ausschalten** auf der linken Seite des Fensters.

Schritt 3

Betätigen Sie den Radio-Button **Windows-Firewall deaktivieren** und bestätigen Sie mit OK. Vergessen Sie nicht, die Firewall anschließend wieder zu aktivieren, damit Ihr PC geschützt ist.

> **Verbindung trennen**
> Es ist dringend zu empfehlen, vor der Deaktivierung der Firewall die Verbindung zum Netzwerk bzw. Internet zu trennen.

Kapitel 12: Sicherheit

Schritt 4

Wenn Sie einmal sehen wollen, welches Programm Ihre Firewall derzeit passieren darf, wählen Sie **Ein Programm oder Feature durch die Windows-Firewall zulassen**.

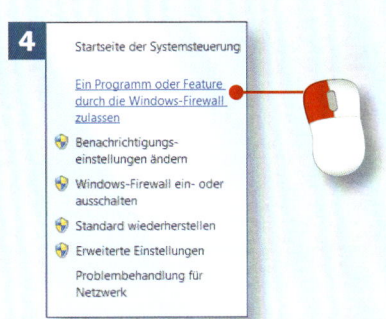

Schritt 5

Sie sollten ein wenig nach unten scrollen und danach die Anwendung markieren, zu der Sie mehr wissen wollen. In diesem Fall ist es der *Windows Media Player-Netzwerkfreigabedienst*. Klicken Sie auf den Button **Details**.

Schritt 6

Auf der erscheinenden Tafel gibt es meist weiterführende Beschreibungen dazu, was die Freigabe bewirkt. Am Ende sollten Sie hier und im noch geöffneten Dialog auf OK klicken.

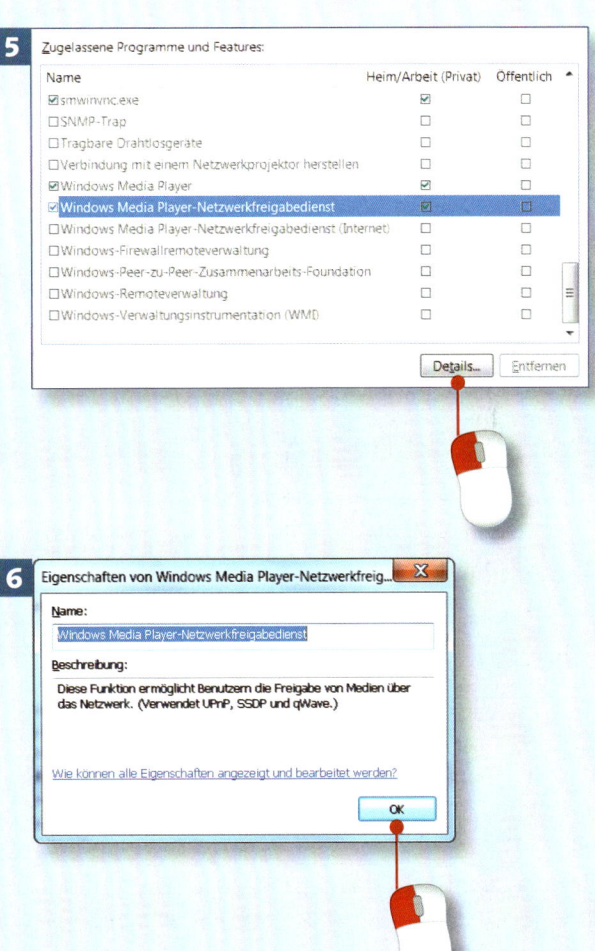

> **Dienste festlegen**
>
> Anhand der Häkchen können Sie sehen, welche Dienste die Firewall passieren können und welche nicht. Die Häkchen lassen sich manuell ein- und ausschalten.

Windows Defender

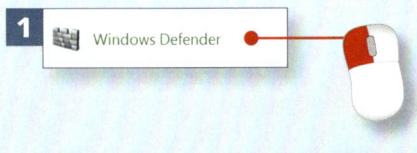

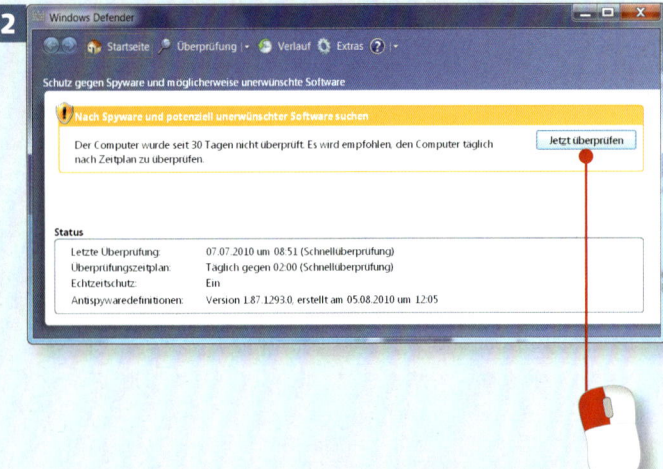

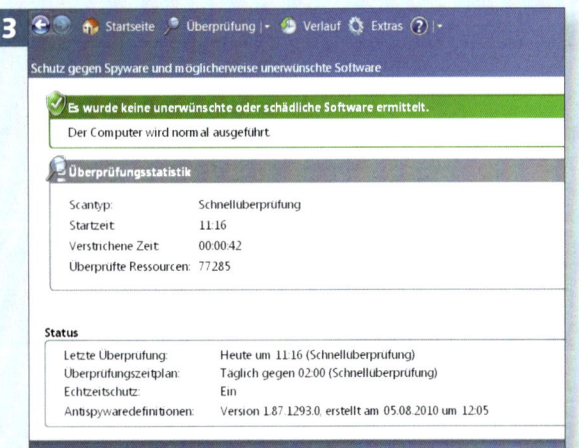

Unliebsame Zeitgenossen versuchen permanent, fremde Computer auszuspionieren. Deswegen sollten Sie Ihren Rechner von Zeit zu Zeit auf sogenannte »Spyware« überprüfen lassen.

Schritt 1

In der **Systemsteuerung** gibt es einen Eintrag mit dem klangvollen Namen **Windows Defender**. Aktivieren Sie diesen.

Schritt 2

Hier erhalten Sie jetzt (wie schon im Wartungscenter) eine Statusmeldung, sofern das System längere Zeit nicht mehr auf Spyware untersucht wurde (hier: seit mehr als 30 Tagen). Klicken Sie auf **Jetzt überprüfen**.

Schritt 3

Die Überprüfung geht relativ schnell vonstatten. Am Ende erhalten Sie im Idealfall eine Erfolgsmeldung.

Spyware gefunden?
Wenn der Defender Spyware gefunden hat, wird dies im Dialog angezeigt. Windows bietet dann auch direkt entsprechende Lösungsschritte an.

Kapitel 12: Sicherheit

Schritt 4

Klicken Sie einmal auf **Extras**, gefolgt von **Optionen**. Dies ermöglicht Ihnen, die Prüfoptionen einzusehen und gegebenenfalls zu ändern.

Schritt 5

In der linken Spalte ist standardmäßig **Automatische Überprüfung** ausgewählt. Wenn Sie dem zustimmen, müssen Sie diese Option in der Mitte des Dialogs per Checkbox festlegen.

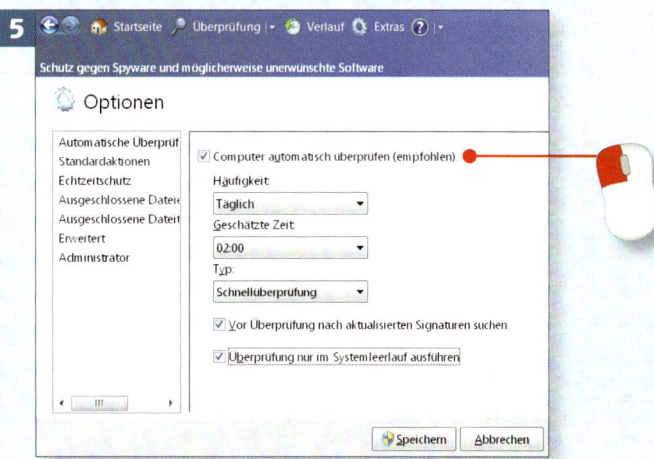

Schritt 6

Gehen Sie anschließend noch auf **Erweitert** und entscheiden Sie, ob beispielsweise auch E-Mails und/oder Wechseldatenträger überprüft werden sollen. Die sind nämlich standardmäßig deaktiviert. Zuletzt müssen Sie nur noch auf **Speichern** klicken.

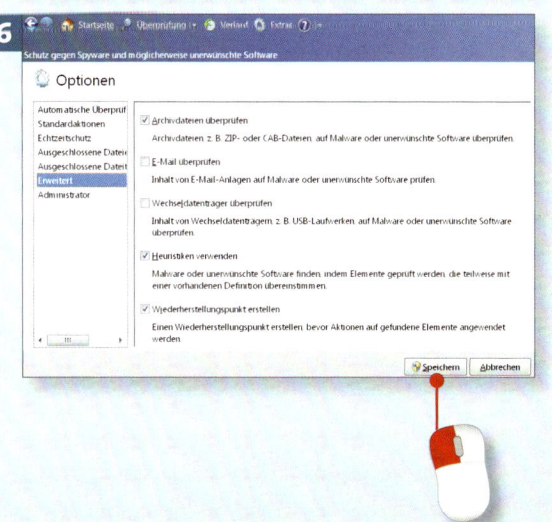

307

Kapitel 13:
Kostenlose Zusatz-Software

Bisher haben wir ausschließlich die in Windows direkt enthaltenen oder von Microsoft angebotenen Programme genutzt. Es gibt aber auch andere Anbieter, die nützliche Software zur Verfügung stellen. Die wichtigsten werden hier vorgestellt.

❶ AntiVir
Virenschutz ist heutzutage ein Muss. Mit AntiVir erhalten Sie eine sichere und zudem kostenlose Variante. Sie sehen hier, wie Sie das Programm installieren und Ihren Rechner gegen Viren sichern.

❷ Alternative Software für Browser, Mail und für die Erstellung von CDs und DVDs
Auch für andere Aufgaben stellen wir Ihnen nützliche Alternativen vor: Den Internetbrowser Firefox, das Mailprogramm Thunderbird und das Brennprogramm CDBurner XP. Schritt für Schritt werden Sie durch die Installation und den ersten Einsatz der Programme geführt.

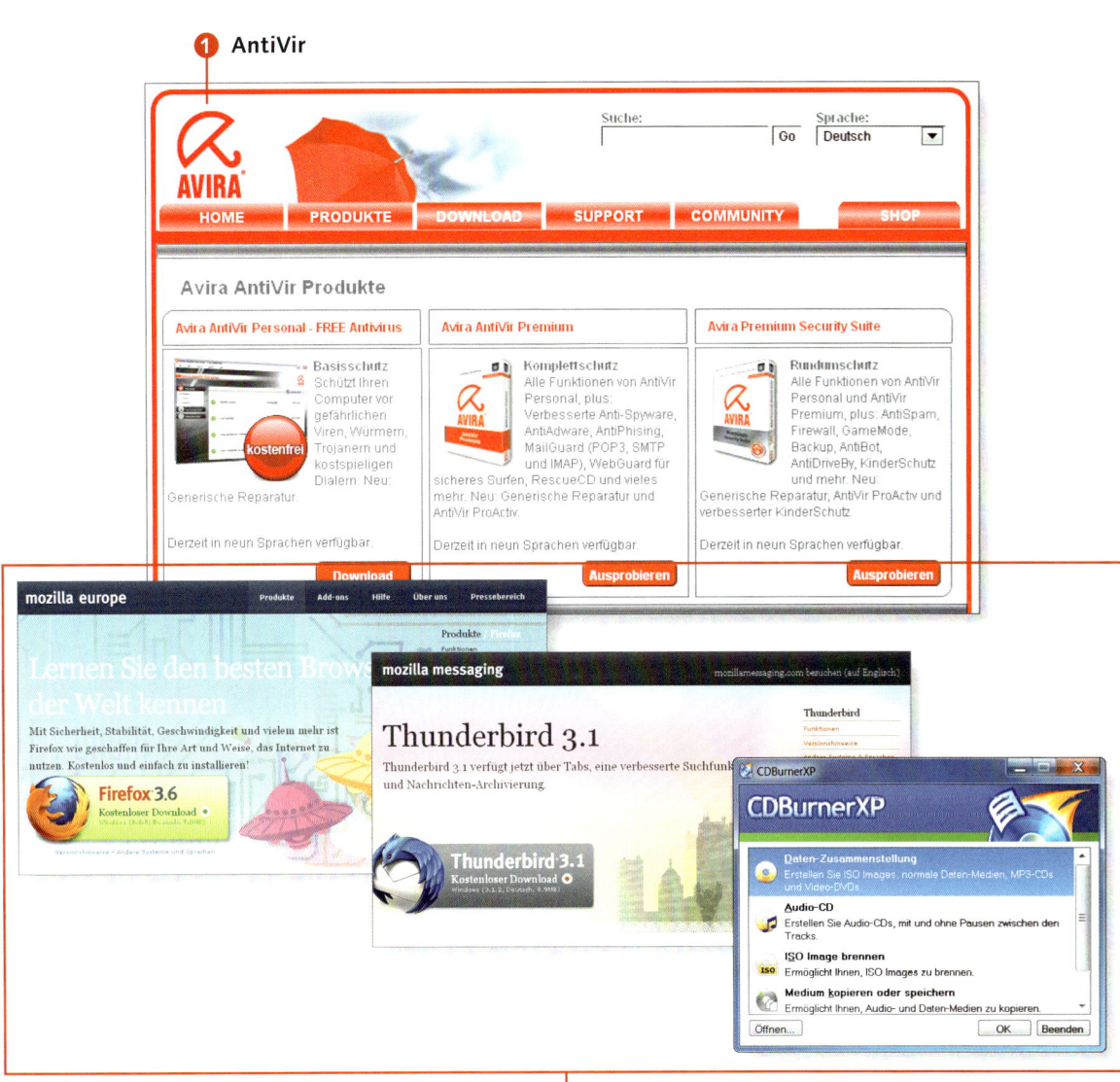

❶ AntiVir

❷ Alternative Software für Browser, Mail und für die Erstellung von CDs und DVDs

Programme herunterladen und installieren (AntiVir)

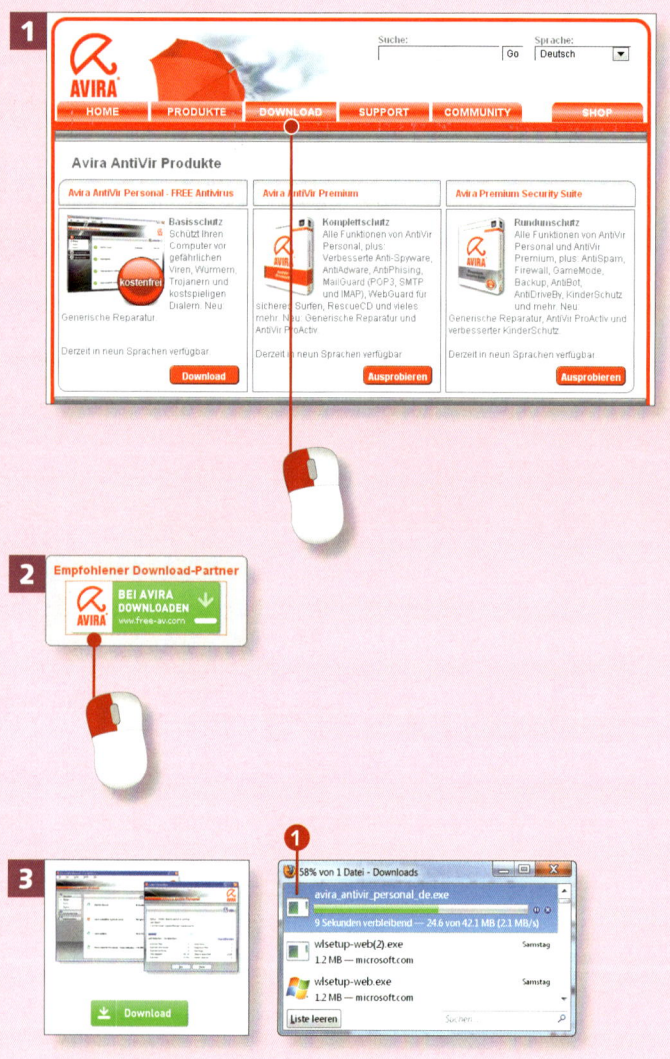

Das Herunterladen von Programmen aus dem Internet (= Download) funktioniert im Allgemeinen ohne Probleme. Allerdings sollten Sie Downloads ausschließlich von vertrauenswürdigen Seiten laden!

Schritt 1

In diesem Beispiel wird die für Privatpersonen kostenlose Antiviren-Software **Avira AntiVir Personal – FREE Antivirus** heruntergeladen. Gehen Sie dazu auf die Seite *www.free-av.com* und wählen Sie das Register **Download** an.

Schritt 2

Betätigen Sie den Download-Button für die kostenlose Variante der Antiviren-Software (es gibt auch kostenpflichtige Versionen), und folgen Sie den weiteren Anleitungen auf der Webseite.

Schritt 3

Nachdem Sie auch den letzten Download-Button betätigt haben, warten Sie, bis die Software heruntergeladen worden ist. Ein entsprechendes Fenster in Windows 7 zeigt den Fortschritt an ❶.

AntiVir Premium
Die Premium-Version kostet derzeit € 19,95 für ein Jahr und bietet erweiterte Möglichkeiten, wie z. B. »AntiPhishing«, »MailGuard« usw.

Kapitel 13: Kostenlose Zusatz-Software

Schritt 4

Anschließend können Sie in diesem Fenster die Installation direkt per Doppelklick auf dem obersten Download-Eintrag starten.

Schritt 5

Alternativ zu Schritt 4 finden Sie heruntergeladene Dateien grundsätzlich unter *[Laufwerksbuchstabe] (meist C:) / [Benutzer] / [Benutzername])*. Darin steckt ein Ordner mit dem Namen **Downloads**. Öffnen Sie diesen und setzen Sie einen Doppelklick auf die heruntergeladene Datei.

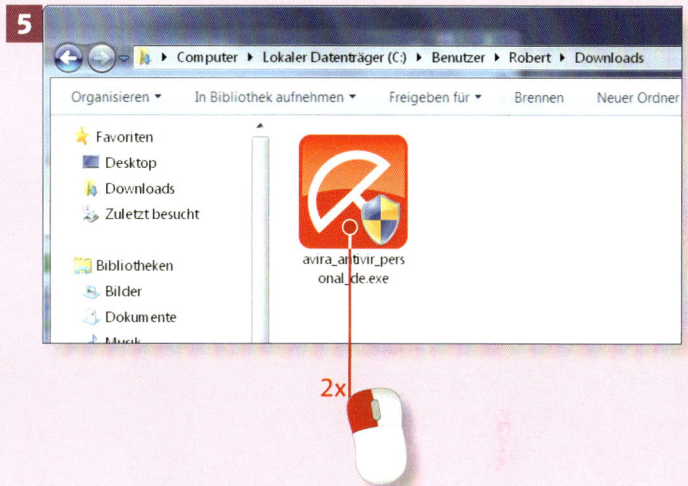

> **Nur »eine« Software**
>
> »Doppelt gemoppelt hält besser« gilt nicht für Antiviren-Software! Sie sollten niemals mehr als »ein« derartiges Programm auf Ihrem Rechner betreiben, da die Programme sich gegenseitig behindern.

Avira AntiVir

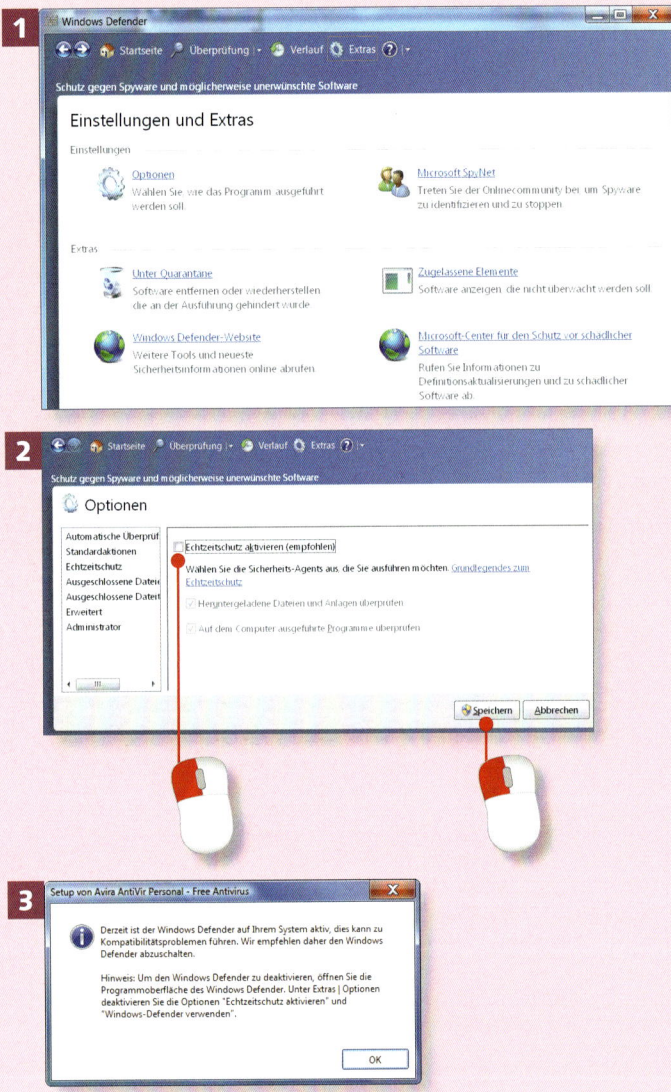

Standardmäßig ist unter Windows 7 keine Antiviren-Software installiert. Der »Windows Defender« schützt Sie nämlich lediglich vor Spyware. Installieren Sie beispielsweise »Avira AntiVir«, um auch vor Viren und Trojanern geschützt zu sein.

Schritt 1

Zunächst sollten Sie **Windows Defender** deaktivieren, da es im Zusammenhang mit AntiVir zu Kompatibilitätsproblemen kommen kann. Dazu gehen Sie auf **Start • Systemsteuerung • Windows Defender • Extras • Optionen**.

Schritt 2

Klicken Sie in der linken Spalte auf **Echtzeitschutz** und deaktivieren Sie das Häkchen vor **Echtzeitschutz aktivieren**. Bestätigen Sie per Klick auf **Speichern**.

Schritt 3

Sollten Sie den Defender nicht abschalten, erhalten Sie bei der Installation von AntiVir den Hinweis, dass es zu Kompatibilitätsproblemen kommen könnte. Nehmen Sie diesen Hinweis ernst!

> **! Windows Defender abschalten**
> Sie müssen nicht befürchten, durch Abschaltung des Defenders den Schutz vor Spyware zu verlieren. AntiVir besitzt ebenfalls einen entsprechenden Abwehrmechanismus.

Kapitel 13: Kostenlose Zusatz-Software

Schritt 4

Sofern Sie die Installation noch nicht gestartet haben, holen Sie das durch Doppelklick auf die heruntergeladene Datei nach. Lassen Sie die Betätigung der Taste **Weiter** folgen.

Schritt 5

Nun müssen Sie die Lizenzvereinbarung akzeptieren und anschließend noch bestätigen, dass Sie die Software ausschließlich zu privaten Zwecken nutzen. Eine gewerbliche Nutzung ist nämlich kostenpflichtig! Wenn Sie Ihren PC nur zu Hause und für private Zwecke nutzen, können Sie AntiVir also bedenkenlos einsetzen.

Schritt 6

Wählen Sie als Nächstes die Installationsart **Express** an. Ob Sie im Folgedialog die Software beim Hersteller registrieren und/oder den Newsletter bestellen wollen, ist optional.

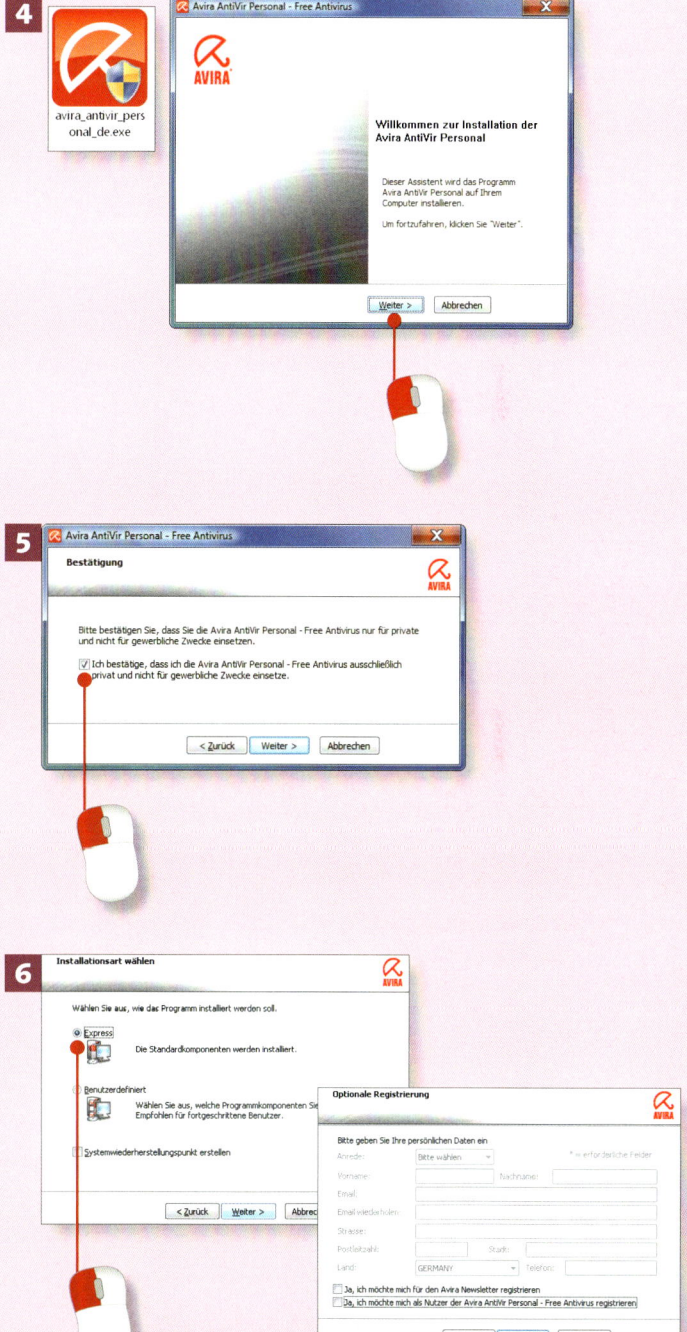

Avira AntiVir (Forts.)

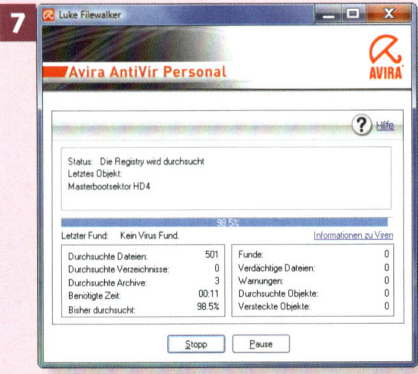

Schritt 7

Nach der Installation erfolgt automatisch ein direkter Virenscan im Bereich der Systemdateien. Wenn dieser beendet ist, können Sie das Fenster schließen.

Schritt 8

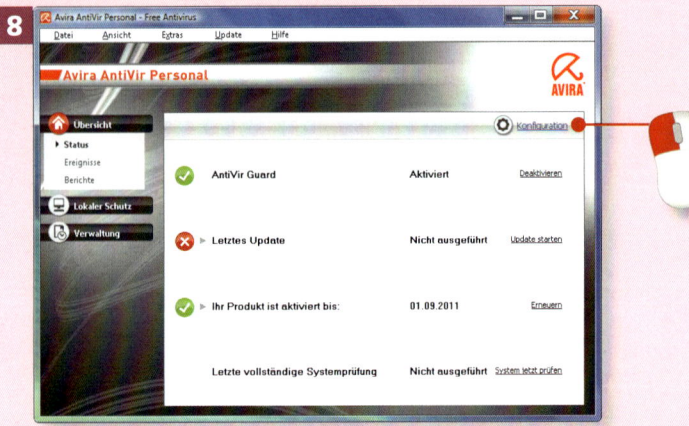

Starten Sie AntiVir. Dies können Sie über den Button in der Fußleiste oder das Startmenü erledigen. Die dritte Alternative: Sie setzen einen Doppelklick auf das soeben mitinstallierte Desktop-Icon. Danach gehen Sie auf **Konfiguration**.

Schritt 9

Markieren Sie **Update** in der linken Spalte der Anwendung. Die Ziffern-Pärchen auf der rechten Seite lassen sich anklicken und per Tastatur oder Dreieck-Buttons verändern. Damit legen Sie fest, wann sich die Software selbstständig aktualisieren soll.

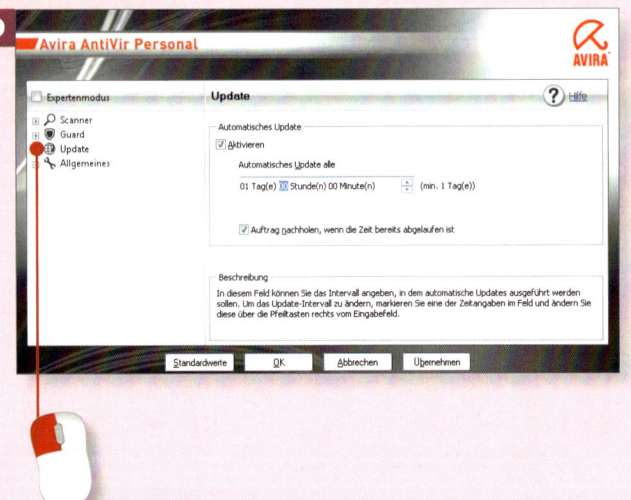

> **Automatische Updates**
> Die Updates werden dringend benötigt, da es ständig neue Viren gibt und Virenscanner deshalb permanent auf dem neuesten Stand sein sollten.

Kapitel 13: Kostenlose Zusatz-Software

Schritt 10

Klicken Sie zunächst auf **Verwaltung** und dann auf **Planer**. Daraufhin legen Sie rechts die Aufgaben fest, die AntiVir für Sie übernehmen soll. Aktivieren Sie z. B. das Häkchen in der Spalte **Aktiviert**, wenn Sie täglich um 12.00 Uhr eine vollständige Systemprüfung wünschen.

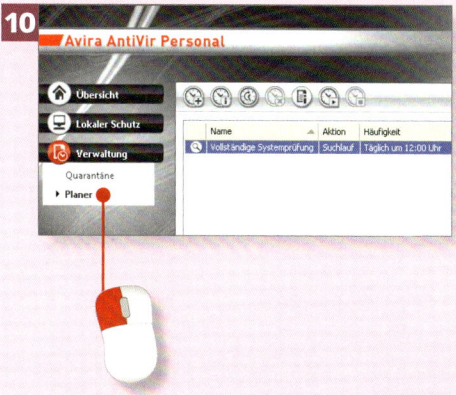

Schritt 11

Sie können die Aufgaben aber auch manuell erstellen. Dazu betätigen Sie das linke Uhr-Symbol (**Neuen Auftrag mit Wizzard erstellen**).

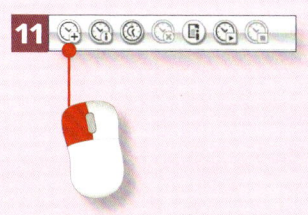

Schritt 12

Wenn Sie beispielsweise einen Prüfauftrag vergeben wollen (hier: Prüfung des Windows-Systemverzeichnisses), benennen Sie die Prüfung nach logischen Kriterien, die Sie auch zu einem späteren Zeitpunkt nachvollziehen können, ehe Sie auf **Weiter** klicken. Lassen Sie die gewünschten Profileinstellungen folgen.

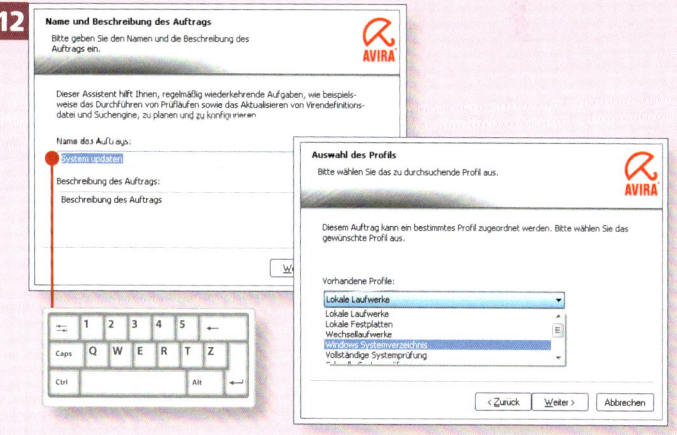

> **Automatischer Schutz**
>
> Avira AntiVir ist von Haus aus so konfiguriert, dass sich die Software automatisch einschaltet, sobald Sie den Rechner hochfahren. Sie genießen also von jetzt an einen wirksamen Schutz.

Firefox als Alternative zum Internet Explorer

Der Internet-Browser Mozilla Firefox genießt einen ausgezeichneten Ruf. Die Anwendung hat eine größere Anhängerschaft als der Internet Explorer und ist eine ausgezeichnete Alternative.

Schritt 1

Firefox lässt sich unter *http://www.mozilla-europe.org/de/firefox/* herunterladen. Auf der Webseite erhalten Sie zudem ausführliche Infos darüber, was der Browser alles kann.

Schritt 2

Nach der Installation gehen Sie zuerst auf **Extras • Einstellungen**.

Schritt 3

Auf dem Register **Allgemein** (der Kippschalter oben links) können Sie, genauso wie im Internet Explorer, die Startseite ändern. Außerdem lässt sich hier festlegen, wo heruntergeladene Dateien abgelegt werden sollen, indem Sie auf **Durchsuchen** klicken.

Open Source

Bei Firefox handelt es sich um freie »Open Source-Software«. Der Programmcode ist offen und jeder, der möchte, kann an der Weiterentwicklung mitwirken.

Kapitel 13: Kostenlose Zusatz-Software

Schritt 4

Auf dem Register **Inhalte** lassen sich **Pop-up-Fenster blockieren**. Das funktioniert in der Regel besser als im Internet Explorer.

Schritt 5

Zuletzt gehen Sie bitte noch auf **Erweitert**. Hier lässt sich Firefox als Standardbrowser definieren. Dazu müssen Sie im Bereich Systemeinstellungen auf **Jetzt überprüfen** gehen und den Folgedialog mit **Ja** bestätigen.

Schritt 6

Sie können auch **Lesezeichen hinzufügen**. Ganz schnell geht das über `Strg` + `D` oder **Lesezeichen • Lesezeichen hinzufügen**. Danach öffnen Sie die Ordner-Liste und gehen auf **Lesezeichen-Symbolleiste**, sofern Sie einen Button direkt im Kopf des Browsers sehen wollen.

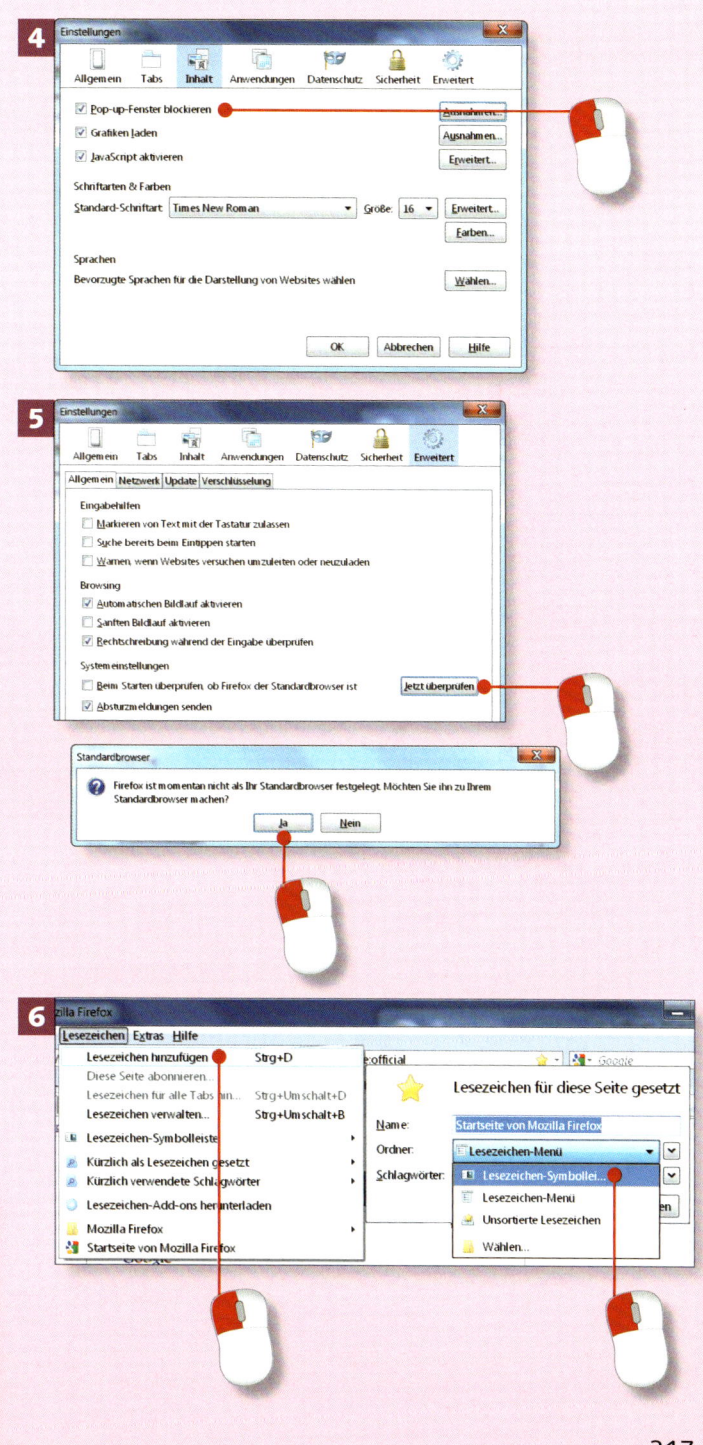

Standardbrowser

Der Browser, den Sie als Standard definiert haben, wird sich immer dann öffnen, wenn Sie z. B. aus einer Software heraus einen Link anklicken.

Thunderbird als Alternative zu Live Mail

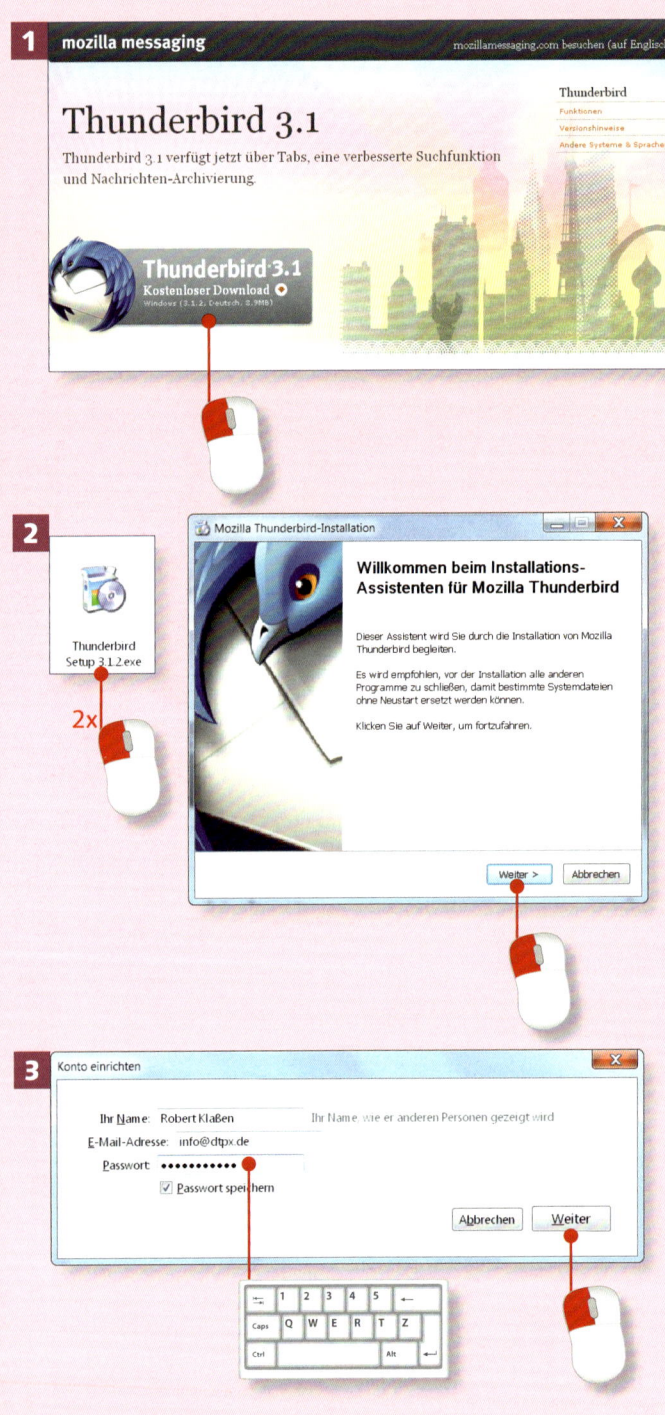

Mit »Thunderbird« lassen sich sämtliche E-Mail-Aufgaben des täglichen Bedarfs schnell und intuitiv lösen. Besonders praktisch ist, dass sich die Anwendung fast schon von selbst einrichtet.

Schritt 1

Den Download zu diesem Programm finden Sie unter *http://www.mozilla-messaging.com/de/thunderbird/*.

Schritt 2

Installieren Sie die Anwendung durch einen Doppelklick auf die heruntergeladene Datei und folgen Sie der Anleitung.

Schritt 3

Nach der Installation öffnet sich automatisch der Dialog **Konto einrichten**. Hier müssen Sie lediglich einen Namen, Ihre E-Mail-Adresse sowie das bei Ihrem Provider festgelegte Kennwort eingeben.

!
Kennwort speichern
Aktivieren Sie die Funktion, damit Sie das Kennwort nicht jedes Mal neu eingeben müssen.

Kapitel 13: Kostenlose Zusatz-Software

Schritt 4

Wenn alles korrekt eingegeben wurde, erscheint nun vor dem Posteingangs- und Postausgangsserver jeweils ein grüner Button. Jetzt müssen Sie nur noch auf **Konto erstellen** klicken. (Anderenfalls gehen Sie auf **Benutzerdefinierte Einstellungen**.)

Schritt 5

Sie können nun Ihr Mail-Konto auf eingegangene Mails überprüfen, wenn Sie **Abrufen** betätigen.

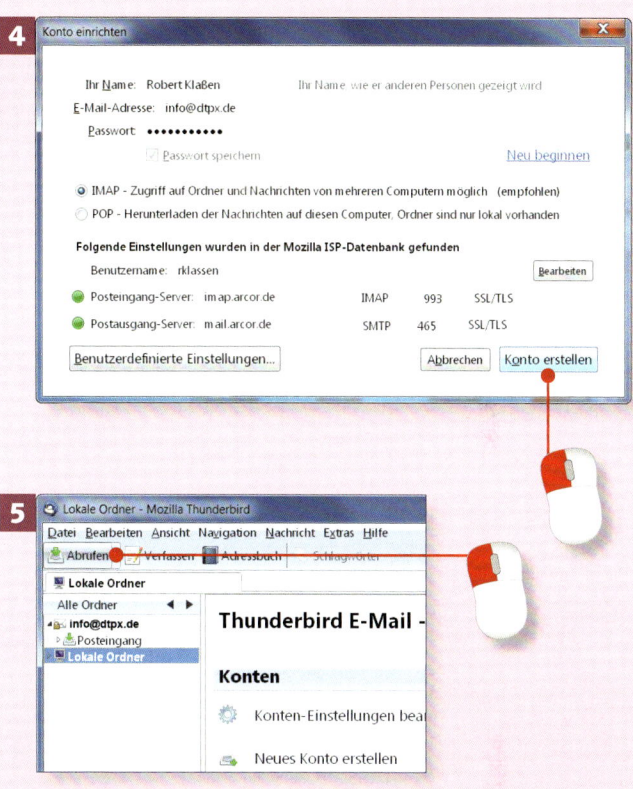

Schritt 6

Es ist gerade keine E-Mail vorhanden? Dann adressieren Sie testweise eine Mail an sich selbst, indem Sie auf **Verfassen** klicken. Am Ende betätigen Sie **Senden**.

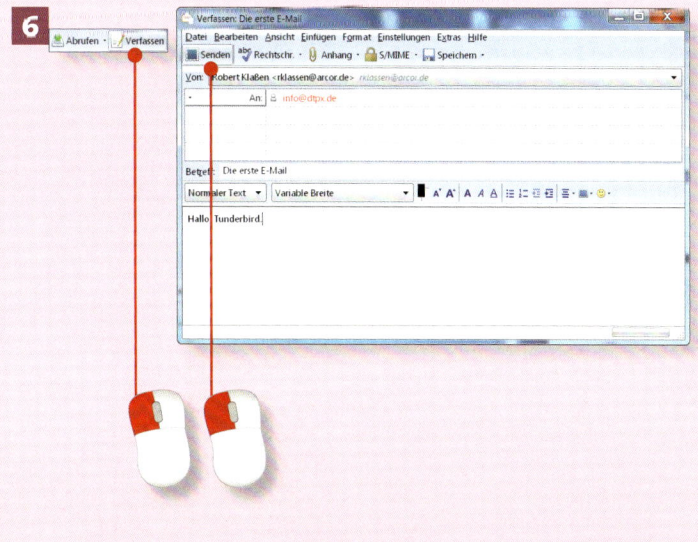

i Google Mail

Sollten Sie ein E-Mail-Konto bei Google Mail haben, werden Mails automatisch aussortiert, die Sie an sich selbst schicken. In diesem Fall empfiehlt es sich, von einem anderen Konto aus zu senden oder einen Bekannten zu bitten, eine Mail an Sie zu Testzwecken zu schicken.

Thunderbird als Alternative zu Live Mail (Forts.)

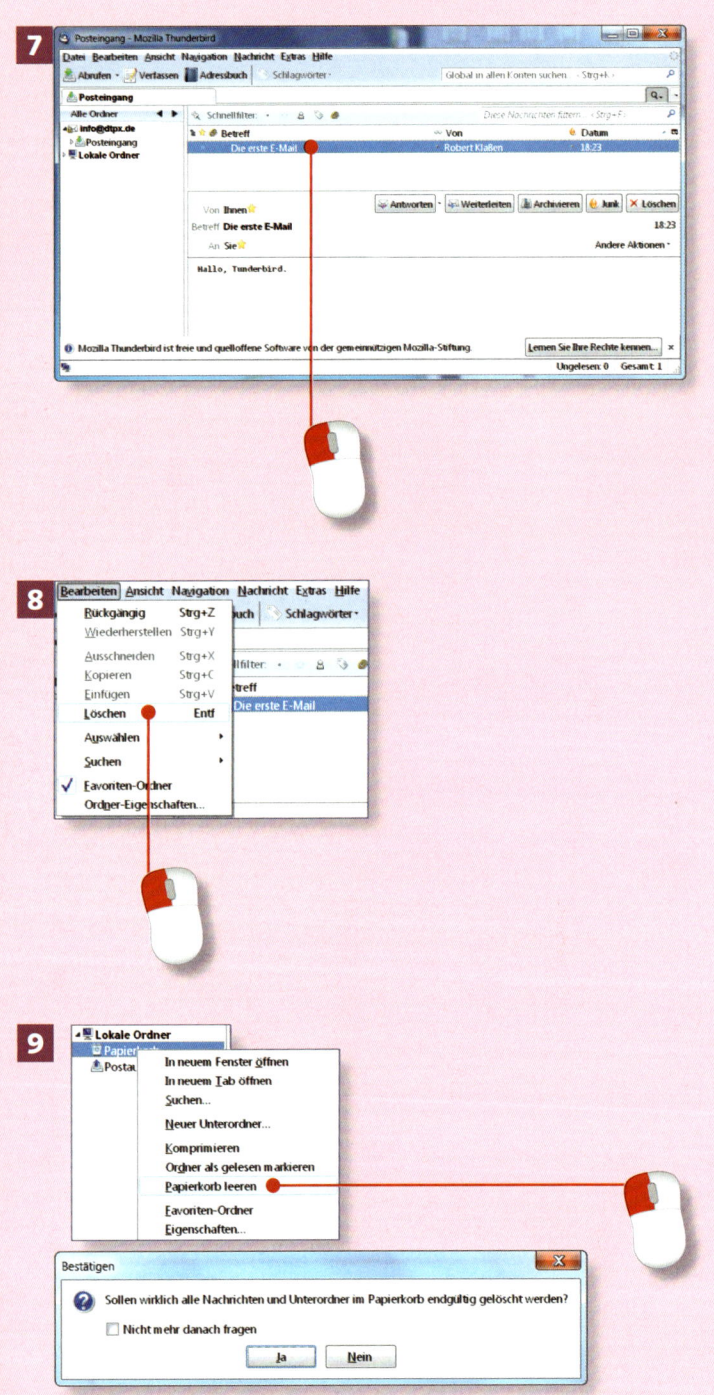

Schritt 7

Warten Sie einen Augenblick und klicken Sie anschließend noch einmal auf **Abrufen**. Zum Lesen der Mail müssen Sie diese unterhalb von **Betreff** anklicken. Der Text der E-Mail erscheint daraufhin unten rechts.

Schritt 8

Wenn Sie Nachrichten löschen wollen, markieren Sie diese (siehe Schritt 7) und betätigen anschließend [Entf]. Sie können dies aber auch über **Bearbeiten • Löschen** erledigen.

Schritt 9

Die E-Mails sind damit aber noch immer vorhanden – und zwar im Papierkorb. Leeren Sie diesen von Zeit zu Zeit, indem Sie die Liste **Lokale Ordner** per Doppelklick öffnen, mit rechts auf **Papierkorb** klicken und dann **Papierkorb leeren** anwählen. Beantworten Sie noch die Kontrollabfrage.

Kapitel 13: Kostenlose Zusatz-Software

Schritt 10

Interessant ist, dass Sie auch hier jederzeit neue Konten (= Mail-Adressen) hinzufügen können, indem Sie in der linken Spalte auf **Lokale Ordner** gehen und rechts **Neues Konto erstellen** aktivieren.

Schritt 11

Zuletzt sollten Sie auch in Thunderbird einmal auf **Extras • Einstellungen** klicken.

Schritt 12

Hier finden sich zahllose Einstelloptionen. Sie können z. B. prüfen, ob der »Donnervogel« Ihre Standard-Anwendung in puncto E-Mails ist. Dazu betätigen Sie **Erweitert • Jetzt prüfen**.

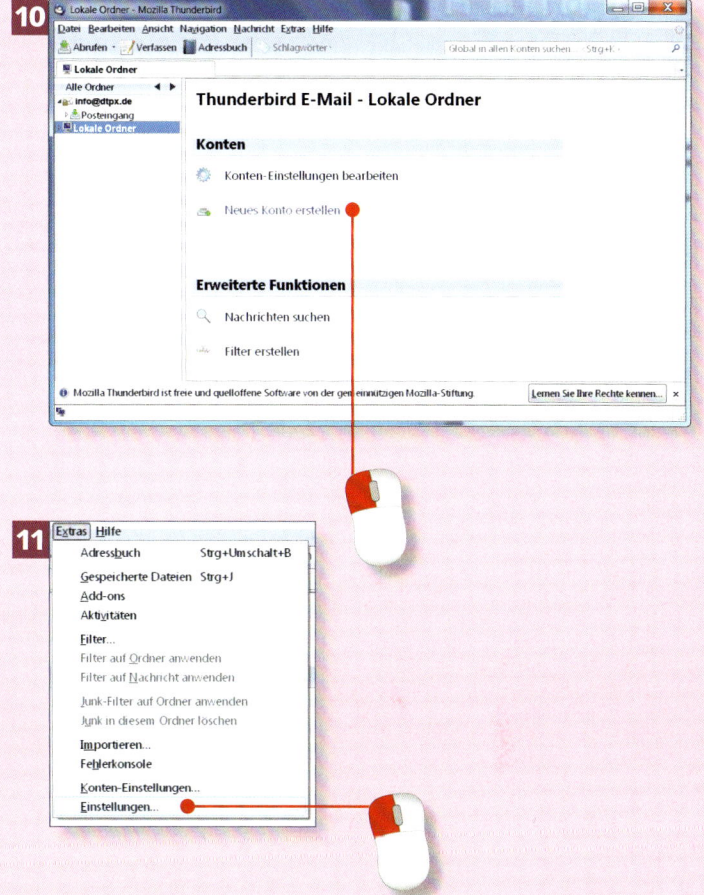

Standard-Anwendung

Die als Standard definierte E-Mail-Software wird immer dann geöffnet, wenn Sie auf eine E-Mail-Adresse klicken. Das funktioniert aus einer Software heraus ebenso wie im Internet-Browser.

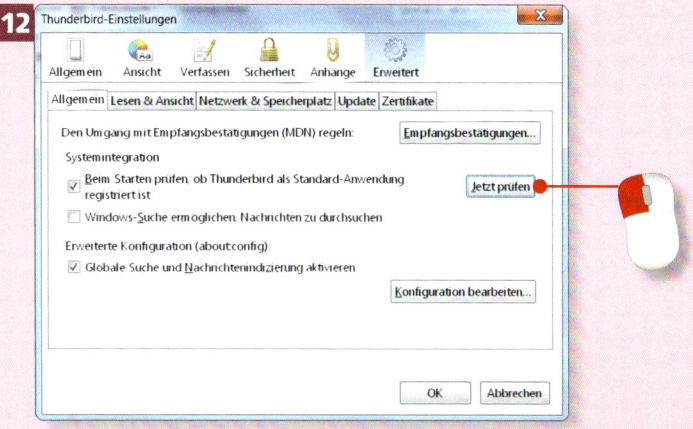

CDBurnerXP als Alternative zum Windows Brennprogramm

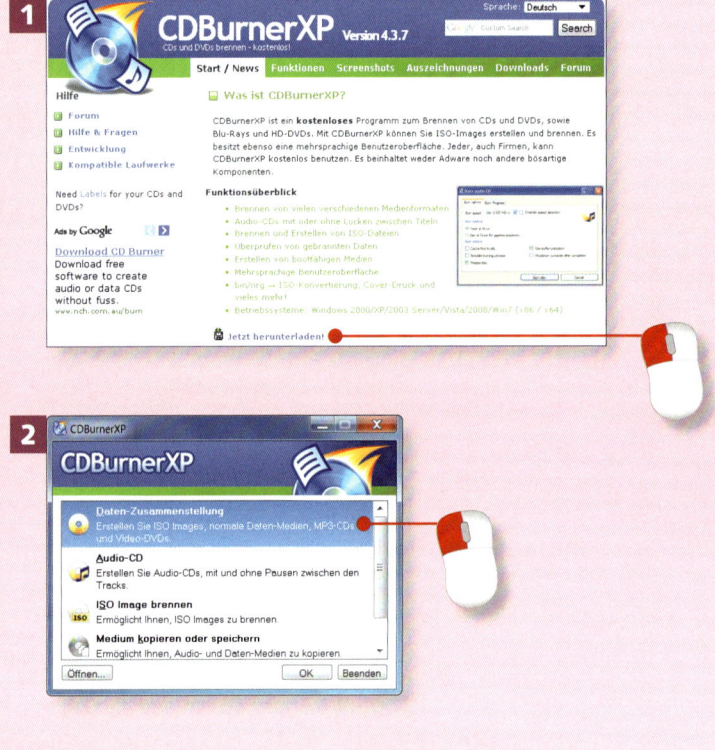

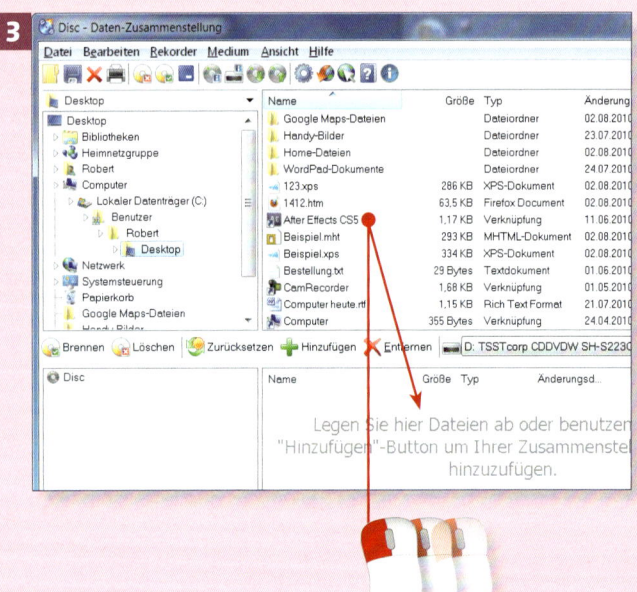

CDBurnerXP eignet sich auch unter Windows 7 ganz hervorragend zum Brennen von CDs und DVDs. Die Software ist übersichtlich, intuitiv – und ebenfalls kostenlos.

Schritt 1

Laden Sie das Programm auf *http://www.cdburnerxp.se/* herunter. (».se« ist übrigens die Länderkennung Schwedens.)

Schritt 2

Nach dem Start der Software entscheiden Sie, ob Sie eine **Daten-Zusammenstellung** oder eine **Audio-CD** erstellen wollen. Vielleicht werden Sie Ersteres als nützlicher empfinden, da Sie Audio-CDs ja auch mit dem Media Player (oder Media Center) produzieren können.

Schritt 3

Über **Hinzufügen** lassen sich Dateien und/oder Ordner hinzufügen. Viel interessanter ist aber die Möglichkeit, den Datenträger per Drag & Drop im unteren rechten Feld zusammenzustellen. Ziehen Sie also die gewünschten Elemente einfach dort hinein.

Kapitel 13: Kostenlose Zusatz-Software

Schritt 4

Links daneben ist die CD oder DVD in Form einer Inhaltsstruktur zu sehen. Außerdem verdeutlicht der Balken ganz unten ❶, wie viel Platz die Dateien auf dem Datenträger benötigen werden.

Schritt 5

Sie sollten den Datenträger benennen, indem Sie zunächst auf die Bezeichnung »Disc« unten links klicken und danach entweder [F2] drücken oder einen Rechtsklick, gefolgt von **Umbenennen,** ausführen.

Schritt 6

Zuletzt gehen Sie auf **Brennen**. Im folgenden Dialogfeld gehen Sie bitte nur dann auf **Disc nicht abschließen**, wenn Sie der CD oder DVD zu einem späteren Zeitpunkt noch Dateien hinzufügen wollen. In allen anderen Fällen wählen Sie **Disc abschließen**, um ein Höchstmaß an Kompatibilität zu gewährleisten.

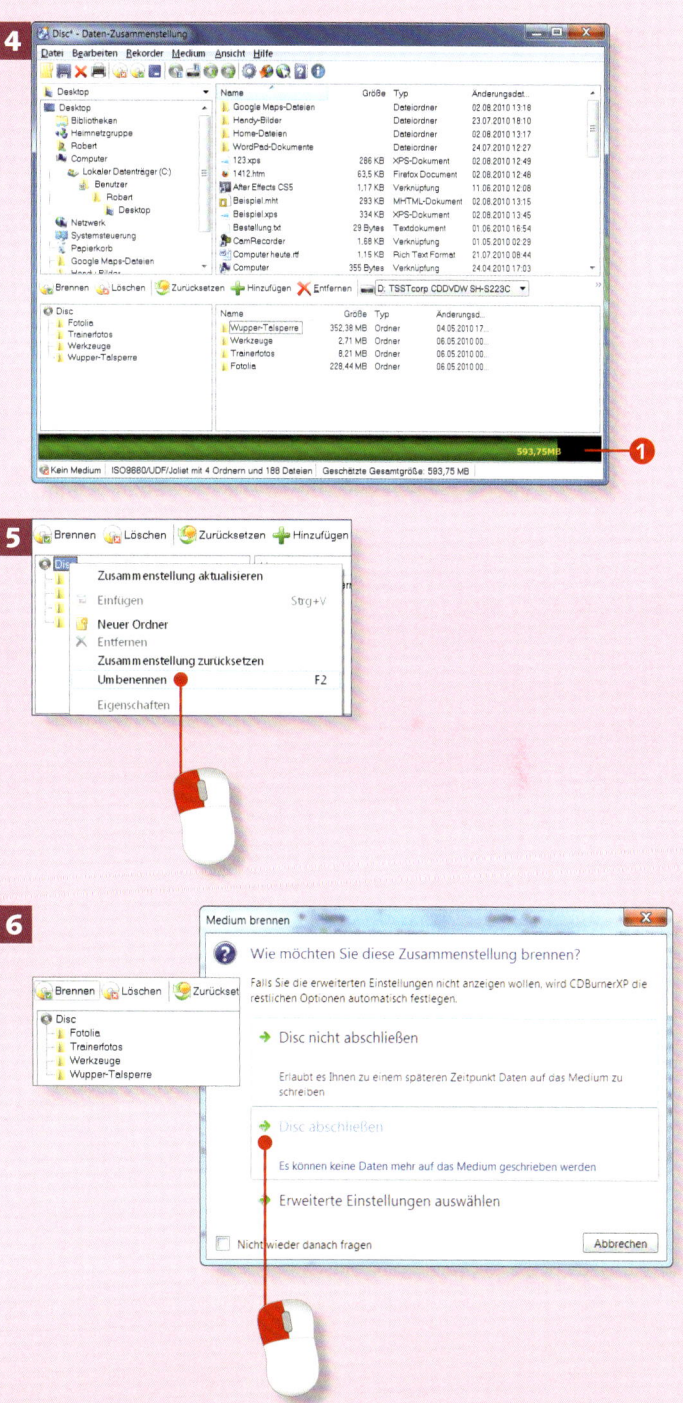

Kapitel 14:
Tipps und Tricks für Fortgeschrittene

Wenn Sie schon ein wenig Erfahrung mit Windows 7 gesammelt haben, werden Sie sich sicherlich die ein oder andere Frage stellen, die bisher in diesem Buch nicht beantwortet wurde, wie z.B.: »Wie kann ich installierte Software wieder entfernen?« Oder: »Wie kann ich eine Festplatte formatieren?«, »Wie sorge ich dafür, dass bestimmte Programme beim Start von Windows 7 immer mit starten?«

❶ Software wieder entfernen
Ab und zu sollten Sie aufräumen und nicht mehr genutzt Software wieder entfernen. Das funktioniert über die Systemsteuerung. Wie genau, sehen Sie in den folgenden Anleitungen.

❷ Festplatten formatieren und defragmentieren
Auch die Festplatte will aufgeräumt sein. Wie Sie dafür sorgen, dass Ihre Festplatte gut organisiert ist, sehen Sie ebenfalls in diesem Kapitel.

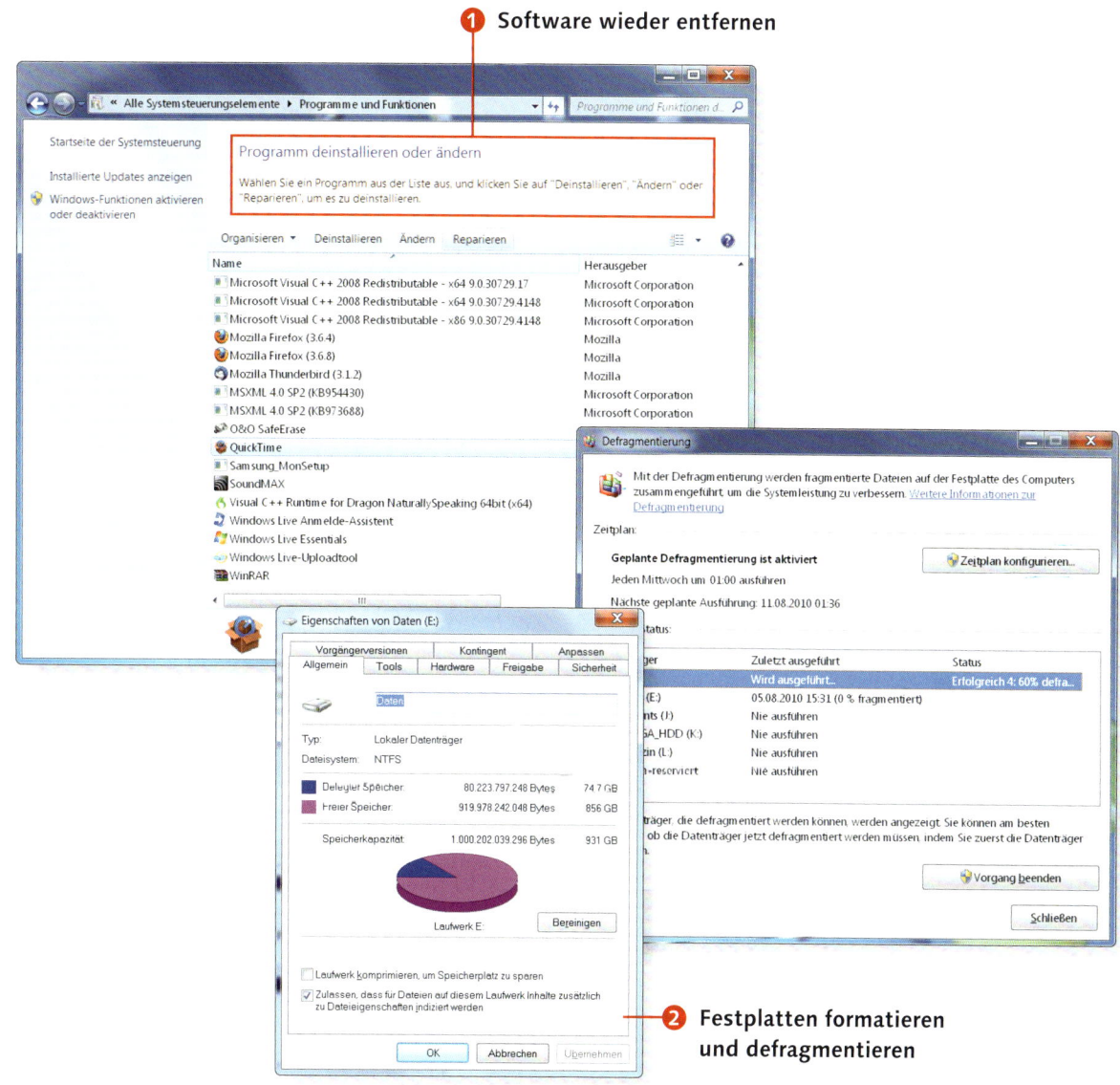

Software ordnungsgemäß deinstallieren

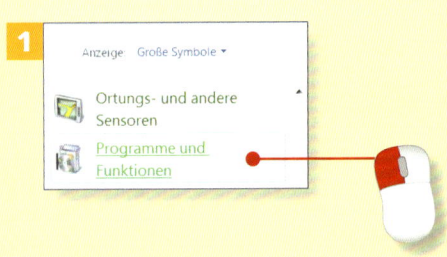

Auf dem PC installierte Programme müssen, wenn sie nicht mehr benötigt werden, ordnungsgemäß deinstalliert werden. Es empfiehlt sich daher, von Zeit zu Zeit zu schauen, ob Sie tatsächlich alle installierten Programme benötigen oder ob Sie auf das ein oder andere Programm nicht verzichten können.

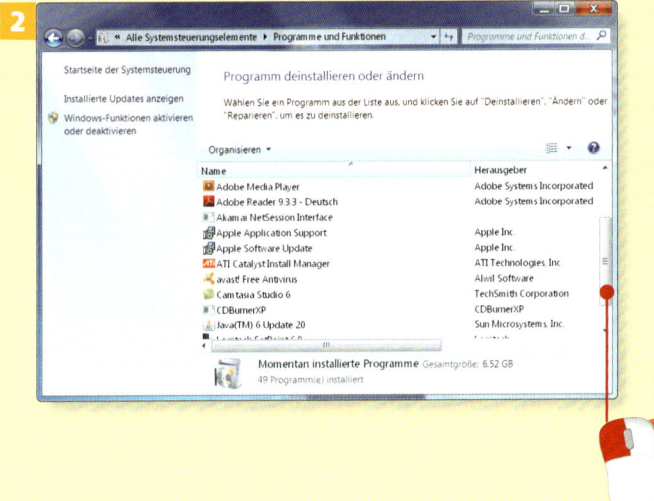

Schritt 1

Betätigen Sie in der Symbolansicht der **Systemsteuerung** den Eintrag **Programme und Funktionen**.

Schritt 2

Nach kurzer Zeit öffnet sich eine Liste der unterschiedlichsten Applikationen (= Programme). Scrollen Sie einmal durch die Liste.

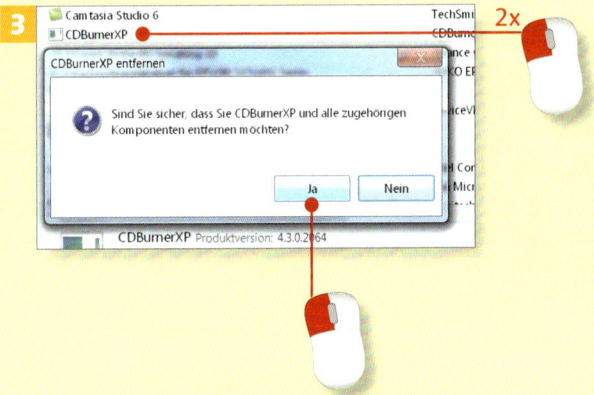

Schritt 3

Setzen Sie einen Doppelklick auf die Software, die gelöscht werden soll, und bestätigen Sie die anschließende Kontrollabfrage.

Kapitel 14: Tipps und Tricks für Fortgeschrittene

Schritt 4

Andere Programme kommen an dieser Stelle mit einem eigenen Deinstallationsassistenten daher (hier: Firefox). Befolgen Sie die weiteren Anweisungen auf dem Bildschirm.

Schritt 5

In der Programmliste sind eventuell nicht alle Programme aufgeführt, die auf Ihrem PC installiert sind. Wenn das Gesuchte nicht dabei ist, gehen Sie in den Programmordner der Software unter *[Laufwerksbuchstabe]* *(meist C:) / Programme*. Suchen Sie nach *Uninst.exe* oder *Uninstall.exe*.

Schritt 6

In **Programme und Funktionen** haben Sie übrigens auch die Möglichkeit, Software zu reparieren, wenn diese nicht ordnungsgemäß ausgeführt wird. Markieren Sie die fehlerhafte Software und klicken Sie in der Kopfleiste auf **Reparieren**.

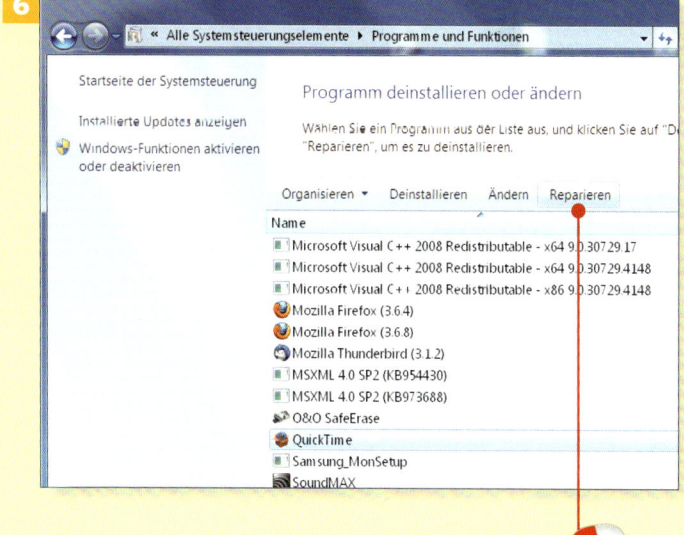

Reparatur

Ein Assistent führt Sie durch die Reparaturschritte.

Systeminformationen einholen

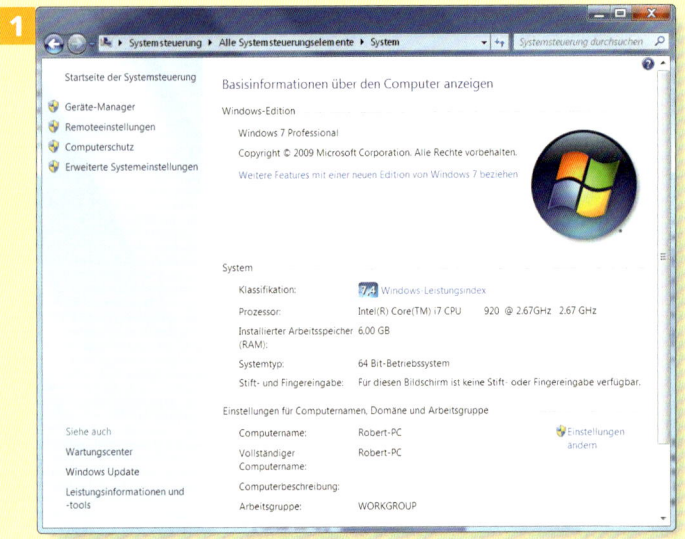

Eventuell interessiert es Sie, was in Ihrem Rechner an Bestandteilen alles eingebaut ist, z. B. weil jemand Sie danach fragt oder Sie wissen möchten, ob Ihre Hardware auch die nötigen Voraussetzungen für eine bestimmte Software mitbringt. Die »msinfo32.exe« gibt Aufschluss über Hardware, Software, Treiber usw.

Schritt 1

Über **Start • Systemsteuerung • System** erhalten Sie einige grundlegende Informationen über Ihren PC, wie z. B. den Prozessor, Arbeitsspeicher usw.

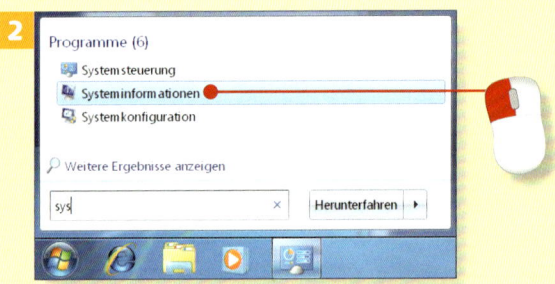

Schritt 2

Wem das nicht reicht, der geht auf **Start** und trägt »sys« in das Eingabefeld ein. Danach klicken Sie auf **Systeminformationen**.

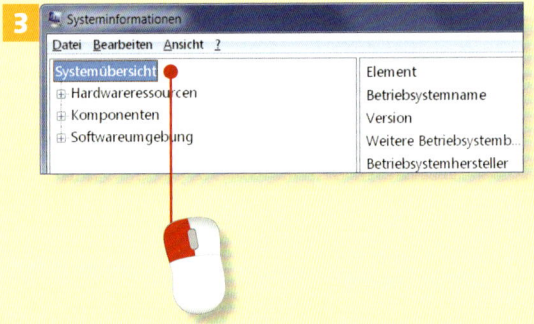

Schritt 3

Zunächst ist die **Systemübersicht** in der linken Spalte aktiviert. Deswegen finden Sie auch auf der rechten Seite des Dialogs Informationen über Ihr System.

Kapitel 14: Tipps und Tricks für Fortgeschrittene

Schritt 4

Während die Rubrik **Hardwareressourcen** eher für IT-Profis gedacht ist, lassen sich über **Komponenten** Infos zu installierter Hardware einholen. Dazu muss aber zunächst auf das kleine Plussymbol vor **Komponenten** geklickt werden.

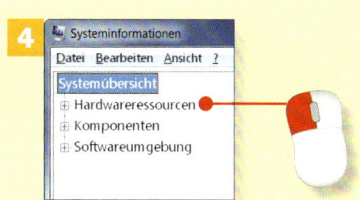

Schritt 5

Danach sollten Sie den Eintrag markieren, über dessen Komponente Sie mehr in Erfahrung bringen wollen (hier: **Audiogerät**).

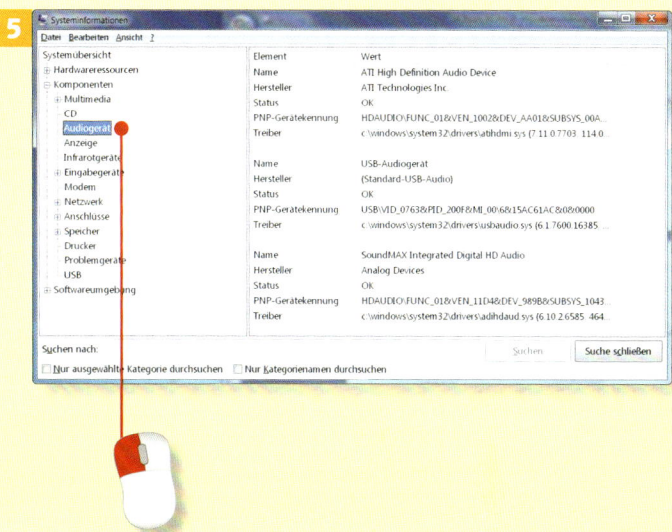

Schritt 6

Der Dialog ist leider ziemlich unübersichtlich. Behelfen Sie sich mit der Suchfunktion im Fuß der Anwendung, wenn Sie die gewünschte Komponente nicht finden. Unter **Suchen nach** geben Sie beispielsweise »Drucker« ein.

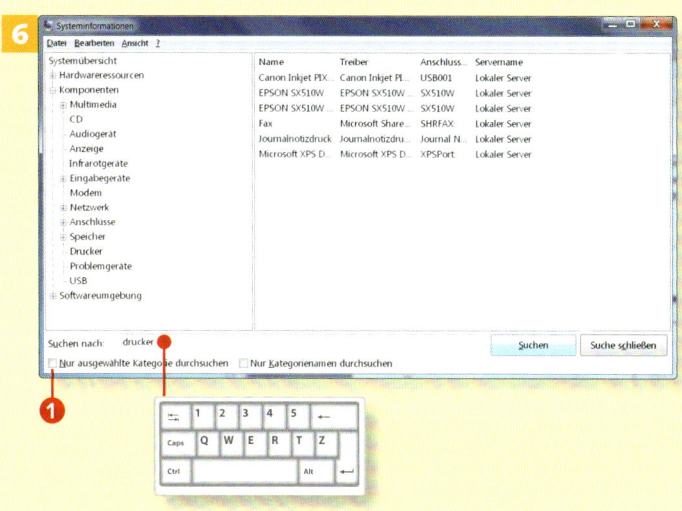

In Kategorie suchen

Wenn Sie die Suche auf eine bestimmte Kategorie beschränken wollen, markieren Sie zunächst die Kategorie auf der linken Seite und aktivieren danach die Checkbox **Nur ausgewählte Kategorie durchsuchen** ❶.

Festplatten defragmentieren

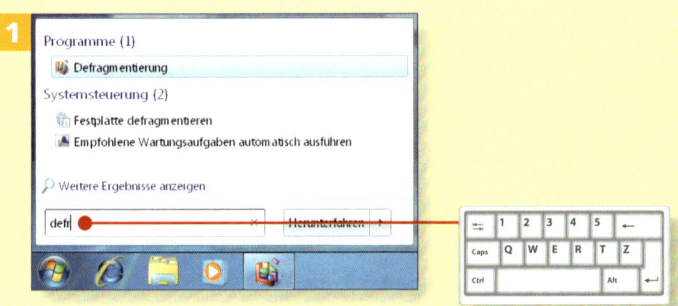

Mit der Zeit werden Daten nicht mehr kontinuierlich hintereinander, sondern an freien Stellen auf die Festplatte geschrieben. Durch das Löschen von Daten entstehen zudem Lücken. Das verlangsamt den Zugriff auf die Daten.

Schritt 1

Von Zeit zu Zeit müssen Festplatten defragmentiert, sprich: wieder geordnet, werden. Der erste Schritt dazu: **Start** anklicken und »defr« eingeben. Danach klicken Sie auf **Defragmentierung**.

Schritt 2

Im Kasten **Aktueller Status** sehen Sie nun, welche Platten bereits defragmentiert worden sind. Informieren Sie sich diesbezüglich in der Spalte **Zuletzt ausgeführt** ❶.

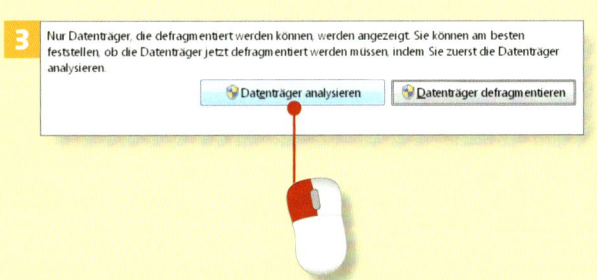

Schritt 3

Sie können eine Festplatte (hier: C) per Mausklick auswählen und dann auf **Datenträger analysieren** gehen. Daraufhin prüft Windows 7 die Festplatte.

Direkt defragmentieren

Eine vorherige Analyse ist nicht zwingend erforderlich. Sie können auch direkt auf **Datenträger defragmentieren** klicken.

Kapitel 14: Tipps und Tricks für Fortgeschrittene

Schritt 4

Im Anschluss an die Analyse wird das Ergebnis präsentiert. Hier sieht man, dass die Fragmentierung der Platte C bei 14 % liegt. Gehen Sie deswegen auf **Datenträger defragmentieren**.

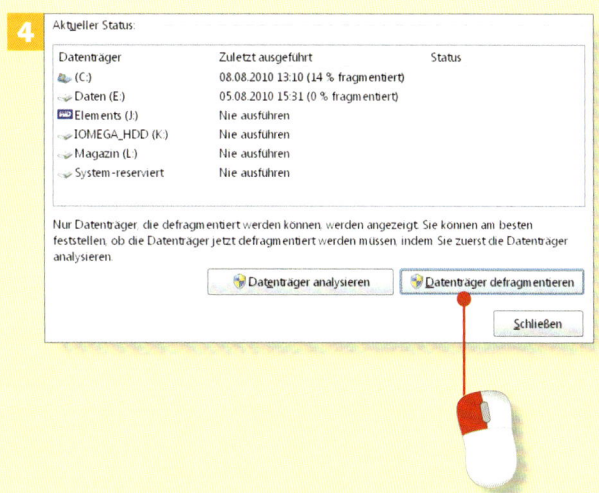

Schritt 5

Dieser Job kann je nach Leistungsfähigkeit und Beschaffenheit der Festplatte mehr oder weniger Zeit in Anspruch nehmen. Sie sollte daher auf eine Zeit verschoben werden, in der Sie den Rechner nicht benötigen.

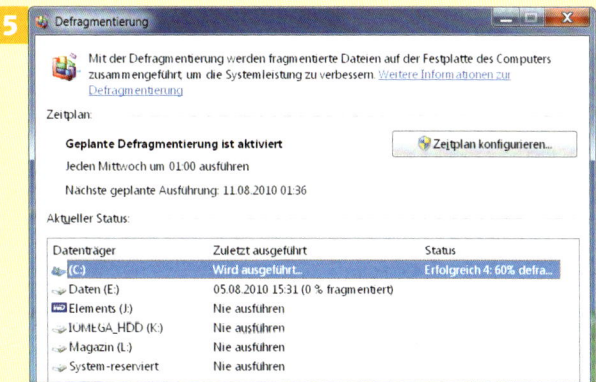

Schritt 6

Einige Zeit später erscheint die Meldung: »0 % fragmentiert«. Das bedeutet: Ende des Auftrags! Gehen Sie jetzt bitte noch auf **Zeitplan konfigurieren**. Wenn Sie nicht wollen, dass die Defragmentierung nach einem Zeitplan stattfindet, deaktivieren Sie die Checkbox.

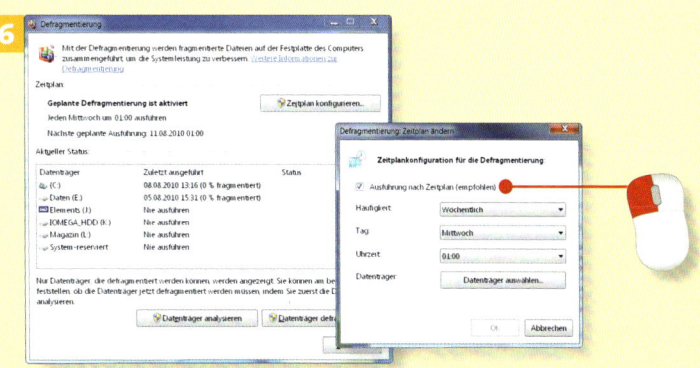

Wann defragmentieren?
Es wird empfohlen, die Festplatte zu defragmentieren, wenn mindestens 10 % fragmentiert sind.

Aufgaben planen

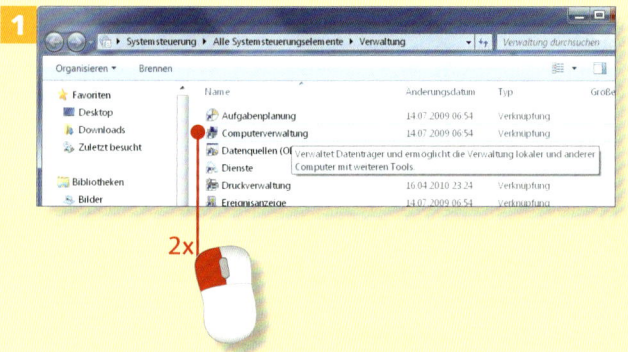

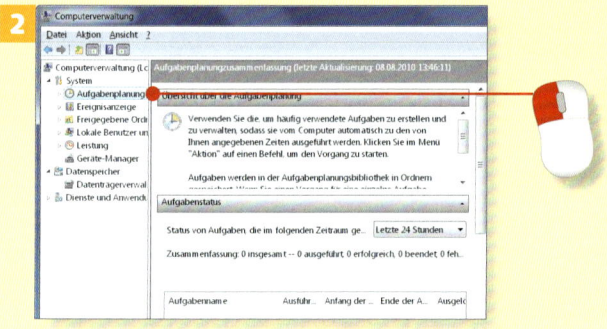

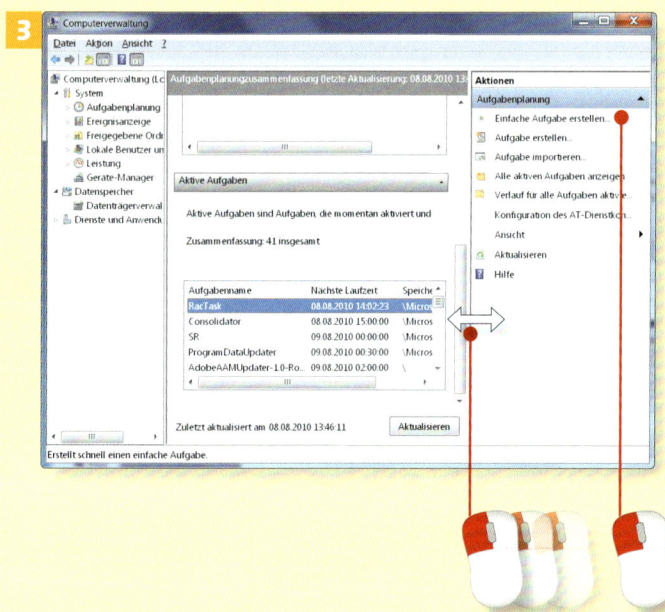

Ihr PC lässt sich auf komfortable Weise für Aufgaben oder Prozesse vorbereiten. Wenn Sie beispielsweise zu einer bestimmten Zeit eine Arbeit verrichten müssen, können Sie die Bereitstellung des Programms an Windows 7 übertragen.

Schritt 1

Der erste Schritt: **Start • Systemsteuerung • Verwaltung**. Danach platzieren Sie einen Doppelklick auf **Computerverwaltung**.

Schritt 2

In der linken Spalte müssen Sie zunächst die korrekte Kategorie anwählen. Das ist im konkreten Fall die **Aufgabenplanung**.

Schritt 3

Ziehen Sie den Steg zwischen mittlerer und rechter Spalte ein wenig nach links, um für die rechte Spalte mehr Platz zu erhalten. Dann können Sie beispielsweise im Bereich Aufgabenplanung auf **Einfache Aufgabe erstellen** ❶ gehen und einen Job definieren.

Kapitel 14: Tipps und Tricks für Fortgeschrittene

Schritt 4

Vergeben Sie einen Namen sowie optional eine Beschreibung, ehe Sie **Weiter** betätigen. Im Beispiel wollen wir dafür sorgen, dass die Tabellenkalkulationssoftware Excel an jedem Montag um 8 Uhr geöffnet wird.

Schritt 5

Legen Sie im nächsten Dialog fest, in welchen Intervallen die Aufgabe ausgeführt werden soll (hier: 1 x wöchentlich).

Schritt 6

Stellen Sie Datum und Zeit ein, an dem das Ereignis erstmals stattfinden soll (z. B. durch Klick auf das Dreieck neben dem Datum ❶), und haken Sie den Wochentag an (hier: Montag).

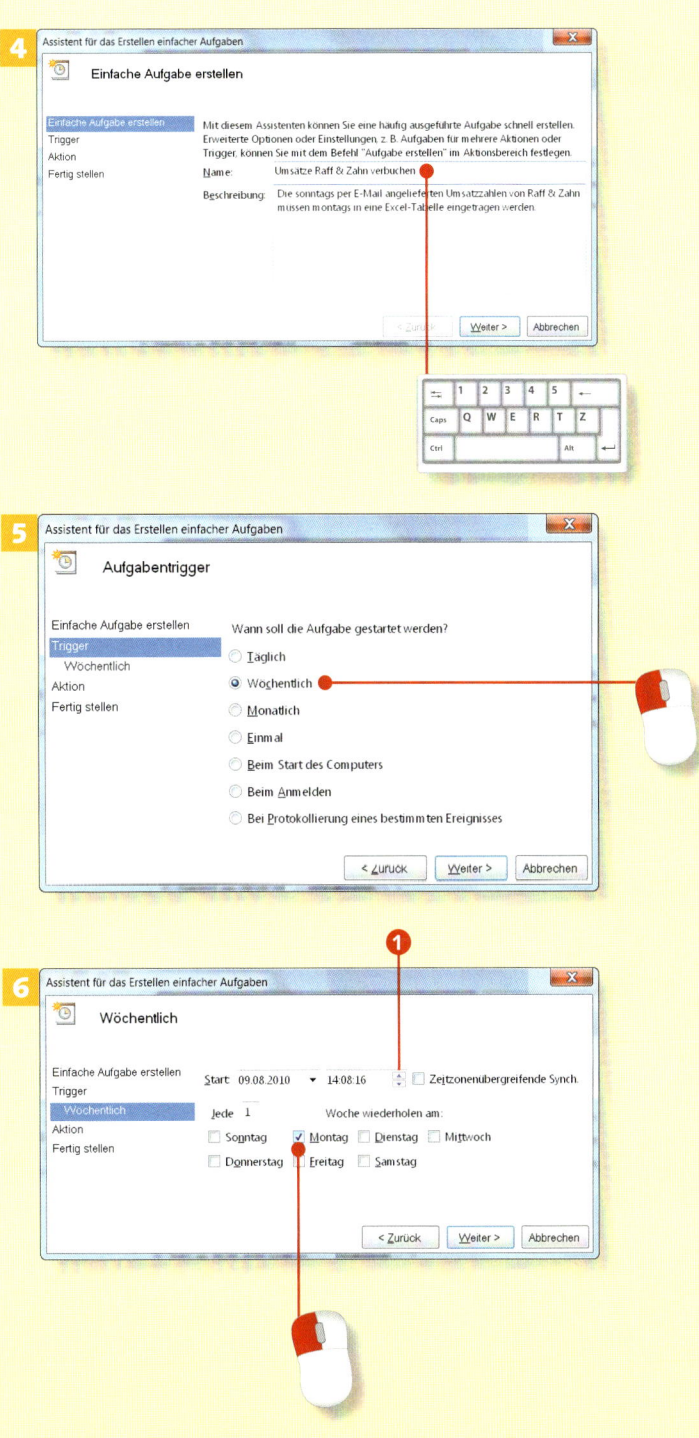

Assistent

Einfache Aufgaben lassen sich mithilfe eines Assistenten bestimmen, den Sie nach dem Mausklick durchlaufen.

Aufgaben planen (Forts.)

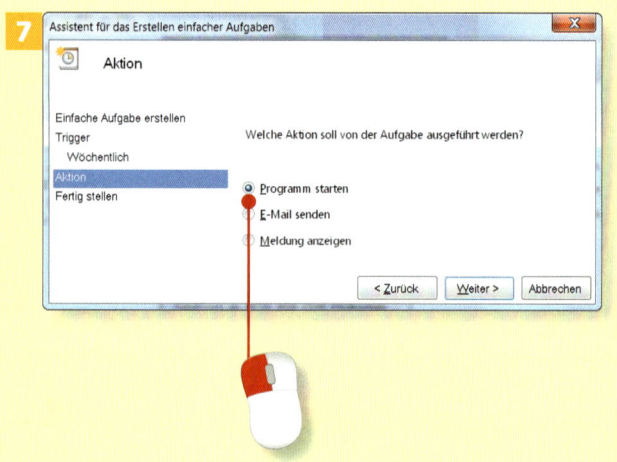

Schritt 7

Eine Seite weiter entscheiden Sie, was denn überhaupt passieren soll. Wir wollen ein **Programm starten**.

Schritt 8

Teilen Sie dem Assistenten nun mit, um welche Software es sich bei der zu verrichtenden Aufgabe handelt. Dazu betätigen Sie den Button **Durchsuchen**.

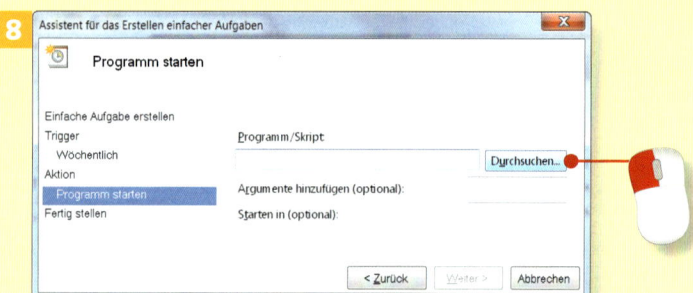

Schritt 9

Stellen Sie den Pfad zu der ausführbaren Programmdatei her, die geöffnet werden soll. Klicken Sie auf **Öffnen**. Bisweilen ist es gar nicht so einfach, die ausführbare Datei zu finden, die Sie zuordnen möchten. Da kann es hilfreich sein, den Pfad der Startdatei über einen Rechtsklick auf das Desktop- oder Programm-Icon zu ermitteln. Unter **Ort** finden Sie so die Angabe des Speicherortes schnell.

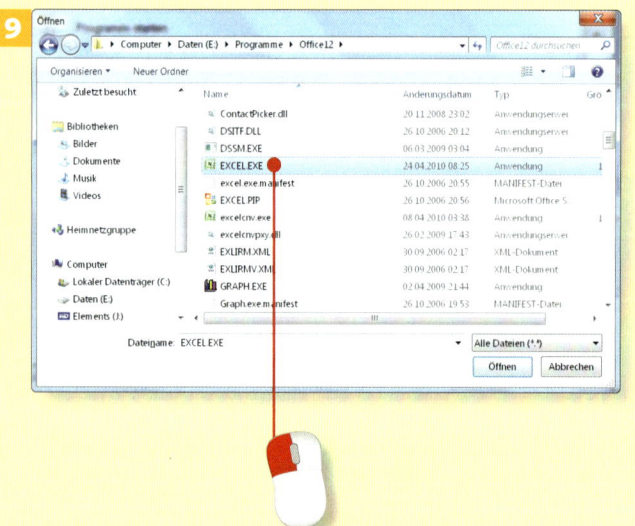

> **Exe-Dateien**
> Programme werden über ausführbare Dateien gestartet. Das sind stets Dateien mit der Endung *.exe*.

Kapitel 14: Tipps und Tricks für Fortgeschrittene

Schritt 10

Wenn Sie jetzt noch einmal auf **Weiter** gehen, erhalten Sie eine detaillierte Zusammenfassung. Auf dieser Dialogseite müssen Sie dann lediglich auf **Fertig stellen** gehen.

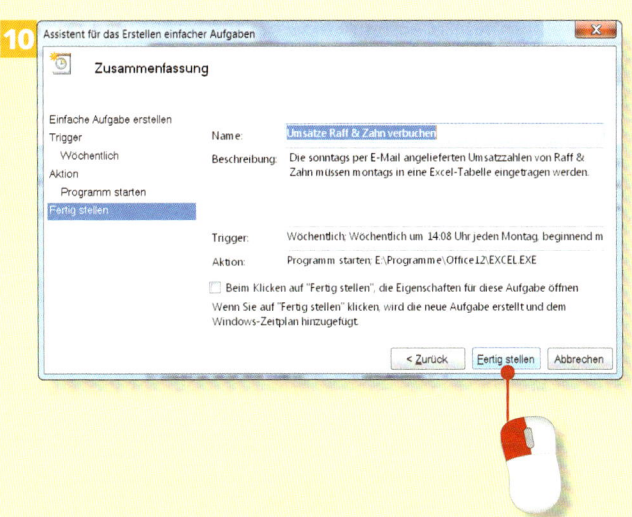

Schritt 11

Nun ist es auf den ersten Blick gar nicht so leicht, die vergebene Aufgabe in der Struktur der Computerverwaltung wiederzufinden. Betätigen Sie daher das Dreieck vor **Aufgabenplanung** und versehen Sie den Eintrag **Aufgabenplanungsbibliothek** mit einem Mausklick.

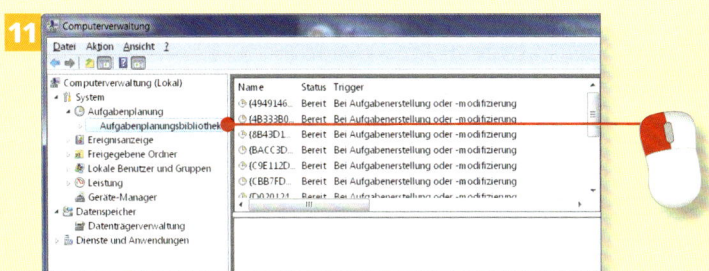

Schritt 12

Scrollen Sie in der Liste nach unten, da die Aufgaben hier alphabetisch angeordnet sind. Danach können Sie den Job mit der rechten Maustaste anklicken und die Aufgabe **Deaktivieren** oder auch komplett **Löschen**, sofern sie nicht mehr benötigt wird.

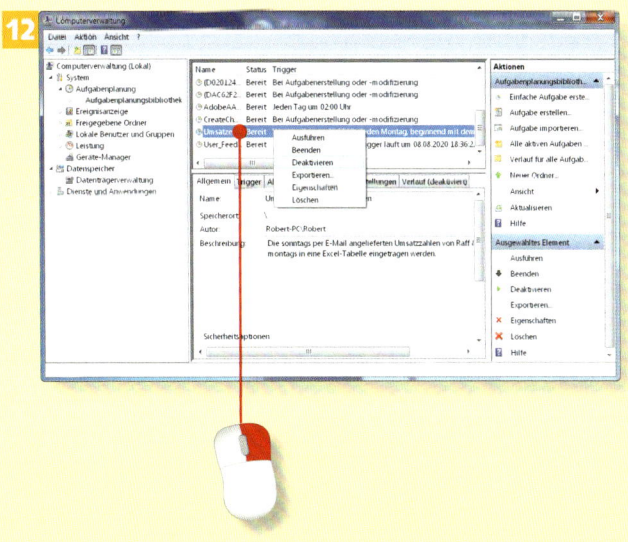

Spalten ziehen

Die Stege zwischen den Spalten können mit gedrückter Maustaste nach links und rechts bewegt werden. Damit können Sie die Ansicht optimieren.

Festplatten umbenennen

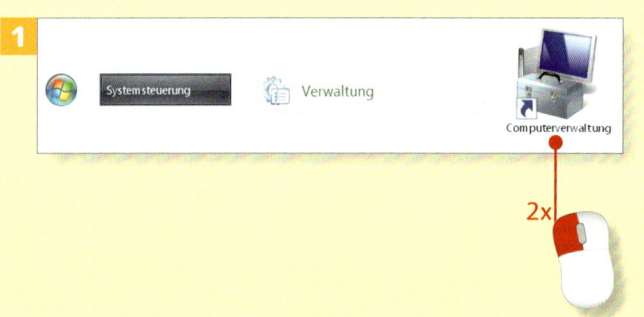

Vielleicht gefallen Ihnen die werkseitig zugewiesenen Bezeichnungen neuer Festplatten nicht. Oder sind Sie vielleicht mit dem Laufwerksbuchstaben nicht einverstanden? Dann können Sie das ändern.

Schritt 1

Am Anfang gehen Sie über **Start • Systemsteuerung • Verwaltung**. Platzieren Sie einen Doppelklick auf **Computerverwaltung**.

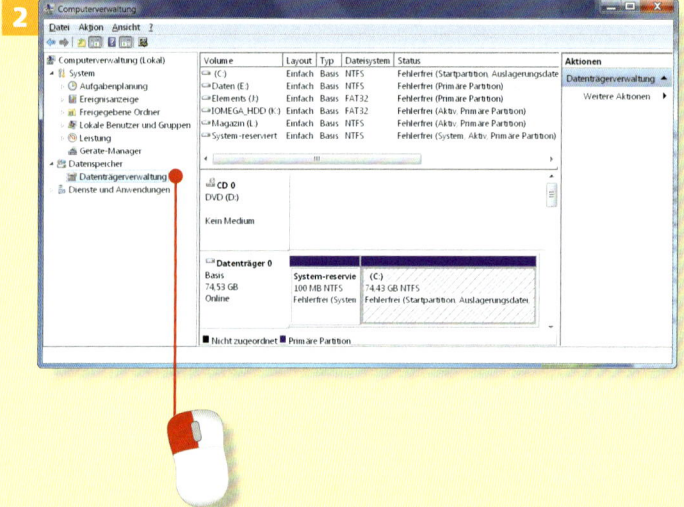

Schritt 2

Öffnen Sie die Liste **Datenspeicher** über das vorangestellte Dreieck und klicken Sie dann auf **Datenträgerverwaltung**.

Schritt 3

Oben sind nun sämtliche Laufwerke zu sehen – sowohl die internen als auch die externen. Betätigen Sie einen Eintrag mit rechts, gefolgt von **Eigenschaften**.

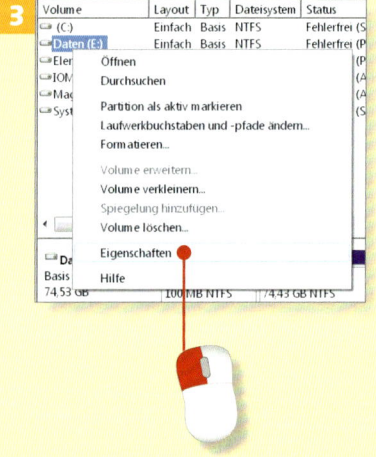

> **Angezeigte Laufwerke**
> Prinzipiell werden alle Arten von Festplatten angezeigt. Selbst eingesteckte Speicher-Sticks sind hier zu sehen.

336

Kapitel 14: Tipps und Tricks für Fortgeschrittene

Schritt 4

Innerhalb des Eigenschaften-Dialogs ist der Name bereits markiert, und Sie können gleich mit der Neueingabe beginnen. Bestätigen Sie mit OK.

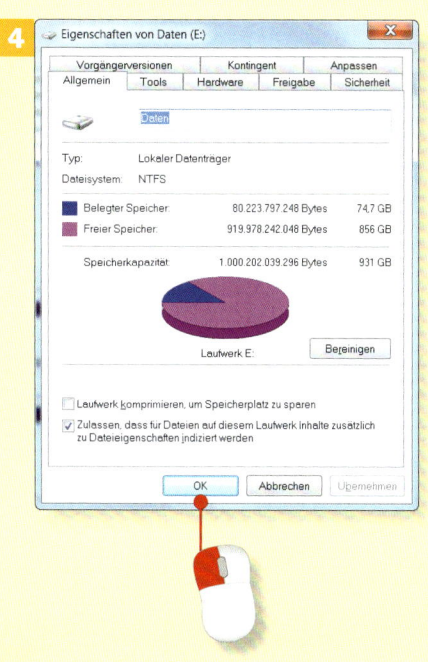

Schritt 5

Ebenso lässt sich über das Kontextmenü (siehe Schritt 3) auch **Laufwerksbuchstaben und -Pfade ändern** aktivieren. Klicken Sie im folgenden Fenster den Button **Ändern** an.

Schritt 6

Das kleine Pulldown-Menü auf der rechten Seite gestattet es Ihnen jetzt, einen bislang noch nicht vergebenen Buchstaben zuzuweisen. Beachten Sie die Hinweise im Kasten!

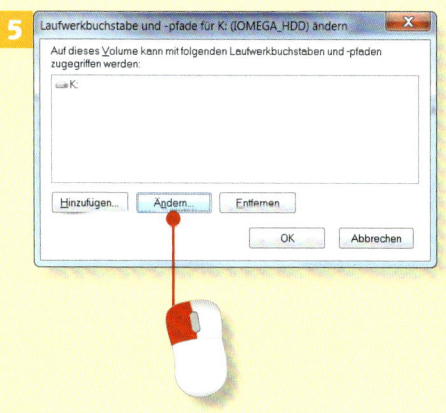

> **Vorsicht bei Änderung des Buchstabens**
>
> Berücksichtigen Sie, dass anschließend sämtliche Pfade zu den Dateien unbrauchbar werden. Wenn es also beispielsweise Programmverknüpfungen gibt, gehen diese dadurch verloren.

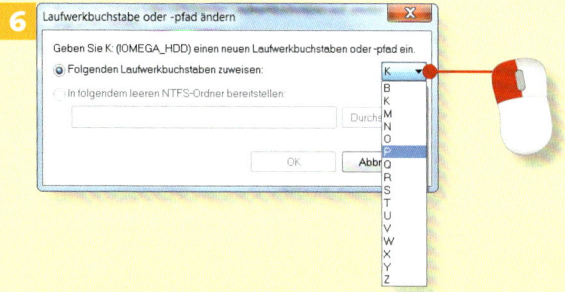

Festplatten formatieren und partitionieren

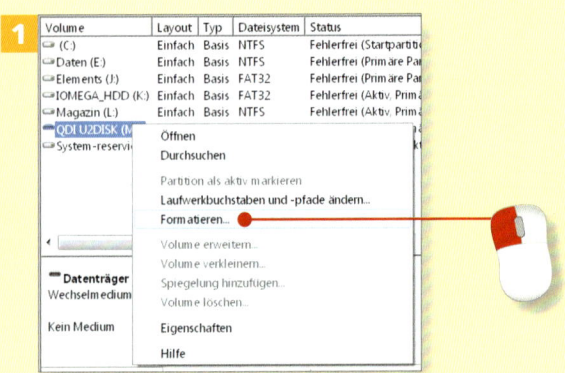

Wie Sie bereits erfahren haben, müssen Festplatten, die zur Sicherung des Systems verwendet werden, in NTFS formatiert werden. Das ist keine große Sache.

Schritt 1

Öffnen Sie die **Computerverwaltung** (siehe Schritt 1 des vorangegangenen Workshops). Suchen Sie die Festplatte aus, die umgewandelt werden soll. Klicken Sie mit der rechten Maustaste darauf und entscheiden Sie sich für **Formatieren**.

Schritt 2

Der folgende Hinweis macht Sie noch einmal darauf aufmerksam, dass durch diese Aktion alle auf dem Datenträger befindlichen Daten unwiderruflich verloren gehen. Klicken Sie auf **Ja**, wenn Sie das akzeptieren können.

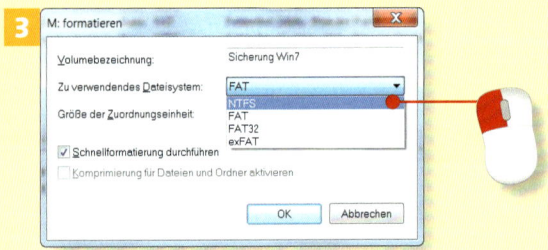

Schritt 3

Da der Name bereits markiert ist, können Sie hier gleich einen neuen eingeben. Entscheiden Sie sich im darunter befindlichen Pulldown-Menü für NTFS.

Kapitel 14: Tipps und Tricks für Fortgeschrittene

Schritt 4

Windows 7 lässt es sich nicht nehmen, noch einmal einen Hinweis anzubringen. Ihr Betriebssystem ist also redlich bemüht, keine Daten ohne Ihre ausdrückliche Zustimmung zu zerstören.

Schritt 5

Später taucht die Festplatte unter neuem Namen auf. In der Spalte **Dateisystem** ist zudem ablesbar, dass es sich jetzt um eine Festplattenformatierung nach NTFS-Standard handelt ❶.

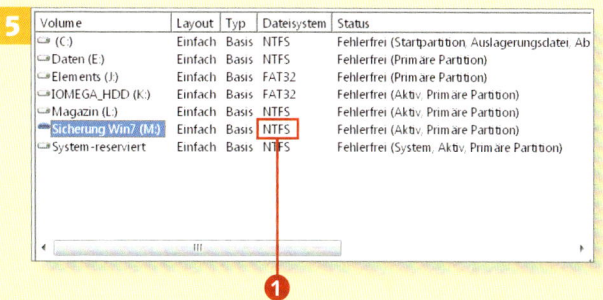

Schritt 6

Auf einer Festplatte können sich mehrere Partitionen befinden. Das bedeutet: Der Speicherplatz wird in mehrere Festplatten aufgeteilt. Dazu klicken Sie mit der rechten Maustaste darauf und wählen **Volume verkleinern**. Tragen Sie im Folgedialog ein, wie viel Speicherplatz dem neuen Volume zuteilwerden soll.

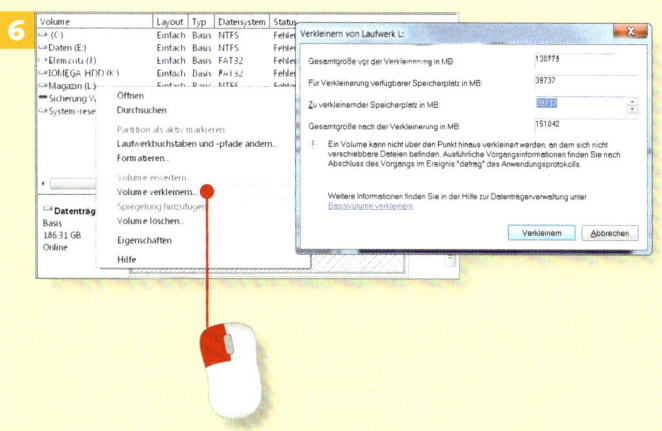

> **Festplatten formatieren und partitionieren**
> Nicht alle Festplatten lassen sich partitionieren. Wenn die Festplatte nicht dazu geeignet ist, wird **Volume verkleinern** ausgegraut dargestellt.

339

Auto-Start-Optionen

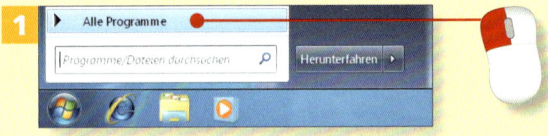

Wenn Sie einzelne Programme täglich benötigen (vielleicht Ihr Mail-Programm oder WordPad), ist es sinnvoll, diese automatisch nach dem Hochfahren starten zu lassen.

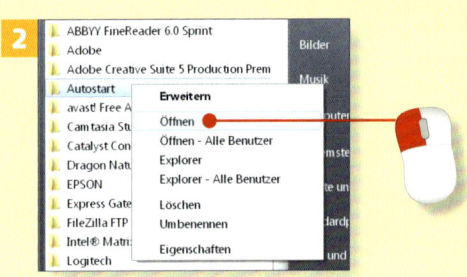

Schritt 1

Klicken Sie auf **Start** und zeigen Sie auf den Eintrag **Alle Programme**.

Schritt 2

Fahren Sie hoch bis auf den Ordner **Autostart**, den Sie mit der rechten Maustaste anklicken und indem Sie **Öffnen** wählen.

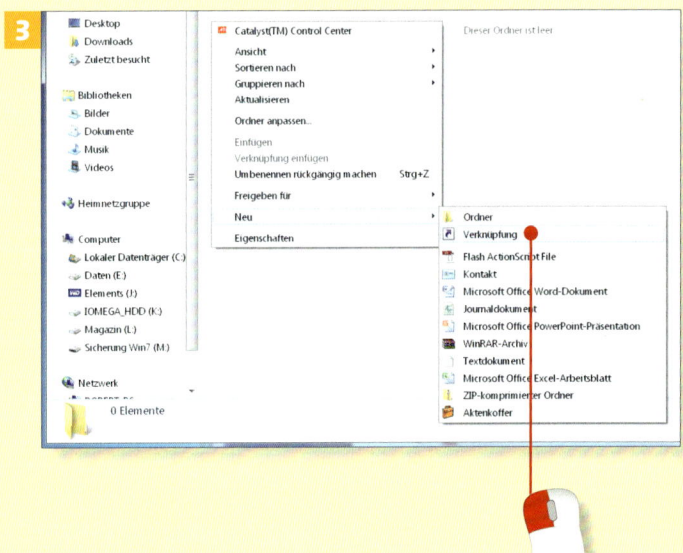

Schritt 3

Klicken Sie mit der rechten Maustaste in einen freien Bereich des Ordners und entscheiden Sie sich für **Neu • Verknüpfung**.

Autostart
Wenn Sie versuchen, den Autostart-Ordner per Doppelklick zu öffnen (Schritt 2), werden lediglich die Untereinträge sichtbar. Benutzen Sie zum Öffnen daher das Kontextmenü.

Kapitel 14: Tipps und Tricks für Fortgeschrittene

Schritt 4

Jetzt klicken Sie auf **Durchsuchen**. Danach können Sie sich auf die Suche nach dem Programm machen, das Sie hinzufügen wollen. Wenn Sie den Speicherort nicht kennen, hilft ein Rechtsklick auf das Desktop- oder Programm-Icon. Unter **Ort** finden Sie so die Angabe des Speicherortes schnell.

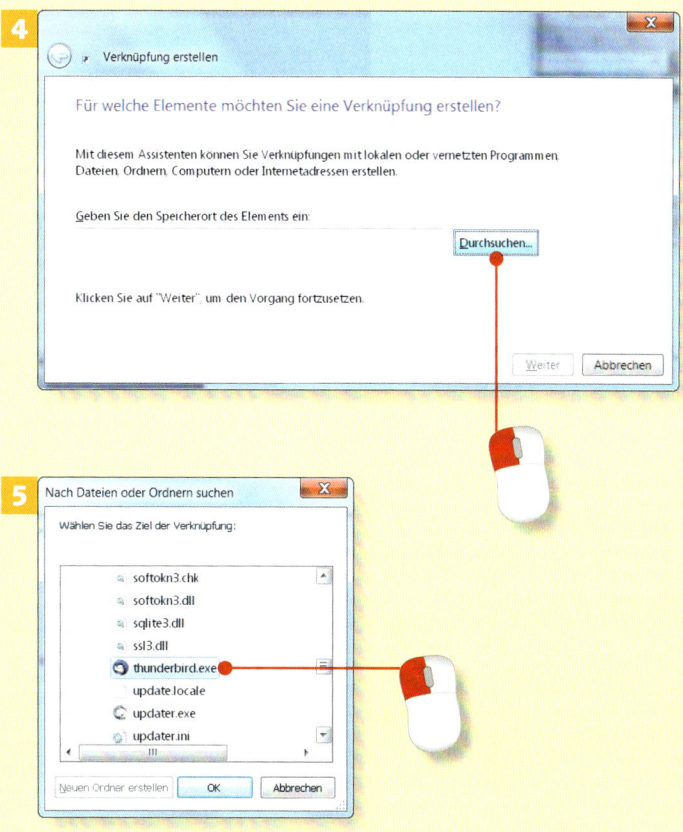

Schritt 5

Stellen Sie den Pfad zur gewünschten Software her (hier: Thunderbird). Halten Sie in diesem Zusammenhang nach der Programm-EXE Ausschau (Dateiendung: *.exe*).

Schritt 6

Im Folgedialog klicken Sie auf **Weiter** und dann auf **Fertig stellen**.

! **Verknüpfung umbenennen**
Sie können die Verknüpfung natürlich umbenennen, wenn Sie dies wünschen. Allerdings ist das für den Autostart-Ordner nicht erforderlich.

Auto-Start-Optionen (Forts.)

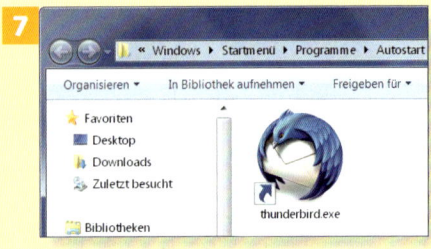

Schritt 7

Im Autostart-Ordner befindet sich jetzt die gewünschte Verknüpfung, und der Ordner kann geschlossen werden. Anschließend wird die Anwendung automatisch gestartet, nachdem Sie den PC hochgefahren haben.

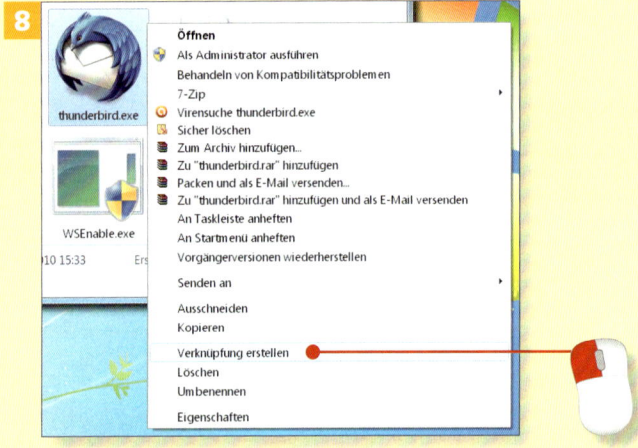

Schritt 8

Es existiert noch eine interessante Alternative zu den Schritten 3 bis 7: Suchen Sie den Ordner auf, der die Programmdatei (*.exe) beinhaltet. Klicken Sie mit der rechten Maustaste auf die ausführbare Datei und entscheiden Sie sich für **Verknüpfung erstellen**.

Schritt 9

Windows legt daraufhin eine Verknüpfung zu der Exe-Datei in den Programmordner. Das Ganze bringt natürlich herzlich wenig, weshalb Sie diese Verknüpfung nun in den Ordner **Autostart** ziehen sollten.

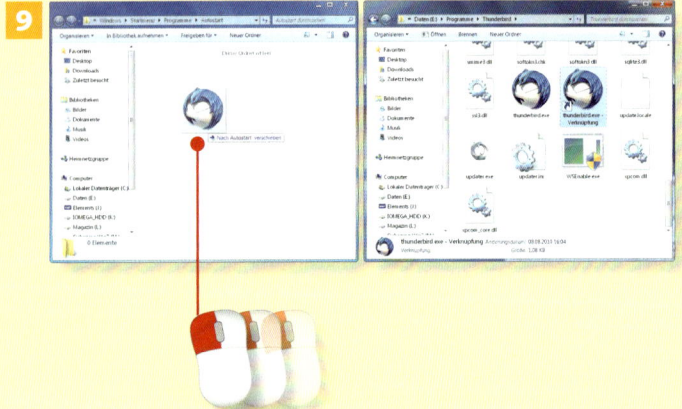

Kapitel 14: Tipps und Tricks für Fortgeschrittene

Schritt 10

Sollte die Verknüpfung auf einem anderen Laufwerk liegen als der Autostart-Ordner, wird keine Verknüpfung, sondern eine Kopie angelegt. Sie sehen das auch anhand der QuickInfo während des Ziehens. In diesem Fall löschen Sie die Verknüpfung anschließend noch aus dem Programmordner heraus.

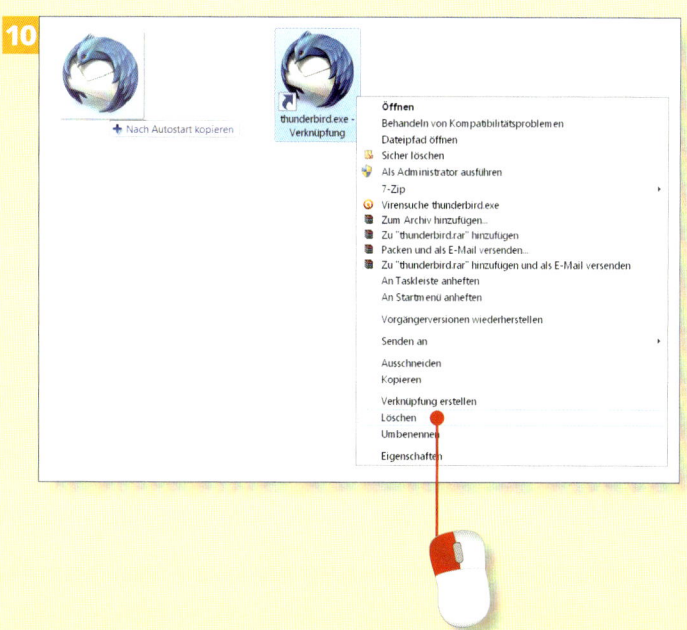

Schritt 11

Wenn Sie irgendwann nicht mehr wünschen, dass die Software nach dem Hochfahren gestartet wird, ziehen Sie die *.exe* einfach aus dem Ordner heraus und lassen sie über dem Papierkorb fallen.

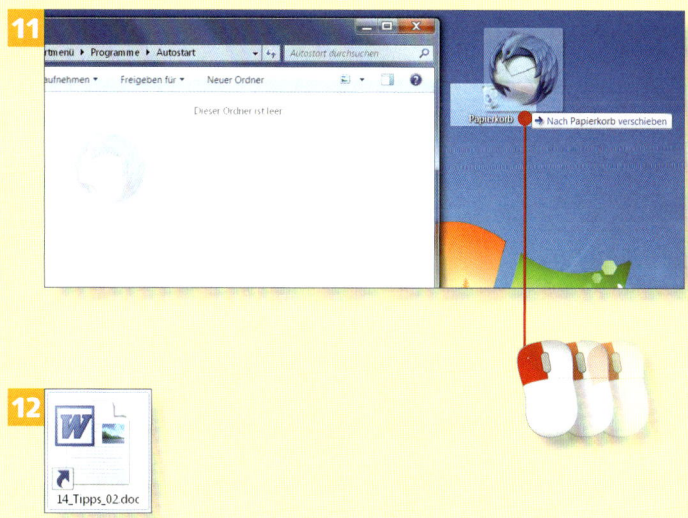

Schritt 12

Der Vollständigkeit halber sei noch erwähnt, dass Sie anstelle von ausführbaren Programmen auch einzelne Dateien (z. B. Word-Dokumente) mit dem Autostart-Ordner verknüpfen können. Dann öffnet sich nach dem Start des Systems automatisch dieses Dokument.

Verknüpfung löschen
Beim Löschen der Verknüpfung bleibt das Original stets unangetastet. Das gilt glücklicherweise auch für die Exe-Dateien.

Die Systemkonfiguration

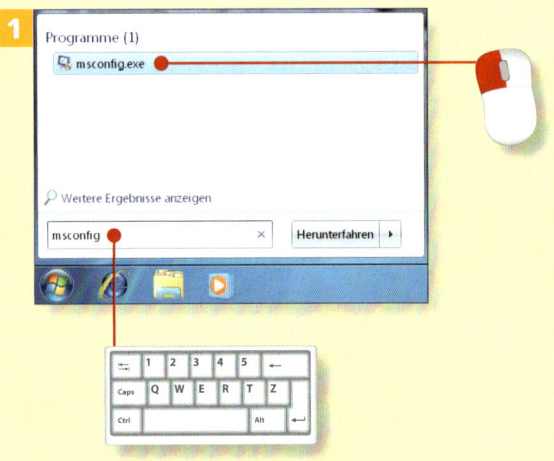

Wenn einzelne Anwendungen Probleme innerhalb des Systems hervorrufen, können Sie diese eventuell deaktivieren. Des Weiteren starten viele Programme ganz automatisch, obwohl sie nur selten genutzt werden. Das muss nicht sein.

Schritt 1

Nachdem Sie auf Start geklickt haben, tragen Sie »msconfig« in das Eingabefeld ein. Klicken Sie danach auf **msconfig.exe**.

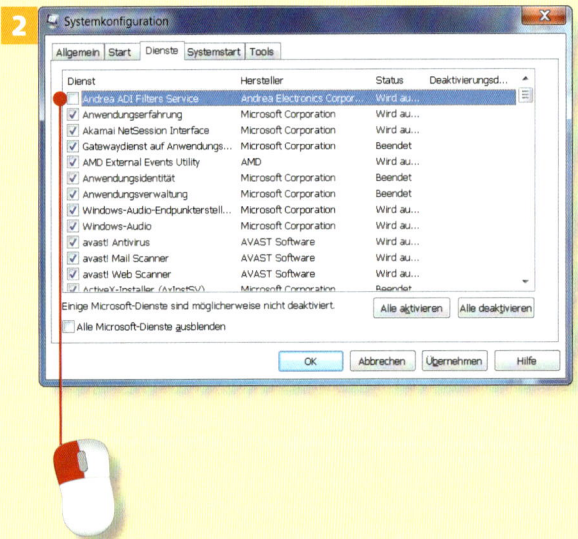

Schritt 2

Jetzt sind vor allem die Registerkarten **Dienste** und **Systemstart** wichtig. Auf beiden Seiten lassen sich bestimmte Dienste per Klick auf das Häkchen deaktivieren, von denen Sie vermuten, dass diese verantwortlich für die Beeinträchtigungen sein könnten.

Schritt 3

Zur Auswahl lassen Sie beispielsweise alle Microsoft-Dienste aktiv, indem Sie zunächst auf **Alle Microsoft-Dienste ausblenden** gehen und danach **Alle deaktivieren** wählen.

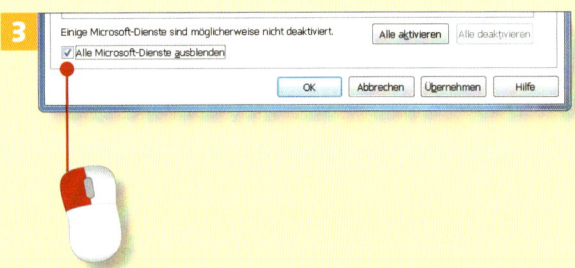

Kapitel 14: Tipps und Tricks für Fortgeschrittene

Schritt 4

Gehen Sie auf das Register **Systemstart**. Hier finden Sie die Programme, die nach dem Hochfahren des PC aktiv sind. Eine ganze Menge, oder?

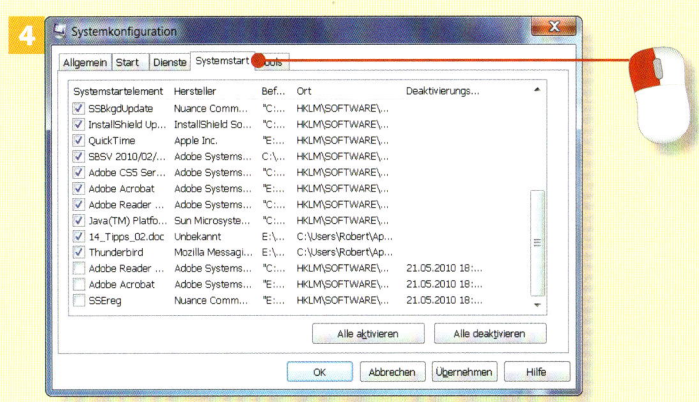

Schritt 5

Deaktivieren Sie, was Sie nicht benötigen, und bestätigen Sie anschließend mit OK. Ein Beispiel: Warum soll der Adobe Reader jedes Mal starten, wenn Sie vielleicht nur einmal im Monat ein PDF-Dokument lesen?

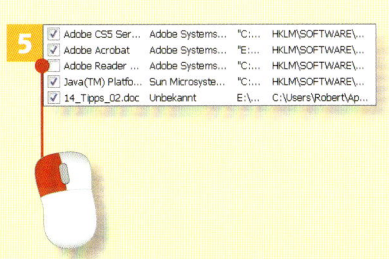

Schritt 6

Damit die Änderungen übernommen werden können, müssen Sie das System neu starten. Das Praktische daran ist, dass die Einträge trotz Deaktivierung erhalten bleiben und Sie diese bei Bedarf wieder aktivieren können – zum Beispiel dann, wenn die Deaktivierung sich als schlechte Entscheidung herausstellt.

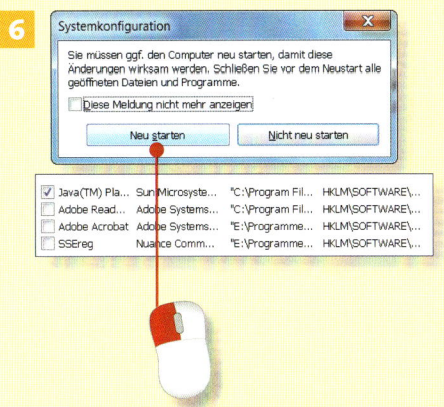

Glossar

An dieser Stelle finden Sie eine Übersicht über häufig in diesem Buch und in der Welt der Computer verwendete Begriffe.

Adobe Reader		siehe PDF
Aero-Oberfläche		Die von Windows standardmäßig eingestellte Oberfläche. Windows Aero zeichnet sich z. B. durch halb durchsichtige Fensterrahmen sowie Animationen der Fenster aus. Sie können die Einstellungen der Oberfläche unter **Start • Systemsteuerung • Anpassung** ändern.
Anwendung		Eine Anwendung ist ein ausführbares Programm. So sind unter anderem der Windows Explorer oder der Internet Explorer Anwendungen. Es gibt sowohl Anwendungen innerhalb des Betriebssystems als auch eigenständige Anwendungen.
Aqua		Teilweise Durchsichtigkeit (= Teiltransparenz) von Fenstern und anderen Objekten auf der Oberfläche von Windows. Der Effekt ist Teil der Aero-Oberfläche. Ändern lässt sich diese Einstellung unter **Start • Systemsteuerung • Anpassung**.
Auflösung		Die Auflösung beschreibt die Anzahl der einzelnen Bildpunkte auf einer Fläche (z. B. auf einem Monitor oder Foto). Je höher die Werte, desto höher die Auflösung. Allerdings sagt die Anzahl der Bildpunkte nichts über die Größe der Fläche aus, da die Bildpunkte unterschiedlich groß sein können.
Backup		Sicherungskopie von Dateien oder Systemen (auch Windows 7) zur eventuellen späteren Wiederherstellung (**Start • Systemsteuerung • Wartungscenter**).

Glossar

Befehl		Anweisung an den Computer. Zumeist ausgelöst durch Druck auf eine Taste oder Betätigung der Eingabetaste Ihrer Tastatur.
Betriebssystem		Ein Betriebssystem ist eine Software, die den Computer steuert. Neben Windows gibt es unter anderem noch Mac OS und Linux.
Bluetooth		Drahtlose Schnittstelle zwischen zwei oder mehreren Geräten zwecks Datenaustauschs. Die angeschlossenen Geräte müssen Bluetooth-fähig sein.
Button		Knopf oder Schaltfläche, die bei Betätigung ein Ereignis auslöst. Vorselektierte Schaltflächen sind farbig hinterlegt und können auch mit Druck auf die ⏎ ausgelöst werden.
Checkbox		Das klassische Ankreuzkästchen. Im Gegensatz zum Radio-Button dürfen hier auch mehrere oder alle sowie einzelne oder keine Optionen angewählt sein. Die Checkbox wird jeweils per Mausklick aktiviert (Häkchen) und deaktiviert.
Datenträger		Grundsätzlich jedes Gerät und jedes Medium, das imstande ist, Daten aufzunehmen (u. a. Festplatte, USB-Stick, CD, DVD). Während man Daten auf eine Festplatte »schreibt«, werden Daten auf CD oder DVD »gebrannt« (hier: mittels CDBurnerXP).
Dialog		Jedes Fenster, in dem Benutzer und Betriebssystem (oder auch ein Programm) miteinander in Verbindung treten und Informationen austauschen, z. B. das Dialog-Fenster zu den Maus-Eigenschaften (siehe rechts).

Glossar

Download		Dateiübertragung, in der Regel vom Internet auf den eigenen PC, mit dem Ziel, die Daten dort zu speichern. Klassische Download-Dateien sind Anwendungen, Bilder, Musik usw.
Eingabetaste		Zeilenschaltungstaste der Tastatur. Mit dieser Taste werden Eingaben (z. B. Texte) an das Betriebssystem oder die Anwendung übergeben.
Explorer		Der Windows-Explorer, kurz auch »Explorer« genannt, ist der Standard-Dateimanager unter Windows. Von hier aus sind sämtliche Ordner und Verzeichnisse erreichbar. Außerdem stehen Suchoptionen zur Verfügung (engl. *to explore* = »erforschen«).
Hyperlink		siehe Link
IP-Adresse		IP steht für »Internet Protocol« und ist ein Protokoll, das Computer im Internet eindeutig identifiziert. Die IP-Adresse ist vergleichbar mit der Nummer eines Personalausweises. Der zugehörige Rechner lässt sich durch diese Nummer immer eindeutig identifizieren.
Link		Ein Link oder Hyperlink ist eine Schaltfläche (nicht selten in Textform), die Sie mit einer Internet-Seite verbindet, sobald Sie darauf klicken. Links sind im Internet selbst, aber auch in Programmen, Betriebssystemen usw. zu finden.
Menü		Menüs sind Zusammenfassungen mehrerer möglicher Befehle. Klicken Sie auf den sogenannten Menüeintrag (hier: Datei), öffnet sich eine Tafel mit weiteren Befehlen, die nun per Mausklick ausgelöst werden können.

Glossar

Minianwendungen		Minianwendungen sind kleine Zusatzprogramme, die nach einem Rechtsklick auf einen freien Bereich des Desktops über **Minianwendungen** eingeschaltet werden können.
Multimedia		Ein Sammelbegriff für alle Medien (meist Unterhaltungsmedien), die digitalen Ursprungs sind (z. B. Musik, Filme, Bilder).
Office		Produkt von Microsoft – es handelt sich hierbei um eine Zusammenstellung von renommierten Büroanwendungen, wie z. B. die Textverarbeitung Word, die Tabellenkalkulation Excel oder die Präsentationssoftware PowerPoint.
Papierkorb		Im Prinzip sorgt der Papierkorb dafür, dass Dateien nicht auf direktem Weg (unbeabsichtigt) gelöscht werden können. Gelöschte Dateien landen nämlich automatisch im Papierkorb. (Es sei denn, sie sind zu groß dafür; dann erhalten Sie eine entsprechende Meldung beim Löschen.) Wollen Sie Dateien endgültig löschen, müssen Sie die Dateien im Papierkorb separat löschen.
PDF	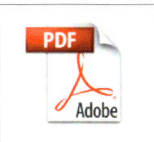	Seitenbeschreibungsformat, das aufgrund seiner Genauigkeit besonders gut zum Austausch bzw. zur Weitergabe geeignet ist. Zum Anzeigen von PDF-Dokumenten wird der kostenlose Adobe Reader benötigt (www.adobe.com/de).
Programm		siehe Anwendung
Pulldown-Menü		Ein ausklappendes Menü, das weitere Schaltflächen in sich trägt. Oft verdeutlicht ein vorangestellter Punkt, welche Option gerade angewählt ist.

Glossar

Radio-Button		Mehrere zusammenhängende Optionen, von denen immer nur eine angewählt sein kann. Wenn eine Option eingeschaltet wird, deaktivieren sich alle anderen automatisch. (Der Begriff stammt aus den Anfängen des Radios, bei dem ebenfalls nur ein Knopf eingedrückt sein konnte.)
Registerkarte		Registerkarten sind Zusammenstellungen von individuellen Befehlen. Die dazugehörenden Reiter (hier: **Tasten**, **Zeiger** usw.) stehen meist am oberen Rand eines Fensters oder eines Programms und können durch einen linken Mausklick darauf geöffnet werden.
Schaltfläche		siehe Button
Schnellstartleiste		siehe Taskleiste
Scrollen		Verschieben des Inhaltsbereichs. Sie können dazu einen Balken in der rechten Fensterhälfte bewegen oder die oberhalb und unterhalb befindlichen Dreieck-Schaltflächen betätigen.
Software		siehe Anwendung
Startmenü		Das Startmenü ist eine Leiste, die gängige Befehle und Anwendungen für den schnellen Zugriff bereitstellt. Sie wird über den runden Button in der Taskleiste oder per Druck auf die Windows-Taste geöffnet.
Steuerelement		Steuerelemente sind alle Einheiten, die vom Anwender bedient werden können. Das sind beispielsweise Buttons, aber auch Schieberegler, Radio-Buttons Checkboxen oder Menüs.

Glossar

Systemwieder-herstellung		Verfahren zur Reparatur Ihres Betriebssystems (Windows 7) anhand einer zuvor gespeicherten Wiederherstellungsdatei. Systemwiederherstellungen bieten sich an, wenn das System langsam wird oder nicht mehr ordnungsgemäß reagiert (siehe auch Backup). (**Start • Systemsteuerung • Wiederherstellung**).
Taskleiste		Die Taskleiste, auch Schnellstartleiste oder Startleiste genannt, ist eine Symbolleiste, die standardmäßig am unteren Bildrand zu finden ist. Die Schaltflächen werden mit einfachem Mausklick bedient.
Wireless		Drahtlosverbindung zwischen zwei oder mehr Geräten zwecks Datenaustauschs. Die Übertragung erfolgt über eine Funkverbindung.

Index

3-D-Text-Einstellungen 51
24-Bit-Farbe 204

A

Abgestürzte Programme schließen 76
Adaptereinstellungen ändern 290
Add-ons installieren 268
Ad-hoc-Netzwerk 292
Adobe Flash Player 268
Adobe Reader 268
Aero-Design 46
Alle Programme 37, 74
AntiVir 310
Arbeitsgruppennamen 275
Arbeitsplatz-Netzwerk 286
Audiorecorder 130
Aufgaben planen 332, 334
Auflösung 205
Aufnahme 128, 130
Ausschneiden 78
AutoKorrektur bei E-Mail-Fotos 243
Automatische Wiedergabe 144
Auto-Start 340, 342

B

Backup erstellen 298
Benutzerkonto 64
Benutzersymbol 66
Betreff
　hinzufügen 236
Bibliotheken 82, 84
Bibliotheken verwalten 182
Bild an Rahmen anpassen 207
Bildbibliothek 219

Bildeigenschaften abrufen 154
Bildgröße ändern 164
Bildpositionen 173
Bildschirmfotos
　erzeugen 168, 170
Bildschirmschoner einrichten 48, 50
Bild speichern unter 147
Bildtyp 204
Bing 262
Bluetooth 136, 138, 140
BMP 159
Brennen
　mit CDBurnerXP 322
Briefpapier 243
Browser 252

C

CDBurnerXP 322
CD kopieren 190
Checkbox 30
Computer herunterfahren 39
Coverbilder 175

D

Dateieigenschaften 100
Dateien
　öffnen, speichern, schließen 74
Dateiendungen anzeigen 163
Dateien komprimieren 108
Dateisystem ändern 339
Dateityp 160
Dateitypen anzeigen 110
Daten-CD/DVD brennen 210, 212
Daten-Zusammenstellung 322
Defender 306

Defragmentierung 330
Desktop 24
Desktophintergrund 172
Desktop-Hintergrund verändern 44
Desktop-Symbole verändern 42
Dialog 47
Diashow
　ansehen 152
　brennen mit DVD-Maker 224
　brennen mit Media Center 218, 220, 222
　Geschwindigkeit einstellen 153
　steuern 151
DIN A4 206
Disc abschließen 323
Doppelklick 15
Download 310
Drag & Drop 32
Drucker
　anschließen 114, 116
　entfernen 123
　Funktionsprüfung 120
　hinzufügen 115
Druckereigenschaften 208
DVD Maker 224

E

Einfügen 78, 155
E-Mail-Empfänger 167
E-Mail-Konto hinzufügen 232
E-Mails
　dauerhaft entfernen 237
E-Mail-Signatur 244
E-Mails schreiben 236
Energieoptionen 68
Ethernet 272
Explorer 102, 104, 106

Index

F

Fax und -Scan 200
Fenster 26
  anordnen 32
  maximieren 27
  schließen 27
  wechseln 34
Fensterdarstellung 46
Festplatte hinzufügen 132, 134
Festplatten
  defragmentieren 330
  formatieren 338, 339
  Laufwerksbuchstaben ändern 336
  partitionieren 338, 339
Firefox 316
Firewall 304
Foto
  als Desktophintergrund 172
  kopieren 155
  scannen 200, 202
Fotos
  ansehen 148, 150
  auf PC übertragen 144
  aus Internet importieren 146
  beschneiden 202
  drucken 206, 208
  Format einstellen 160, 162
  hinzufügen 240
  löschen 150
  per E-Mail senden 166
  schärfen 208
  zuschneiden 156, 158
Freigeben für 285
Funktionstasten 19

G

Gelöschte Objekte 237
Geräte-Manager 60
Geräte und Drucker 114
Gescannte Dokumente 203
Gesendete Objekte 237
Graustufen 205
Größe auf Datenträger 100
Große Symbole 21

H

Handy 140
  authentifizieren
Handy-Fotos übertragen 136
Hardwareressourcen 329
Hardware sicher entfernen 135
Heimnetzgruppe 280
  Lesen/Schreiben 285
Home Center 176

I

Icon 26
In Medienbibliothek kopiert 191
Internet Explorer
  Favoriten speichern 260
  konfigurieren 252, 254
  Startseite festlegen 258
  Suche im Internet 262
Internetoptionen 252
Internetradio 194
Internet-Verbindung einrichten 248, 250

J

Java 269
Journalnotizen 98
JPEG 160, 201
Jugendschutz aktivieren 254

K

Kategorie-Ansicht 21
Keine Rückmeldung 76
Kennworthinweis 63
Kennwort ändern 280
Kontakte
  hinzufügen 238
  speichern 238
Kopieren 78
Kurznotizen 96

L

LAN 248, 272
Laufwerksbuchstaben und -pfade ändern 337
Lautsprecher anschließen 124, 126
Leistungssteigerung 57
Lesezeichen hinzufügen 317
Livedateisystem 210
Live Essentials 228
Live Mail
  herunterladen 228, 230
  konfigurieren 232, 234
  Tipps und Tricks 242

Index

M

Mastered 210
Maus
   Eigenschaften 30
   Funktionsweise 14
   konfigurieren 30
Mausklick 14
Media Center 174
Media Guide 194
Media Player 180, 214
   einstellen 184, 186
Mediendateien mit Gerät synchronisieren 196
Medium auswerfen 135
Microsoft-Dienste ausblenden 344
Microsoft XPS Document Writer 267
Mozilla Firefox 316
msconfig.exe 344
msinfo32.exe 328
Musik auf Handy übertragen 196
Musik-CD brennen 214, 216
Musik-CD wiedergeben 188
Musik kopieren 186
Musik von CD kopieren 190

N

Netzwerk
   Computer hinzufügen 282
   deaktivieren 290
   Grundlagen 272
   konfigurieren 280
   verbinden 278
   vorbereiten 274
Netzwerkdrucker einrichten 118
Netzwerkerkennung 286
Netzwerkschlüssel 279
Neue Bibliothek 83
Notfall-Datenträger 301
NTFS 338

O

Objekte löschen 88
Öffentliches Netzwerk 286
Öffnen mit 157
Open Source 316
Ordnereigenschaften 100
Ordner erzeugen 77
Ordner freigeben 284
Ordner in Musik aufnehmen 182

P

Papierkorb leeren 88
Papierkorb-Symbol ändern 43
Passphrase 278
Passwort einrichten 62
PDF 268
Plug & Play 15, 28
pop3 233
Popupblocker einschalten 253
Pop-up-Fenster blockieren 317
Postausgangsserver 233
Posteingangsserver 233
PPPoE 276
Prüfung auf Probleme 296
Programmabstürze 55
Programme
   starten 36
Programme herunterladen 310
Programme und Funktionen 326

R

Rechtsklick 14
Register 54
Remote-Netzwerk 288
Reparaturdatenträger erstellen 301
Router 272
   Adresse eingeben 276
Router konfigurieren 276

S

Schnellregisterkarten 257
Schnellstartleiste 36
Schriftart
   ändern 50
Schriftgröße 71
Schwarz-weiß 205
Screenshots
   erzeugen 168
Scrollbalken 37
Seitenverhältnis beibehalten 165
Senden an 167
Sicherheitsschlüssel 251
Sichern und Wiederherstellen 298
Signatur erstellen 244
Software
   deinstallieren 326
Speicherplatz 133
Spyware 306, 312
Standardbrowser 317
Standarddrucker einrichten 122
Standardprogramme
   einstellen 148
Start-Schaltfläche 24
Suchen
   Dateien und Ordner 81

Index

Synchronisierung starten 197
System-Backup erstellen 298
Systemdateien 70
Systemdatenträger 301
Systeminformationen 328
Systeminfos 56
Systemkonfiguration 344
Systemsteuerung 30, 58
   Ansicht umstellen 20
   öffnen 28

T

Task beenden 55
Taskleiste 24
   einrichten 52
Task-Manager 54
Task-Manager starten 76
Tastatur
   Eigenschaften 28
   Funktionsweise 18
   konfigurieren 28
Tastenkombinationen 155
   eingeben 18
Temporäre Dateien löschen 213
Text
   markieren 49
Texte verfassen 90, 92, 94

Thunderbird 318, 320
TIFF 160, 201
Titelreihenfolge ändern 193
TouchPad
   Funktionsweise 16

U

Uninstall.exe 327
Unterordner erzeugen 77
Updates 302

V

Verbindung mit einem Netzwerk herstellen 283
Verknüpfungen erzeugen 86
Vollbild-Darstellung 157
Volume verkleinern 339

W

Wartungscenter 296
Webseiten
   Adressen 253
Webseiten drucken 264, 266
Webseiten herunterladen 264, 266

Wiedergabe 128, 130
Wiedergabe beenden 194
Wiedergabeliste erzeugen 192
Wiederherstellen 298
Windows Defender 306
   deaktivieren 312
Windows DVD Maker 224
Windows-Fax und -Scan 200
Windows-Hilfe 38
Windows Live 232
Windows Live Mail 166
Windows Media Center 174, 176
Windows Media Guide 194
Windows Media Player 180, 182, 214
Windows Update 302
WLAN 272
WORKGROUP 274

X

XPS Document Writer 267

Z

Zeitlimits 254
Zippen 108

Otmar Witzgall

Outlook 2013
Die Anleitung in Bildern

Mit dieser anschaulichen Anleitung haben Sie Outlook 2013 schnell im Griff. Sie lernen, wie Sie E-Mails schreiben, Termine und Besprechungen organisieren, Aufgaben anlegen und Outlook als Adressbuch nutzen. Otmar Witzgall zeigt Ihnen Bild für Bild, wie Sie Outlook in Ihren Büroalltag integrieren.

303 Seiten, broschiert, in Farbe
12,90 Euro
ISBN 978-3-8421-0126-5
www.vierfarben.de/3555

Frank Möller

Office 2013
Die Anleitung in Bildern

Briefe schreiben mit Word, rechnen mit Excel, E-Mails mit Outlook verwalten oder Präsentationen mit PowerPoint erstellen – in diesem Buch sehen Sie Schritt für Schritt, wie Sie Office 2013 gekonnt für sich nutzen.

350 Seiten, broschiert, in Farbe
14,90 Euro
ISBN 978-3-8421-0076-3
www.vierfarben.de/3289

323 Seiten, broschiert, in Farbe
9,90 Euro
ISBN 978-3-8421-0087-9
www.vierfarben.de/3362

Sabine Drasnin

PowerPoint 2013
Die Anleitung in Bildern

Schritt für Schritt zeigt Ihnen Sabine Drasnin, wie Sie PowerPoint 2013 richtig einsetzen. Ohne mühsames Herumprobieren werden Sie verständliche und vorzeigbare Folien anfertigen, Texte sinnvoll gestalten, Ergebnisse anschaulich präsentieren und Musik und Videos einbinden.

300 Seiten, broschiert, in Farbe
9,90 Euro
ISBN 978-3-8421-0077-0
www.vierfarben.de/3290

Christine Peyton

Word 2013
Die Anleitung in Bildern

Christine Peyton zeigt Ihnen, wie Sie mit Word schreiben und gestalten, problemlos drucken oder Ihren Text mit Bildern interessanter machen. Mithilfe kompletter Praxisbeispiele kommen Sie Schritt für Schritt zu ansehnlichen Ergebnissen.

Das gesamte Buchprogramm: www.vierfarben.de

Rainer Hattenhauer

Samsung Galaxy S4
Die verständliche Anleitung

Holen Sie das Beste aus Ihrem S4 heraus! Rainer Hattenhauer zeigt Ihnen in diesem Buch Schritt für Schritt, wie Sie Ihr Handy bedienen. Hier werden einfach alle Funktionen erklärt, die das Smartphone bietet. Das Buch steckt außerdem voller wertvoller Tipps, praktischer Hinweise und Empfehlungen!

400 Seiten, broschiert, in Farbe
19,90 Euro
ISBN 978-3-8421-0110-4
www.vierfarben.de/3489

Hans-Peter Kusserow

iPhone 5s und 5c
Die verständliche Anleitung

Kennen Sie alle Funktionen Ihres iPhones? Hans-Peter Kusserow zeigt Ihnen verständlich und leicht nachvollziehbar, wie Sie das Beste aus Ihrem Telefon herausholen. Anschaulich und Schritt für Schritt. Es gibt keine bessere Anleitung zum iPhone.

404 Seiten, broschiert, in Farbe
19,90 Euro
ISBN 978-3-8421-0099-2
www.vierfarben.de/3451

424 Seiten, broschiert, in Farbe
19,90 Euro
ISBN 978-3-8421-0063-3
www.vierfarben.de/3216

Dietmar Spehr

Digital fotografieren lernen

Dieses Buch ist Ihr Schlüssel zu mehr Spaß und Erfolg mit der digitalen Fotografie! Dietmar Spehr zeigt Ihnen leicht verständlich alles, was Sie brauchen, um endlich bessere Fotos zu machen. Porträtieren Sie Menschen, fangen Sie die Schönheit der Natur ein, erkunden Sie die Makrofotografie und vieles mehr!

199 Seiten, gebunden, in Farbe
24,90 Euro
ISBN 978-3-8421-0080-0
www.vierfarben.de/3313

Günter Hauschild

Der Fotokurs für junge Fotografen

Auch die beste Kamera macht nicht immer alles richtig, und für tolle Fotos muss man ihr manchmal ein bisschen unter die Arme greifen. Wie das genau geht, zeigt dieser Fotokurs in kurzen und verständlichen Lektionen. Ein Buch zum Lesen, Lernen und Ausprobieren – auch für ›große Kinder‹ geeignet.

www.facebook.com/Vierfarben